# 체 게바라
# 파울루 프레이리
# 혁명의 교육학

이 도서의 국립중앙도서관 출판시도서목록(CIP)은
e-CIP 홈페이지(http://www.nl.go.kr/cip.php)에서 이용하실 수 있습니다.
(CIP제어번호: CIP2008003177)

# 체 게바라
## Che Guevara
# 파울루 프레이리
## Paulo Freire
# 혁명의 교육학
## and the Pedagogy of Revolution

**피터 맥라렌** 지음 | **강주헌** 옮김

아침이슬

• 차례

얼마 전, 코스타리카의 열대우림지역을 여행하다가 카르타고라는 아름다운 도시를 버스로 지나가게 되었다. 차창 밖으로 긴 꽁지머리의 젊은이가 버스 옆을 따라 뛰고 있는 것이 보였다. 버스가 지나가자 그는 고개를 들었고, 우리는 순간적으로 눈이 마주쳤다. 그는 '체 만세!'라고 쓰인 티셔츠를 입고 있었다. 뭔가 야릇한 기분이 들었다. 그래서 나는 그에게 엄지를 세워 무언의 응원을 보냈고, 그는 백인인 내게 환한 미소로 답했다. 짧은 순간이었지만, 나는 우리가 서로를 초월하는 큰 끈으로 맺어진 듯한 기분이 들었다. 그 짧은 순간, 나는 이 세계를 억누르는 것에서 해방된 세계를 향한 공통된 열망이 우리 둘 사이에 흐르는 것을 분명히 느낄 수 있었다. 나는 외톨이가 아니었다. 그가 부적처럼 가슴에 안고 있는 체 게바라의 이미지는 자본의 사슬에서 벗어나 자유롭기를 바라는 모든 사람이 기대하는 혁명적 가치를 가리켰다. 체는 불의와 싸우고, 잔혹한 대우와 착취에서 세계를 해방시키려는 공통의 결의를 지닌 사람들을 하나로 이어주는 묘한 매력을 가진 사람이다. 물론 그 젊은이가 어떤 정치관을 가졌고, 체 게바라의 삶과 가르침을 얼마나 진지하게 받아들이고 있는지는 알 길이 없었다. 그러나 체의 이미지는 그런 연대감을 안겨주었고, 그 순간적인 만남까지도 정치적 의미를 부여해주었다.

브라질의 위대한 교육자 파울루 프레이리도 사랑의 힘에 대한 공통된 믿음, 대화가 갖는 상호적인 힘에 대한 믿음, 그리고 '의식화 운동'conscientization과 정치적 실천에의 참여로 사람들을 하나로 결집시키는 놀라운 능력을 보여준다. 좌파 교육계에서 파울루 프레이리만큼 널리 알려지고 존경받는 사람은 없다고 말해도 과언이 아니다. 라틴아메리카, 동남아시아, 유럽을 여행하면서 나는 건물에 걸린 게바라의 슬로건 옆에는 거의 언제나 프레이리의 슬로건이 함께 쓰여 있는 것을 보았다. 또 정치적 프락시스praxis, 즉 실천에 관련된 공개토론회나 학술 발표장에서 강연을 할 때마다 나는 체 게바라와 파울루 프레이리라는 이름을 들었다.(최근에는 '사파티스타'라는 이름도 간혹 등장한다.) 이는 말레이시아, 일본, 멕시코, 아르헨티나, 브라질, 코스타리카, 핀란드, 유럽 등 어디에서나 마찬가지였다. 그들은 시대의 위기에 우리 눈을 돌리게 하지만, 또한 어떤 대가를 치르더라도 투쟁을 멈추지 말아야 한다는 색다른 희망도 던져준다.

파울루 프레이리만큼 해방을 위한 실천의 도구로 교육의 역할을 강조하며 투쟁을 계속해나간 사람이 있을까? 1964년 억압의 시대 초기에 브라질 군부에 끌려가 투옥된 때부터, 망명길에 올라 전 세계를 돌아다니면서 농민과 노동자를 대신해 투쟁을 계속한 프레이리는 전 세계 교육자들의 정치적 상상력에 깊은 영향을 주었다. 그는 오랫동안 사회에서 소외된 삶을 살아온 농민과 노동자가 그 질곡을 극복할 수 있도록 돕는 데 진력을 다했다. 내 책 『학교생활Life in Schools』에 서문을 써준 저명한 해방신학이론가 레오나르도 보프Leonardo Boff는 프레이리의 교육관을 범세계적 차원에서 시행되어야 할 프로젝트라 정의했다.

그의 교육 프로젝트는 교실 안으로 삶을 끌어들이고, 또 지식과 변화를 통한 성장transformation이 세상을 변화시키는 무기가 되게 하기 위해서 창안된 것이다. 대지에 저주받은 사람들의 사회적 지위라는 관점에서 볼 때, 학교에서 가르치는 지식만으로는 삶을 변화시킬 수 없다는 것은 분명하다. 지식이 행동으로 전환될 때 비로소 삶을 변화시킬 수 있다. 여기에서 실천의 의미가 구체적으로 정의된다. 변혁적 행동의 지식으로의 전환과, 지식의 변혁적 행동으로의 전환 사이의 변증법적 운동이 바로 실천이다.(1997, p. xi)

게바라가 프레이리보다 세상에 널리 알려지기는 했지만, 교육현장에서는 세계 어디를 가도 파울루 프레이리만큼 유명하고 존경받는 '교수'를 만나기 어렵다. 그의 대표적인 저서, 『페다고지*Pedagogy of the Oppressed*』는 50만 부가 팔렸고, 20개가 넘는 언어로 번역되었다. 또한 그의 교육론은 사회학, 인류학, 문맹퇴치, 생태학, 의학, 심리치료, 철학, 교육학, 사회비판론, 박물관학, 역사학, 언론학, 연극 등 많은 학문에 영향을 미쳤다. 심지어 그는 참여연구participatory research로 알려진 새로운 조사방법을 창안하는 데도 공헌했다 (프레이리와 마세도, 1998). 아나 마리아 아로요 프레이리와 도날도 마세도의 증언에 따르면, 프레이리는 생전에 100여 도시에 초청을 받았다. 그들은 "실천에 대한 성찰로 구성된 그의 이론은 학술적 연구의 기초자료로 활용되었을 뿐 아니라, 헤시피(브라질 북동부, 페르남부쿠 주의 주도 —옮긴이)의 '모캄보'(판자촌)에서 브라질 전역과 해외의 '바라쿠민'(소외된 부락민)까지 많은 지역에서 실천의 의욕을 고취시켰다."라고 말했다 (1998, p.27). 1997년 세상을 떠나기 전에도 그의 이름을 내건 학교, 학생조직, 노동조합, 민중 도서관, 연구소가 적지 않았다. 그가 받은 명예 학위와 학술상은 헤아릴 수 없이 많아 일일이 거론하기 힘들 정도이다.

프레이리는 비폭력 저항과 투쟁을 주장했지만, 브라질에서는 그의 반反 패권적 사상 때문에 정치적으로 위험한 인물로 낙인찍혀 투옥되었다. 한편 게바라는 폭력을 사용해서라도 제국주의자들에게 토지 반환을 요구하는 것은 정당방위이며, 폭력적 저항은 파시즘과 양키 제국주의를 물리치고 신처럼 군림하는 식민지배자들도 꺾을 수 있다는 것을 대중에게 보여줄 수 있는 유일한 방법이라 주장했다. 이런 차이에도 불구하고, 프레이리와 게바라는 가슴을 나눈 형제였다. 그들은 감옥, 전쟁터, 교육 투쟁의 현장 등 그 어디에서도 얼굴을 맞댄 적은 없었지만, 머리와 가슴으로 비슷한 세계관—즉 세계가 현재 어떤 모습이고, 어떤 방향을 지향했으며, 앞으로는 어떻게 변해가야 한다는 철학—을 지녔던 사람들이었다. 지적·정치적 동료로서 그들은 인간 정신에서 기대할 수 있는 최상의 모습을 보여주었다.

프레이리와 게바라에게서 느껴지는 공통점이 이 책을 쓰게 된 주된 동기였다. 내 책 『비판교육과 약탈문화 *Critical Pedagogy and Predatory Culture*』의 서문에서 프레이리는 다음과 같이 말했다.

> 그런 유사함이 발전되어 나갈 때 우리는 내면에서 관용의 미덕을 계발해야 한다. 관용은 우리에게 다른 것과 더불어 살도록 '가르친다.' 우리는 '지적 친척'에게 배우고 또 그들을 가르쳐야 한다. 그래야 궁극적으로 적대 세력과의 투쟁에서 하나로 단결할 수 있기 때문이다. 안타깝게도 우리 학자들과 정치인들은 정당화될 수 없는 우리끼리의 '싸움'에 많은 힘을 낭비하고 있다. 그것도 크게 중요하지 않은 문제로! 우리는 하찮은 것에 열변을 토하면서 허영심을 드러내고 심지어 자아에 상처를 받으면서까지도 진정한 싸움, 즉 우리 적과의 투쟁에서는 허약한 모습을 보인다.(1995, p. x)

파울루 프레이리는 소중한 친구이면서 자애로운 멘토였다. 유사함에 대한 그의 지적은 조금도 틀리지 않았다. 또한 학자들, 특히 편협한 학자들의 하찮은 질투심에 대한 경고도 마찬가지이다. 실제로 우리 상아탑은 이런 편협한 학자들로 득실거린다. 그들은 기회주의적 처신을 교묘한 말

솜씨로 얼버무린다. 남들에게 주목받고 개인적 이득을 취하려는 자기애적 성향과 허영심은 끝이 없어, 어떤 수준의 비판에나 허리를 굽히는 대신에 상대에게는 독살스런 지적인 공격을 가하고 권력과 명성을 위해 영혼까지도 기꺼이 팔아넘긴다. 프레이리는 이런 면이 전혀 없었다. 프레이리는 자기의 이익보다 인간의 자유를 항상 더 중요시한 겸손한 사람이었다. 그는 1987년 쿠바에서 열린 학술대회에 나를 초청해 강연할 기회를 주는 친절한 배려도 아끼지 않았다. 그 후 우리는 정기적으로 만났고 그가 미국을 방문하기도 했다. 언젠가 내가 상파울루에 체류했을 때는 그의 집을 방문해 그와 그의 아내, 아나 마리아(혹은 니타)를 만난 적도 있었다. 지난 15년 동안 나는 파울루와 그의 업적에 대해 많은 글을 써왔다. 25년 동안 풀뿌리 행동주의와 정치적으로 격리된 상아탑, 두 영역 모두에서 교육개혁을 위해 노력한 사람에게는 그리 놀라운 일도 아니다. 내 글에서 엿보이는 정치적 성향은 체 게바라의 삶과 가르침에서도 그에 못지않은 영향을 받았지만 게바라에 대해서는 대여섯 편의 글을 썼을 뿐이다. 내가 열아홉 살 때 게바라가 총살당했기 때문에 그를 개인적으로 만날 기회는 없었지만, 사회정의와 인간의 용기에 대한 나의 생각에 그가 미친 영향은 거의 절대적이었다.

  파울루 프레이리라는 인물이, 자유주의자와 진보주의자 및 그의 가르침과 유산을 걸핏하면 언급하는 거짓 프레이리 신봉자들에 의해 어떻게 순화되었는지 살펴보면 그저 서글플 뿐이다. 하긴 그들은 존 듀이를 그렇게 탈색시킨 전력을 가진 사람들이 아니던가. 그의 교육이념을 계승한다는 학자들이 정치계와 결탁해서 그의 급진적 정치사상을 참담할 정도로 짓뭉개버리지 않았던가. 따라서 프레이리를 대화하는 교실의 '귀족'으로 전락시키고, 그의 교육실천에서 역사의 구체적인 힘을 깨끗이 도려내버린 수정주의자들에게서 프레이리를 되찾아와야만 한다. 한편 체 게바라는 CIA의 감시 속에 살해당할 때까지 현장에서 활동한 게릴라였기 때문에 되살려내기가 훨씬 더 어렵다. 더구나 게바라는 평생 동안 미국의 제국주의를 적극적으로 반대하고, 심지어 '베트남인'들에게 전 대륙에서 봉기하라고 부추긴 인물이기 때문에 그를 교육자와 관련시키기는 더욱 어렵다. 그러나 맬컴 엑스의 얼굴이 이제 미국의 우표에도 등장한다는 사실을 감안한다면 언젠가 게바라도 미국의 '세계 영웅전'에서 한자리 차지할 날이 올지도 모를 일이다. 미국은 완전히 격퇴시킬 수 없는 것이면 받아들여서 '그것'을 약하게 변질시켜버리는 놀라운 능력을 지닌 나라이다. 백신을 만들어 바이러스의 힘을 약화시키듯이 말이다. 미국이 게바라 '백신'을 발견하더라도, 자본이 가난하고 박탈당한 사람들의 생존과 인간의 권위를 황폐화시키고 있는 세계 어딘가에서 더 강한 게바라 '바이러스'가 생겨날 가능성이 크다. "지금까지 존재한 사회의 역사는 계급투쟁의 역사이다."라는 마르크스와 엥겔스의 선언이 오늘날의 세계와도 여전히 관련성을 갖는 한 그 가능성은 훨씬 커진다.

이 책은 프레이리보다 게바라에게 훨씬 많은 양을 할애했다. 내 나름대로 형평성을 고려한 것이다. 또 내가 이 책에서 게바라를 집중적으로 조명한 또 하나의 이유는, 그의 가르침에서나 게릴라로 초지일관한 삶을 살았다는 점에서 그의 역할이 비판적 교육학의 교육 강좌에서 거의 언급되지 않았다는 개인적인 안타까움에서 비롯되었다. 내 생각에, 그동안 게바라를 간과했던 것은 크게는 교사와 교사를 양성하는 사범학교 교수들, 좁게는 좌파 교육계의 중대한 잘못이었다.

이 책을 쓰려고 대략적인 방향을 설정하기 시작했을 때, 나는 교육개혁을 위한 토론에서 게바라의 유산을 도덕적 리더십moral leadership, 정치적 비전, 혁명적 실천의 모델로 도입하자고 제안했다. 나는 곧 실제로 교육개혁을 위한 진지한 토론의 장에서 게바라가 공식적으로 거론된 적이한 번도 없었다는 것을 깨달았다. 조금도 놀라운 일은 아니지만, 그 이유는 허브 콜Herb Kohl의 글에서 찾을 수 있다.

나는 아직도⋯⋯게바라가 우리 사회에서 의미 있는 교육방향을 제시했다는 주장에 동의할 수 없다. 우리는 지금 혁명기에 있는 것이 아니다. 우리가 자본주의자들의 억압하에 있는 것은 틀림없지만, 그렇다고 이런 상황을 변화시키려는 강력한 사회운동이 있는 것은 아니다. 따라서 교과서가 게바라를 권위 있고 복잡하게 다뤄야 한다고는 생각지 않는다.(1999, p. 308)

콜의 주장에 따르면, 게바라는 학교 교과서에서 바람직한 인물로 그려지지 않기 때문에, 또 억압에 저항하는 강력한 사회운동이 미국에서는 처참할 정도로 씨가 말랐기 때문에, 게바라의 메시지와 우리의 현 상황이 관련성을 갖는다고 믿기 어렵다는 것이다. 콜이 나처럼 로스앤젤레스에서 포르투알레그레까지 노동자들이 게바라의 깃발을 높이 치켜들고 행진하는 모습을 보았더라도 똑같이 말했을까? 게바라에 대한 콜의 패배주의적 지적은, 합리적이고 설득력 있게 게바라의 공과를 지적한 사람들보다 이른바 진보를 자처하는 교육자들 사이에서 냉소주의가 팽배하다는 방증이 아닐 수 없다.

왜 게바라여야 하는가? 왜 프레이리여야 하는가? 왜 지금 그들을 다시 되살려야 하는가? 세계 곳곳에서 일어나는 사건들을 꾸준히 추적해온 사람, 아니 미국 전역의 도시가 처한 상황을 주마간산식으로라도 살펴본 사람이라면, 민주주의가 자체의 원칙을 부정하는 형태로 일그러지고 있다는 사실을 부인하지 못할 것이다. 아니 오히려 민주주의 내부에 반대 경향이 자라고 있다. 민주주의의 복부에서 야수가 자라나 자본주의적 탐욕으로 터질듯 부풀어 올랐다. 인간 자신은 종속적 존재로 전락해버려 기껏해야 강력하고 교묘한 사회적 건망증을 통해 인간을 지배하는 자본축적과 소비의 부속물이자 노동수단이 되어버렸다. 또한 노동의 국제분업은 독점자본주의 — 레닌이 제국주의라고 아주 적절하게 이름붙인 — 의 위기를 확대하고 있다. 이런 이유에서 지금 우리에게 게바라와 프레이리가 더욱 절실히 필요하다. 억압이 자본주의적 민주주의하에서 사라지기는커녕 조금도 줄어들지 않고 새로운 형태로 계속된다는 사실을 확인하기 위해서 현재의 정치풍경을 구태여 사회학자나 훈련받은 학자의 날카로운 눈으로 분석할 필요조차도 없다. 분권화된 혁신적 생산수단, 그러나 새로운 미디어 테크놀로지에 편승한 경제력의 집중, 자본가와 노동조합 및 공공서비스 간의 전쟁, 국가가 조성하는 라틴 공포증, 급속히 성장하는 감옥산업, 라틴계와 아프리카계 미국인의 압도적으로 높은 감금률을 통해서 억압은 새로운 형태로 계속되고 있다. 교육학 교수 호세 솔리스 요르단 — 드폴 대학교와 푸에르토리코 대학교에서 교육의 기초를 가르쳤고, FBI의 함정에 빠져 신병훈련소에 폭탄 2개를 설치한 죄목으로 유죄판결을 받았다 — 에 관련한 최근의 사건은 미국이 푸에르토리코를 비롯한 세계 곳곳에서 일어나는 제국주의적 야심에 반발하는 평화적 저항까지 분쇄하려는 의지를 보여준 수많은 사례 중 하나일 뿐이다.(Peter McLaren & Jose Solis Jordan(1999)를 참조할 것.)

또한 지구가 기업의 탐욕과 신속한 이익창출을 위한 원자재로 전락해가고 있다는 사실을 확인하기 위해서, 때 묻지 않은 신학생의 도덕적 잣대로 기업전략을 분석할 필요도 없다. 부자와 가난한 사람의 격차는 더욱 벌어져, 이제 세계 300대 기업이 외국인 직접투자의 70%를 차지하고 세계 금융자산의 25%를 차지하고 있다(Bagdikian, 1998). 미디어 테크놀로지도 예전과는 비교할 수 없을 정도로 정교하게 변해서, 공공자산을 민간

분야로 힘들이지 않고 전환시키고 기업의 힘을 신속하면서도 원활하게 강화시켜줄 수 있다. 2차대전 이후, 이제 미국은 누구도 감히 넘볼 수 없는 세계 유일의 초강대국이 되었다. 적어도 군사분야에서는 그렇다. 자유시장이란 신자유주의 이데올로기는 국제통화기금IMF, 세계은행, 세계무역기구WTO라는 세 국제기구의 지원을 등에 업고 세계 전역에서 자본축적을 가속화하고 있는 중이다. 이런 자본축적의 가속화는 정치적 무력증과 윤리적 무저항주의에 빠져버린 세계 지도자들이 보여주는 투쟁 의욕의 상실과 정비례한다. 세계경제가 중앙과 변방으로 양극화되고 있듯이, 이런 불공평한 발전은 라틴아메리카, 아프리카, 러시아 등 세계 곳곳에서 가난하고 혜택받지 못한 사람들을 더욱 불행의 구렁으로 내몰고 있다.

이런 자본주의의 세계화로, '외국인 노동자'가 산업화된 서구세계로 이동하면서, 그로 인해 '타자'와의 전쟁이 임박한 듯한 분위기이다. 금융과 독점자본의 자유로운 거래로 인해 노동의 국제분업의 불평등은 더욱 심화되면서, 유럽 식민주의가 남긴 유산이 그야말로 명명백백히 드러나고 있다. 자본이 지금처럼 삶의 영역까지 침투한 적은 없었다. 물론 옛날에도 자본이 임금노동을 제한적으로 간섭하기는 했지만 삶의 영역은 그런대로 자유로웠다. 하지만 이제는 자본이 주체성까지 상품화하고 있는 실정이다. 또한 신자유주의하에서 맬서스적 사고방식이 팽배해지면서 노동자는 자본의 흥겨운 잔치에 영원히 초대받지 못하는 무지렁이로 전락하고 말았다. 가난한 사람의 수가 늘어나고, 집 없는 사람이 도시의 길거리를 차지하면서, 자본주의의 '자연스런 질서'를 위협하는 존재로 비춰지고 있다.

이렇게 실타래처럼 얽힌 상황을 두고, 포스트모더니즘을 표방하는 서구 학계의 아방가르드들은 문화의 잡종성 혹은 혼합성이라며 박수를 보내고 비교불가능, 혼성, 뒤죽박죽, 불확정성, 우연성, 상품적 가치의 풍자적 표현, 텍스트적인 패러디라 미화한다. 심지어 저속한 공예품, 팝 아이콘, 지하 출판물과 같은 문화의 잔재물을 문화비평의 최고점인 양 찬양하기도 한다. 물론 모든 포스트모던 이론을 거부할 수야 없겠지만, 패러디가 반항적인 것으로 과시되고 문화적 기생충이 반체제적인 것으로 둔갑되면서 정치적 열정을 시험받기를 거부하는 현상, 즉 자본이 교묘하게 조장하는 문화에 충성하는 포스트모던적 이론이 없는 것은 아니다. 이제 학계는 요즘처럼 복잡한 사회를 마르크스주의로는 설명할 수 없다고 떳떳하게 말하고, 마르크스주의를 표방하는 교육자들은 세련된 검은 가죽 자켓과 검은 치노 바지를 입고 노란색 렌즈에 50년대식 검은 테 안경을 쓴 변절자들에게 포위당해 목소리조차 내지 못하는 공간이 되어버렸다. 또 인과관계적 추론에 여전히 충실한 학자들이 오만과 무례의 그림자에 짓눌려 지내는 공간이기도 하다. 유행의 첨단으로 무장하고 세미나실을 차지한 이런 망나니들에게, 포스트모더니즘은 자유분방한 밤을 즐기기 위한 좋은 핑계거리이다. 이 땅의 가난한 사람들과 소외된 사람들은 그들에게 재밌는 밤을 즐기는 데 방해거리일 뿐이다. 그들에게, 가난은 관대한 사회를 유지하기 위한 최소한의 필요조건이다. 나쁘게 말하면 필요악이다. 요컨대 아메리카 드림이란 물질적 장식물을 얻기 위해서는 반드시 거쳐야 할 통과의례이다. 프레이리는 누가 뭐라 해도 사회주의자였다. 하지만 그의 자식이나 다름없는 비판적 교육학은 '실천'praxis이나 '대화'dialogue와 같은 핵심어를 빌어 그럴듯하게 꾸민 자유주의로 포장되거나, 평화를 강조하는 구호와 학생지도 방법으로 자본주의적 사회관계를 감추는 데 이용되고 있는 실정이다. 진정한 사회주의적 대안은 어디에서도 찾아볼 수 없다. 설령 있더라도, 전국의 교실에서 그 대안이 메아리치도록 용기 있게 나서는 교육자는 거의 없다.

　포스트모더니즘이 중요한 쟁점 — 특히 노동이란 문제를 재정립하기 시작한 일부 포스트마르크스주의자들이 제기한 쟁점 — 을 이끌어내고 있지 않다고 말하려는 것은 아니다. 포스트모던 마르크스주의자들은 정통 마르크스주의의 많은 표현을 생산주의와 노동주의적 관점으로 보고 있다. 예컨대 혁명은 욕망의 기계desiring machine가 갖는 논리의 완성이며, 이런 논리에서 사회적 행위자는 '기관이 없는 몸으로 다시 태어나 사이보그로 개조된다'(다이너스타인과 니어리, 1999, p.1). 한편 정통 마르크스주의자의 입장에서 보면, 포스트모던 마르크스주의는 노동에서 구체적 질을 포기하고 추상적인 가능성을 선호하기 때문에 인간의 해방은 현실도피가 된다(다이너스타인과 니어리, 1999). 나는 이런 논쟁을 해결하려고 이 책을 쓴 것이 아니다. 오히려 이런 논쟁에서 중요한 쟁점을 끌어내 다시 비판적 관점에서 살펴보려는 것이다. 궁극적으로 우리는 포스트모더니즘과 마르크스주의의 관계에 변증법적으로 접근해야 한다. 변증법은 심사숙고에 대한 것이지 병렬에 대한 것이 아니다. 요컨대 마르크스주의 자체가 문제인 것도 아니고 포스트모더니즘 자체가 문제인 것도 아니다. 어떤 면에서는 포스트모던 이론이 현재의 마르크스 이론보다 사회적 삶의 단면들을 이해하는 데 훨씬 생산적일 수 있다. 물론 이 책에서 내 주요한 관심사는 포스트모던 이론의 몇몇 해석과, 글로벌 자본주의의 사회관계와 그에 따른 인간의 고통에 관심을 기울이지 않는 것을 논박하는 데 있다. 그러나 내가 더 관심을 갖는 것은 마르크스 이론에서 기대할 수 있는 최선의 것, 즉 인간 사회에서의 자본주의의 바로 그 생명력을 분석하고 도전하는 것이다.

우리는 불행한 시대, 기만에 기초한 전지구적 패권주의의 한가운데, 그래서 우리의 불행이 외부세계에서 자행되는 자본의 착취와 아무런 관계가 없어 보이는 그런 시대에 살고 있다. 오히려 우리의 감정은 일상의 광경을 비쳐 우리를 무디게 만드는 광휘와 기호와 조작의 표면효과에 좌우

된다. 언제부턴가 우리의 외부세계와 내면세계는 완전히 분리되어버린 듯하다. 애너 다이너스타인Ana Dinerstein과 마이크 니어리Mike Neary는 이런 분리를 이론의 절대적 위기인 '디스유토피아'disutopia의 과정과 결부시켜 설명했다.

'디스유토피아'는 우리 시대의 가장 중요한 프로젝트이다. 디스유토피아는 유토피아의 일시적인 부재이기도 하지만, 사회적 소망의 종말을 정치적으로 선언한 것이다. 그러나 디스유토피아를 무감정과 혼돈해서는 안 된다. 무감정은 무관심이란 형태로 나타나지만 포스트모던적 조건은 모순과 상이점, 그리고 상이점을 환호하는 분위기를 통제하려는 투쟁을 포함한 적극적 과정을 수반하기 때문이다. 이 과정에는 유토피아에 대한 저항과 개인적인 자기결정에 대한 찬양을 억제하려는 투쟁도 포함된다. 이것의 결과는 사회적 정신분열증이다. 상이점과 투쟁과 모순이 정치적이고 철학적인 주의주의主意主義, voluntarism로 해결될 수 없는 한 디스유토피아가 개입되어야 한다. 디스유토피아의 옹호자들은 해체, 후회, 부정, 망각에 엄청난 시간을 보낸다. 예술에서의 '신경증적 사실주의'neurotic realism, 학문적으로 정당성까지 부여받은 정치에서의 '제3의 길', 우리 시대의 두려움에 대한 과학적 분류, 의미있게 발전시키기 어려운 개인적 관계 등은 디스유토피아 프로젝트가 어떻게 작용하는지 보여주는 좋은 예들이다. 이 모든 것이 결합되어 나타난 결과가 '평범함'mediocrity이다.(1999, p. 3)

현재의 디스유토피아 프로젝트에 도전하기 위해서는 사회적 관계를 결정짓는 전체성과의 관련 속에서 특수성을 바라보는 것을 놓치지 않는 것이 중요하다. 우리를 포박하는 구체적인 사회적 힘과 사회관계의 확장을 체 게바라나 파울루 프레이리만큼 보여준 사람은 찾아보기 힘들다. 또한 노동과 노동계급이 자본주의적 사회관계를 변화시키는 주체로서 어떤 역할을 할 수 있고, 노동계급의 주체성이 혁명적 사회투쟁을 위한 '새로운 인간'으로 거듭나기 위한 출발점이 되어야 하는 이유를, 삶과 가르침을 통해서 실질적으로 보여준 사람도 찾아보기 어렵다. 그렇다면 비판력을 키워가는 가장 효과적이고 가장 나은 방법은 게바라와 프레이리의 교육적 노력을 통해서가 아니겠는가?

현재의 전지구적 착취−억압 관계에 저항해 그 관계를 변화시키는 데 필요한 유형의 비판력을 키워가기 위한 원천으로서 두 역사적 인물의 교육학에서 길을 찾아내는 것이 이 책의 주된 목표이다. 물론 비판적 교육학, 혁명의 교육학, 페미니스트 교육학 및 프레이리가 그런 교육학의 발전에 기여한 공로를 다룬 책은 많다. 이 책도 그런 책의 하나로 여겨질 수 있다. 그러나 이 책은 부르주아적 휴머니즘에서 비판적 교육학을 구해내려 했다는 점에서 분명한 차별성을 갖는다. 부르주아적 휴머니즘은 비판적 교육학의 진정한 의미를 왜곡시켜 기존의 사회관계, 사용자계급, 노동의 국제분업을 옹호하는 듯 해석하기 때문이다.

나는 이 책에서 게바라와 프레이리의 삶을 개략적으로 다루고 상세한 부분은 독자의 몫으로 남겨놓았다. 특히 게바라의 팬에게는 실망스러울 수도 있을 것이다. 게바라를 다룬 많은 책과 글에서 확인할 수 있는 정보 이외에, '역사적 인물 게바라'에 대한 새로운 사실적 정보를 전혀 덧붙이지 않았기 때문이다. 실제로 기존에 출간된 책들 대부분이 게바라의 삶을 꼼꼼하게 구성하고 있어 더 이상 덧붙일 것이 없기도 하다. 더구나 게바라를 연구하는 학생들이 관심을 가질 만한 것들도 이 책에서는 부수적으로만 다뤄졌을 뿐이다. 나는 이 책에서 게바라의 삶과 죽음에 관련된 새로운 미스터리를 소개하지는 않지만, 그의 유산을 재평가하는 새로운 틀을 제시했다. 즉 그가 삶을 살아온 방식을 '교육학적' 입장에서 평가해보았다. 어떤 의미에서, 그가 남긴 유산 중에서 우리가 깊이 생각하고 받아들여야 할 가장 소중한 교훈은 교육학적 유산이기 때문이다.

프레이리는 게바라보다 30년이나 더 살았다. 그동안 프레이리가 해방의 길을 오랫동안 힘겹게 걸으면서 이뤄낼 수 있었던 성과 때문에 세상은 더 넓어졌다. 여하튼 두 사람만큼 인간 정신이 전진하도록 하는 데 성공한 사람을 찾기란 어렵다. 그들은 '보통사람'이 남다른 삶으로 보여준, 영웅적 열망에 기초한 혁명적 투쟁은 역사에서 결코 지워질 수 없다는 사실을 우리에게 가르쳐주었다. 또한 길에서, 회의실에서, 교실에서, 자본주의자의 공장에서 인간의 가슴으로 투쟁하며 단련된 전사의 정신이 없다면, 그리고 혁명적 사랑이 없다면 역사의 상처는 치유될 수 없다는 사실도 우리에게 가르쳐주었다. 이런 점에서, 이 책은 남달랐던 '보통사람'들을 기억하며 쓰인 책이다.

왜 게바라여야 하는가? 왜 프레이리여야 하는가? 왜 지금 그들을 다시 되살려야 하는가? 왜 정말 그래야 하는가?

# 제1부
# 검은 베레를 쓴 남자

당신은 죽은 것이 아닌 까닭에 당신의 빛은 우리 가까이 있습니다.
—니콜라스 기옌(1967년 10월 15일)

체는 자신을 혁명의 전사라 생각했다. 혁명에서 살아남아야 한다는 생각은 조금도 없었다. 볼리비아에서의 투쟁 결과 때문에 체의 꿈이 실패했다고 생각하는 사람들은 이런 단순논법을 확대해서, 마르크스주의의 창시자들을 비롯해 위대한 혁명적 사상가들과 선구자들도 그들이 살아 있는 동안 그 업적을 완성하지 못했고 그 고귀한 노력이 결실을 맺기 전에 죽었다는 이유로 그들을 실패자라 말할 것이다.
—피델 카스트로, 「체: 회고록」

코차밤바의 농민들은 이상한 기도문을 만들어냈다. "체의 어린 영혼이여, 죄송하지만 내 암소가 다시 건강을 되찾는 기적을 베푸소서. 내 바람을 들어주소서, 체의 어린 영혼이여."
—파코 이그나시오 타이보 2세, 『게바라, 체로도 알려진 사나이』

체 게바라가 시가를 손가락에 낀 채 자신의 생각을 말하고 있다.
이것은 그의 버릇이었다. 1964년경 아바나.

## 살아 있는 전설의 이름, 체 게바라

1967년 10월 9일 오전, 센테노 대령의 명령이 떨어지자 볼리비아 특수부대 마리오 테란 준위는 체 게바라 델 라 세르나Che Guevara de la Serna의 수척한 몸에 M2 라이플의 방아쇠를 당겼다. 그 총성이 울리기 직전, 발레그란데 군사기지 근처 라이게라에 있는 학교의 더러운 바닥에 부상당한 채 누워 있던 그 혁명가는 유명한 말을 마지막으로 남겼다. "쏴라! 비겁한 너희는 겨우 한 사람을 죽이는 것일 뿐이다!"[1] 그날, 장 폴 사르트르Jean-Paul Sartre가 '우리 시대에 가장 완벽한 인간'이라 칭했고, 프란츠 파농Frantz Fanon이 '한 인간의 가능성을 보여준 세계의 상징'이라 평가했던 사내, '엘 체'El Che는 호세 마르티, 에밀리아노 사파타, 아우구스토 산디노, 파라분도 마르티, 카밀로 토레스, 레온 트로츠키, 마리아 로레나 바로스, 로자 룩셈부르크처럼 혁명의 순교자 반열에 들어섰다. 그는 '마리오'란 이름으로 불리던 B중대의 세 전우가 게릴라들의 총에 맞아 죽었기 때문에 게바라를 죽일 권리가 있다고 주장한, 생일을 축하받느라 술에 취한 한 병사에게 살해당했다.[2] 테란 중위가 방아쇠를 당기고 있었을 때, 체의 동료들을 사형 집행하는 데 자원한 베르나르디노 우앙카 병장은 옆 방으로 들어가 페루인 후안 파블로 창 나바로(일명, 엘 치노)와 볼리비아인 시몬 쿠바(일명, 윌리)를 벌집으로 만들어버렸다.[3] 그리고 잠시 후에는 카를로스 페레스 파노소 특무상사와 카브레로 이등병이 학교로 들어와 두 발의 총알로 체를 확인사살했다.[4]

학교에 주둔하고 있던 사형 집행자들과 보초들은 체를 체포하면서 압수한 개인 소지품과 돈을 나눠가졌다. 베레모 2개(하나에는 총알 구멍이 있었다), 파커 만년필, 독일제 45구경 권총, 스테인리스 졸링겐 단검, 파이프 2개(체는 체포된 후, 가리 프라도 살몬 대위가 준 담배 두 개비에서 담배만으로 그중 하나를 채워 처형 몇 시간을 앞두고 피웠다), 파블로 네루다의 「모두의 노래」와 니콜라스 기옌의 「아콩카과」와 「용광로의 돌」을 직접 손으로 쓴 공책, 고도계 하나와 컬렉션용 파이프 하나였다. 체는 똑같은 롤렉스시계 2개를 안전하게 보관하려고 가리 프라도 살몬 대위에게 맡겼다. 그중 하나는 동료이던 카를로 코엘라(일명, 투마)의 것으로, 코엘라는 죽기 전에 그 시계를 체에게 풀어주며 아들에게 전해달라고 부탁했다. 또 체는 학교 바닥에서 찾아낸 조약돌로 그의 시계에 X라는 표시를 해두었다. 그때가 처형 바로 전날이었다. 한편 센테노 아나야 대령은 체의 손상된 개런드 반자동소총을 개인적인 '전리품'으로 챙겼다.

처형 명령은 라파스에 있던 미라플로레스 총사령부에서 암호로 전달되었지만, 그 명령의 출발지는 물론 볼리비아 대통령이던 르네 바리엔토스 René Barrientos였다(바리엔토스는 육군 총사령관이기도 했다). 알프레도 오반도 카니아 장군과 후안 호세 토레스 참모장도 체의 처형에 동의했다. 군부는 체가 교전 중에 전사한 것으로 꾸미려 했다. 이런 이유에서 체는 최후의 일격을 머리에 맞지 않았다. 10월 9일, 육군 최고사령부는 성명서 45/67호를 발표하며, 케브라다 데 유로 지역에서 '붉은 분견대'와 제2공격연대 간의 격렬한 교전 중에 불의의 총탄을 맞아 체가 사망했다고 알렸다.

마포 들것에 실려 헬리콥터 착륙장으로 옮겨진 체의 시신은 라이게라에서 볼리비아 제8사단 본부가 있던 발레그란데로 옮겨졌다. 헬리콥터에는 요아킨 센테노 아나야 대령이 타고 있었다. 볼리비아 육군 지휘관 제복을 입은 그의 옆에는 '캡틴 라모스'로 알려진 남자가 앉아 있었다. 흰칠한 키에 험악한 표정의 그는 CIA요원으로 쿠바 이민자인 펠릭스 이스마엘 로드리게스 멘디구티아였다.(라이게라에서 무선 연락책으로 체의 죽음을 확인한 그는 CIA에서 훈련받은 반反카스트로 '2506여단'의 단원이었고, 훗날 악명 높은 니카라과 반군을 훈련시켰으며, 로널드 레이건의 이란 콘트라 사건에서는 올리버 노스의 교섭 창구로 활약했다.) 정각 오후 5시에 헬리콥터가 도착하자 엄청난 수의 군인들이 헬리콥터를 에워쌌다. 날씨는 맑고 화창했다. 착륙장에는 브라질의 TV 글로보, 스웨덴과 영국의 신문사들, 볼리비아의 일간지 〈프레센시아〉에서 파견된 기자들이 기다리고 있었다. 군인들은 헬리콥터에서 들것을 재빨리 내려, 하얀 시보레 소형 밴의 뒤 적재함에 실었다. 그리고 발레그란데의 좁은 길을 따라 신속하게 빠져나갔다. 영국 기자들을 태운 지프가 밴을 바싹 뒤쫓았다. 트럭은 광장의 마른 분수대, 시계탑이 언제나 10시 5분을 가리키는 마을 회관, 훌리오 두란의 약국, 몬테스클라로스 식품점, 하숙집 역할도 하는 도냐 에바의 상점, 그리고 교구민들이 '바실리카'라고 부르는 작은 성당을 지나서 누에스트로 세뇨르 데 말타 병원의 철문을 통과했다. 들것은 지체 없이 병원 주건물과 떨어진 작은 벽돌집으로 옮겨졌다. 병원 세탁실이었다. 체의 시신은 세탁실 바닥에 던져졌다. 영국 기자들이 그곳까지 뒤쫓아 왔지만, 무뚝뚝한 표정의 에두아르도 곤잘레스 박사(구스타보 비욜도 삼페라의 가명, 쿠바 출신으로 체의 부검과 처치에 참여한 CIA 요원으로 볼리비아 지국장)의 저지로 사진을 찍을 수는 없었다. 기자들이 영어로 곤잘레스 박사에게 어디 출신이냐고 묻자, 그는 빈정대듯이 "지옥에서 왔수다!"라고 대답했다. 비욜도는 체의 시신을 발로 툭 찼고(Cupull & González, 1997), 캡틴 라모스(펠릭스 로드리게스)는 어두컴컴한 구석에서 서성대며 직속상관인 곤잘레스 박사와 워싱턴의 CIA 보스들에게 제출할 보고서를 작성하고 있었다. 체의 시신이 세탁조에 올려지자, 비욜도는 체의 얼굴을 주먹으로 가격했다. 볼리비아 내무성 정보부 책임자이던 로베르토 토토 킨타냐 대령은 체의 지문을 떴다. 병원 세탁부 그라치엘라 로드리게스의 도움을 받아, 간호사 수산나 오시나가는 체의 옷을 벗기고 차가운 몸에 묻은 피를 서둘러 닦아냈다. 그리고 가리 프라도 살몬 대위가 라이게라에서 '그 게릴라의 얼굴이 더 이상 일그러지는 것을 방지하려고' 아래턱부터 감싸 정수리에 묶어 두었던 손수건을 풀었다. 살몬의 증언에 따르면, 죽은 게릴라의 얼굴은 언제나 입을 벌리고 눈길을 종잡을 수가 없어 '화난 표정'인 반면에 죽은 볼리비아 병사들은 '한결같이 평화롭게 잠든 얼굴'이었다(Salmón, 1990, p.254).

〈맨체스터 가디언〉의 볼리비아 특파원인 리처드 고트는 전에 체를 개인적으로 만난 적이 있었기 때문에, 언론계 전체를 대신해서 체의 시신을 살펴보고 그 시신이 '엘 체'라는 사실을 확인해달라는 요청을 받았다. (이때 고트는 CIA가 개입했다는 사실을 폭로하는 기사를 썼지만, 미국 신문들은 이 사실을 몇 달 동안이나 미루고 보도하지 않았다.) 그는 체의 시신 사진을 찍었다. 체의 장딴지, 그리고 세 겹의 양말에 수공으로 만든 신발을 신은 발도 찍었다. 모이세스 아브라암 밥티스타 병원장과 인턴 요세 마리네스 카소가 체의 목을 절개하고, 부패를 막기 위해 그의 몸에 포름알데히드를 주입했다. 정보장교들이 시신을 꼼꼼히 훑어보면서 실제로 체 게바라인지 확인했다. 정보장교들이 확인 절차를 끝내자, 군인들은 기자들이 세탁실에 들어와 체의 시신을 찍는 것을 허락했다. 지문의 채취도 허용되었다. 그날 일찍, 체의 시신이 헬리콥터에 옮겨진 후, 푸카라에서 달려온 예수회 소속의 신부 로저 쉴러가 체의 눈을 감겨주었다. 그런데 기자들에게 시신을 공개했을 때 체의 눈은 다시 열려 있었다. 극적인 효과를 더하기 위한 연출이었을까? 하여간 체는 콘크리트 세탁조에 걸쳐놓은 들것에 실려 있었다. 신비로운 빛이 그의 몸을 감싸고 있는 듯했다. 초록색 눈동자는 거의 투명했고, 자줏빛 입술은 야릇한 미소를 머금고 있었다. 그의 몸은 평화롭게 누워 있어 마치 신의 은총을 받은 듯 보였다. 기독교 성화를 바라보고 있는 듯한 기분이었다. 죽은 지 한참이 지났지만 그의 눈빛은 여전히 반짝거렸다. 하느님이 마치 달빛으로 그의 시신을 방부처리라도 한 듯! 발레그란데의 많은 여인들, 병원 수녀들, 오시나가 간호사는 체 게바라의 모습에서 예수 그리스도를 보았던 것일까. 몇몇 여인은 체의 신비로운 모습에 감격해서 체의 머리카락을 몰래 뽑아 행운의 부적으로 여겼다는 말도 전해진다. (실제로 그녀들은 그 머리카락을 지금까지 간직하고 있으며, 망자亡者의 날이면 체의 영혼을 위해 기도한다. Anderson, 1997, p. 742) 10월 10일 아침 일찍, 발레그란데의 농부들, 군인들, 마을 사람들은 체의 시신을 천천히 일렬로 지나가며 보는 것이 허용되었다. 군인들이 접근을 통제했지만, "밀려드는 인파에 군인들의 저지선은 금세 허물어지고 말았다"(Taibo, 1997, p. 565).

그날 저녁 늦게, 시신을 공개하는 절차가 끝난 후 토토 킨타냐와 CIA 요원인 에두아르도 곤잘레스가 지켜보는 앞에서 밥티스타와 카소가 부검을 시작했다. 다시 지문 채취와 사진 촬영이 있었다. 앙드레 셀리크 중령과 마리오 바르가스 살리나스 소령이 체의 시신 옆에서 포즈를 취하고 사진을 찍기도 했다. 사진에 담긴 장면은 1590년대 네덜란드 라이덴의 해부실에서 있었을 법한 장면만큼이나 섬뜩했다. 알프레도 오반도 칸디아 장군은 체를 참수시켜, 신원 확인용으로 얼굴만을 보관하고 싶어 했지만 펠릭스 로드리게스는 볼리비아 정부가 다른 나라 사람들에게 야만적인 나라로 보일 수 있다는 이유로 체의 참수를 반대했다(Anderson, 1997, p.742). 대신 로드리게스는 손가락 하나를 잘라내는 것으로 만족하자고 제안했고, 그렇게 타협이 이뤄졌다. 아브라암 밥티스타 박사는 약간 시간은 걸렸지만 민첩한 솜씨로 체의 손목에서 두 손을 잘라내 포름알데히드 병에 담궜다(Taibo, 1997, p. 566).[5] 체의 얼굴을 밀랍으로 본뜨려는 시도가 두 번 있었다. 그러나 두 번의 시도 모두 참담하게 실패했고, 그 때문에 체의 얼굴은 크게 손상되었다. 당시 인턴에 불과하던 마르티네스 카소는 이런 시신 학대를 보기가 역겨웠던지 집에 돌아가 인사불성이 되도록 술을 마셨다. 아르헨티나 경찰 법의학 전문가 두 명이 부에노스아이레스에 보관된 파일 속의 지문과 체의 지문을 비교하러 오기도 했다. 다음 날 군부는 체의 시신에 휘발유 네 통을 끼얹고 불태우려 했다. 그러나 거의 새벽 무렵이었고, 발레그란데 주민들이 사건의 추이를 민감하게 주시하고 있었으며, 외국 기자들이 주변에 몸을 감추고 취재를 하고 있었기에 결국 체를 매장하라는 결정이 내려졌다(Cupull & González, 1997). 발레그란데 신공항 계획을 위해 건설현장에 있던 불도저 한 대가 급히 징발되었고, 활주로 끝에 큼직한 구덩이가 파였다. 그리고 체와 6명의 게릴라 — 볼리비아 출신의 시몬 쿠바(윌리)와 아니세타 레이나가, 페루 출신의 후안 파블로 창나바로(엘 치노), 쿠바 출신의 알베르토 페르난데스 몬테스 데 오카(파츄 혹은 파충고)와 르네 마르티네스 타마요(아르투로), 오를란도 판토야(안토니오 혹은 올로) — 의 시신이 아무런 의식도 없이 웅덩이에 던져졌다. 그날 밤, 발레그란데 주변의 작은 집들에서 체를 위한 촛불이 밝혀졌다.[6]

그로부터 12일 후, 약 5만 5천 명의 미국인이 워싱턴 DC 링컨 메모리얼 앞에 모여 고개를 조아리고 체 게바라의 죽음을 애도했다. 헨리 버터필드 라이언은 "대부분이 젊은 사람이었다. 정도의 차이는 있었지만 그들 모두가 미국 정부의 폭력적 정책에 분노를 감추지 못했다. 그날 시위를 주도한 한 지도자는 '게바라는 영혼의 동지'라 말했다. 그들 모두가 그 말에 동의하며 게바라에게 경의를 표하며 조용히 서 있었던 것이다."(1998, p.162)라고 말했다. 그러나 역사의 아이러니였을까? 모스크바에서 체 게바라의 죽음을 애도하기 위해 열린 유일한 대중집회에는 모스크바에 소재한 파트리스 루뭄바 대학교에 재학 중이던 라틴계 학생들만이 미국 대사관 앞에 옹기종기 모였을 뿐이다(Ryan, 1998).

체 게바라의 죽음은 유례없는 역사적 순간으로 각인된 바, 한 영웅적 게릴라 사령관의 처형은 그 자체로 역사의 침묵을 알리는 표식으로 승화되었고, 자본주의의 불가능성이 한 순교자의 피에 뚜렷이 기록되었으며,

자본주의 논리가 완전히 논박당했기 때문이다. 역사의 깊은 침묵을 떠올려주는 사건이 1997년 6월 28일에 일어났다. 체 게바라의 시신이 거의 30년간 방치된 활주로 근처에서 발견된 것이다. 체의 유해가 발견된 놀라운 사건이 지닌 의미는 소비에트의 몰락으로 마냥 즐거워하던 반공주의자들에게는 일종의 역류였다. 새로운 세계질서의 수호자들이 이 상징적 승리를 좌파와 결부시키지 않으려고 발버둥쳤지만 체가 남긴 빛의 여운까지 완전히 떨쳐낼 수는 없었다.

체의 유해가 발견되면서 체의 정신도 되살아났다. 체는 다시 우리 곁에 살아 숨 쉬는 사람이 되었다. 비유해서 말하면 체의 유해가 발견되면서 반항자, 순교자, 무모한 도전을 일삼는 불량한 사람, 구원자, 배교자, 극단주의자의 연대가 활성화되었고 그들을 구분짓는 경계가 사라졌다. 냉전으로 두려움이 조장되고 상호비난이 극심했을 때는 체에 대한 미국의 기준이 도덕적 기준을 앞설 수 있었다. 따라서 선(민주주의)과 악(공산주의)이란 요지부동의 이분법적 틀 안에서 체를 어느 쪽에 두느냐에 따라 체의 유산에 대한 반응도 다를 수 있었다. 심지어 체의 유산을 격렬하게 비난하는 것도 용납될 수 있었다. 오늘날 미국 사회에서도 냉전이 낳은 반목이란 두꺼운 껍데기가 점점 엷어지고 있지만 체의 전설적인 이야기는 여전히 공개적으로 내놓기가 거북하고 이해하기 힘든 세계로 여겨지고, 편안하게 친구와 적을 구분하지 않는 그의 사상과 행동도 안보를 유지하는데 걸림돌이 될 뿐이라 생각하는 듯하다. 이처럼 이해집단에 따라 체의 해석이 모순되기 때문에 체가 갖는 의미를 합의해서 결론짓기란 쉬운 일이 아니다.

현재 체에 대한 대중의 인식은 엉뚱한 길로 빠진 반항자, 번뜩이는 영감을 가진 게릴라 철학자, 풍차를 향해 돌진한 돈키호테 같은 시인 전사, 부르주아계급에게 무모하게 도전한 전사, 성인처럼 떠받드는 찬사에 취한 사람, 모든 행위가 폭력과 결부된 복수의 사자처럼 처신한 대량 학살자, 즉 광기에 빠진 테러리스트의 전형 등 다양하다. 급진적 좌파에게 체는 다목적으로 활용할 수 있는 성자가 되었다. 반면에 억압하고 괴멸시키는 악마적 힘을 지닌 뉴라이트에게 체는 어떤 면으로 보아도 범죄자일 뿐이다. 미국에서도 중립적인 학자들이 성자나 범죄자라는 이분법에서 벗어나 체를 객관적으로 평가하려는 의지를 뚜렷이 보여주고는 있지만, 체라는 인물을 언제나 억압된 공간에서만 만나고 있다는 사실을 잊어서는 안 된다. 그 공간은 대중의 반응과 개인적 기억으로 이뤄진 공간이고, 우리 사회에서 흔히 사용되는 담론과 '말하는 방식'으로 경계가 정해진 공간이기도 하다. 달리 말하면, 우리 사회라는 기준 내에서, 즉 경제지상주의적 관점에서 결정된 공간이다. 특히 대중매체에서 흔히 언급되는 범위를 벗어나지 못한 공간이다. 따라서 체의 이미지는 다양한 것이 아니라 부르주아들이 만들어낸 이미지라 할 수 있다. 그런데 그런 이미지조차 똑같지 않고 모순되기 일쑤이다. 그 이유는 식민지배자가 피식민자와의 상호관계를 어떻게 받아들이고 유도하느냐에 따라 그 이미지의 형성이 달라지기 때문이다.

국가의 통제에서 벗어나 교육받는 사람은 국가의 강력한 통제를 받는 계급화된 사회의 사람보다 다른 사람에게서 자신을 인식할 가능성이 훨씬 높다. 소비에트가 붕괴되고 '역사의 종언'을 부르짖는 목소리가 드높아지자 미국인들은 자본주의적 민주주의는 좋은 것이고 사회주의는 나쁜 것이라는 터무니없는 이념적 이분법을 비판 없이 받아들이는 모습을 보였다. 말하자면, 자본주의가 민주주의의 기초를 든든히 받쳐주는 순수하고 자연스런 사회관계라는 믿음이 팽배해졌다. 따라서 체의 이미지는 두 가지 상반된 모습으로 분명히 비춰지고 있지만, 미국인들에게 체는 정치적 투쟁에 목숨을 건 듯한 무정부주의자, 새로운 사회주의를 건설하고 도덕적 이상의 구현장으로 전쟁터를 탈바꿈시켜버린 명예욕에 사로잡힌 괴짜, 패배한 좌파의 우상, 말로 표현하기 어려운 것을 격렬하고 화려한 수사어구로 바꾸는 천부적 재능을 지닌 웅변가로 선전되고 있는 실정이다. 체, 산디노, 마르티 등 옛 혁명가들을 새삼스레 언급하는 것이 민주주의의 발전과 그에 따른 사회·문화적 '향상'을 추구하는 데 조금도 도움이 되지 않는다는 것이다. 쿠바 국민의회 의장, 리처드 알카론은 이런 현상을 다음과 같이 평가했다.

> 에르네스토 게바라를 자나간 시대의 상징적 인물, 즉 과거의 유산으로 소개하려는 몇 번의 시도가 있었다. 소련의 붕괴 이후, 제국주의 학계는 행복감에 젖어 유사한 이념을 지닌 다른 집단들 ─ 복제는 실험실에서 성공하기 전에 이데올로기의 세계에서는 진작부터 있었다 ─ 과 손잡고 국민들에게 소비에트 모델의 실패는 사회주의 이상의 죽음을 뜻하고, 그 목표를 이루려는 노동자들의 운동까지 영원히 종속시킬 것이라는 잘못된 믿음을 심어주려 애썼다.(1998, p.33)

그러나 체의 이미지가 지나친 모방과 부정확한 정보로 확산되면서 체는 위험천만한 지뢰밭 사이를 아슬아슬하게 걸어가고, 자칫하면 역사의 뒤안길로 내던져질 위기에 처해 있다. 그 이유는 체의 이미지가 신화적인 면을 일상적인 것에 끼워 넣고, 과거와 미래를 하나의 순간으로 뭉뚱그릴 수 있기 때문이다. 요컨대 구원의 약속처럼 여겨지면서 새로운 질서를 향한 기대감을 키워주기 때문이다. 오늘날 체의 이야기는 정치에 저항하는 세력을 덜 억누르는 곳에서, 또 지배세력의 부인과 금지가 덜 부산스런 곳에서 다시 거론되고 기억된다. 체에 대한 기억을 되살린다는 것은 지금처럼 자본주의가 득세하는 시대의 노골적인 착취에 대항함으로써 그 불가피성이란 미망을 깨뜨린다는 뜻이다. 또한 상식화되어 뒤바꾸기가 불가능해보이는 일상의 삶을 탈피하고, 궁극적으로는 그런 현실을 정확하게 파악해서 변화시키겠다는 뜻이다. 이런 현실의 극복은 이 책의 목적이기도 하다.

체가 읽히는 점유공간의 하나는 리비도(성적 충동) 담론—이성에 호감을 갖는 오락문화—이 치명적으로 과밀한 곳이기 때문에, 또 미국은 섹시한 영웅을 좋아하기 때문에, 체는 그의 남성성이 갖는 시장가치로 인해 계속 숭배될 것이다. 체를 안톤 라베이(샌프란시스코에 본부를 둔 사탄 제일 교회의 창립자)와 로빈 후드를 뒤섞어놓은 인물로 보거나, 체의 포스터를 사무실에 걸어두고 차를 마시면서 혁명 예술의 장점을 떠들어대는 비주류 문화 지식인들의 작은 관심을 주로 끌기 시작하면서 체는 팝 문화에서는 주류가 되었다. 체, 카밀로 시엔푸에고스 등 피델과 함께 산에서 지냈던 '게리예로스'(guerrilleros, 게릴라)가 1959년 워싱턴을 방문했을 때 그들의 긴 머리카락과 수염은 미국의 반反문화계에 강렬한 인상을 남겼다. 1960년대 비틀스와 롤링 스톤스가 영국의 전위부대처럼 미국에 상륙하자, 머리카락을 길게 기른 군인 같은 인상에 혁명을 향한 열정까지 더해진 체의 이미지는 기성문화에 반발하던 젊은 세대의 상상력을 사로잡기에 충분했다. 지퍼게이트 사건으로 모니카 르윈스키의 고급 베레모가 등장하기 전에는 매력적이고 뚜렷한 이목구비의 기품 있는 얼굴을 더욱 빛나게 해준 검은 군용 베레모가 있었다.(체는 베레모를 쓰기 전에 군모를 썼다. 그 군모는 원래 시로 레돈도의 것으로, 그가 죽은 후부터 체가 그 군모를 물려받아 썼다. 그러나 체는 쿠바 원정 중 카마게이 강을 건너면서 그 모자를 잃어버렸다.) 최근에 〈로스앤젤레스 타임스〉의 준 카사그란데는 미국인의 무의식 속에 자리 잡은 체의 이미지를 이렇게 설명했다. "게바라는 기관총을 든 마르크스주의자, 짐 모리슨이었다. 섹시하고 상스러우며…… 삶의 한 방식처럼 죽음과 춤을

추는 이상주의자였다. 그러나 30년의 시간이 지난 후, 미국인들은 게바라의 신념과 메시지를 다시 기억해내며 그를 재창조해냈다. 과거에 너무 위협적으로 보였던 그의 단면들, 예컨대 무기를 든 반항자이자 마르크스주의자였다는 사실을 지워버리고!"(1997, p.9). 카사그란데가 과장되게 감정을 표현한 것은 분명하지만 그녀의 지적이 완전히 틀린 것은 아니다. 그러나 카사그란데의 글을 잘못 해석하면, 체와 대중의 관계가 방종한 사랑이라 착각하기 십상이다. 이런 관계가 실제로 존재한다면 시장이 깊게 관여한 탓도 없지 않다.

자본주의의 야만적이고 끈질긴 논리는 인간의 탈을 쓰고 있어, 미국과 같은 선진자본주의사회의 시민까지도 체의 순교를 염가판매 자본주의의 시장 논리에 따라 해석하는 경향을 띤다. 차별화 공작으로 체를 '조작'하는 데 사용된 식민시대의 프로파간다와 수사법으로 체의 사상과 삶이 갖는 해방자적 성격을 끊임없이 차단했다. 따라서 체는 제국주의적 범주와 식민시대의 인식을 벗어날 수 없었고, 오히려 서구 대도시의 논리에 따라 그와 관련된 전설이 재창조되었다. 체의 메시지는 사회의 변두리에 끊임없이 존재해온 정치적 주장이었다. 그런 주장은 공식적인 역사에서 다뤄지지 않지만 결코 완전히 지워버릴 수 없는 위험한 기억이었다. 달리 말하면, 종속적이지만 언제나 되살아나는 지식이었다. 체가 피를 흘렸을 때 인간 조건에 대한 절규라 할 수 있는 그 피의 의미는 제국의 문턱까지 흘러가, 결코 씻어낼 수 없는 메시지로 제국의 하얀 대리석에 얼룩을 남겼다. 차가운 세탁조에 누운 체의 시신을 담은 사진 ― 파코 이그나시오에 따르면 "렘브란트의 「튈프 박사의 해부학 강의」를 하이퍼 리얼리즘으로 해석한 듯한 사진"(1997, p.55) ― 을 떠올릴 때마다, 우리는 이 세속의 성자 탄생은 고통 받는 인류를 대신한 체의 희생 덕분에 가능했다는 사실을 기억해야만 한다. 이런 감정은 자본주의의 부패한 힘에게 거의 모든 것을 빼앗긴 사람들에게도 고스란히 남아 있다.

> 농민들이 한 줄로 시신 앞을 지나갔다. 숨이 막힐 듯한 침묵만이 흘렀다.
> 군인들이 접근을 통제하려 하자, 농민들이 우르르 몰려들어 군인들의 저
> 지선을 무너뜨렸다. 그날 밤, 체를 위한 촛불들이 그 작은 마을 주변의 작
> 은 집들에서 처음으로 밝혀졌다. 성자, 가난한 사람들을 위한 세속의 성자
> 가 그렇게 탄생했다.(Taibo, 1997, p.565)

체의 시신은 발레그란데의 한 세탁조에 누워 있었다. 사진작가 프레디
앨보타Freddy Alborta가 찍은 사진에는 신비로운 영기靈氣가 시신을 감싸
고 있어 군인들, 기자들, 사진작가들, 장교들의 누르께한 얼굴들 사이에
서 체의 모습이 유난히 빛난다. 호세 아르세 파라비시니가 '총격을 당한
그리스도'라 칭한 이 게릴라 그리스도의 죽은 사진은 사람들에게 신화적
인 경외심을 불어넣는다. 체의 수척한 몸이 만테냐Mantegna나 홀바인
Holbein이 그린 그리스도의 시신과 놀라울 정도로 비슷하기도 했지만, 체
의 삶과 가르침이 인류를 위한 지혜와 동정과 희생이나 다름없어서 그리
스도의 삶과 비교되기 때문이었다. CIA의 지원을 받은 볼리비아 군부가
체를 처형한 지 30여 년이 지난 지금, 미국의 교사들과 교사들을 양성하
는 교수들에게 체는 오늘날 세계에서 일어나는 역사적 사건들을 올바로
이해하는 데 필요한 삶을 살고 메시지를 남긴 사람이 아니라, 먼 과거에
이상적인 꿈을 꾸었던 낭만적 아이콘이고 제3세계의 상징적 인물일 뿐이
다. 결국, 체가 예언한 미래는 아직 도래하지 않았다. 오히려 체가 목표로
삼았던 제국주의에 지배받는 세 대륙, 즉 아시아, 아프리카, 라틴아메리
카에서 억압받는 사람들의 상황은 그 어느 때보다 자본주의 세력에 장악
당한 실정이다.

그러나 미국의 주요 언론이 그렇듯이, 티셔츠, 핀, 슬로건에 쓰인 포스터, 체의 낭만적 초상을 매달아 전 세계에서 팔고 있는 열쇠고리 등의 형태로 상업화된, '포스터화한' 게바리즘의 유산을 체에게 그대로 덧씌우는 것은 잘못이다. 미국의 제국주의 정책에 자극받아 미국인들에게 전체주의적 인식이 팽배하다는 사실을 간파하고 자본주의를 역사의 심판대에 세웠던 체가 이제 자유분방한 혁명가로 전락되어 버렸다. 그의 이미지는 존경받는 중산층의 액세서리가 되었고, 그의 베레모는 타코벨 선전에서 말하는 치와와의 머리에도 쓰고 있으며, 그가 입던 군용 셔츠는 고가품 체인점의 필수품이 되었다. 이 모든 현상은 일반 시민들의 진술 거부가 유행병처럼 번지고 있는 가운데 일어나고 있으며, 자본주의가 가난하고 힘없는 사람들에게 가한 재앙적 결과에 관하여 자본가계급의 의도적인 거의 완벽한 부정에 의해 특징 지워지기도 한다. 따라서 이런 현상은 라틴아메리카 거의 전역에서 확인되는 체에 대한 숭배와 상당한 거리가 있다. 라틴아메리카에서는 체의 사진이 개인 주택의 현관에 소중히 걸려 있기도 하지만, 5층 높이의 큼직한 초상이 쿠바 혁명광장의 정부 건물을 뒤덮고 있기도 하다. 쿠바 학생들은 "우리는 체를 닮으리라!"라고 외치고, 저항운동가들은 멕시코시티에서 브라질 포르투알레그레까지 체의 사진을 높이 쳐들고 행진했으며, 라이게라 마을의 농부들은 체를 세속의 성자처럼 떠받는다. 그러나 상업화된 체는 신성함과 돈이 만나는 접점에 있다. 맬컴 엑스의 메시지가 그의 시각적 이미지에 묻혀버렸듯이, 체의 메시지도 과격파를 좋아하는 소비문화에 의해 과잉 코드화되어, 한때 "캠퍼스 기숙사의 필수적인 장식물로 팔리며" 대안 서점들의 벽을 장식하던 베레모를 쓴 사나이의 그리스도 같은 이미지에서 탐색해내야 할 실정이다 (Sandison, 1997, p.148). '체수그리스도', 즉 체의 그리스도화는 인류를 향한 체의 사랑, 공익을 위해 기꺼이 자신을 희생하겠다는 체의 단호한 의

그리스도 같은 체, 1963년경 아바나.

지를 뜻하기는 하지만 그의 정치적 소명의 핵심을 감춰버리는 경향을 띤다. 혁명적 계급투쟁에 대한 체의 생각, 그리고 세계의 사회주의화를 꿈꾼 그의 비전은 고지식해서 길을 잘못 택한 게릴라의 낭만적 고민을 훨씬 넘어서는 것이다. 또한 장사꾼들이 그의 이미지를 싸구려 예술품으로 전락시키거나 그의 전설을 기념품으로 만들어 떼돈을 벌게 하는 데 기여하는 것으로 그의 죽음이 끝나서는 안 된다. 1997년 10월 쿠바에서 체의 추념식이 열리기 일주일 전, 체의 딸, 알레이다 게바라는 아버지가 상품화되는 것을 비난하며, 그런 상품화는 아버지의 정치철학을 배신하는 짓이라 주장했다. 그녀는 "나는 재떨이에서, 청바지의 엉덩이에서 아버지의 얼굴을 보고 싶지 않습니다. 이런 작태는 상업주의이고 기회주의입니다.

영국 국교회에서 논란을 불러일으킨 광고 포스터.

그들은 돈을 버는 데만 혈안이 되어 있습니다. 하지만 그런 유행을 따르지 않고, 모든 가치를 상실하고 있는 이 세상에서도 아버지의 뜻을 찾으려는 젊은이들이 있어 나는 희망의 끈을 놓지 않습니다."(Fineman, 1997, p.A12)라고 말했다.

심지어 교회까지 체의 상징적 의미를 이용해왔다. 혁명가 체의 이미지를 이용해서, 영국의 '교회홍보 네크워크'Churches Advertising Network는 1.5m의 포스터로 체의 천박한 이미지 ─ 체에게 가시 면류관을 씌우고 거친 얼굴을 자랑하듯 드러내고 남성적인 매력을 과시하는 포스터 ─ 를 제작해 5만 개 교회에 그것을 구입하라는 전국적인 포스터 캠페인을 벌이며 이상한 논쟁을 불러일으켰다. 교회 신도들이 부활절에 교회를 찾도록 체의 포스터를 미끼로 쓰라는 것이다. 그 포스터가 10대 소녀의 방 벽에 붙여지고, 사람들이 '하얀 잠옷을 입은 겁쟁이 북유럽인'에서 벗어나게 하려는 소망에서 피터 오웬 존스Peter Owen-Jones 목사는 이 캠페인을 꾸준히 지원했다(Combe, 1999). 이처럼 예수의 이미지를 '혁명가'로 바꿔놓으려는 전략에 반발하며, 영국 보수당 의원이고 보수주의 기독교 형제회의 후원자인 해리 그리너웨이Harry Greenaway는 "예수는 완벽했다. 예수를 체 게바라에 비유하는 짓은 신성모독이다."라고 항의했다(Miller, 1999a). 또한 그리너웨이 의원은 "어떤 형태로든 이 비유에 관련된 사람들은 파문당해야 마땅하다."라고 덧붙였다. 주디 베이션Judie Beishon 사회당 집행위원도 "그런 비교는 체 게바라에 약간 손해인 듯하다."라고 빈정댔다(Combe, 1999).

알렉산더 코크번Alexander Cockburn은 이렇게 썼다. "1960년 쿠바의 지도자들이 군수품을 실은 선박의 폭발로 사망한 사람들을 공개적으로 애도하던 날, 알베르토 코르다가 찍은 체의 유명한 사진은 이제 천박한 상품이 되어버렸지만 체 게바라라는 인물은 그렇게 천박한 존재로 전락하지 않았다. 체는 여전히 역사 속에 살아 있다. 그의 이미지가 1990년대 초 볼리비아 농부들과 함께한 라파스의 행진을 비롯해서 1만 번의 집회와 행진을 함께 했던 것처럼!" 그의 검은 베레모와 그의 '별'(셀리아 산체스는 1957년 시에라 마에스트라에서 사령관으로 진급한 체의 베레모에 별을 달아주었다)은 영웅적 리더십의 상징이 되었다. 체는 평균 연령이 33세에 불과하던 젊은 쿠바 혁명군에서도 낭만적 인물이었고, 그의 이미지는 오늘날 훨씬 크게 쿠바를 드리우고 있다.

돌이켜보면, 체는 놀라운 통찰력으로 미국이 베트남에서 패전할 것이라 예언하면서 여러 지역의 혁명에 활력을 북돋워주었다. 미카엘 레위 Michael Löwy는 "체의 처형 이후로, 체의 세계 분석과 개인의 삶에 대한 체의 이해가 옳았다는 사실을 증명해주는 사건들이 잇달았다. 베트남이 워싱턴의 대규모 군사 개입 역량을 일시적으로 떨어뜨리면서 이란, 에티오피아, 니카라과, 그레나다 등 미국의 위성국들이 상대적으로 쉽게 전복되었다."(1997, p.9)라고 말했다. 대담하고 박학다식했던 체는 반反제국주의 투쟁의 가능성을 분석적이고 독특한 시각에서 접근했다. 제임스 페트라스James Petras가 지적했듯이, "체 게바라의 풍모와 사상은 혁명적 토론의 틀을 잡고 혁명의 잠재적 가능성을 이해하는 데 영향력을 발휘했고 선견지명을 보였다"는 사실에는 의문의 여지가 없다. 볼리비아 시골의 울창한 잡목숲에서 야영하면서 체는 라틴아메리카와 북아메리카의 '구체제'ancien régimes를 세상에 알리는 데 주력했고, 혁명군이 주도하는 무력 투쟁을 통해 사회주의 혁명의 완성을 굳게 믿었다. 부활하는 미국의 제국주의에 철퇴를 가하고, 라틴아메리카 전역에 '새로운 쿠바'를 건설하려는 시도에서, 체는 가난한 사람들과 박탈당한 사람들에게 압제자들에게 항거해 일어서라고 촉구했다.

체의 정신은 여전히 살아서, 우리를 에워싸고 있는 혼돈을 걷어내고 우리 눈을 언제나 미래로 향하라고 촉구한다. 포스터에서 또 티셔츠에서 우리를 쏘아보는 눈길은 과거로 통하는 틈일 뿐 아니라, 역사적 가능성을 보여주는 창窓이기도 하다. 아리엘 도르프만Ariel Dorfman은 이렇게 표현했다.

죽은 영웅들과, 그들의 순교가 현재를 살고 있는 우리에게 가하는 커다란 부담을 경계하지 않는 것은 아니지만, 나도 나름대로 예언을 해보려 한다. 어쩌면 일종의 경고일 수도 있다. 이 지구에서 30억 이상의 인간이 현재 하루에 2달러 이하로 살아가고 있다. 게다가 매일 4만 명의 어린이가 만성적 기아와 관련된 질병으로 쓰러지고 있다. 1초에 1명 이상인 셈이다. 이런 부정의와 불공평은 어디에나 있고, 언제나 있었다. 그 때문에 수십 년 전에 체가 빗발치는 총탄을 무릅쓰고 그를 기다리는 볼리비아로 달려갔던 것이다.

이 땅의 권력자들은 조심해야 할 것이다. 우리가 입고 있는 티셔츠 안에서 체 게바라의 눈동자가 이글이글 불타고 있을 테니까.(1999, p.212)

성능이 훨씬 나은 무기로 무장하고 수적으로도 우세했던 볼리비아 정부군도 체를 패배시키지 못했다. 그러나 CIA가 주도한 정교하게 조작된 반공주의 선전을 비롯한 이데올로기 프로파간다에, 유럽과 미국의 가치를 문명의 정점으로 회복시키려는 미국 정치인들의 보복에, 라틴아메리카 공포증에 사로잡힌 미국 정치인의 허풍에, 미국 외교정책의 제국주의적 유산에, 그리고 강력한 힘을 지닌 미국 군수산업체의 압력에 체는 무너지고 말았다. 그러나 체는 인간 정신이란 전투에서 승리를 거두고, '20세기 라틴아메리카 혁명투쟁의 가장 중요한 순교자'(Loveman & Davies, 1985, p. x)가 되었고, '20세기에 가장 칭송받는 투사 중 하나, 즉 인간 의지력과 결단력을 상징하는 인물'(Loveman & Davies, 1985, p. ix)이 되었다.

그러나 체의 죽음은 마르크스주의 좌파에게는 엄청난 손실이었다.[7] 그레이엄 그린Graham Greene은 이렇게 평가했다.

체의 죽음은 마르크스주의에 공감하지 않는 사람들에게도 슬픔과 좌절감을 안겼다. 체는 세계열강들 간의 경제적 타협에 굴복해가는 세계에서 용기와 기사도와 모험정신을 보여준 상징적 인물이었다. 그는 대규모 부대가 항상 승리하는 것은 아니라는 희망을 우리에게 보여주었다.……그들은 체를 법의 심판대에 세우기가 두려웠다. 법정에서 울린 그의 목소리가 가져올 여파를 두려워했다. 그들이 증오한 사람이 바깥 세계에서는 사랑받는다는 사실이 알려질까 두려웠다. 오히려 이런 두려움이 그의 전설을 영속화시키는 데 일조했고, 그 전설은 총알에도 쓰러지지 않았다.(Kunzle, 1997, p.19에서 인용)

과거 세대가 에스파냐 내전을 파시즘과 제국주의에 항거한 세계 투쟁의 중대 시점이라 해석하듯이, 내 세대에서는 베트남전쟁이 제국주의자들의 범세계적 침략에 대항하기 시작한 도화선이 되었다. 체는 이런 혁명 투쟁에서 가장 빛나는 인물이었다. 에르네스토 사바토Ernesto Sabato의 표현을 빌면, 이런 투쟁은 '물질에 대한 정신의 투쟁'이었다(Kunzle, 1997, p.19). 제임스 페트라스의 평가에 따르면, 체가 혁명적 사상에 미친 가장 큰 공로는 '제국주의가 사방에서 이 땅의 골 하나까지 착취하고, 외따로 떨어진 마을까지 군사적으로 개입하며, 가장 소중한 문화적 관습까지 파괴한다는 인식'이었다(1997a, p.20). 또한 프레이 베투Frei Betto는 "수염을 기르고 황록색 제복을 입은 시에라 마에스트라 산맥의 게릴라들이 가진 이미지는 1960년대 브라질 학생운동의 정치적 이상에 큰 부분을 차지했다. 리우데자네이루의 칼라오수 식당에서, 혹은 상파울루 마리아 안토니아 거리에 늘어선 술집에서 우리는 역사가 미국 제국주의를 무찌를 기회를 줄 것이라 생각했다."(1997, p.5)라고 말했다.

1953년 체는 알러지를 연구한 논문으로 부에노스아이레스에서 의학박사 학위를 받았다. 그는 의사라는 신분 등 여러 점에서 아르헨티나 상류사회에 속할 수 있었지만 혁명가의 길을 택했다. 안토니오 그람시Antonio Gramsci의 의미에서 '유기적 지식인'organic intellectual이 되었고, 사상을 억압하는 자본주의의 비판가가 되었으며, 부패한 바티스타 정권을 굴복시키는 데 일조한 게릴라 지도자가 되었고(Markee, 1997), 미국의 피그스만 침공 기간 동안 워싱턴을 진퇴양난에 빠뜨렸다. 또 체는 제3세계 전체를 대신해서 세계 자본주의 열강들을 고발한 용기 있는 사람이었다 (Markee, 1997). 그는 케네디가 '진보를 위한 동맹'(Alliance for Progress, 케네디가 제안하고 추진한 미국의 라틴아메리카 개발 원조 계획 – 옮긴이)을 주장한 1961년 몬테비데오 회의를 비판했지만, 나중에는 개발도상국에서 사회주의를 확대시키는 데 어떤 역할도 하지 못하는 소비에트 체제를 대담하게 비판했다 (체는 쿠바혁명 직후에는 소비에트 체제를 앞장서서 지지했다). 체는 정치가였지만, 천식과 이질에 시달린 탓에 몸무게가 50kg에 불과했고 1965~66년에는 콩고의 게릴라전에서 가까스로 탈출한 비극적 인물이기도 했다. 또 볼리비아 공산당에게 버림받아 볼리비아 정부군과 CIA에 체포되었지만 죽는 순간까지 자신의 원칙에 충실했던 사람이었다.

체는 볼리비아에서 자신의 '마지막 도박'을 벌일 만큼 두려움이 없었으며, 그곳에서 자신의 조국인 아르헨티나에서의 반란을 계획했다. 볼리비아 정부는 죽이든 생포하든 체에 관해 결정적 정보를 제보하는 사람에게 5만 페소의 보상금을 걸었다. 바리엔토스는 발레그란데 전투지역을 시찰하면서 독일계 아르헨티나 여성 게릴라, 타니아의 시신이 매장되는 것을 지켜보며 개인적으로 보상금을 선언하기도 했다. 그러나 체는 자신의 소명을 끝내지 못한 탓에 삶과 죽음의 문제에 연연하지 않고 행동을 늦추지 않았다. 칠레의 한 라디오 방송국은 볼리비아 정부의 검열에도 아랑곳하지 않고, 1,800명의 볼리비아군이 체의 수색에 나섰다는 정보를 흘렸다. 체의 은신처로 알려진 동굴에 150명의 군인이 덮쳤고, 두 곳의 안전가옥도 군인들에게 점령당했다. 군수품의 공급도 원활하지 않았다. 체의 천식을 달랠 의약품의 공급도 당연히 중단되었다. 체를 비롯한 22명의 게릴라는 피곤과 허기에 지쳐 짐말을 잡아먹어야 했고, 수색용 항공기와 헬리콥터의 출현이 빈번해지면서 자신들의 오줌으로 갈증을 달래야 했다 (Sandison, 1997). 타니아가 전사하고, 한때 청년공산당의 동료이던 로욜라 구스만이 체포되었다는 소식(당시 볼리비아군은 게릴라들과 연계해서 활동하던 16명의 청년을 라파스에서 체포했다.)을 듣고 체와 그의 부하들은 죽음을 각오하고 싸우기로 다짐했다. 체는 정치와 낙관주의 문화가 불가분의 관계에 있던 시대에 존경심과 동경심을 불러일으키는 지도자였다. 체는 중산계급의 지식인과 정치적 행동주의자에서 완전한 혁명가로 변해간 사람이었다. 앤드류 싱클레어Andrew Sinclair는 다음과 같이 말했다.

> 처음에 그는 천식에 시달리는 의협심 강한 젊은 도시 지식인에 불과했다. 라틴아메리카를 여행하면서 가난한 사람들을 보았고 마르크스와 레닌을 공부하면서 자신을 혁명가로 자처하기도 했지만 그는 라틴아메리카에서 전문 직종에 종사하는 중간층 진보주의자들과 다를 바가 없었다. 그러나 피델 카스트로의 임시 정부가 1959년 1월 바티스타에게 정권을 이양받았을 때쯤 체는 뛰어난 용기와 힘과 능력을 갖춘 게릴라 전사가 되어 있었다.(1998, p.35)

자본주의가 맹렬한 기세로 초국가화되면서 미국의 진보적인 교육자들도 영토권, 계급투쟁, 국민국가 등을 둘러싸고 여전히 혼란에 빠져 있지만, 체의 정신은 자유와 정의를 추구하는 데 헌신하기를 거부하는 사람들의 도덕의식을 여전히 괴롭히고 있다. 체를 이야기하는 세계가 체의 이미지를 기억과 더불어 늘 떠나지 않는 존재로서 물들이고 있다. 동양식으로 말하면 용띠인 체는 한 생애에 천 번을 태어날 운명인 셈이다.

체는 우리 시대에 가장 전설적인 인물 중 하나가 되었다. 체는 세계 방방곡곡에서 젊은이들의 영웅으로 여겨진다. 그의 이름, 그의 사랑, 그의 낭만적 이미지는 혁명이란 수단을 통해서만 이 세상의 부정의를 없앨 수 있다고 믿는 사람들의 상징이 되었다. 역사적으로, 한 사람이 혁명적 이상과 그 실천의 화신으로 체만큼이나 보편적으로 열정적으로 인정받은 적은 거의 없었다. 게다가 그가 지지한 이상주의에 공감하지 않는 사람들까지도 거의 신화적인 이미지로 포장된 체의 카리스마에 영향을 받는 듯하다.(Harris, 1970, pp.11~12)

오늘날 체는 우화적 공간에 살아 있다. 그 공간에서 그의 삶에 대한 언급은 어떤 특정한 의미를 상징하는 것이 아니라 관련된 모든 것을 열어젖혀 분명하게 드러내준다. 그러나 체를 이렇게 조명하면서도 우리는 체를 잊어간다. 망각과 구조화된 침묵이 거의 상식의 수준까지 다다랐다. 이제 우리에게 주어진 과제는 체와 오늘날의 관련성을 밝히면서 역사적으로 되살려내는 것이다. 이런 관점에서 프레이 베투는 "게바라가 세상을 떠난지 30년이 흐른 지금까지도 게바라는 애타적인 정신으로 살아가지 않는 사람들에게 자신의 삶을 돌이켜보게 만든다."(1997, p.5)라고 말했다.

## 두려운 대칭관계 — 자본주의 대 민주주의

전 세계의 좌파 세력에게 새로운 문제들이 던져졌다. 금융서비스가 핵심산업이고 누구도 부인할 수 없는 패권국이며 불량한 초강대국인 미국의 제국주의적 야심이 미 재무부와 국제통화기금IMF을 통해 세계시장을 지배하는 것이라면, 새로운 전지구적 '팍스 아메리카나'에 굴복하기를 거부하는 나라들의 운명은 어떻게 될까? 국제금융기구와 다국적기업들이 국민국가를 몰아내고 국제무대에서 주역이 되었는가? 세계 곳곳에서 일어나는 정국의 불안정이 미국의 이익을 위협할 가능성이 있다면서 미국이 안보의 개념을 확대할 때 저개발국가들에는 어떤 영향을 미칠까? 미국의 제국주의적 힘이 전대미문이어서 현재로서는 견제할 세력이 없는 것이 사실이다. 그렇다면 미국은 현재 패권국으로 부상하고 있는 과정일까 아니면 쇠퇴기에 접어들기 시작한 패권국일까? 현 시대를 미국 패권주의의 마지막 발악이라 해석할 수 있을까? 미국은 지금 빚으로 연명하고 있는 나라일까? 식민주의의 족쇄에서 벗어나려 몸무림치는 라틴아메리카 국가들이나 동남아시아 국가들에 대한 대우에서 미국이 역사적으로 잘못된 길을 택해 왔다면 미국의 패권주의에 철퇴를 가할 만한 중대한 세력이 앞으로 탄생할 수 있을까? 앞으로 사태가 더 악화되어갈까, 아니면 신자유주의가 이미 정점에 이른 것일까? 비정부기구부터 혁명적 사회운동까지 새로운 형태의 저항세력이 탄생한다면 현재의 지배 엘리트들에게 심각한 위협이 될 수 있을까?

교육계의 좌파들에게도 새로운 문제들이 대두되었다. 우리가 국민국가, 국가권력, 계급 간의 관계에서 목격하고 있는 변화를 최적으로 설명할 수 있는 방법은 무엇일까? 신자유주의 물결에 휩싸인 국민국가에 초국가적 자본이 흘러들면서 생긴 민영화나 시민의식의 기업화 등과 같은 현상은 교육환경에 어떤 영향을 미칠까? 북아메리카의 좌파 교육계는 이른바 '자유세계'의 독점적인 초국가적 자본에 저항하기 위해 어떤 전략을 개발해야 할까? 로베르토 페르난데스 레타마르Roberto Fernández Retamar가 "오늘날 자본주의 국가들이 그들 자신에 붙여준 이름이고, 이제는 그들에게 억압받는 식민지나 신식민지에게도 억지로 심어주려는 이름" (1989, p.36)이라 정의한, 자유세계의 노동 착취에 저항하고 자유세계의 첨병인 다국적기업과 맞서 싸우면서 시민은 곧 소비자라는 인식을 불식시키기 위해서는 어떻게 해야 할까? 멕시코 치아파스의 사파티스타Zapatistas와 같은 혁명세력과, 라틴아메리카 전역에서 그들을 지원하는 토착민과 농부는 역사의 지렛대를 움직여 국제적인 프롤레타리아 투쟁을 부활시키고, 체가 새로운 시대로의 변화를 위해 초석을 놓았던 꿈을 성취하는 데 촉매 역할을 할 수 있을까? 장기적으로 볼 때, 팩시밀리와 AK-47 소총 중에서 어떤 것이 더 효과적일까? 프랑스 포스트모더니스트의 생각에 영향을 받은 상아탑 신좌파의 학술적 주장들도 해방을 위한 투쟁에서 일탈되어가는 현상 중 하나일까?

소련의 붕괴라는 역사적 사건에 대한 자각에서, 전지구적 자본축적의 재구조화와 경제 엘리트 집단의 초국가화에 직면해서, 그리고 소비지상주의와 개인주의라는 문화 및 이데올로기가 확산되는 가운데서, 나는 체 게바라와 파울루 프레리이라는 두 인물의 사상과 선례가 교육자, 특히 교사를 양성하는 제도적 기관에서 일하는 교육자들이 학교를 사회정의와 혁명적 프락시스, 즉 실천을 위한 장으로 변모시켜 나아가는 데 이정표 역할을 할 수 있다는 믿음에서 이 책을 썼다. '거물 경제인', '카지노 방식', '미봉책', '염가판매' 등의 단어로 요약되는 글로벌 자본주의를 재고하고, 체의 유산을 재점검함으로써 노동의 사회적 박탈을 재검토해야 하는 이유는 쿠바가 1997년을 '전투 중에 사망한 한 게릴라 영웅과 그의 동료들을 추념하는 30주년'(《로스앤젤레스 타임스》, 1997. 11. 9)으로 선포한 많은 이유 중 하나이다.

지그문트 바우만Zygmunt Bauman은 자본과 공간 간의 관계를 다루면서, 새로운 형태의 자본주의는 공간의 경계나 제약을 조금도 존중하지 않는다고 주장했다.

'경제'— 무엇이든 이뤄내고 더 많은 돈과 이익을 얻기 위해서 필요한 돈과 다른 자원들을 뜻하는 자본— 가 발빠르게 움직이고 있다. 그 속도를 억제하거나 방향을 바꿔보려는 그 어떤 조직보다 한발 앞서 움직인다. 이런 경우에, 이동 시간을 0까지 줄인다면 완전히 다른 현상이 빚어지기 마련이다. 예컨대 공간적 제약이 완전히 사라진다. 극단적으로 말하면 '중력의 법칙'까지 이겨낸다. 전자 신호의 속도에 육박하는 속도로 움직이면 실질적으로 지역과 관련된 제약에서 해방되어, 어떤 장애물에도 구애받지 않고 목표를 향해 나아갈 수 있다.(1998, p.55)

최근에 출간된 잡지 〈인종과 계급 *Race and Class*〉의 서문에서 존 버거 John Berger는 글로벌 자본주의의 충격을 '불길에 휩싸이고 지평선이 보이지 않는 세계', 즉 지옥에 비유했다. 또한 그는 현재의 자본주의를 이에로니무스 보슈가 그린 '천년시대의 삼면화' 중 오른쪽 그림에 비교하면서, "이런 감각의 결여 및 부조리가 새로운 질서의 특징이다"라고 결론지었다 (1998/1999, p.3).

그곳에 지평선은 없다. 행위 간의 연결성도 없다. 중단도 없고, 길도 없다. 일정한 규칙도 없고 과거도 없고 미래도 없다. 본질적으로 다른 단편적 현재만이 있을 뿐이다. 사방이 놀랍고 충격적인 것으로 뒤덮여 있지만 탈출구는 어디에도 없다. 어떤 것도 자연스레 흐르지 않는다. 모든 것이 가로막힌다. 일종의 공간적 광란이 있을 뿐이다. 이런 공간을 일반적인 광고, CNN의 뉴스 게시판, 여느 대중매체의 논평에서 볼 수 있는 것과 비교해 보라. 앞뒤가 맞지 않는 모순된 이야기들, 서로 다른 무수한 흥분거리들, 그리고 유사한 광기가 똑같이 있는 것을 확인할 수 있을 것이다.(pp. 1~2)

버거의 주장에 따르면, 글로벌 자본주의 세계는 하나의 감옥으로 압축된 세계이다. 이 세계에서는 모든 지식이 '프로크루스테스의 침대'에 강제로 맞춰지고, '사악한 탐욕'을 채워주기 위해 존재한다. 버거의 주장을 좀 더 인용해보자.

보슈가 환상으로 본 지옥에서 예견했듯이 지평선이 없다. 세상은 불타고
있고, 모두가 즉각적인 본능에 사로잡혀 살아남으려 발버둥 친다. 밀실 공
포증이 극단적 형태로 나타난다. 인구과잉 때문이 아니다. 한 행위와 다음
행위 간의 연속성이 사라진 때문이다. 틀림없이 어떤 관련성이 있어야 하
는데도 말이다. 지옥이 바로 그렇다! 우리가 지금 살아가고 있는 문화를
한마디로 표현하자면 밀실 공포증 문화이다. 예전과는 비교조차 되지 않
을 정도로 긴박한 밀실 공포증 문화이다. 보슈의 지옥에서 보았듯이, 세계
화globalization 문화에는 다른 곳이나 다른 방식이 허용되지 않는다. 그곳
은 하나의 감옥이다. 이런 단순화가 지배하는 문화에서는 인간의 지성도
탐욕으로 단순화되어 버린다.(1998/9, p.3)

여기에서, 글로벌 자본주의에서 초래된 버거의 '지옥'은 대다수 보수주
의자가 천국인 동시에 민주주의라고 보는 시스템과 정확히 일치한다는
점에 주목할 필요가 있다. 순전히 우연적 현상이고 실질적인 현실이다.
여기에는 조직적인 대립도 없고 개개인 모두가 독자적으로 살아간다. 빅
토리아 시대의 관료, 존 바우리그가 "자유무역은 예수 그리스도이고, 예
수 그리스도는 자유무역이다."라고 주장한 1855년의 그날부터, 제리 폴
웰 목사와 같은 기독교 근본주의자들이 자본주의, 민주주의, 예수를 토리
노의 수의처럼 이음매 없이 완벽한 관계를 이루어 신비로울 지경이라고
주장하는 지금까지, 자본주의가 힘없고 가난한 사람들에 가하는 무지막
지한 악영향은 애써 무시되어왔다. 노동과 자본의 세계화로 문화에 실질
적인 변화가 일어났고, 교육기관에서 일하는 진보적 교육자들이 적절히
대응하기 힘들 정도로 자본과 노동 간의 새로운 모순이 확산되고 있다는

현실을 부인할 수 없는 노릇이기는 하다. 스튜어트 홀Stuart Hall이 지적했듯이, "경제적 인간, 기업이란 주체, 자주적인 소비자가 시민과 공적 영역이란 개념을 대체해버렸다"(1998, p.11). 세계화라는 현재의 현상은 '사회적이고 정치적인 현상에 대한 경제의 복수'(Adda, 1996, p.62)로 여겨져왔고, '서구 현대성의 최종적인 대폭발'(Engelhard, 1993, p.543)이라 선언되기도 했다.

미국에서 자본주의 논리는 그 주체들의 역사적 상상력에 녹아들어버렸다. 실제로 미국 정치 엘리트들의 목표는 세계를 자본과 미국식 생활방식으로 지배하기 안성맞춤인 곳으로 바꿔가는 것이다. 1995년 샌프란시스코 페어몬트 호텔에서 열린 특별한 모임에 참석한 영리한 손님들은 자본의 세계 지배라는 꿈이 현실화될 수 있으리라 확신했을 것이다. 금문 해협 남쪽의 버려진 군사 지역에 마련한 미하일 고르바초프의 재단 사무실에서는 500명의 정치인, 기업인, 과학자로 이루어진 '세계 두뇌 트러스트'를 페어몬트 호텔로 초대했다. 테드 터너, 마거릿 대처, 데이비드 패커드, 존 게이지, 조지 부시, 조지 슐츠 이외에 많은 백만장자와 억만장자가 세상을 '가진 자'와 '갖지 못한 자'로 나누려는 잔치에 줄지어 참석했다. 붉은 카펫이 깔린 연회장에서 이 책략가들은 어렵지 않게 결론에 이르렀다. 즉 다음 세기에는 부유한 나라의 어떤 경제 분야에서도 신규 정규직 노동자가 없을 것이며, 국민의 20%면 경제활동은 꾸준히 지속할 수 있다는 결론이었다. 결국 국민의 80%가 실업자가 된다는 뜻이기도 했다 (Martin & Schumann, 1997). 브레진스키Zbigniew Brzezinski는 이런 실업자들은 오락으로 시름을 달래줘야 한다며, 그런 오락을 '젖꼭지 오락'titty-tainment이라 장난스레 칭하기도 했다. 이런 '3분의 2의 사회', 즉 산업국가의 시민들은 기업체보다는 자원봉사활동에서 나름대로 삶의 의미를 찾으려 할 것이다. 하긴 기업계에 사회적 책임을 기대한다는 자체가 무모한 짓일 수 있다. 따라서 시민들은 아무런 보수도 받지 않고 길을 청소하거나(Martin & Schumann, 1997), TV 앞에 앉아 시간을 보내면서 젖꼭지 오락으로 기분전환을 할 것이다. 물론 가끔은 몸도 꿈지럭대면서.

자본주의는 축적과 이윤이란 면에서 중대한 위기를 맞았다. 그러자 신자유주의가 그 후의 천년시대를 지배하기 위한 새로운 세계질서의 지표로 등장했다. 임금은 전 세계적으로 정체되거나 하락했고, 소득은 노동에서 자본으로 꾸준히 이전되고 있으며, 기업은 비교우위를 차지하려고 값싼 노동력을 찾는 동시에 정부의 지원을 받아 국부를 착복하면서도 가난한 사람들을 위한 공적인 의무를 등한시한다. 그 결과 계급이 양극화되고 계급 간의 이동이 줄어들며 대신 계급의 이탈이 늘어난다. 생산능력 과잉으로 인해 자기파괴를 자초하고 거의 무한정한 자본의 축적으로 특징 지워지는 새로운 시대는 수많은 끔찍한 조건을 요구하기 마련이다. 즉 자본과 노동 간의 포드-케인스적 관계가 완전히 해체되고, 절대잉여가치가 줄어드는 경향을 띠며, 노동소득이 억제되는 반면 노동시간은 늘어나고, 임시직이 증가하면서 노동이 비정형화된다. 따라서 사회의 최하층이 영속화된다. 윌리엄 그라이더William Greider는 〈네이션 *The Nation*〉지 최근호에서 "노동소득은 세계적인 시스템의 양 극단에서 다른 방식으로 억제된다. 선진경제국에서는 대량실업이나 임시직과 같은 노동시장의 압력으로 억제되는 반면에 개발도상국에서는 정부의 법령과 야만적인 폭압에 의해 노동소득이 억제된다. 그러나 기업은 꾸준히 생산시설을 늘리면서, 원가를 줄일 수 있는 곳으로 공장을 이전시킨다."(1997, p.12)라고 주장했다. 이런 딜레마를 맞아 경영자들은 조 킨첼로Joe L. Kincheloe (1999)가 제기한 "우리는 노동자들에게 어떻게 설명할 것인가?"라는 문제를 고민하지 않을 수 없다.

시바난단A. Sivanandan은 '자유'시장의 이런 섬뜩한 조건들을 포착하고 다음과 같이 경고했다.

자유시장은 노동자의 권리를 파괴하고 시민의 자유를 억압하며 민주주의를 거세시켜 투표권만을 남겨놓는다. 자유시장은 공공분야를 와해시키고 사회의 기반시설을 민영화시키며 사회적 욕구까지 결정한다. 또한 통화의 경계를 무너뜨려 돈을 투기대상인 상품으로 둔갑시키면서 예산정책에도 영향을 미친다. 자유시장은 인플레이션을 조절한다는 명목하에 엄청난 빈곤을 초래하고, 땅을 더럽히고, 공기를 오염시키며, 물까지 상품으로 만들어 이익을 취한다. 자유시장은 탐욕과 권력 확대와 아첨에 근거한 정치문화를 조성하면서 개인 간의 관계를 '금전에 의한 결합'으로 전락시키며, 소비지상주의를 "나는 쇼핑한다. 그러므로 존재한다."라는 지경까지 확대시킨다. 요컨대 자유시장에서 인간은 결코 자유롭지 않다.(1998/1999, pp.14~15)

윌리엄 로빈슨William Robinson (1998)은 자본주의가 '포스트모더니즘'적으로 발전하면서 현재의 글로벌 단계에 이르렀다고 주장했다. 달리 말하면, 국가 단위의 결합(세계경제 world economy)에서 새롭게 출현한 초국가적이고 글로벌한 사회(글로벌 경제 global economy)로 옮겨가면서 국민국가 단계의 자본주의를 대체하기에 이르렀다는 뜻이다. 로빈슨이 지적하듯이, 정보과학과 컴퓨터와 커뮤니케이션을 비롯한 '제3의 물결'에 따른 테크놀로지에 바탕을 둔 새로운 형태의 자본축적은 대대적인 상품화를 확산시켰다.

그라이더에 따르면, 우리는 복지시대 이전의 자본주의, 즉 보수적인 정치 이데올로기— 자유, 가족의 가치, 시민의 권위, 민족주의, 애국주의 등의 담론을 거짓으로 하나로 묶어내는 이데올로기—가 몰아치는 경쟁적 자본주의 시대로 되돌아가고 있는 중이다. 물론 '자유'라는 개념은 아주

교묘하게 조작되어 시장만이 '자유'롭게 남아 있고 인간은 시장의 명령에 따라야만 한다. 국제통화기금IMF과 미 재무부가 가난한 나라들에게 임금을 삭감하고 공공지출을 줄이며 위기에 빠진 은행이 대차대조표의 균형을 맞출 수 있도록 이자율을 올리라는 가혹한 조건을 강요하는 사례들에서 그 증거를 명백히 찾아볼 수 있다(Greider, 1997). 이런 이유에서, 호르헤 라레인Jorge Larrain은 다음과 같이 말했다.

실업은 게으름으로 취급되고, 당신의 몸값을 낮춰 적절한 일자리에서 배척시킨다. 노동자들의 파업은 공공질서의 문제로 비화된다. 범죄와 새로운 형태의 폭력은 가정에서 권위가 상실된 결과이며, 또한 적절한 법과 질서가 없기 때문이라고, 한마디로 빅토리아 시대의 가치관이 사라진 때문이라고 해석된다. 언론의 자유와 법의 지나친 관용 때문에 테러가 성공한다는 해석까지 난무한다. 분열과 온갖 형태의 차별이 부분적으로는 이민자의 탓으로 돌려지면서, 애국심으로 그런 문제를 부분적으로 해결할 수 있다고 주장한다.(1996, p.68)

## 지옥에서 온 경제학자

프리드리히 폰 하이에크Friedrich von Hayek는 1900년대 초반 '붉은 비엔나'(오스트리아 사회민주노동당이 장기집권한 시절의 비엔나를 말함—옮긴이)의 부르주아 살롱에서 자유시장을 적극적으로 옹호한 경제학자로 명성을 얻기 시작했다. 그가 참석한 모임에서는 버지니아 시가, 모예 코냑, 거칠면서도 풍자적인 유머가 뒤섞인 대화, 공산주의를 향한 혐오감이 짙게 배인 생각이 오갔다. 곧 하이에크는 신자유주의 경제학의 첨병이 되었다. 훗날 시카고 대학교 교수가 되었던 이 오스트리아 경제학자의 목표는 간단했다. 그가 살아 있는 동안 사회주의를 붕괴시켜 사회주의의 죽음을 고소한 듯이 지켜보는 것이었다. 하이에크는 자유방임적 자본주의를 거부하며 정부가 적극적으로 개입해서 자유시장이 원활하게 굴러가도록 도와야 한다고 역설했다. 하이에크 본인의 표현을 빌면 '카탈락시'catallaxy, 즉 개인들이 자발적으로 자유로운 교환관계를 맺는 형태를 주장했다. 빈 상공회의소 의장이던 루트비히 폰 미제스Ludwig von Mises와 오스트리아 경제학파의 창시자라 할 수 있는 카를 멩거Carl Menger의 영향을 받은 하이에크는 초국가적 기업가상을 기준으로 한 시민의식을 발전시켰다. 따라서 하이에크의 카탈락시 개념은 인간의 의도와 사회적 결과 간에는 아무런 관련이 없다는 생각, 또 인간 행위의 결과는 언제나 우연이라는 생각에 근거하고 있다(Wainwright, 1994). 하이에크는 정부의 규제를 반대하면서도 시장의 자유로운 기능을 보호하기 위해서는 예외적으로 정부의 개입이 필요하다고 주장했다.

하이에크는 사회주의를 견제하려는 도덕적이고 이데올로기적 성전聖戰을 이론적으로 뒷받침하기 위해서 자유시장과 자유주의에 바탕을 둔 통화주의 경제학을 생각해냈다. 그는 규제받지 않는 가격 메커니즘이 경제 조정의 수단이라 굳게 믿었다. 거의 종교적 광신에 가까운 믿음이었다. 따라서 정부의 개입은 인간의 창조력을 둔화시킬 뿐이기 때문에, 끊임없이 반복되는 인간의 혼란스런 행위로부터 사회질서를 지키는 데 국한되어야 한다고 주장했다. 철학적으로 자연주의자에 가까웠던 하이에크는 의식적으로 사회를 통제하려는 시도를 넘어서 일어나는 현상을 반겼고, 인간의 작위적인 시장 개입이라 생각되는 부분을 혐오했다(Wainwright, 1994). 시장의 무자비한 현상은 소비자 선택의 총체적 결과로 해석되었다. 요컨대 하이에크는 이른바 시장의 '정의'라는 낯뜨거운 결과로부터 개인과 조직을 보호하는 것보다 시장의 자연스런 흐름을 보호하는 것이 더 중요하다고 생각했다. 시장의 흐름이 가난한 사람들에게 파국적인 결과를 안겨주더라도!

하이에크는 신고전주의의 균형이론을 너무 관념적이라 비판하면서, 기업 독점이 노동이나 정부의 독점보다 언제나 훨씬 낫다고 믿었다. 경쟁이 시장의 자연스런 흐름을 보장해주고, 시장이 자연스레 운영되어야 시장 시스템을 진화시키는 데 필요한 기회가 창출되는 것이며, 시장의 진화는 어떤 대가를 치르더라도 지켜야 할 것이었다. 하이에크의 자유시장론에 따르면, 모든 시민에게 자신을 위해 더 나은 것을 선택할 권리가 주어지지 않는다. 오직 현존하는 객관적이고 경제적인 조건들이 선택의 원동력일 수 있으며, 불간섭정책을 강요하는 전문가들이 선택의 방향을 조절한다(Wainwright, 1994). 자본주의라는 괴물이 면도날처럼 날카로운 이빨과 이익을 찾아 혀를 날름대는 탐욕으로 세계의 자원을 게걸스레 삼키는 것이 허락되고, 심지어 부추겨지기도 한다. 자본주의는 종교의 간섭으로부터도 보호해야 하는 것이며, 필요하다면 군대라도 동원해서 지켜야 하는 것이다.

이런 신자유주의적 관점에 바탕을 둔 교육의 인식은 "지식은 개인적인 것일 수밖에 없다"라는 생각과 밀접한 관계를 갖는다. 경제 시스템의 사회·역사적 맥락을 무시한 하이에크의 경제관은 통계학과 거시경제적 계량경제학, 그리고 방법론적 개인주의에 근거를 두고 있다. 계량경제학은 어떤 희생을 치르더라도 이익 창출을 목표로 하는 위선적 학문이다. 조엘 스프링Joel Spring이 지적하듯이, 하이에크는 새로운 형태의 전체주의, 달리 말하면 시장을 유리한 상황으로 끌고 가기 위해서 개인이 통제되어야 하는 전체주의를 주장했다(Spring, 1998). 미국과 영국에서, 시장은 자율적으로 조정된다는 하이에크의 생각은 학교 선택권, 국가 표준, 커리큘럼

등과 관련된 토론에서 기준을 제시하면서 복지국가와 평생교육이란 개념을 없애는 데 큰 역할을 했다.

시카고 대학교의 동료교수로 노벨 경제학상을 수상한 밀턴 프리드먼 Milton Friedman은 하이에크의 경제·정치적 이상을 받아들여, 학교 선택권에 대한 정부의 지원을 지지했다. 또한 보수주의자들은 하이에크 경제학을 근거로 대처리즘과 이른바 레이건 혁명을 뒷받침했고, 결국에는 글로벌 경제 입안에 큰 영향을 미쳤다. 고전적 자유주의자들은 경제와 교육에서 정부의 개입을 반대했지만 신자유주의자들은 경제와 교육, 두 영역에서 정부의 개입을 지지하면서도 자유시장과 자본의 무제한적 유통을 보장해야 한다고 역설했다. 따라서 신자유주의 교육정책은 보수세력으로서 기독교 정신과 민족주의, 권위주의적 포퓰리즘과 자유시장경제를 뒤섞어놓은 것이며, 기독교 가치관의 미덕, '자유시장'을 훼손하지 않는 범위 내에서 최소화된 정부규제, 개인의 자유를 중요하게 가르치는 민족사적 커리큘럼을 만들어내는 것을 목표로 삼는다(Wainwright, 1994).

이런 입장은 게바라의 정신에 영향을 받은 비판가들, 즉 경제 시스템의 사회·역사적 맥락을 강조하고 사회적 삶에 대한 지식으로 억압받는 사람들을 대신해서 혁명적 행위로 나아가는 사회적 구성 방식을 강조하는 비판가들의 입장과 완전히 대치된다. 이처럼 지식의 사회적 성격을 강조하는 비판적 교육자들의 주장에 따르면, 인간은 협조를 통해서 그들의 행위가 미래에 가져올 결과를 완전히는 알 수 없어도 사회적으로 미칠 파장에 대한 이해도를 높여갈 수 있다. 따라서 지식 생산에서 사회적 구성 방식이 빛을 발할 때 사회질서를 규제하는 데 동원된 가치관과 메커니즘에 의문을 제기할 수 있는 단초가 마련된다. 이런 입장은 프레이리 교육관에서 기본적인 원리이다. 물론 이런 입장은 인간의 개입을 막고 '우연한' 시장 거래에 대한 정치적 중립성을 강조한 하이에크의 입장과는 모순된다.

에릭 홉스봄Eric Hobsbawm은 신자유주의에서 비롯된 현재의 위기가 신고전주의 경제학자들이 이뤄낸 합의, 하지만 이제는 폐물이 되어버린 합의에서 이미 예견된 것으로 설명한다.

신고전주의 경제학자들은 가장 효율적이고 마찰도 없으며 자율조정이 가능한 범세계적 시장경제를 꿈꾸었다. 달리 말하면, 정부나 다른 제도적 기관의 간섭이 최소화된 경제를 꿈꾸었다.……프리드리히 폰 하이에크와 밀턴 프리드먼을 필두로 신고전주의 경제학자들 중 일부는 이데올로기적 이유로 이런 이론을 주장했지만, 대부분은 현실감의 결여와 추상적인 이론의 정교함과 간결함에 심취해서 그런 경제를 꿈꾼 것으로 여겨진다. 그들의 경제학은 정치·사회적 요인을 생략한 경제학, 즉 수학적으로 설명되지 않는 요인들을 고려하지 않는 경제학이다. 물론 현실세계에서, 그들의 경제학은 호황기를 맞은 초국가적 기업들과 주식 중개인들의 경기景氣에나 들어맞는 경제학이었다. 이제 이런 합의는 끝났다.(1998, p.5)

로버트 브레너Robert Brenner(1998a ;1998b)는 미국과 유럽을 제외하면 국제경제는 침체되어 있을 뿐 아니라 그 정도가 1930년대 이후로 가장 극심한 지경이라고 말했다. 유럽과 북아메리카까지 집어삼키고 있는 경제적 혼돈을 무책임한 단기투자와 관련된 위기라고 진단하는 좌파의 여론은 안타까울 정도로 근시안적 판단이다. 브레너의 주장에 따르면, 금융자본의 증가와 신자유주의의 득세가 현 국제경제 위기나 그로 인한 결과의 실질적 원인은 아니다. 브레너는 그 원인을 과잉설비와 과잉생산과 관련시키며, 이로 인해 1960년대 후반부터 제조업의 수익률이 현저하게 떨어진 데 근본 원인이 있다고 지적했다. 신자유주의와 통화주의는 재정적자를 감수하더라도 수익률을 회복시키고 자본축적을 활성화시키기 위한 케인스 이론의 실패에서 비롯되었다. 그런데 이제는, 심지어 많은 보수주의자들조차 인정하듯, 자유시장할당제가 언제나 최적의 가능한 조건을 가져온다는 사실이 분명해지고 있다. 브레너에 따르면, 필요한 것은 노동계급에 의해 상향식으로 경제를 통제하는 민주적 사회통제와 사회주의 원리를 근간으로 건설된 사회이다.


## 어떻게 지옥을 천국으로 바꿀 수 있을까?


　미국은 1970년대 말과 1980년대에 경제력을 무기로 세계를 지배했다. 그런데 1984년부터 1990년대까지 이른바 레이거노믹스와 시장의 불안정, 달러가치의 하락, 그리고 그에 따른 결과로 서구세계에서 미국의 입지는 크게 흔들렸다. 세계적으로 불어닥친 산업과 노동조직의 재구조화는 개발도상국들에 엄청난 악영향을 미쳤다. 1960년대, 수입 대체의 실패로 미국은 유엔과 같은 국제 개발 감시기구의 압력에 수출의 역할을 다시 강조하기 시작했다. 원자재와 곡물 이외에, '자유무역지대'Free Trade Zone에서 제조된 상품들이 수출되었다. 수출산업을 지원하고 외국자본을 끌어들이기 위해서 무역에 비과세 특혜가 주어졌고, 지방정부들은 새로운 건물과 설비를 지원했다. 1970년대 세계은행과 국제통화기금이 후원한 새로운 '녹색혁명'의 여명기에, 동남아와 미국-멕시코 국경지역에 국제적인 조립라인이 형성되기 시작했다. 동남아와 멕시코에서는 시간제로 일하는 농부들에게 일거리가 하도급되면서 수출제조업이 자유무역지대 밖으로 확대되기도 했다. 일본과 서구세계는 자국의 높은 인건비와 노동운동 및 환경규제를 피하기 위해서 동남아, 카리브해 지역, 라틴아메리카에 해외 생산기지를 설립했다. 요즘 들어, 국제통화기금은 가난한 나라들

에게 문호를 개방하고 화폐를 평가절하시키며 수출에 비례해서 수입을
증가시켜 국제수지를 맞추라고 강요하고 있는 실정이다. 게다가 관세와
무역에 관한 일반 협정GATT과 같은 국제무역협정들로 인해 생태적으로
지속가능한 식량안보는 더욱 힘들어졌다(Giri, 1995; Gabbard, 1995). 시바
난단에 따르면,

> 교육은, 제3세계에서 경제적·사회적 신분 상승을 위한 주메뉴인데 이제
> 비용이 너무 비싸져 가난한 사람들은 밀려나고, 자국민을 위해 헌신하는
> 것이 아니라 '서구세계에서의 기회'를 잡기 위해 매진하는 엘리트를 만들
> 어내게 되었다. 농부에게는 땅이 없고, 노동자에게는 할 일이 없다. 젊은
> 이에게는 미래가 없고, 국민들에게는 먹을 것이 없다. 정부는 부자의 것이
> 고, 부자는 국제자본의 노예이며, 지식인은 둘 모두를 꿈꾼다. 오직 종교
> 만이 희망을 준다. 오직 반란만이 해방을 약속한다. 따라서 폭동이 일어난
> 다면 그 폭동은 계급의 폭동이 아니라 민중의 폭동일 것이다. 때로는 종교
> 적 성격을 띠고, 때로는 세속적 성격을 띠며, 대개는 둘 모두의 성격을 띠
> 지만 그 폭동은 언제나 정부와 제국주의적 성격을 띤 정부의 주인을 향한
> 항거일 것이다.(1998/1999. p.14)

십 년 전부터 시작된 지역간 자유무역협정들, 예컨대 세계무역기구
WTO, 북미자유무역협정NAFTA, 유럽연합EU, 라틴아메리카의 남미공동
시장MERCOSUR, 그리고 다자간 투자협정을 둘러싼 경제협력개발기구
OECD의 협상들이 다국적기업에게 가장 이상적인 투자조건을 마련해주기
위한 새로운 세계질서를 만들어가고 있다. 자본주의의 덩굴손이 끊임없이
뻗어가고 있지만 종착지가 어딘지는 아무도 모른다. 해외투자를 방해하는
요인들, 즉 노동자와 일자리, 공공복지와 환경, 문화, 국내기업 등을 보호

칠레의 한 벽에 그려진 벽화. "강해야 한다. 하지만 부드러운 심성을 잃어서는 안 된다. 꽃을 꺾을 수는 있지만 봄이 오는 것을 막을 수는 없다."

하려는 법규와 규제는 망각이란 흉폭한 부리에 쪼아먹히고 말았다.

　1994년 GATT 각료회의에서 자유무역협정을 체결함으로써 1995년 1월 1일에 발족한 WTO와 IMF는 침체된 경제로 고심하는 국가들에게서 무역의 자유화 조치를 얻어내고 제3세계 국가들에서 보호받지 못하는 산업분야를 개방시키는 데 앞장서왔다. (1998년 5월 제네바에서 열린 WTO 2차 각료회의에서 대표단이 GATT/WTO 창립 50주년을 기념하는 파티를 열고 있을 때 1만 명의 분노한 시위대가 있었다는 사실을 간과해서는 안 된다.) WTO, IMF, OECD, 국제상공회의소, 유럽기업인 원탁회의, 유럽산업고용인단체연합, 미국국제무역협의회, 국제경영자단체연맹, 국내문제에 관한 기업자문위원회, 세계지속가능발전기업협의회, 경제산업자문기구 등 모든 기구가 악마의 편에 서서 시장 지배를 책임지고, 다국적기업들이 세계에서 가장 큰 경제집단이 되도록 초국가적으로 지원한다. 실리콘 밸리, 보스턴의 128번 도로, 노스캐롤라이나의 리서치 파크(롤리와 더럼), 버지니아의 페어팩스 등 미국 전역에 위치한 연구소들은 초광속 전자 상거래가 가능하도록 촉진할 뿐 아니라 기업의 합병 및 인수를 위한 테크놀로지적 환경을 창조해내고 있다.

'족쇄가 풀린' 자본주의와 끝없는 자본축적에서 비롯된 '자유시장혁명'은 모두에게 혜택을 주지 않았다. 실제로 그 '혁명'은 미국 사회의 하부구조를 만신창이로 만들었으며, 방위산업과 금융산업의 이익을 도모하는 정책을 추진하면서 남아메리카를 비롯한 세계 곳곳에서 고혈을 짜냈다.

예컨대 여러 대학에서 투자를 받아 명예를 얻은 기업 중 하나가 쉘Shell이다. 하지만 쉘은 다국적 석유회사의 진출을 반대하는 사람들을 무력으로 공격한 나이지리아 정부를 지원했다. 그 결과로, 노벨 평화상 후보자이던 켄 사로 위와를 비롯해 9명의 오고니 부족 인권운동가들이 처형당했다.

1990년대에 소련이 갑작스레 붕괴하고 동유럽에 자본주의가 스며들면서 거의 50억 인구가 세계시장에 편입되었다. 자본주의의 '충격요법'을 받으면서! 알렉산드르 부즈갈린Alexandar Buzgalin(1998)은 이런 형태의 자본주의를 '신자유주의 구속복', 즉 '치료'는 없는 '충격'이라 표현하며, '브레즈네프 체제의 투기적 기술관료 자본주의speculative nomenklatura capitalism'의 연장일 뿐이라 주장했다(1998, p.79). 자본주의의 세계화와 그 정치적 짝인 신자유주의가 결탁해서 고통을 '민주화'시키고 희망을 지워버리며 정의를 말살하고 있다. 민영화와 자유무역의 논리, 즉 사회적 노동은 수단인 동시에 가치의 척도이고 사회적 잉여노동은 이익의 근원이라는 시민의식의 전형을 추악한 꼴로 만들어가고, '좋은 사회'를 이뤄가는 데 필요한 것에 대한 우리 인식을 왜곡시키며, 노동에는 반드시 자본이 필요하다는 이데올로기를 조작하고 있다. 다국적 자본을 위한 서비스 산업체가 학교를 재정적으로 지원하고, 부당이익을 꾀하는 부르주아 두뇌집단이 교육정책을 지속적으로 결정해가기 때문에 미국인들은 곤혹스런 교육현실을 맞이하고 있다. 자유주의자들이 자본의 통제, 외환거래의 규제, 성장과 임금의 동반 상승, 미국에서 외채를 빌린 나라들에서의 노동권 강화, 채무국들이 임금문제의 중요성을 받아들이고 노동권을 인정할 때까지 금융과 자본 지원의 철회를 요구하지만 자본 자체의 폐기를 요구하는 사람은 찾아보기 힘들다.

칠레를 예로 들어보자. 칠레는 신자유주의 경제학에서 흔히 표본으로 내세우는 나라이다. 민영화된 연금제도와 '경제적 표범'이란 새로운 명칭에 관련된 온갖 찬사들, 또한 〈뉴욕타임스〉를 비롯한 미국 언론계가 던지는 찬사들(예컨대 〈뉴욕타임스〉는 칠레가 후진경제의 틀을 벗고 라틴아메리카에서 가장 강력한 경제를 구축한 나라가 된 것이 피노체트 쿠데타 덕분이라 보도했다)에도 불구하고, 칠레는 지금도 "경제적으로 세계에서 가장 불평등한 나라 중의 하나임을 자랑하고 있다"(Cooper, 1998, p.66). 실제로 칠레 국민의 10%가 부의 절반가량을 벌어들이고 있으며, 칠레의 부자 상위 100명이 벌어들이는 돈이 정부가 사회보장제도의 유지에 지출하는 액수보다 많다. 실질임금은 1986년 이후로 10% 떨어졌고, 아옌데 시절에 비교해도 18%나 낮다. 쿠퍼Marc Cooper의 지적에 따르면, 산티아고의 번화가인 비타쿠라 지역을 운전하면서 휴대폰을 사용했다는 이유로 교통위반 딱지를 발부받은 사람의 다수가 실제로는 장난감 휴대폰이거나 나무로 만든 모조품을 사용한 것으로 밝혀졌다.

호화로운 대형 슈퍼마켓에서 일하는 사람들은 일요일 아침이면 잘 차려입은 손님들이 쇼핑카트를 맛있는 것으로 가득 채우지만, 막상 계산대 앞에 서면 한층 신중해져서 그 물건들을 하나씩 포기한다고 불평한다. 한편 산티아고 주변의 빈민촌 사람들은 어디에서나 쉽게 구할 수 있는 다이너스

카드로 감자와 양배추 값을 계산하는데, 값비싼 에어 조던 농구화나 원더
브라는 어김없이 12개월 할부로 구입한다.(1998, p.67)

이런 현상은 칠레가 독재정권하에 있을 때 그 나라 경제를 재건하는 데
관여한 프리드리히 폰 하이에크와 밀턴 프리드먼을 비롯한 시카고 대학
의 용역꾼들이 남긴 유산이다. 물론, 미국의 간섭은 이런 경제학자들을
칠레에 제공하는 것에만 그치지 않았다. 구조조정 정책 실시에 필요한 정
치적 상황을 조성하는 데 도움을 주면서 라틴아메리카에 영향력을 계속
행사했다. 미국 기업들도 국민투표로 당선된 살바도르 아옌데 사회주의
정부를 전복시키는 데 큰 역할을 했다.

최근 기밀문서에서 해제된 헨리 키신저 미 전 국무장관과 독재자 아우
구스토 피노체트 장군이 1976년 7월에 가진 비밀회담의 기록을 읽고, 나
는 키신저의 주장에 구역질을 참을 수 없었다. 대학교수, 지식인, 대학생,
인권운동가 등의 반대에도 불구하고 칠레 정부가 대량학살 정책을 강행
하던 시기에, 키신저는 피노체트에게 "우리 미국은 당신이 이 나라에서
실시하려는 정책에 공감합니다."(Kornbluh, 1999, p.5)라고 말했다. 또한
키신저는 "나는 당신을 전 세계 좌익집단의 희생자라 생각하고, 당신이
저지른 가장 큰 죄는 공산주의로 가려는 정부를 전복시킨 것이라고 생각
합니다."라 말하며, "우리는 당신을 돕고 싶습니다. 당신을 해칠 의도는
없습니다. 당신은 아옌데 정부를 전복시켜 서구세계에 큰 공헌을 했습니
다. 당신이 아니었다면 칠레가 쿠바의 전례를 밟았을 겁니다. 그럼 인권
이란 것도 없었을 겁니다."라고 결론지었다. 이 기록은 키신저의 회고록
『부활의 시대 *Years of Renewal*』제3권과 완전히 모순된다. 회고록에서 키
신저는 피노체트와 회담할 당시를 다루면서 자신은 인권옹호자로 묘사하
고 피노체트는 거의 파렴치범으로 몰았다. 키신저는 고문, 실종, 국제테

러 등으로 점철된 피노체트 체제를 언급하지 않았고 그의 전략적 침묵은 칠레의 전 주미대사 오를란도 레텔리에르와 그의 보좌관 로니 모피토를 과감히 암살하는 데 적잖은 역할을 했을 수 있다. 또한 레텔리에르가 미국 의회에 거짓 정보를 흘렸다고 피노체트가 두 번이나 비난했을 때도 키신저는 침묵으로 일관했다.

미국 내 좌파 교육계는 무고한 사람들의 피로 물든 손으로 미국을 운영하는 악당들에게 도전하려는 혁명적 결의나 혁명적 계획을 상실한 상태이다. 더구나 자본주의 중심의 커리큘럼을 대신할 전략조차 찾아보기 어렵다. 이른바 선진자본주의의 틀 안에서 교육이 생산과정에 점진적으로 '합병'되고 있는 시대이다. 교육은 경제의 하위부문으로 전락해버렸고, 이미지, 표현, 라이프스타일의 선택을 빨리 처리하는 원격민주주의 teledemocracy에 알맞은 사이버 시민을 길러내도록 설계되었다. 자본주의는 완전히 상식화된 현상, 심지어 자연의 일부처럼 받아들여질 지경에 이르렀고, '사회계급'soical class이란 용어는 적대적인 냄새를 탈색시키고 순화시킨 '사회·경제적 지위'socioeconomic status라는 용어로 거의 대체되었다. 따라서 세계화의 지속적인 강화와, 점점 진화하는 자본의 규제 없는 금융 및 투기 채널로의 우회를 고려하지 않고는 미국의 교육개혁을 생각하기란 불가능한 실정이다. 달리 말하면, 교육개혁의 실상을 올바로 알려면 '급행 자본주의'fast capitalism, '터보 자본주의', '정실情實 자본주의'crony capitalism, '쇼군 자본주의', '허무 자본주의', '금전 자본주의', '황금만능 자본주의', '범세계적인 카지노 자본주의' 등으로 알려진 경제 현실을 똑바로 직시해야 한다.

체는 어떤 혁명가보다 자본의 위험성, 특히 자본이 삶의 모든 분야에 침투될 때 야기될 위험성을 잘 알고 있었다. 오늘날 새로운 상품 유통 방식과 속도가 빨라진 자본의 순환이 확장되어 작동하고, 자본의 군림이 전

세계적으로 테러로부터 안전하게 지켜짐에 따라 자본은 그 어느 때보다 세계질서를 좌지우지하고 있다.

따라서 통제하는 존재로서의 자본－사회의 사회경제적 기초－을 제대로 다루지 않는다면 인종차별과 성차별 등의 여러 현실적 문제를 직면하고 극복하는 우리 능력에 상당한 한계가 주어질 수밖에 없다는 것을 인식하는 것이 중요하다. 마르크스가 『그룬드리세 *Grundrisse*』에서 제시한 충고에 따라, 조엘 코벨Joel Kovel(1997)은 "사물의 구체적 성격을 파악하기 위해서는 적정 수준의 추상성을 찾아내는 것"(p.7)의 중요성을 역설했다. 산업화, 기업, 시장, 탐욕, 가부장적 구조, 테크놀로지 등 모든 것이 구체적으로 결정되는 곳, 즉 착취와 지배가 진행되는 중심은 "자본이라는 결정적 실체에 의해서 점령당했다"(p.7). 코벨은 "자본은 다른 것들과 분리되어 단독으로는 구체화되지 않는다. 자본은 노동력의 상품화에서 비롯되는 사회적 관계이며, 여기에서 노동은 임금노동, 잉여가치, 모든 생산수단의 자본화 등으로 표현되는 관계인 가치법칙에 종속된다."라고 말했다. 자본의 논리와 일관성은 교묘하게 일상생활에 침투되고 있지만 이에 대한 진지한 반론은 거의 제기되고 있지 않는 실정이다. 요즘 주변에서 흔히 목격되는 경제의 재구조화는 자본의 불가피성에 대한 새로운 두려움을 안겨주기도 하지만, 자본에 저항하는 세력을 조직화할 수 있는 새로운 가능성을 보여주기도 한다. 교사 양성도 (충분하지는 않지만) 필요한 가능성 중의 하나인 것은 당연하다.


## 선진자본주의라는 편집증

이 역사적 시기에 자본은 인간의 주체성을 훌쩍 뛰어넘어 인간적인 것과는 완전히 다른 정체성을 지니고 있다는 점에서 편집광적인 것이라 말할 수 있다. 토머스 세키네Thomas T. Sekine(1998)는 이런 관계를 포착해서, 자본의 논리는 경제학과 일치하고 자본의 성격을 표현하는 경제의 특성은 '무한대로 되어버린' 인간의 경제적 동기를 반영한다고 주장했다. 달리 말하면, 자본의 논리는 우리 인간의 논리를 확대한 것이다. 다시 세키네의 표현을 빌면, "우리는 자본의 주체성에 은밀히 관여하고 있다. 인간의 주체성은 유한한 데 반하여 자본의 주체성은 무한하다는 점이 다르다. 그러나 마르크스의 용어를 빌면 '추상력'force of abstraction을 통해 이 둘은 밀접한 관계를 갖는다. ……자본에 포섭되어 자본의 대리인이 됨으로써 우리는 자본처럼 생각한다"(1998, p.437).

방해하는 것을 가차없이 파괴해버리는 폭주 기관차와 같은 선진자본주의는 편집광이나 과대망상증 같은 정신병과 섬뜩할 정도로 유사하다. 초국가적 자본주의의 행태는 변덕스런 논리, 달리 말하면 불가능하지는 않지만 무척 불안정한 논리를 보여준다. 이런 환경에서 마르크스가 염려한 상품 물신주의는 편집증적 인식 메커니즘의 구체적 사례가 되고, 이런 메커니즘에서 시민은 소비자로서 갖는 가치를 기준으로 평가된다.

자본주의와 사회주의의 이분법적 대립으로 인해 사회주의의 병폐를 해소하는 대안으로 자본주의가 대두되면서, 자본주의자가 어디에나 끼어들 수 있는 논리가 마련되었다. 자본주의는 인권, 자유, 민주주의, 정의, 평등을 비롯해 문명국의 특징들을 상징하는 시니피에가 되었고, 사회주의는 '그 밖의 것'이 되었다. 이를 근거로 미국은 자국 문화의 우월성을 주장한다. 사회주의의 의미마저 규정짓는 자본주의의 교만은 미디어의 방대한 네트워크를 통해서 산업사회와 후기산업사회를 지배하는 합리성의 담론으로 감춰진다. 요컨대 미디어의 네트워크를 동원해서 자본주의는 제국 시대의 유산을 다시 가르치고 다시 제안하는 조건을 만들어가고 있는 셈이다.

편집증에 대한 문헌을 개략적으로 정리한 폴 스미스Paul Smith(1988)에 따르면, 편집증은 정신병이지 신경증이 아니다. 신경증은 내적인 저항력을 갖지만 그런 저항을 분석가가 얼마든지 해결할 수 있기 때문에 치유될 수 있는 병이다. 그러나 편집증 환자는 신경증의 단계에서 '발견'되어 치료받았어야 할 증세들이 이미 겉으로 드러난 사람이다. 달리 말하면, 편집증 단계에서는 이런 증세를 찾아내려고 구태여 애쓸 필요가 없다. 편집증 환자의 경우에는 그런 증세가 이미 일상적 삶의 일부로 발전된 상태이기 때문이다. 따라서 편집증 환자는 극복해야 할 내적인 저항도 느끼지 못하기 때문에 분석가의 해석을 거부한다. 라캉Jacques Lacan이 지적하듯이 편집증은 그 자체로 하나의 해석으로 존재하기 때문에 편집증 환자와는 합리적 토론 자체가 불가능하다.

편집증 환자의 내면세계─주체의 일차적 나르시시즘에서 형성되는 상상 속의 동일화─는 주체와 그 주체가 인식하는 현실세계 간에 리비도적 혼돈을 일으킨다. 리비도는 자아에 자극을 주고, 그로 인해 자아에게 불쾌감을 주는 것은 외적 대상에 고스란히 전달된다. 따라서 외부세계는 주체의 나쁜 면들로 덧씌워진다. 이런 과정이 주체의 내면, 즉 '나'의 환상이나 공상을 유지시킨다. '나'는 좋은 사람으로 인식되는 반면에 '나' 이외의 모든 것, 즉 '나' 밖에 존재하는 것으로 인식되는 것은 무엇이나 파괴되어야 마땅한 것으로 여겨진다. 따라서 주체는 외부세계에 부적절한 행위를 강요하고 혼란스런 생각을 토해낸다. 이런 현상이 약탈자본주의에서는 시민을 단순한 노동력으로 전락시키고, 요즘의 미국 정부에서는 이민자, 생활보호대상자, 밀입국한 외국인 노동자를 성실한 납세자에게 돈을 뜯어가는 기생충 같은 존재라고 비난하고 공격하는 현상으로 나타난다. 논란이 많은 캘리포니아 법안 187호, 209호, 227호는 분노와 격분으로 가득한 편집증으로 쓰였고, 편집증에 걸린 사람들이 그 법안을 통과시켰다. 더구나, 정부 내에서 무역과 거래를 감독하는 규제위원회는 적으로 여겨진다. 합병, 이윤추구, 자본축적에 걸림돌이 되는 것은 '자유와 민주주의'를 가로막는 방해꾼이다. 편집증 환자의 자아는 강화되어야 하는 반면에 외부세계는 끊임없이 악마로 묘사되어야 한다. 안과 밖의 이런 구분에는 해석적 착각이나, 도덕심의 계발을 억제하는 의도적인 무지가 요구된다. 자아가 더 큰 사회질서의 역사적 기억에서, 또한 상상의 산물을 만들어낼 수 있는 역사의 힘에서 단절되기 때문이다. 게다가 자아는 직접 만들어낸 세계의 덧없는 성격을 인정하지도 않는다. 외부세계는 수용해야 할 세계가 아니라 반발해야 할 세계일 뿐이다. 마르크스주의에 대한 게바라 일기의 색인에서 마지막 항목은 프로이트를 다루고, '임상적 관점에서 본 역사'에서 드셸라딘 루미Dscheladin Rumi를 인용하며, "사랑이 눈을 뜨는 곳에서 나, 어둠의 폭군은 죽는다"라고 쓰고 있다.

외부세계는 자아의 독립성을 부추겨주는 경우에만 편집증 환자에게 중요하게 여겨진다. 편집증에 빠진 사람의 자아에게 자기비판을 기대하기란 어렵다. 달리 말하면, 편집증 환자는 자신이 만들어낸 허구의 조건을 인정하지 못한다. 편집증 환자는 자신의 방어적 자세를, 객관적 구조라 여겨지는 것과 동일시한다. 편집증 환자는 이런 허구를 기존세계의 해석이고, 객관적 실체의 조건이라 주장하면서, 허구를 옹호한다. 편집증 환자는 외부세계와 갈등을 일으킬 때마다 자신의 입장을 합리화시키면서 과대망상적 강박관념을 감추려 한다. 자본주의도 이와 비슷한 조건, 즉 편집증적 담론에서 다뤄진다. 이런 담론에서 외부세계는 자본축적, 이윤창출, 시장에 대한 지배력과 우월적 지위의 재생산 등 예정된 수순에 따라 자본주의를 뒷받침하는 방향으로 구성된다. 대중은 자본주의가 욕망과 혐오를 폭발시키는 대상이 되면서 리비도화되고, 자체의 잉여가치에 관련해서만 재생산된다.

　법인세 감면이 '경제발전'이나 '민간·공공부문 협력'으로 미화되는 '기업 복지'corporate welfare를 예로 들어보자. 어떤 지방정부가 한 기업이나 한 산업부문에만 과도한 보조금, 지원금, 부동산, 저이율의 대출, 원금의 거치나 공제, 상대적으로 낮은 세율 등과 같은 혜택을 준다면, 다른 지방이나 다른 기업의 희생을 강요하는 것이나 마찬가지이다. 그러나 기업 복지를 통해 직·간접적으로 혜택을 받은 기업인과, 그런 정책을 입안한 정치인이 '아동부양가정 보조'Aid to Families with Dependent Children나 식량 배급표와 같은 전통적인 복지 프로그램에는 가차 없이 비난을 퍼붓는다. 크롬과 유리로 장식되고 최첨단 시설을 갖춘 사무실에서 '자본의 군주들'은 자본축적과정의 위선이나, 환경의 지속가능성에 한계가 있다는 사실을 한사코 인정하지 않는다. 자본은 반발에 부딪치면 자연환경까지라도 바꿔버릴 듯이 더욱 탐욕스럽게 변한다. 기업가와 정치인은 자본을 자유와 동일한 것처럼 포장하고, 민주주의에는 반드시 필요한 것처럼 선전하기 때문에 자본주의를 착취나 위선이라 공격하는 것은 자유와 민주주의를 공격하는 것이 된다. 따라서 민주주의를 비판하는 사람은 악마로 여겨지고, 자유를 반대하는 사회주의자나 공산주의자로 은밀히 손가락질 받는다. 자본주의를 가장 극렬하게 반대한 사람 중 하나인 체 게바라도 예외가 아니어서, 권력에 굶주린 사람쯤으로 취급된다. 그러나 프레이 베투가 자세히 말한 대로 "체는 언제나 역사의 편이었다. 체를 비판하는 사람들은 체가 권력욕에 사로잡혔다고 주장한다. 그러나 체는 권력을 훌훌 던져버렸고, 무명용사로 콩고 정글과 볼리비아에서 게릴라 활동을 벌였다. 체는 애타주의가 무엇인지 몸으로 보여줬고 라틴아메리카의 자유화를 위해서 온몸을 바쳤다"(1997, p.5).

## 값나는 것은 모두 취해라 — 계급 간의 숨바꼭질

미국에서는 자본이 삶의 거의 모든 부문에 침투해 있기 때문에 좌파 교육계는 20세기를 수놓았던 중요한 계급투쟁에서 시선을 돌려 성차별과 인종차별을 부각시키는 데 주력하고 있다. 물론 이런 차별적 현상에 초점을 맞추는 것도 중요하지만 계급투쟁이 이제는 시대에 걸맞지 않는 낡은 쟁점으로 여겨질 지경에 이르렀다. 사회계급을 거론할 때도 계급투쟁은 대립적 현상으로 설명되지 않고 인간관계의 한 현상으로 설명된다. '계급투쟁'보다 '사회적 지위'social status가 다뤄지는 상황에서 테크노 엘리트의 양성을 위한 커리큘럼의 혁신이 우선적 위치를 차지했고, 그 때문에 기업가 중심의 자본주의, 개인의 소유권, 사회적 생산물의 개인적 전용 등을 사회적으로 재생산하는 논리가 뒷받침된다. '매판' 엘리트에 의한 이런 신자유주의 독재가 문화산업에서 초국가적 지배계급과 그들의 주구走狗들이 확보한 자원을 독점해버렸다. 또한 자유라는 의미도 부의 분배를 구조화시키는 자유, 더 구체적으로 말하면 임금을 전체적으로 최저수준까지 낮추고, 힘겹게 살아가는 사람들을 지원하기 위한 사회보장 프로그램을 제거함으로써 좀 더 쉽게 국경을 넘나들며 노동자를 착취하는 자유를 뜻하기에 이르렀다. 한때 국익과 밀접한 관계가 있었던 영토는 세계시장이라는 거대한 네트워크의 일부가 되었다. 물론 세계시장은 개별 국가에게 어떤 정치적 제약도 받지 않는다. 역사와 경제와 정치가 이제는 서로 결속되지 못하고 외따로 기능하기 때문이다.

사기극에 능한 깡패 정치인들은 공익, 공공서비스, 공적 권리, 그리고 최근에는 캘리포니아 법안 187호, 209호, 227호에서 보듯이 시민권까지 무시하면서 민간산업을 위한 충견 노릇을 하며 인간의 존엄성과 사회정의보다 기업의 이익을 우선시한다. 게다가 케인스식 복지국가를 미친 듯이 와해시켜, 착취라는 개념은 착취의 결과로 고통받으며 살아가는 개인과는 동떨어진 공허하고 추상적인 개념이 되어버렸다. 자본은 선의의 진보적인 교육자들에게도 뿌리치기 힘든 유혹의 손길을 뻗치고 있다. 세계화로 치열해진 경쟁의 시대에 그리고 과학기술의 힘으로 시장이 하위시장으로 세분화되는 시대에 소수의 사람들은 성공할 수도 있겠지만, 무수한 사람이 패배자의 대열로 낙오될 것이다. '교육에서 언급되지 않은' 잠재적 커리큘럼은 새로운 것이 아니지만 이데올로기에 집착한 국가기관은 교육을 한층 교묘하게 끌어간다. 산업자본주의의 초기 시대에 교육이 맡았던 역할과 크게 다르지 않다. 즉 대기업의 이익, 값싼 노동력, 이데올로기에 순응하도록 개별 포장된 기술세트로 지식을 왜곡하는 데 있다. 아이라 쇼어Ira Shor는 자본주의적 사회관계망에 빠져버린 교육의 현실을 직시하고 다음과 같이 말했다.

> 이 사회의 경제적 역동성은 교육학에도 영향을 미치며 저소득 계층과 성인교육에서 개인적인 능력강화, 자기계발, 자기개선, 자립을 강조했다. 교육에서 이런 '자아'의 강조는 거대기업들이 독점한 경제에서 사라지고 낭만적으로만 남아 있는 경제요소, 즉 고독한 기업가로 만족하는 자본주의에 비견된다. (Freire & Shor, 1987, p.130)

실질임금이 줄곧 떨어지는 시대에도 학생들은 자본주의국가를 지탱해갈 사람으로 키워지고 있다. 그리고 그 국가는 자본의 끊임없는 영토의 해체와 재구획으로 인해 불안정하지만, 자본의 힘은 정보의 이동 덕분에 금융시장에서 몇 번이고 회전되면서 더욱 커진다.

마르크스는 상품을 보편적 등가물로 생각할 때 가치의 상대적 형태에서 배제시켜야 한다고 주장했지만, 미국이 금본위제도를 출범시킨 이후로 상품은 금융자본을 통해서 그 자체로 동등한 가치를 갖기에 이르렀다. 래리 그로스버그Larry Grossberg(1999)는 이런 식으로의 경제 변화를 일종의 신중상주의와 유사하다고 공격하면서, 결국 신자유주의라는 이름으로 자본과 자본주의가 과거 식민시대로 되돌아간 것이나 마찬가지라고 주장했다. 은행업 또는 금융자본과 돈의 관계가 점점 분명해지고 있다. 오늘날, 자본은 더 많은 돈을 만들어낼 때 가장 생산적이다. 발전이란 것은 가치의 존재 자체를 변화시키고, 영원한 빚의 형태로 남아 있을 돈을 만들어내는 것일 뿐이다. 경제 관계에서 이런 독특한 상황은 새로운 자본주의의 주체를— 기본적으로 아우라가 새로운 상품을 미디어에 노출시켜서— 만들어내지만 나는 이런 상황이 궁극적으로 노동력을 완전히 배제하고, 프롤레타리아의 주체성을 만들어가는 데 방해가 된다고 생각지는 않는다.

오늘날 노동의 가치가 떨어진 것은 확실하다. 그러나 이것이 노동의 착취로 인해 주체성이 일회용으로 전락했다거나, 몸뚱이가 더 이상 힘겹게 일하지 않는다는 뜻은 아니다. 노동계급은 사라진 것이 아니라 정규 노동자, 파견 노동자, 임시고용 노동자로 재구성되었다(Perrucci & Wysong, 1999). 로버트 페루치와 얼 위송이 지적하듯이,

> 10명의 미국인 중 2명(20%)이 미국 금융자산의 92%, 즉 주식과 채권 및 상업용 부동산을 소유하고 있다. 나머지 8명(80%)은 전체 자산에서 8%만을 소유할 뿐이다. 달리 말하면, 8천만 가구, 즉 약 2억 1,600만 명의 국민은 평생 동안 매일 일을 하면서 남을 위해 자산을 생산하고 있을 뿐이다. 그렇게 뼈 빠지게 일을 하면서도 그들은 '부스러기'만 겨우 거둬들일 뿐이다.(1999, p.31)

## 교육과 시장 — '알 게 뭐야?'라는 사회적 분위기와 사회통제

　악이 본연의 얼굴을 드러내면서도 조금도 개의치 않을 때 우리는 이상한 세계에 살고 있다는 야릇한 안도감을 가질 수 있다. 그러나 항상 그런 것은 아니다. 쿠바혁명이 일어난 지 15년 후, '체 게바라가 새로운 혁명세대의 원형이 되었을 때' 미국의 좌파 교육학자들은 자본의 파괴적 논리와 싸우기 시작했다. 급진 교육학, 페미니스트 교육학, 비판적 교육학, 나중에는 경계 교육학, 탈식민 교육학, 혁명적 교육학 등 다양하게 불리는 교육법을 개발해서 자본의 논리와 싸웠다. 더구나 미국의 외교정책과 전쟁기구機構에 인류학자와 사회과학자가 연루되면서 미국 학계는 그야말로 시끌벅적한 시대였다. 물론 지금도 학자들이 연루되지 않는 것은 아니지만 요즘에는 너무나 노골적이어서 대단한 이야깃거리도 아니다. 특히 미국인류학회의 집행위원회는 "동남아시아를 대상으로 한 군사용 비밀조사에 협조하며 인류학적 조사를 수행했다"라는 이유로 에릭 울프Eric Wolf와 조지프 요르겐센Joseph Jorgensen을 비난했다. 여하튼 울프와 요르겐센은 사회과학, 특히 인류학이 군부의 작전과 선제공격에서 어떻게 이용되는가를 증명해보였다. 해군의 미크로네시아 '원주민 관리', 인간관계 지역파일Human Relations Area Files의 군사적 사용, 라틴아메리카에서의 카멜롯 작전, 버클리 대학이 시행한 히말라야 지역의 인류학적 조사에 미군이 자금을 댔다는 인도 정부의 폭로, 미군의 타이 대게릴라 작전에 인류학자가 광범위하게 개입했다는 증거를 보여주는 서류들이 대표적인 예이다. 이런 사례 조사를 위해서 미국인류학회는 마가렛 미드를 위원장으로 한 특별조사위원회를 구성했다.

　군산복합체와 학계의 결탁이 폭로되었지만 1960년대 학교개혁을 위한 노력은 상당히 소극적이어서, '대립적' 교육 공간보다 '대안적' 교육 공간을 마련하는 데 주력했다. 구체적으로 말하면 칼 로저스Carl Rogers, 에이브러햄 매슬로Abraham Maslow 등의 인간 잠재력 개발 운동에 영향을 받은 '자유학교'free school의 형태를 띠었다. 비판적 교육학은 학교교육을 좀 더 대립적 형태로 끌어가기 위한 수단으로 인간 잠재력 개발 운동의 뒤를 이어 제시되었지만 1970년대 후반에 학계에서 인정받기 시작했다.

비판적 교육학은 교실수업, 지식의 생산, 학교라는 제도적 구조 간의 관계, 더 넓게는 공동체와 사회 및 국가의 구체적 관계를 연구대상으로 삼아 다루고 궁극적으로 변화시키기 위한 방법이다(McLaren, 1995, 1997a, 199b; Giroux & McLaren, 1994). 사회계급에 근거한 불평등을 해소하려는 진보적 교육자와 학자가 제안한 비판적 교육학은 반성차별적이고 반인종차별적이며 동성애를 객관적 시각에서 바라보는 교실 중심의 커리큘럼을 만들고 정책을 발의하는 데 큰 역할을 해왔다.

비판적 교육학에 대해 비판적인 학자들은 이상주의적인 다문화주의적 접근이라고 헐뜯지만, 파울루 프레이리를 비롯한 지지자들은 비판적 교육학이 지나치게 순화되어 사회비판과 혁명적 의제를 상실한 채 학생 중심의 학습법으로 전락해버렸다고 불만을 터뜨렸다(Freire, 1994). 내 생각에 비판적 교육학이 이렇게 변질된 이유는 좌파 교육계가 역사적 수명을 다한 '구시대적' 이론이라며 역사 유물론과 메타이론을 버린 탓도 있지만, 프랑스 포스트모더니즘의 일부에서 읽혀지듯이 유행처럼 보수적으로 변절한 신좌파가 권력과 지식을 향한 일탈된 욕망을 표출한 때문이기도 하다. 일부 포스트모던 이론가들, 즉 비판적 포스트모더니스트와 대립각을 세우는 보수적 이론가들과 후기 구조주의자들은 의문의 여지가 있는 가정들을 근거로 한 이론을 내세운다. 가령 그들은 상징적 교환이 가치 영역 밖에서 이루어지는 것이라 파악한다. 따라서 착취구조보다는 복종구조, 생산관계보다는 교환관계를 중시하고 거대담론보다는 지엽적 담론을 강조한다. 또한 기존 사회관계의 변화보다는 상징적으로 의미를 상실한 사람들의 목소리에 귀를 기울이고, 현실의 모델을 역사적 허구로 전락시키며, 경쟁관계에 있는 담론들의 진실 여부에 대한 평가를 포기한다. 게다가 권력이 계급과 관련 있고 역사적으로 결속된 것이란 생각을 권력은 어디에나 있으면서도 어디에도 없다는 생각으로 뒤바꿔버렸다. 또한 혜택받은 지위, 상위계급과 그와 결탁한 세력의 특혜를 영속화시키려는 지배구조에 의문을 제기하기보다는 패권적 지배계급의 논리를 선전하고 자본가계급의 법칙을 재정립하는 철학적 논리를 개발한다(Wenger, 1991, 1993/4). 요컨대 그들은 계급 간의 반목을 재생산하고, 지배계급에게 유리한 새로운 균형관계를 제시하며, 지배계급이 부와 권력을 비정상적일 정도로 차지하는 구조를 합리화시키는 역할을 해냈다.

## 세계화와 자본의 죄

최근 들어 신마르크스주의 교육자들은 포스트모더니즘을 통렬하게 비판하며, 오늘날 세계화로 인한 위기에서의 혁명적 계급투쟁에 대한 토론에 불을 지폈다(Green, 1994; Cole & Hill, 1995; Hill & Cole, 1995; Brosio, 1997; Rikowski, 1997; Cole, Hill & Rikowski, 1997; Hill, McLaren, Cole & Rikowski, 1999). 자본가계급은 게바라가 무장저항하며 자본주의의 관절을 끊어버리려 했을 때보다 오늘날 더 가증스럽고 더 강력한 집단으로 발전했다는 것은 부인할 수 없는 사실이다. 자본가계급이 글로벌 네트워크를 갖춘 상업화된 언론과 긴밀한 관계를 맺고 있다는 데서 그들의 막강한 힘을 엿볼 수 있다. 자본주의의 담론은 주로 미국에 본사를 둔 초국가적 언론기업에 의해 조정된다. 로버트 맥체스니Robert W. McChesney에 따르면,

언론기업은 시장의 세계화를 앞당기고 상업적 가치를 선전하는 반면에 즉 각적인 이득이나 장기적인 기업 이익에 도움이 되지 않는 문화와 언론관을 부인하는 집단이다. 존 제이John Jay의 말을 풀어쓰면, 세계를 소유한 사람이 세계를 지배해야 한다는 민주주의, 즉 껍데기만 남은 민주주의를 옹호하는 집단을 제외한 나머지 모든 집단에게 이런 언론 기업은 재앙이나 마찬가지이다.(1997, p.11)

이 문제를 거론한 윌리엄 로빈슨의 지적도 길지만 인용할 만하다.

글로벌 자본주의는 약탈적이고 기생적이다. 오늘날의 세계화된 경제에서, 자본주의는 과거 어느 때보다 세계인 대다수의 이익을 외면하고 무시하며 사회에 대한 책임을 등한시한다. 약 400여 개의 다국적기업이 세계 고정 자산의 3분의 2가량을 소유하고, 세계무역의 70%를 좌우한다. 수백 개의 다국적기업이 세계 자원을 지배하는 까닭에, 인류의 목숨과 운명이 초국 가적 자본의 손에 떨어진 셈이다. 결국 소수의 자본이 수많은 인류의 생사 여탈권을 휘두른다고 말해도 과언이 아니다. 경제력이 이렇게 집중되면서 정치권력마저 소수에 집중되는 결과가 빚어졌다. 이런 상황에서 '민주주의'의 거론은 무의미한 메아리일 뿐이다.

독재의 붕괴와 민주주의로의 전환 및 전 세계로의 민주주의 확산이란 패러독스는 새롭게 등장한 사회지배형태로 설명된다. 여기에 민주주의의 개념조차 오용되고 남용된다. 민중(데모스)의 힘(크라토스)이란 원래 의미가 이제는 인식하지 못할 정도로 훼손되었다. 초국가적 엘리트 계급이 민주주의라 칭하는 개념은 정확히 말하면 '폴리아키'polyarchy에 가깝다. 다두多頭정치를 뜻하는 폴리아키는 독재도 아니고 민주주의도 아니다. 소수집단이 자본을 대신해서 실질적으로 지배권을 행사하고, 엄밀하게 통제된 선거과정을 통해서 선택된 엘리트 계급이 과반수로의 의사결정에 참여하는 시스템을 가리킨다. '낮은 강도의 민주주의'이지만 합의된 지배형태로 일컬어진다. 사회통제와 사회지배가 강압적이지는 않지만, 안토니오 그람시가 사용하는 의미에서는 패권적hegemonic이다. 요컨대 폴리아키는 노골적인 억압을 피해서, 세계화된 자본의 구조적 지배력과 '거부권'에 의한 정치권력의 교체와 다양한 이데올로기의 선택에 근거를 둔 시스템이다.(1996, pp.20~21)

같은 맥락에서 마르크주의 교육학자 리처드 브로시오Richard Brosio도 날카로운 통찰력으로 이렇게 주장했다.

이제 제1세계 국가의 조직화된 노동자들도, 세계화되어가는 자본주의의 소용돌이에 최근에야 편입된 지역에 속한 노동자들과 경쟁을 벌여야 할 처지이다. 게다가 자본주의가 잉태시킨 초국가적 조직들은 과거의 틀에 구애받지 않고 행동할 수 있다. 예컨대 투자를 회수한다거나 자본 파업을 벌이겠다고 위협한다. 따라서 정부는 정책 선택에서 자유로울 수 없고, 민주주의 정치 자체도 위협받는다. 조직화된 노동조합은 지금까지 중앙정부와 효과적으로 투쟁하는 방법을 개발하고 다듬어왔지만, 자본의 공세에 적절하게 대응할 방법을 아직 찾아내지 못했다. 경제상황이 비민주적인 방식으로 현격하게 변했기 때문에 지금까지 노동계급의 문화를 최적으로 뒷받침해주던 산업들이 해체되고 있다.(1997, p.22)

대중자본주의popular capitalism(서민층에게까지 자산·주식 소유가 확대되는 형태로 주주자본주의라고도 칭해진다 —옮긴이)가 민영화를 지향하는 현 추세에 대한 대중의 지지를 끌어내는 수단으로 사용된다. 과거에 국가가 소유했지만 지금은 민영화된 기업의 주식을 낮은 가격에 대중에게 제공하거나, 종업원 지주제도를 통해서, 혹은 공공분야보다 민간분야를 사용하는 사람들에게 감면 혜택을 부여하는 식으로 대중에게 금전적 이득을 제공하면서 노동계급을 길들이고 노동조합운동을 약화시키려는 전략이다. 따라서 보편성 원칙과 사회권이 침해당하고, 도움을 받을 만한 극빈자와 그렇지 못한 극빈자를 구분하는 경향이 되살아났다(Teeple, 1995).

실제로 미국과 같은 나라들에서는 계급구조에 따라 분화된 자본주의 문화가 발달하는 현상이 목격된다. 어떤 의미에서 제1세계의 계급구조가 서구 제국주의에게 침탈당한 제3세계 국가들의 계급구조를 닮아가는 꼴이다. 앨런 토넬슨Alan Tonelson에 따르면,

미국인 부자가 자녀를 사립학교에 보내고 외부인의 출입이 통제된 공동체에서 사설 경비원을 고용해 살면서 동포에게 닥친 문제에는 그야말로 담을 높게 쌓고 지내는 경향이 심화되자, 로버트 라이시 전 노동부 장관처럼 다른 시각을 지닌 작가들은 물론이고 보수적인 군사전략가 에드워드 루트워크까지 "미국의 일부가 계급에 따라 만성적으로 분열된 제3세계 사회를 닮아가고 있다."라고 경고했다.(1997, p. 359)

NAFTA(북미자유무역협정)와 같은 초국가적 기구가 국경을 초월한 금융과 생산이란 목표를 추진하고, 자본과 노동 간의 반목관계를 심화시키는 데 큰 역할을 한다. 세계화된 자본시장이 국내 자본과 노동 및 테크놀로지의 위치를 빼앗았다는 사실을 기억해야 한다. 초국가적 자본의 행위는 여전히 세 지역(북아메리카, 유럽, 일본)에 집중되어 있지만, 라틴아메리카에 대한 개입이 점점 늘어나는 추세이다. 수입이 상대적으로 낮은 나라에 기업이 투자하는 목적은 향후에 성장할 시장을 미리 선점하고, 노동비용을

절감시키는 데 있다.

로리 월라크Laurie Wallach와 미첼 스토르자Michelle Storza의 지적에 따르면, NAFTA는 발효된 지 5년 만에 환경에 막대한 피해를 안겼다.

NAFTA로 인해 마킬라도라(부품을 수입하여 값싼 노동력을 이용, 제품을 조립·수출하는 멕시코의 외국계 공장 — 옮긴이)가 37%나 늘었다. 하지만 그곳의 임금은 멕시코의 다른 공장보다 16%나 낮았다. 국경지역에서 1,947개의 공장이 가동 중이며, 마킬라도라로 인한 고용이 티후아나 지역에서만 92%나 치솟았다. 그러나 산업 폐기물을 적절하게 처리하는 공장은 거의 없어서, 환경과 건강에 심각한 문제를 야기했다. 12년 동안 국경지역을 조사한 보고서에 따르면, 마킬라도라의 성장과 심각한 선천성 장애 간의 상관관계가 뚜렷이 확인된다. 멕시코의 텍사스–마타모로스 주의 브라운스빌에서 태어난 아기의 신경관 장애율이 1만명 당 19명으로 늘어났다. 멕시코 평균의 거의 2배에 달하는 수치이다.(1999, p.7)

또한 빈곤선으로 떨어진 멕시코 노동자들은 급증한 반면 극소수는 엄청난 재산을 축적하는 데 NAFTA가 미친 파괴적 영향에 대해서도 두 저자는 간과하지 않았다.

NAFTA 덕분에 생산성은 36.4%나 증가했지만 임금은 29%나 떨어졌다. NAFTA 체제 5년 동안, 멕시코의 마킬라도라 노동자들은 최저생활임금에도 미치지 못하는 주당 평균 55.77달러를 벌었을 뿐이다. 1984년부터 1994년까지는 몇 번의 평가절하로 인해 멕시코의 빈곤율은 34%에 머물렀다. 하지만 지금은 멕시코 노동자의 60%가량이 빈곤선 아래에서 근근이 살아간다. NAFTA 체제 5년 만에 2만 8천여 소기업이 다국적기업과

경쟁하지 못함으로써 800만 멕시코인이 중산층에서 빈곤층으로 떨어졌
다.(p.7)

## 뒷걸음질 치는 선진자본주의 — 빈곤의 세계화

라틴아메리카의 상황은 세계화의 그림자에 뒤덮여 점점 암울하게 변해
가고 있다. 예컨대, 블랑카 에레디아Blanca Heredia는 "전후 초기에 비해
서 오늘날 개발도상국들은 무척 다양한 면모를 보인다. 그런 국가들이 균
등한 수준으로 발전하는 데 세계화는 아무런 도움을 주지 못한다. 가난한
나라가 빠르게 성장하는 것도 아니다. 오히려 세계화는 개발도상국들의
격차를 종횡으로 더욱 벌려놓을 뿐이다."(1997, p.385)라고 지적했다.

게바라의 시대 이후로 절대적 빈곤이 확대되면서 게바라를 비롯해 자
본주의를 가장 신랄하게 비난하던 사람들조차 놀랄 지경이다. 에레디아
의 지적에 따르면,

1980년대 이후, 개발도상국의 절대적 빈곤이 증가했다. 아프리카와 라틴
아메리카의 대부분 지역에서는 절대적 빈곤만이 아니라 상대적 빈곤도 크
게 증가했다. 특히 라틴아메리카에서는 빈곤층이 1980년대에 들면서 가
파르게 상승한 후 1990년 초부터 서서히 하락하기 시작했지만, 이는 칠레
와 콜롬비아 두 나라에만 국한된 현상이었다. 나머지 지역에서는 빈곤층
이 여전히 증가하고 있어, 현 추세가 계속된다면 십 년 이내에 분당 두 명
의 빈곤층이 증가하게 될 것이다.(1997, p.386)

새로운 국제경제질서를 맹목적으로 추구하는 미국 정치인들이 남북아

메리카에서 NAFTA의 성공을 현란한 미사여구로 선전하고 있지만, 1995년 남아메리카 17개국 중 15개 국가에서 소득 불균형 편차가 발전수준에 걸맞는 수준을 훨씬 상회했다는 사실은 그야말로 비극적 현상이 아닐 수 없다(Heredia, 1997, p.386). 게다가 대다수의 라틴아메리카 국가는 지난 십 년 동안 사회적 조건이 극히 악화되었을 뿐 아니라, 많은 노동자계급이 미래를 낙관할 지푸라기조차 잡을 수 없을 정도로 사회적 환경이 암울하게 변했다. 에레디아는 "세계화 바람이 불어닥친 1980년대와 1990년대에는 대다수의 지역에서, 길거리에 메르세데스가 늘었지만 집을 잃고 길거리로 내쫓긴 아이들도 늘었다. 노르웨이산 연어가 더 많이 팔렸지만 범죄에 연루된 젊은이도 늘었다. 나이키 운동화를 진열한 상점이 많아졌지만 집 안팎의 폭력사건도 증가했다. 빈곤과 불평등이 심화되면서 명품을 파는 쇼핑몰에 정신없이 뛰어들던 사람들에게도 삶은 더욱 힘겨워졌다."(1997, p.386)라고 말했다.

제3세계 국가들이 민주화를 위해 투쟁하면서 미국에 도움을 요청했을 때 어떤 일이 벌어졌는가? 그들이 세계화된 경제에서 경쟁력을 잃지 않으려고 도움을 청했을 때 어떤 일이 벌어졌는가? 많은 나라가 IMF에서 강요한 처방책을 어쩔 수 없이 받아들여야 했다. 관세를 낮추고, 공무원을 해고하며, 국영기업 중에서도 가장 수익성이 높은 기업을 외국기업에 팔아야 했다. 이렇게 시장의 '구원'을 받기로 동의하는 순간, 다국적기업들이 벌떼처럼 달려들어 시장을 먹어치웠다.

빌 레스닉Bill Resnick은 "다국적기업이 임금을 낮추고 이익금을 나라 밖으로 빼돌리며 억압적인 도둑 정권을 지원한다면 그런 기업의 투자는 불행을 뜻하고, 천연자원의 수탈을 뜻한다"(1997, p.12)라고 말했다. 나이키가 인도네시아에서 그랬듯이 다국적기업은 자본의 흐름이나 외국투자를 규제하는 권한을 해당 국가에 인정하지 않고, 투자기업이 국내의 협력

기업에 기술을 이전해야 한다는 의무조항까지 거부한다. 게다가 외국 원조와 '뱅크 론'(bank loan, 은행 간의 차관—옮긴이)은 민간자본과 민간자산을 지원하는 데만 사용되어야 하기 때문에 민간기업의 이익은 증가하는 반면에 공공부문의 경제는 약화된다. 또한 다국적기업은 환경규제의 양보를 비롯한 규제의 철폐와 감세 혜택을 요구하고 노동자에게는 임금의 양보를 요구하면서, 그런 요구가 충족되지 않으면 투자를 철회하겠다고 위협하기도 한다(pp. 13~14). 레스닉의 주장에 따르면, 세계화된 시장에서 세계은행과 자유무역정책은 식량지원마저 강력하게 반발한다. 따라서 모든 곳에서 생산자는 세계시장에서 형성된 가격으로 판매해야 하고, 모든 국가가 쌀과 곡물 및 우유 등을 동일한 가격에서 경쟁해야 한다(p.13).

지난 20년 동안 선진자본주의국가들에서, 예컨대 뉴욕과 로스앤젤레스를 비롯한 대도시에서 노동력을 착취하는 공장이 등장했다는 사실이 놀라울 뿐이다. 이른바 제1세계의 노동자들도 과거에 향유하던 사회적 힘을 꾸준히 상실했고 생활수준이 크게 떨어졌다. 라틴아메리카에 산재한 노동착취공장에 대한 미국의 인식이 대기업의 홍보전문가에 의해 전문적으로 조작된다는 사실도 잊어서는 안 된다. 홍보전문가들은 이런 노동착취공장에 대한 비판이 실업자들의 마음에 상처를 주고, 미국에서는 노동력의 착취로 인식되는 현상이 해당 국가에서는 고용효과를 극대화시키는 역할을 한다고 변명한다(Fairchild, 1997).

말레이시아의 자유무역지대에 있는 공장에서 일하는 노동자의 80%가 여자이다. 필리핀에서는 대부분의 제조과정이 자유무역지대 밖에서 이루어지며, 가내공업에 의존한다. 아나타 쿠마르 기리Anata Kumar Giri(1995)의 논문에서 보듯이, 멕시코 마킬라도라 지역 밖에서는 주부들이 가내공업에 종사한다. 주부들도 산업자본에 간접적으로 지배받는 저임금 노동시장의 일부에 편입된 셈이다. 말레이시아와 멕시코에서 기업은 미혼여성을 선호한다. 따라서 많은 미혼여성이 남성의 관리·감독을 받으면서 일한다. 일에 지친 노동자는 학교를 그만둔 새로운 인력에 의해 수시로 교체된다. 게다가 여성 공장노동자는 미세한 일에 주로 투입되기 때문에 일찍 지치고 자칫하면 시력을 상실할 염려가 있어, 기업은 낮은 임금으로 강도 높은 일을 지속적으로 해낼 수 있는 건강한 인력을 확보하기 위해서 고용을 20대 초반으로 제한하는 경향이 있다. 또한 신규 채용할 때 6개월의 고용계약만 체결하기 때문에, 계약기간이 끝나면 노동자는 해고되거나 동일한 임금 수준에서 재고용된다.

## 위험한 줄타기

1993년 7월, 전 세계의 좌파 및 진보적인 조직이 '상파울루 포럼'(1990년에 창설된 포럼으로 가장 최근에는 1997년 8월에 열렸다)으로 알려진 모임에 참석했다. 이때 그들은 지속적이고 독립적이며 환경적으로 균형을 이룬 경제성장과 더불어 부의 균등한 분배를 위한 발전 모델을 만들어내고 시행할 것을 요구하는 성명서를 발표했다. 또한 그들은 경제발전과 더불어 민주주의가 신장되기를 바랐다. 특히 니카라과 산디니스타 당의 다니엘 오르테가와, 멕시코의 혁명민주당 지도자로 2000년 초에 멕시코시티 시장을 지낸 쿠아우테목 카르데나스는 개별 국가의 역사와 문화 및 상황을 고려한 경제정책을 촉구했다(San Juan, 1998b). 라틴아메리카의 정치인과 지식인의 모임으로 중도파로 알려진 '부에노스아이레스 컨센서스'(라틴아메리카가 당면한 문제의 만병통치약으로 자유시장으로의 개혁을 처방하는 국제금융계의 지도자들로 이루어진 '워싱턴 컨센서스'에 맞서기 위해 창설된 조직)는 최근에 아르헨티나 부에노스아이레스에서 다섯 번째 모임을 갖고 정치와 경제를 주제로 일련의 토론회를 가졌다. 이 모임에는 카르데나스 이외에 멕시코 과나후아토 주지사이며 중도우파인 국민행동당 당원인 비센테 폭스, 칠레의 공공사업부 장관인 리카르도 라고스, 브라질의 노동자당 당수인 루이스 이냐시오 룰라 다 실바, 아르헨티나 프레파소당 당수인 카를로스 차초 알바레스, 엘살바도르의 게릴라 등이 참석했다. 그들은 다음과 같은 성명서를 주저 없이 발표했다.

> 우리는 시장을 하나의 수단에서 종교의 차원까지 끌어올린 신자유주의 정책을 강력히 반대한다. ……제한 없는 민영화, 조직적인 감세, 노동시장의 규제완화로 인해…… 사회적 긴장과 갈등이 악화되고, 국민 다수의 빈곤이 심화되었다.(Rotella, 1997, p.5) [8)]

이런 새로운 시나리오에서, 1980년대 말 니카라과 혁명의 실패나 그보다 5년 전인 그레나다에서의 반혁명과 같은 좌절의 순간들에서 벗어나 희망의 불꽃이 되살아났다. 멕시코 치아파스에서 마야의 농부들이 벌인 폭동, 1993년 말과 1994년 초 아르헨티나의 산티아고 델 에스테로를 비롯한 일부 도시에서 발생한 노동자투쟁이 대표적인 예이다. 그러나 정치계가 침묵하고 혁명의 파도와 노동투쟁이 크게 감소된 미국에서, 좌파 교육계의 역사에만 은밀히 존재하는 게바라의 새로운 사회주의는 비판력을 상실한 채 학계의 포스트모더니스트들에게도 시대에 뒤떨어진 전투적이고 전체주의적인 선동행위에 기댄 또 하나의 '모더니스트'적 형태라고 조롱받기에 이르렀다. 그러나 현 세계화의 병폐를 극복할 사회주의적 대안을 열망하는 좌파 교육자들은 게바라의 반제국주의적 행동과 정치적 비전 및 혁명적 이상을 실천하는 데 바친 삶을 적극적으로 지켜가는 것이 필요하다. 맬컴 엑스, 레닌, 프레이리, 마르크스, 룩셈부르크 등과 더불어 게바라의 선례는 세계화된 사회의 폴리아키에 저항하며 그런 지배체제를 바꿔가는 가능성을 모색하는 수단으로 사용될 수 있다. 요컨대 자본주의는 오늘날 위기에 봉착했다. 범세계적으로 혁명투쟁이 일시적으로 후퇴하기는 했지만 이런 침체상태를 오히려 재조직의 기회, 즉 계급의 힘을 평가하고, 범세계적인 계급연대를 모색하며, 반자본주의 투쟁을 위한 대책을 강구하는 기회로 삼을 수 있다.


## 전투적인 유토피아주의와 체 게바라의 교육학

에르네스토 체 게바라의 교육학은 그의 마르크스주의만큼이나 확고했지만 결코 틀에 박히지 않았다. 무엇보다 그는 혁명적 교사였고 혁명의 교사였다. 또한 국제사회주의자로서 혁명의 실천에 대한 모범적 교육자였다. 우리 사회가 사회주의로 변해가야 할 이유를 역설한 이론, 혁명전쟁에 대한 관점, 게릴라전에 대한 철학, 그리고 사회주의적 휴머니즘은 마르크스의 전통을 충실히 따랐다. 쿠바혁명이 성공한 직후, 한 외국 기자는 게바라와 인터뷰하던 중에 마르크스주의자냐고 물었다. 질문의 성격과 어조에서 악의를 읽어낸 게바라는 "나는 마르크스주의자가 되기엔 아직 모르는 게 많소!"라고 대답했다(Löwy, 1973). 게바라의 교육학은 범세계적 차원에서의 계급투쟁이 필요하다는 마르크스주의의 문제 인식과 깊은 관련을 갖는다. 게바라가 초국가적 기업의 폴리아키와 결탁한 자본의 탈국가적 제국주의를 미리 예견하고 프롤레타리아의 국제화를 역설했다는 주장이 가능할 수 있다. 게바라는 인간적인 삶을 파괴하는 자본의 무관심과 즉흥성에 분노했다. 임금노동자와 검은 피부의 사람은 빈곤에 허덕이지만 부자들은 동정심이나 책임감과는 담을 쌓고 지내는 세상에 분노했다. 게바라의 생각에, 미국의 자본주의는 부자와 민중을 대립시키는 기만적이고 조롱하는 의식체계였다. 따라서 미국의 자본주의는 세계를 분열시키려는 고질적인 욕구에 사로잡히고, 부자와 가난한 사람 간의 격차를 아무렇지도 않게 받아들이는 경제체제였다. 자본주의는 발전과 경쟁이란 새로운 흐름을 인정하는 사람들과, 그런 흐름이 사회적 삶을 위협한다고 생각하며 그런 흐름에 저항하는 사람들 간의 분열을 부추긴다. 게바라의 생각에, 자본주의와 그 정치적 짝인 제국주의에 저항하는 혁명은 일시적인 일탈현상이 아니었다. 사회적 부정의가 존재하는 한 결코 끝나지 않고 주기적으로 폭발하는 격변의 하나였다.[9]

페트라스(1997a)에 따르면, 1950년 이후로 게바라의 정치관에 영향을 받았다고 말할 수 있는 혁명적 정치활동의 파도가 전 세계적으로 네 차례 일어났다. 첫째가 1959년부터 1967년으로 쿠바혁명 이후 게바라가 죽을 때까지이며, 두 번째가 남아메리카 남단과 안데스 지역의 국가들에서 민중봉기가 일어난 때부터 쿠데타가 있었던 때까지로 1968~1976년이다. 세 번째는 1977년부터 1990년까지로 중앙아메리카의 민중봉기와 산디니스타 혁명기이며, 네 번째는 1990년부터 지금까지로 멕시코 치아파스의 사파티스타 민족해방군처럼 새로운 사회정치적 성격을 띤 농민과 원주민의 저항운동이다. 특히 브라질의 토지 없는 노동자 운동이나 멕시코의 사파티스타와 같은 네 번째 혁명운동은 "그들 자신이 게바라에게, 그의 실천적 삶과 가르침에 의해 고취되었다는 것을 의식하고 있다"는 점에 주목할 필요가 있다(Petras, 1997a, p.17).

게바라의 교육학을 이해하기 위해서 그의 철학이 담긴 글들을 모두 끌어낼 것까지는 없다. 폭력적인 독재정권과 지배적인 과두정치의 야만성을 폭로하기 위해서, 또한 억압받고 착취당하는 노동자에게 군사정권에 대항해서 승리를 거둘 수 있다는 사실을 깨닫게 해주기 위해서 게바라가 마르크스·레닌의 가르침을 게릴라식 군사행위로 실천한 방법과 관련시킬 때 게바라의 교육학은 더욱 생산적으로 비춰질 수 있다. 어떤 면에서, 게바라의 교육학은 위대한 혁명가, 레닌과 무척 흡사하다. 레닌도 객관적이고 주관적인 역사적 조건이 교육적 차원의 대중동원이나 대중조직을 비롯해서 적절한 '투쟁방법'을 결정해야 한다고 주장하지 않았던가(Loveman & Davies, 1985, p.6). 실제로 게바라의 교육학은 많은 사건과 관계에서 영향을 받았다. 특히 10대에 럭비를 하면서 스크럼 하프를 맡았던 경험이 그의 성격 형성에 큰 영향을 미쳤다. 어떤 사람이 스크럼 하프를 맡느냐에 따라 럭비의 승패가 크게 좌우되기 때문이다(Harris, 1970). 부모의 철학도 상당한 역할을 했다. 체의 부모는 집에서 종교문제를 거의 언급하지 않았지만 무척 정치적인 분위기를 조성했다. 아버지는 보수적이었고 어머니는 좌파적 성향을 띠었지만 두 분 모두 에스파냐 내전에서 공화주의자의 주장에 동조했고, 2차대전 중에는 반나치적 입장을 분명하게 띠었다. 또한 후안 페론의 체제에 반대하며 지하운동에 가담했고, 체가 겨우 열네 살이었을 때 히치하이크로 두 달 동안 주변 지역을 여행하도록 허락할 정도로 개방적이었다. 한편 체가 습관적 천식으로 홈스쿨링에 주력한 것도 체의 교육학에 적잖은 영향을 미쳤다. 어머니는 체에게 프랑스어를 가르치고 고전문학을 읽히는 데 전력을 다했다. 1953년 볼리비아를 여행하면서 CIA의 지원을 받은 군부에 하코보 아르벤스Jacobo Arbenz의 정부가 전복되는 것을 목격한 경험, 또한 도미니카 공화국, 페루, 쿠바, 콜롬비아, 베네수엘라의 난민들과 멕시코시티에서 보낸 시간도 그의 교육학에 큰 영향을 미쳤다. 특히 1955년 7월, 혹은 8월에 처음 만난 피델 카스트로와의 관계와, 1953년 피델의 부하들이 쿠바의 몬카도 육군병영을 공격한 사건을 기념해서 붙여진 '7·26 운동'에 소속된 쿠바 망명자들과의 관계도 간과할 수 없다. 체는 1955년 멕시코시티에서 그들을 만나, 그들의 쿠바혁명 계획을 도왔다. 체는 피델을 개인적으로 동경했다. 피델은 많은 점에서 체와 닮았고 같은 이상을 꿈꾸는 사람이었다. 피델도 체처럼 운동선수이면서 지적인 인물이었다. 실제로 피델은 1943년 쿠바 최고의 운동선수로 선정되었고, 쿠바에서 손꼽히는 예수회 학교를 다니면서 학업을 향한 열정을 불태웠다. 학교를 다닐 때는 교과서를 처음부터 끝까지 줄줄 외웠다고 전해지기도 한다. 멕시코 찰코 지역의 산악지대에 있던 라스 로사스 목장에서 피델과 함께 알베르토 바요Alberto Bayo에게서 군사 훈련을 받았던 일도 체에게는 소중한 경험이었다. 바요는 에스파냐 공화국 군대의 장군을 지낸 게릴라 전사로, 프랑코군에 저항해서 수많은 게릴라전을 치렀고 모로코에서는 아랍군을 상대로 게릴라전을 벌인 경험까지 있었다. 또한 쿠바의 독재자 폴헨시오 바티스타를 상대로 한 3년간의 전투도 체에게 적잖은 영향을 남겼다.

  체가 피델을 비롯한 게릴라들과 혁명을 시작하기 위해서 '그란마'호라는 요트에 올라 멕시코를 떠나 쿠바로 향한 때는 혁명투쟁의 역사에서 무척 중요한, 결코 과소평가할 수 없는 순간이다. 1956년 11월 25일, 멕시코만의 툭스판을 떠나 쿠바의 산티아고로 향한 '그란마'호는 오리엔테주의 어촌마을 벨리오에 상륙했다. 체는 '그란마'호를 타고 해안에 상륙한 82명의 게릴라 중 한 명이었다. 그러나 바티스타 군에게 습격을 받은 게릴라는 22명만이 시에라 마에스트라 산맥으로 피신했다. 게바라도 그중의 한 명이었다. 간혹 12명만이 살아남았다는 주장이 있지만 예수의 12제자를 본뜨려는 우상화로 여겨진다. 체와 피델은 가난한 사람들의 지원을 받을 수 있으리라 믿었고, 그런 믿음은 정확한 판단이었다. 대부분의 옥토는 미국의 다국적 농기업인 유나이티드 후르트와 서인도회사가 소유하고, 소수의 농부만이 자기 농지를 갖고 있어 대부분의 '과히로'guajiro와 '마체테로'machetero는 가난에 찌들어 궁핍하게 살았기 때문에 그들은 피델의 혁명세력을 도왔다. 따라서 '프레카리타'precarita(땅 없는 노동자)와 더불어 투쟁을 시작한 순간부터 체는 무장투쟁의 교육자가 되었다.

　체는 게릴라 투쟁이 과두체제의 사악한 가면을 폭로하는 수단을 제공할 것이라고 굳게 믿었다. 또한 혁명적 변화를 위한 투쟁에서 반드시 승리하리라 확신하면서, 모든 혁명가의 의무는 혁명을 실천하는 것이라는 주장을 굽히지 않았다. 그의 생각에, 혁명은 역사적이고 물질적인 구체적 조건만이 아니라 기존의 사회관계를 고려해서 혁명의 결실을 하루라도 빨리 맺으려 애쓰는 사회주의적 비전에 근거한 행동이었다. 체는 게릴라전을 인민의 혁명전쟁이라 생각했고, 그 전쟁에서 게릴라는 혁명의 전위대로 활동하면서 대중의 지원을 얻을 수 있으리라 믿었다. 또한 완전한 승리 이전에 혁명의 분위기를 조성하기 위해서 민중을 교화시키고, 학생과 농부와 노동자 조직의 힘을 활용해서 기존의 지배체제를 전복시킬 수 있으리라고 믿었다. 게릴라 조직은 어디에서나 타격을 가하고 지속적으로 압력을 가하며, 정치의식의 부양에 적극적으로 참여해서 인민의 투쟁 방향을 결정하는 역사적 주역으로 활동하고, 전술적 유연성과 장기간의 투쟁에 역점을 두기 때문에 궁극적으로 승리할 수 있다는 믿음도 있었다. 체 게바라에게, 게릴라전은 라틴아메리카에서 사회주의혁명을 추진하기 위한 결정적으로 중요하고 유일한 방법이었다(Loveman & Davies, 1985).[10] 미국과 라틴아메리카 정부의 대對게릴라 작전으로 1960년대와 1970년대 중앙아메리카, 우루과이, 아르헨티나 등 남아메리카 남단 국가에서 대부분의 게릴라 조직이 분쇄되었지만 산디니스타는 니카라과의 길거리에서 체의 투쟁정신을 되살렸고 그와 같은 시기에 엘살바도르와 과테말라의 게릴라 조직들도 마찬가지였다.

　치고 빠지는 전술, 즉 반란군이 정규군과 전면전을 벌이지 않고 후퇴하는 전술인 '거점이론'foquismo을 활용해서 체 게바라는 볼리비아에서 낟

카우아수 지역을 점령하려 했고, 소규모 부대로 서쪽의 코차밤바와 남쪽의 산타크루스로 이동했다. 특히 볼리비아는 남아메리카의 9개국 중에서 다섯 나라(페루, 칠레, 아르헨티나, 파라과이, 브라질)와 국경을 맞대고 있어 대륙 전체로 혁명의 불씨를 당기는 데 이상적인 곳으로 여겨졌다. 그러나 체의 게릴라 기지가 볼리비아 정규군에게 발각되면서 그는 계획 전체를 서둘러야 했고, 그 결과로 라파스를 비롯해 볼리비아 밖의 도시들과도 접촉을 유지할 수 없었다. 체에게 닥친 주된 문제 중 하나는 1967년 4월 15일 그의 군대를 둘로 분리시키기로 한 전술적 결정이었다. 그 후 그는 두 부대를 다시 규합시키지 못했다. 체는 27명으로 이루어진 부대를 지휘했고, 쿠바 태생의 후안 비탈리오 아쿠냐 누녜스('빌로'로 알려진 호아킨)가 17명의 남자와 한 명의 여자(타니아)로 구성된 다른 부대를 지휘했다. 호아킨의 부대는 8월 31일 발도 데 예소에서 히우그란지 강을 건너던 중에 몰살당했다. 이 패배는 숙명적으로 게릴라 거점의 종말을 뜻했다. 호아킨은 마시쿠리 강 근처에 살던 호라티오 로하스란 농부에게 배신당했다. 로하스는 마리오 바르가스 살리나스 소령에게 게릴라들이 그의 농장에서 밤을 보내고 다음 날 강을 건널 예정이라고 알렸다. 1967년 10월 8일 볼리비아 정규군은 체를 비롯한 게릴라들을 포위하고 압박을 가했다. 체가 처형당한 후, 살아남은 게릴라는 폼보의 지휘하에 안티 파르도의 안내를 받아 산악지대로 피신했다. 그 후 소규모 총격전이 있었지만 결국 다섯 명의 생존자가 타니라는 볼리비아 원주민의 도움을 받아 칠레로 탈출했다.

페트라스의 지적대로, 체가 이론과 실천을 하나의 연속된 과정으로 보았다는 점을 주목해야 한다. 비판적 교육자들이 '교육적 실천'pedagogical praxis이라 일컫는 이런 과정은 체에게 "변화하는 상황에서 계급투쟁과 계급정치라는 마르크스적 개념의 실천적 재창조"로 여겨졌다(Petras, 1997a, p.17). 멕시코의 사파티스타와 같은 조직에게 그랬듯이, 체에게도 이런 투쟁은 전면적인 현대화 전략—과거의 게릴라와 좌파가 요즘 들어 기계적 결정론과 단계론 내에서 처신하면서 정통 마르크스주의 추종자들에게 충심으로 조언하는 것—속에서 단지 민주주의를 구축하는 것에 대한 단호한 거부를 뜻했다. 체는 볼리비아에서의 투쟁이 남아메리카 남단의 다른 게릴라 조직에게도 행동하도록 용기를 북돋워주고, 궁극적으로 미국의 개입을 도발해서 또 하나의 '베트남' 상황을 만들어갈 수 있으리라 믿었다.


## 사파티즘 — 치아파스의 투쟁과 게바라와의 관련성

체는 페루에서 처음으로 남아메리카 원주민 집단을 만났다. 페루의 알티플라노(안데스 산맥의 고원지대—옮긴이)에 거주하는 인디오들이 어떻게 착취당하고 억압받으며, 코카에 중독되어가는지 생생하게 목격했다. 예컨대 야카이에서 게바라는 전율의 신을 경배하는 잉카인의 행렬을 보았고, 그들이 하루하루 근근이 살아가는 삶을 어떻게 이겨내는지 의문을 품었다. 훗날 체는 과테말라에서 리카르도 로호와 함께 살면서 페루의 망명객들을 만났다. 그들은 페루의 좌익 남미혁명인민동맹APRA 당원들로 마누엘 오드리아 정권에 항거한 이유로 공격을 받아 피신한 사람들이었다. 이 망명객들이 훗날 체에게 페루의 젊은 망명객 일다 가디아를 소개했고, 체는 그녀와 결혼해 한 아이를 두었다(Anderson, 1997). 그러나 체가 페루를 비롯한 라틴아메리카 국가의 원주민에 대해 얼마나 깊이 알았는지는 불확실하다. 볼리비아에서 그의 게릴라 조직에 원주민을 징발하려 했지만 체는 그렇게 하지 못했다. 체도 그들에게는 한낱 백인으로만 여겨졌기 때문이다.[11]

사파티스타 민족해방군El Ejército Zapatista Liberación Nacional, EZLN(땅 없는 가난한 사람들을 대신해서 투쟁하며 혁명전쟁을 이끌었고 1917년에 순교한 멕시코 원주민 농부 지도자, 에밀리아노 사파타를 추모해서 붙여진 이름)은 1994년 1월 1일 멕시코 정부에 전쟁을 선포했다. 민족해방전선FLN(1968년 트라테롤코에서 정부군이 학생들을 대량학살한 후, 멕시코 북부에서 조직된 급진학생 도시조직으로 마오쩌둥의 영향을 받았다.)의 후신으로 EZLN은 인디오 조직과 농부 조직으로 이루어졌다. EZLN은 세 원주민과 세 메스티조의 만남을 시작으로 1983년 11월 17일에 탄생했다(Harvey, 1998). 초기에 EZLN은 국민동맹당과 민중당의 프롤레타리아 전선과 느슨한 연대를 맺었다. EZLN은 계급구조를 철폐하고 분권화되었으며 공동체 중심의 사회활동에 주력하던 인디오 조직의 특징을 대거 받아들였다. 주로 치아파스의 마야인으로 이루어진 사파티스타는 처음의 봉기 이후에는 무장투쟁을 하지 않았기 때문에 국제사회에서 많은 공감을 얻었고, 따라서 영향력 있는 비정부기구로부터 뜨거운 지원을 받았다. 특히 발라클라바 모자(등산인·군인·스키어 등이 쓰는 털실로 짠 모자로, 머리와 목 및 어깨 위까지 덮는다 — 옮긴이)를 쓰고 탄약을 가득 채운 탄띠를 어깨에 걸치고 인그램 기관총을 허리띠에 끼워 넣은 부사령관 마르코스는 카리스마적 리더십을 발휘했다. 그는 시를 썼고 파이프를 피웠으며 프랑스어와 영어를 구사했다. 따라서 체가 풍기던 신비로운 분위기가 그에게서도 읽혀지는 듯했다. 많은 혁명조직과 달리, EZLN은 모든 여성에게 신체권, 정치참여권, 임금과 건강관리권, 폭력에서의 자유를 보장하는 '여성의 법'을 채택했다.

오늘날 사파티스타를 비롯해 토착민을 중심으로 한 많은 혁명조직은 무장투쟁을 생존에 반드시 필요한 전략이라 생각하지 않지만, 그렇다고 그들이 체 게바라의 이상과 전례에서 완전히 벗어났다는 뜻은 아니다. 우연히 북미자유무역협정이 발효된 1994년 1월 1일에 사파티스타는 전쟁

을 선포하면서도 무력을 사용하지 않았지만 현재는 다른 정치적 방법을
모색하고 행사하고 있다.

1994년 1월 1일의 폭동이 있은 후, 전국중재위원회를 이끌던 사무엘
루이스 주교의 협조로 휴전이 중재되었다. 중재위원회는 갈등을 협상으
로 해결하려고 애썼다. 얼마 지나지 않아, 멕시코 의회가 '화합과 평화위
원회'를 구성해서, 평화회담이 진행되는 동안에는 연방군이 작전을 전개
하지 못하도록 한 '대화법'을 통과시켰다. 그러나 1995년 2월, 연방군이
사파티스타의 지도자들을 체포하려고 기습공격을 감행했다. 의회가 통과
시킨 법을 어기면서까지 획책한 공격이었지만 실패하고 말았다. 1996년
2월 17일, 정부와 사파티스타는 산악지대에 위치한 산 안드레스 라라인
사르(산 안드레스 사캄 첸으로 개명)에서 인디오의 인권과 권리를 집중적으로
다룬 협정을 체결했다(Stahler-Sholk, 1998). 인디오의 권리와 문화에 관한
산 안드레스 협정은 원주민의 개인적 권리에 대립되는 개념으로 공동체
를 우선시했다. '화해와 평화위원회'는 나중에 '공동체'와 '원주민'의 개
념을 명백히 재정의하면서 원주민이 작은 공동체로 더 이상 분할되지 않
기를 바랐다. 정부 대표와 17인의 사파티스타 지도자 간에 체결된 40쪽
의 산 안드레스 협정은 멕시코 원주민 공동체들에게 제한적이나마 헌법
적 자율권을 부여했다. 이 협정이 준수되었다면 멕시코에서 원주민이 다
수를 점하는 800여 지방자치단체가 자체의 영토와 천연자원 및 사법제도
와 교육제도를 관할하고, 정당정치보다 관리의 선발을 합법화하는 데 주
력하는 전통적인 의회를 운영했을 것이다(Ross, 1999a).

그러나 멕시코 정부는 원주민들에게 자체의 지도자를 선출하고 천연자
원을 관리하는 권리를 양도하지 않았다. 협정의 이행을 집요하고 뻔뻔스
럽게 거부했다. 따라서 치아파스의 '갈등지역'이 동쪽의 정글에서 북쪽
지역으로, 그 후로는 중앙 고원지대까지 확산되었다.[12]

1994년의 봉기 이후, 사파티스타는 정글의 한복판에 있는 라 레알리다드의 토홀라발에 일종의 원형극장을 건설했다. 멕시코의 민주단체를 초빙해서 전국민주주의협의회의 형태로 멕시코의 장래를 토론하는 데 합류시키기 위한 조치였다. 사파티스타는 1914년 멕시코혁명에 따른 헌법협의회가 열린 곳의 이름을 따서 원형극장을 '아과스칼리엔테스'로 칭했다. 사파티스타의 초청에 전국에서 수천 명이 모여들었지만 연방군이 투입되어 즉각적으로 그들을 해산시켰다. 그러나 사파티스타는 그런 탄압을 예견이라도 했던지 다섯 곳에 다시 원형극장을 세우고, 다섯 곳 모두에 '아과스칼리엔테스'란 이름을 붙이고 문화와 정치적 저항의 중심지로 삼았다(Stahler-Sholk, 1998).

사파티스타에게 경제의 현대화는 비관적인 제국주의 시대에 합당한 선택 방향으로 여겨지지 않았다. 그들은 생산력의 증가와 더불어 불평등이 종식되고 착취가 근절되어야 한다고 믿었다. 임명된 지방 당국의 '카시키스모'caciquismo(특정한 정당의 지원을 통한 정치권력의 유지), 제도혁명당의 원주민 공동체 지배, '에히도'(토지개혁으로 할당된 집단소유의 토지)의 지역 자치권 결여, 모든 토지를 매매할 수 있다는 NAFTA의 요구로 인한 원주민 소유 토지의 양도 가능성, 멕시코 정부의 산 안드레스 협정 부인(Poynton, 1997)은 300년간의 식민지 지배에서 그 뿌리를 찾을 수 있다. 이런 모든 현상이 멕시코 정부와 사파티스타 및 사파티스타 지지자들 간의 긴장관계가 끈질기게 계속되고 있다는 증거로 여겨진다. 미국 의회가 NAFTA를 승인한 후에 이런 긴장 관계는 최고조에 이르기 시작했다. 노암 촘스키가 지적하듯이, 미국 의회의 승인이 있은 직후에

멕시코의 하니웰과 GE공장에서 노동자들이 독립적인 노동조합을 결성하는 데 도움을 주었다는 이유로 해고당했다. 이런 현상은 일반적인 관

행이다. 포드자동차회사도 1987년에 한 공장에서 노동계약을 무시하고 멕시코 노동자 전원을 해고한 후에 훨씬 낮은 임금으로 노동자들을 재고용한 선례가 있다. 저항이 있었지만 야만적인 탄압에 저항세력은 분쇄되고 말았다. 폭스바겐도 제도혁명당의 지원을 등에 업고, 1992년에 선례를 따라 1만 4천명의 멕시코 노동자를 해고했고, 독립적인 노동조합 지도자들과 관계를 끊은 노동자만을 재고용했다. NAFTA에 '족쇄'가 채워진 '경제 기적'의 어두운 면이 아닐 수 없다.(1995a, p.179)

제도혁명당은 타라후마라, 테페후아나스, 야키, 마요스, 치아파스 원주민의 저항을 역사적으로 줄곧 무시했고, 옥수수밭을 경작하는 극빈한 농부들과 도시에서 일자리를 찾는 땅 없는 임금노동자들을 대량으로 이주시키는 데 교묘하게 관계했다. 제도혁명당은 농산업에 투자한 자본가계급을 위해서 농민 집단을 무력화시키는 데도 앞장섰다. 도시의 프롤레타리아나 학생 혹은 실업자보다 원주민이 혁명을 실천하는 새로운 전도사가 될 줄이야 누가 짐작이나 했겠는가? 사파티스타의 지도자 마르코스 부사령관은 이렇게 지적했다.

1993년 12월 31일 이전에, 프롤레타리아가 아닌 조직이 혁명을 주도할 줄 누가 짐작이라도 했겠는가? 프롤레타리아가 아니면 누가? 누가 혁명의 주도 세력이 되려 했겠는가? 대부분은 교사일 것이라 짐작했을 것이고, 실업자일 것이라 추측했을 것이다. 혹은 학생이거나 중산층의 일부 조직일 것이라 생각했을 것이다. 연방군 내의 좌파나 민주세력, 혹은 제도혁명당의 민주세력이 혁명을 시도할 것이라 짐작했을 것이다. 심지어 미국이 사회주의국가가 되어 우리를 침략해서 우리를 사회주의자로 만들어버릴 수도 있다고 상상한 사람도 있었을 것이다. 당시에는 이런 추론도 그다지 터

마르코스 부사령관

무니없지는 않았다. 이런 생각은 대학에서 상당한 정도로 뿌리내리고 있었기 때문이다. 하지만 원주민이 그 역할을 하리라고는 누구도 생각지 않았다. 원주민이 이 나라에서 그들의 분명한 지위를 요구하고, 원주민이 그들에게도 의견이 있다는 걸 정부에게 요구하며, 원주민이 국가를 위한 제안을 제시하리라고는 누구도 생각지 못했던 것이다. 그들의 제안이 지식인이나 정당 혹은 사회단체가 이 나라를 위해 제시한 제안들과 똑같은지, 아니면 더 나은지, 아니면 터무니없는 것인지 따져보기 위한 토론의 장은 언제나 열려 있다.(Aguilera et al. 1994, pp.295~296)

미카엘 레위는 사파티즘을 "하나하나가 소홀히 할 수 없는 것이며 최종적인 것이라 할 수 있는 다수의 요소와 다수의 전통을 정교하게 뒤섞어 놓은 것, 연금술적 혼합 및 폭발적인 칵테일"이라 평가했다(1998, p.2). 레위의 지적에 따르면, 사파티즘의 설계에서 첫 '실'은 게바리즘이었다. 달리 말하면, 라틴아메리카의 혁명에 필요한 마르크스주의였다. 두 번째 실은 에밀리아노 사파타의 삶과 유산이었다. 사파타는 모렐로스 주에서 농촌혁명과 토지의 재분배를 위한 투쟁을 주도했지만, '토지와 자유'를 슬로건으로 내건 국제공산주의자였다. 사파티즘의 전반적인 골격을 이루는 또 하나의 실은 해방신학과 1970년대 이후 치아파스에서 활동한 가톨릭 선교사들의 노고였다. 그러나 레위가 지적하듯이, 사파티즘에서 가장 중요한 실은 "자본주의 이전, 근대화 이전, 콜럼버스 이전의 전통적 공동체 사회로 되돌아가려는" 치아파스 원주민인 마야인의 문화였다(1998, p.3).

라틴아메리카와 그 밖의 지역에서 반패권세력은 원주민 조직과 더불어 시작되었다. 윌리엄 로빈슨에 따르면,

아메리카 전 지역에서 농민과 농업노동자의 투쟁과 더불어 원주민의 투쟁이 격화되면서 중대한 사회운동이 본격화되었다. 과테말라와 볼리비아에서는 원주민이 인구의 과반수를 차지하고, 에콰도르와 페루, 파라과이와 멕시코에서도 원주민의 비율이 무시하지 못할 정도이다. 라틴아메리카의 다른 국가들에서도 원주민은 상당한 부분을 차지한다. 멕시코에서 사파티스타의 봉기는 주로 마야인의 저항운동이었다. 그들의 봉기로 멕시코 정부와 세계는 멕시코의 다인종·다민족적 성격을 인정하게 되었다. 사파티스타는 멕시코에서 500년 이상 동안 실질적인 아파르트헤이트가 지속되었다는 사실도 폭로했다. 사파티스타는 1994년 1월 1일에 투쟁을 시작했다. 공교롭게도 북미자유무역협정이 발효된 날로, 멕시코를 비롯한 라틴아메리카에서 신자유주의와 세계화에 항거하는 상징적 의미를 가졌다. 에

콰도르에서는 원주민이 에콰도르 원주민연합CONAIE을 결성했다. 1997년 2월에 신자유주의 정책을 지지한 부패한 대통령, 압달라 부카람을 퇴진시킬 정도로 강력한 조직으로, 그 이후로도 사회정의를 실현하고 신자유주의에 항거하는 투쟁의 최전선에서 활약했다. 과테말라에서는 리고베르타 멘추Rigoberta Menchú가 1992년 노벨 평화상을 수상하면서 원주민 투쟁을 세계에 알렸다. 다수를 차지하는 마야인이 새로운 조직을 결성해서 자기주장을 내세우고 정치적 주장을 서슴지 않아, 에스파냐의 정복에 저항하던 때 이후로 유례가 없는 현상이라 평가하는 학자가 적지 않다. 이처럼 다양한 투쟁들은 신자유주의와 글로벌 자본주의를 원주민 학대의 원인으로 지목해왔다. 따라서 원주민들이 인간의 존엄성과 생존 및 진정한 해방을 위해 투쟁하지만 궁극적으로 가난한 다수의 이익을 대변하고 그들의 권익을 지키려는 투쟁이라 할 수 있다.(1998/1999, pp.123~124)

안드레스 오펜하이머Andres Oppenheimer에 따르면, 사파티스타의 봉기가 있기 한 달 전인 1993년 12월에 과테말라와의 국경에서 멀리 떨어지지 않은 라칸돈 정글에서 특별한 의식이 열렸다. 마르코스 부사령관은 전투복을 입은 1천 명의 원주민 저항군 앞에서, 12명의 마야인 지도자들에게 지휘봉을 건네받았다. 소나무 가지로 만든 일종의 홀忽이었다. 흰 셔츠에 검은 폰초를 입은 체탈족 지도자들, 붉은 폰초를 입은 초칠족 지도자들, 검은 바지를 입은 촐족 지도자들, 온통 흰옷을 입은 토홀라발족 지도자들이 마르코스에게 7가지 상징물을 선물했다. 멕시코 국기가 들어간 전투의 표장, 붉은색과 검은색이 어우러진 사파티스타 깃발, 라이플총과 탄환, 인간의 피가 담긴 통을 비롯한 생명의 상징물들, 옥수수 하나, 그리고 한 줌의 진흙이었다. 의식은 사파티스타의 국가라 할 수 있는 '지평선'을 합창하는 것으로 시작해서, 체탈어 기도로 끝을 맺었다. "일곱 단어,

일곱 힘, 일곱 길. 생명, 진리, 인간, 평화, 민주주의, 자유, 그리고 정의. 지휘봉에 힘을 부여할 일곱 힘. 일곱 힘이 깃든 홀을 쥐고 명예롭게 받아 들이라!"(Oppenheimer, 1996, p.17).

마르코스는 메스티조이고 북멕시코의 중산층 출신 지식인이었지만 마 야식의 생활방식을 받아들여 마야인으로 변해 있었다. 그렇다고 그가 체 게바라의 영향에서 벗어났다는 뜻은 아니다. 게바리즘과 사파티즘이 양 립 불가능하다는 뜻도 아니다. 1995년 무지개 작전으로 알려진 사파티스 타 지도부의 제거 작전에서, 정부군은 저항군의 사령부를 기습했지만 마 르코스는 이미 그곳을 포기한 뒤였다. 하지만 정부군은 마르코스의 침대 근처에서 피델 카스트로의 『역사는 나를 용서할 것이다 *History will Absolve Me*』와 체 게바라의 『혁명전쟁 여행 *Revolutionary Works*』을 발견했다. 두 책은 마이크로소프트 윈도우의 매뉴얼과 파이프 바로 옆에 놓여 있었다 (Oppenheimer, 1996).

사파티스타의 혁명전략은 상황에 따른 임기응변의 하나이기는 했지만 혁명의 실천을 위한 사파티스타의 열정은 확고했다. 다양한 투쟁형태를 결합시키는 것이 어떤 상황에서, 예컨대 합법적 조직을 결성하고 사회적 연대를 구축하는 데는 최선일 수 있다. 페트라스가 지적하듯이, "저항조 직이 체의 실천적 혁명정신을 꾸준히 발전시켜 나아갈 때도 정치상황은 거의 언제나 다양한 형태의 정치적 수단을 요구한다"(1997a, p.19). 예컨대 쿠바, 볼리비아, 콜롬비아의 농촌지역에서 농부를 중심으로 한 저항단체 를 조직하는 것은 상파울루, 도쿄, 멕시코시티, 로스앤젤레스 등처럼 인 구가 1,100만을 넘어 2,000만에 가까운 대도시에서 저항조직을 결성하는 것과는 전혀 다르다.

## 가면을 쓴 포스트모더니스트?

  다니엘 누겐트Daniel Nugent는 치아파스의 사파티스타 혁명을 다루면서 멕시코가 신식민지주의 사회의 상태를 벗어나지 못했다고 날카롭게 지적했다. 달리 말하면, 19세기에 있었던 독립전쟁과 개혁전쟁은 물론이고 1910년의 혁명과 1988년부터 1994년까지 계속된 살리나스트로이카 Salinastroika(멕시코 살리나스 대통령의 개혁을 고르바초프의 페레스트로이카에 비교한 말 − 옮긴이)로도 과거 식민시대의 잔재를 완전히 끊어내지 못했다는 뜻이다. 파블로 곤잘레스 카사노바Pablo Gonzalez Casanova와 카를로스 푸엔테스Carlos Fuentes를 비롯한 지식인들은 사파티스타를 세계 최초의 후기 공산주의자로 산디니스타−카스트로−마르크스·레닌의 유산과 단절한 포스트모던 저항단체로 정의했다(Fuentes, 1994, p.5~6). 크리스 헤이블스 그레이Chris Hables Gray는 『포스트모던 전쟁 *Postmodern War*』에서 사파티스타를 하이브리드 포스트모던 저항조직이라 표현했다. 그러나 누겐트는 사파티스타 민족해방군이 모뎀, 팩스, 전자메일을 사용한다는 이유로 신사파티즘를 '포스트모던 저항단체'로 규정하려는 포스트모던 이론가들을 신랄하게 비판했다.

  사파티스타 민족해방군이 멕시코의 모든 흙벽집이나 벽돌집에 모뎀과 비디오를 놓아달라고 요구하는가? 그렇지 않다. 그들을 '포스트모던 다국적 해방군', 혹은 '남아메리카의 사이버 전사'로 부를 수 있을까? 그렇지 않다. 그들은 사파티스타 민족해방군일 뿐이다. 1911년부터 1919년 살해당할 때까지 농지의 관리권을 되찾고 카시케(외국 정계의 거물)를 몰아내기 위해서 모렐로스의 농부들을 이끌었던 에밀리아노 사파타는 결코 포스트모던한 영웅이 아니다. 달리 말하면, 사파타는 막연한 시니피에가 아니라 역

사의 구체적인 주체였다.(Nugent, 1997, p.168)

누겐트는 포스트모던한 분석은 치아파스를 이해하는 데 조금도 도움을 주지 못한다고 주장하면서, "그런 식의 담론은 포스트모던 지식인과 EZLN의 활동가나 지지자 간의 뚜렷한 차이를 확실히 드러낼 뿐이다"(1997, p.172)라고 덧붙였다. 그리고 포스트모더니스트를 훈계라고 하듯이, "포스트모던 지식인들이 그들의 말장난을 위해 요구하는 결정적인 힘, 즉 현실을 창조해내는 힘에 근접하는 어떤 것은 터무니없기는 하지만 현실 세계에서 지배계급의 꼭두각시들에게는 가능한 일이다. 국가권력이 그들의 담론을 뒷받침해주기 때문이다."라고 결론지었다(1997, p.173).[13]


## 민중혁명군과 그 파벌

라틴아메리카에서 가장 많은 원주민이 사는 곳이 멕시코이다. 대략 800~1,000만 명으로 추정된다. 멕시코 전역에 알려진 무장 혁명조직만도 27개이지만, 혁명투쟁이 농민의 지원을 받아 성공할 가능성은 극히 희박하다. 지난 십 년 동안, 게레로 아과스 블랑카스에서 시작된 민중혁명군Ejército Popular Revolucionario, EPR은 치아파스, 오악사카(이곳에는 1996년에 처음 출현해, 호세 루벤스 리바스 페냐 장군 관할하의 28군사지역에서 교전을 벌였다), 과나후아토, 타바스코 등 멕시코의 여러 주에서 소규모 총격전을 끊임없이 벌였다. 민중혁명군은 이념을 같이하는 정당, 민주민중혁명당PDPR까지 창당했다. 주로 메스티조로 이루어진 민중혁명군의 지도부는 급진적 농민과 교사로 구성된 '민족해방운동건설'FAC-MLN을 비롯한 좌파조직들과 전국적인 연대관계를 맺고 있다.[14]

1998년 6월, 게레로 주에서 멕시코 연방군은 아카풀코에서 약 110km 떨어진 엘 차르코('웅덩이'라는 뜻)의 미스테카족 공동체를 공격했다. 카리티노 말도나도 학교에서 밤을 보내던 민중혁명군은 12명이 전사하고 5명이 부상당하는 피해를 입었다. 전사자 중 일부는 민중혁명군에서 최근에 갈라져 나온 원주민 게릴라조직, '저항민중혁명군'EPRI의 일원이기도 했다(현재 민중혁명군은 14개 급진 조직의 대표격이다). 1996년 9월에는 오악사카의 록시차에서 연방군이 EPR을 상대로 군사작전을 전개해서 17명의 치아파스 주민을 안전가옥으로 끌고가 전기충격과 '테후아카나소'(혼들면 상악동에서 폭발하는 중탄산소다 혼합물)로 고문했다. 그로부터 수주 후에도 10여 명의 주민이 비슷한 고문을 당했다. 멕시코 정부가 EPR의 주무대이던 오악사카와 게레로에서 교육기관을 표적으로 삼은 것은 조금도 놀라운 일이 아니었다. 예컨대 멕시코의 독립적 교사조합인 전국교육노동자 조정위원회 제22지구는 정밀한 조사를 받았고, 두 조직원이 '행방불명'되었다(Schou, 1998).

'빈민당'PDLP은 EPR의 창립 조직 중 하나이다. 빈민당의 뿌리는 멕시코 원주민의 무장농민봉기, 에밀리아노 사파타, 루벤 하라미요, 헤라로 바스케스, 루시오 카바냐스까지 거슬러 올라간다(La Botz, 1996). 또한 EPR은 빈민당의 도시 무장조직이며 국민연합의 확대판이라 할 수 있는 비밀노동자혁명당 국민연합PROCUP과도 연계지을 수 있다. 그러나 EPR의 활동은 산발적이고 그 수도 미미하다. 1994년 EZLN의 요구에 부응해서, PROCUP는 멕시코시티에서 서너 발의 폭탄을 터뜨려 송전탑을 훼손시키기도 했지만, 무장혁명이 성공하기 위해서는 도시지역에서 활동하는 무장세력이 포함된 대규모 연대가 절실히 필요하다.

# 데이비드 스톨 — 게릴라를 비난하고 공산주의자를 저주하다

체의 시대에, 세계의 경제전략과 미국의 이해관계는 라틴아메리카에서 빈민과 원주민을 계속 학대했다. 리고베르타 멘추에게 쏟아진 비난을 둘러싼 '미국 제일주의'America First라는 허풍은 최근의 사례에 불과하다. 인류학자 데이비드 스톨David Stoll은 멘추가 자서전 『나, 리고베르타 멘추I Rigoberta Menchú』에서 나열한 일부 사건들이 과장되고 조작되었다고 주장하면서 과테말라혁명이 민중의 지원을 받지 못했다는 인상을 남기고 싶어 했다. 스톨은 게릴라 조직이 정치·경제의 평화적인 개혁을 방해했다고 비난하면서 라틴아메리카에서 자행되는 정치 폭력과 억압의 주된 책임이 게릴라 조직에 있다고 주장했다. 그레그 그랜딘Greg Grandin과 프랜시스코 골드먼Francisco Goldman이 지적하듯이, "게릴라가 없었더라면 과테말라 정부군이 반구에서 가장 피에 굶주린 살인기계가 되지는 않았을 것"(1999, p.27)이라고 스톨이 생각한다면 커다란 착각이다. 과테말라 정부군은 마야의 한 부족인 익스틸족의 70~90%를 학살했다. 그런데도 스톨은 군부가 익스틸족에게 가한 고문과 파괴를 피해자의 탓으로 돌렸다(Grandin & Goldman, 1999).

라틴아메리카에서의 게릴라 운동을 혹평하려고 혈안이 된 스톨과 같은 평론가들은 미국이 결의안 93호를 통과시키려고 압력을 가하면서 얼마나 신속하게 대응했는지 그렇게 쉽게 잊었단 말인가? 하코보 아르벤스 정권이 미국의 유나이티드 푸르트사 소유의 미개간지 1만 1천 헥타르를 포함해서 봉건영지에서 수용한 미개간지를 10만의 과테말라 농부에게 분배하자, 그 결의안은 과테말라에 공산주의자가 침투했다고 비난했다. CIA가 과테말라 장교와 특수부대를 훈련시켰고 카를로스 카스티요 아르나스의 지휘하에 이웃한 온두라스를 침략할 용병부대를 훈련시켰으며, 용병부대에 무기와 항공기를 제공하고 과테말라 군지휘부의 배신을 조종했다는 역사적 증거가 제시되자, 사회적 건망증이 갑자기 복수심으로 돌변한 것은 아니었을까?

스톨이 마르크스 혁명투쟁과 '낭만적 게바리즘'를 깎아내리고 싶은 감상적인 욕망에 사로잡혔다고는 하지만, 1999년 2월 말 과테말라시티의 한 회담에서 군부가 35년 동안 마야 원주민의 대량학살을 허락하고 가담까지 했다고 발표한 '역사규명위원회'의 보고서를 읽었어야만 했다 (Forster, 1999). 42,275건의 인권침해 중 93%와 20만 명에 달하는 민간인의 죽음이 정부의 책임으로 밝혀졌다. 게다가 그 대부분이 칠레의 독재자, 아우구스토 피노체트와 함께 1982~1983년부터 시작한 '초토화 작전'을 주도한 에프라인 리오스 몬트의 지휘하에서 자행된 만행이었다.[15] 미국의 재정 지원에 군부는 농민과 노동자, 공동체와 인권단체, 교사와 학생, 교육자와 성직자를 목표로 삼아 고문과 초법적 처형을 자행했다. 살인부대의 마수를 벗어난 난민들은 미국에서 피난처를 찾았지만 거의 언제나 송환되었다. 미국 정부와, 과테말라에서 사업하던 미국 기업들이 싸움을 질질 끄는 데 직접적 역할을 했다는 비난이 있었다. 달리 말하면, 미국 정부와 기업들이 결탁해서 전근대적이고 착취적인 경제구조를 유지하도록 과테말라 정부에 압력을 가했다는 뜻이다(Darling, 1999). 그래야 영향력을 계속 유지하고 이익을 거둬들일 수 있었을 테니까! 따라서 게릴라가 평화의 진행을 방해했다고 비난하는 스톨의 간악한 주장과, 게릴라 조직의 라디노 지도부가 전투원을 모집할 의도로 마야 원주민들에게 압력을 가했다고 책망하는 스톨의 독선적 생각은 다문화주의를 반대하는 미국의 우익을 기쁘게 해주었을 뿐 아니라 그들의 광신적 반마르크스주의까지 정당화시켜주었다.

## 포위당한 치아파스

　멕시코 정부가 사파티스타에 적대적인 이유는 멕시코 원주민을 조직적으로 차별하는 사회구조만이 아니라, 라틴아메리카에서 두 번째로 매장량이 많지만 개발되지 않은 유전지대와 막대한 삼림지대가 치아파스에 있다는 사실로도 설명된다.[16]

　치아파스는 엄청난 양의 석유와 전기, 커피와 목재 및 육우를 생산한다. 또한 서반구에서 베네수엘라에 이어 두 번째 큰 석유 매장량을 자랑한다. 치아파스와 과테말라의 추정 매장량이 사우디아라비아의 매장량보다 많다. 국영석유회사인 페멕스는 에스타시온 후아레스, 레포르마, 오스투아칸, 피추칼코, 오코싱고 등에서 하루에 9만 2천 배럴의 석유와 수십억 입방피트의 천연가스를 생산한다. 이런 풍요에도 불구하고 대부분의 가정에 전기가 들어오지 않는다. 노동자의 50% 이상이 하루에 3.2달러 이하를 벌고, 80%가량의 아동이 영양실조에 시달린다. 또한 매년 1만 5천 명 정도가 치료 가능한 질병으로 죽어가고, 60%의 어린이가 교육을 거의 받지 못하는 실정이다. 치아파스 주민의 4명 중 1명이 원주민이지만 15학급당 하나만이 원주민 공동체에 있을 뿐이고, 100명의 어린이 중 4명만이 정규교육을 받는다. 수돗물을 이용하는 가구가 절반 이하이며, 3분의 2가 위생시설을 갖추고 있지 못하다. 치아파스의 기업 중 20%만이 자금 위기를 겪지 않고, 멕시코 군인 중 3분의 1 이상이 장기복무자이다 (멕시코 민주주의를 위한 국가위원회의 보고서).

　멕시코에서는 환경과 건강과 안전에 관련한 강제 규제가 없기 때문에 치아파스는 산업국가에서 규제받는 기업들에게 매력적일 수밖에 없다. 멕시코 정부는 심슨 페이퍼, 루이지애나 페이퍼 등 미국 기업들과 사업협정을 맺었다. 한 다국적기업은 치아파스 전역과 인근 지역에 30만 그루의 외래종 유칼립투스를 식재해서 인터내셔널 페이퍼에 판매할 계획이란 보도가 있었다. 그러나 그 지역들에는 수 세기 전부터 원주민들이 살고 있다. 게다가 멕시코 정부의 주선으로 멕시코 연방전기위원회와 캐나다의 하이드로 퀘벡 인터내셔널이 치아파스 전역에서 천연가스를 개발하기로 계약을 맺었다. 사파티스타가 지배하는 지역은 전반적으로 '불안'하기도 하지만 외국기업에게 걸림돌이 된다는 사실은 멕시코 정부에게 아무런 영향을 미치지 않았다. 사파티스타가 멕시코에의 투자에 중대한 위협이라고 외국기업들이 불만을 터뜨려도 멕시코 정부는 요지부동이었다 (Viviana, 1997). 마르코스 부사령관은 치아파스에 닥친 정치적 상황을 다음과 같이 말했다.

역사책에 따르면 '식민도시'인 산 크리스토발 라스 카사스에 오신 것을 환영합니다. 하지만 이곳 주민의 대다수는 원주민입니다. 국가연대 프로그램Pronasol의 거대한 시장에 오신 것도 환영합니다. 여기에서 여러분은 원주민의 존엄성을 제외하고는 무엇이든 사고팔 수 있습니다. 여기에서는 죽음을 제외하고는 모든 것이 비쌉니다. 하지만 너무 오랫동안 머물지는 마십시오. 관광용 기반시설의 자랑거리인 길을 따라서 계속 걷지도 마십시오. 1988년에는 이곳에 6,270실의 호텔 객실, 139곳의 식당, 42곳의 여행사가 있었지만 올해에는 1,058,098명의 관광객이 치아파스를 방문해서 식당과 호텔에서 2,550억 페소를 썼습니다.
그 수가 어느 정도인지 짐작하겠습니까? 맞았습니다! 1,000명의 관광객당 7곳의 호텔이 있지만 1,000명의 치아파스 주민을 위한 병상病床은 고작 0.3개입니다. 이런 계산은 접어두고 주변을 계속 둘러봅시다. 갓길을 따라 베레모를 쓴 경찰 셋이 조깅을 하고 있군요. 경찰서 옆을 지나 호텔, 식당, 대형 상점을 지나 코미탄의 출구 쪽으로 계속 가십시오. 산 크리스토발을 벗어나면, 울창한 숲으로 둘러싸인 유명한 산 크리스토발 동굴들이 눈에 띕니다. 팻말이 보이십니까? 안 보이신다고요? 여러분의 잘못은 아닙니다. 이 자연공원을 군인이 관리하고 있기 때문입니다! 현대식 건축물, 멋진 주택, 포장된 도로…… 저게 대학이냐고요? 노동자의 집이냐고요? 아닙니다. 대포들 옆에 세워진 팻말을 자세히 보십시오. '육군 제31병영'이라 쓰여 있습니다. 여하튼 황록색을 여러분의 눈에 가득 담고, 교차로 쪽으로 가십시오. 하지만 코미탄에 들어가지는 마십시오. 자칫하면 몇 미터 앞에서 '외국인'이라 불리는 언덕에서 북아메리카 육군 요원들이 작전을 벌이고 멕시코 군인들에게 레이더를 작동하는 법을 가르쳐주는 모습을 볼 수도 있으니까요.(1994, p.32)

멕시코 정부는 개혁이란 이름으로 '에히도'(공동으로 경작하는 농지로 멕시코 헌법 27조에 따라 제공된 농지)의 민영화를 추진했고, 국영 석유 및 천연가스 산업체의 민영화까지 추진했다. 8곳의 개발되지 않은 중요한 유전이 현재 사파티스타의 관할하에 있는 에히도에 위치하고 있으며, 석유와 천연가스의 대규모 매장지가 오코싱고 근처에 있다. 멕시코 정부는 미국에서 받은 500억 달러 구제금융의 담보로 석유와 석유제품 및 석유화학 수출품의 수익금과 석유 매장지를 내놓았다(멕시코 민주주의를 위한 국가위원회). 많은 게릴라 조직 때문에 군부의 '방어적 정책'과 민주주의의 실천 간에 정치적 긴장이 크다는 사실도 놀라운 일은 아니다. 사파티스타는 이런 긴장관계에서 비롯된 위험한 줄타기를 하고 있다.

경제가 유동자본에 의존해서 조금만 불안정한 기색이 보이면 자본 도피로 취약해지기 십상인 데다, 멕시코 군부와 다양한 저항세력 ― 사파티스타, 게레로의 EPR 게릴라조직, 오악사카의 농민, 노동조합 등 ― 간의 투쟁에서 승리자를 점치기란 여간 어렵지 않다(Petras, 1997b). 백악관 비밀문서에 따르면, 미국은 치아파스의 현 긴장상태를 '중간단계'의 불안정한 상태로 파악하고 있다. 따라서 멕시코 정부가 경제와 사회의 혼란으로 전복될 위기에 처하면 미국이 멕시코에 군대를 파견하더라도 멕시코 국민에게 환영받을 가능성이 크다(Petras, 1996). 페트라스는 민주주의와 군사적 방어 간의 긴장관계를 다음과 같이 설명했다.

> (민주주의와 군사적 방어 간의 긴장관계는) 치아파스 점령지역의 구체적 상황에서 머리 위를 선회하는 헬리콥터와 공격 명령을 기다리는 특수부대원에 의해 해결될 가능성이 없지 않다. 정부군이 공격한다면 EZLN은 사회적 기반을 상실할 것이고, 언론에서 조작하는 이곳의 이미지는 원주민 공동체와 일당독재 간의 투쟁에서 게릴라와 정규군 간의 무력충돌로 변해갈 것이다. 이런 양극화로 인해 EZLN은 도시에서의 지원을 점진적으로 상실해갈 것이다.(Petras, 1997b, p.40)

원주민 정책만을 두고 보면, 사파티스타의 투쟁과 체 게바라의 보편적 프롤레타리아 계급 정치는 분명히 다르다. 사파티스타 게릴라는 그들의 투쟁을 식민주의와 지배와 착취에 항거하는 원주민의 전통으로 해석한다(Churchill, 1995). 사파티스타의 지도층이 실제로는 북부지방 백인인 라디노(흔히 에스파냐 후손을 칭하거나, 에스파냐 부르주아 문화와 관련된 '메스티조'를 가리키는 단어)라는 멕시코 정부의 비난은 야비한 인종차별과 다르지 않다. 사파티스타의 군사조직은 체 게바라의 방식보다는 과테말라의 마야 게릴라 방식을 모방한 편이다. 아르투로 산타마리아 고메스에 따르면,

> 사파티스타는 게바라의 방식인 '거점이론'을 따르지 않았다. 즉, 그들은 작은 단위의 무장조직을 결성해서 정부에 대항해가면서 세력을 확대하는

방식을 따르지 않았다. 그들은 예전에 과테말라의 무장국민혁명조직 ORPA이 사용한 '냉정한 힘의 축적'이란 전략을 따른 듯하다. 지금은 과테말라 민족혁명연합URNG의 일부가 되었지만 ORPA는 1972년에 창설되어…… '7년간의 긴 침묵의 작업기'를 보내며, 대부분이 마야인으로 이루어진 게릴라 조직을 키워나갔다.(Churchill, 1995, p.145에서 인용)

일부 평론가는 한 걸음 더 나아가, 사파티스타를 게릴라군이 아니라 혁명적 사회조직으로 정의하기도 한다. 예컨대 그레그 루지에로Greg Ruggiero는 사파티스타 봉기를 파울루 프레이리가 적극 옹호한 혁명에 비유했다.

4년간의 공개적인 투쟁 기간에 사파티스타는 정권을 탐내는 게릴라 조직이 아니라 '시민사회'를 활성화시키려는 혁명적 사회조직이란 사실을 증명해보였다. 달리 말하면, 기업의 이익을 민주적인 법 위에 놓고 시민의 힘을 소비자의 선택권으로 재규정하려는 범세계적인 경제체제를 뒤엎으려는 사회조직이었다. 시민사회를 궁극적인 목표에 둔 사파티스타의 조직 및 활동 전략은 풀뿌리 조직자와 공동체 지도자를 비롯한 전 세계의 활동가들에게 급진적 사회단체를 조직해서 키워가는 방법에 대한 훌륭한 귀감이 되었다.

사파티스타는 권위와 힘보다 대화를 강조하는 혁명적 접근방식을 취했다. 사파티스타는 "우리는 네트워크이다. 우리 모두가 말하고 듣는다."라고 주장한다. 파울루 프레이리가 『페다고지』에서 말했던 혁명, 즉 억압받는 사람만이 아니라 억압하는 사람까지 해방시키는 혁명을 사파티스타는 지향했다. 지역주의와 다양성을 중시하고, 진정한 대화와 공동체 참여를 통해서 힘을 더해가는 인간의 비전이 담긴 투쟁이었다.(1998, pp.7~8)

1994년 처음으로 무대에 등장한 때부터 사파티스타는 중앙아메리카 게릴라 조직과의 관련성을 부인했다. 마르크스주의를 시대에 뒤떨어진 낡은 이념이라며 거부한다는 주장도 서슴지 않았고, 그들 스스로를 원주민에 뿌리를 둔 민족운동으로 규정했다. 실제로 그들은 다른 게릴라 조직과 공조하지 않고, 평화로운 사회운동을 확산시키는 데 주력하는 멕시코 시민사회에 손을 내밀었다. 마르코스는 어둡고 침침한 우주를 밝게 하려고 신들이 색을 창조했다는 민담을 다룬 어린이책 『색 이야기 *La Historia de los Colores*』를 쓰기도 했다.[17]

사파티스타는 국제적십자를 비롯한 국제기구와 그 밖의 인권단체들에게 치아파스를 직접 방문해서 상황을 점검해달라고 요구하기도 했다. 많은 비정부기구가 사파티스타 민족해방군EZLN의 투쟁 방법에 호응하며 성원을 보냈고, 방대한 언론 네트워크를 활용해서 치아파스가 국제 언론의 조명을 받도록 도왔다.

마르코스 부사령관이 시인이자 전사로서 사파티스타의 대변인으로, '또 하나의 멕시코'를 상징하는 인물로 부상했지만,[18] 사파티스타는 집단 의사결정방식을 계속해서 유지하고 있다. 마르코스가 처음에 치아파스를 찾은 이유는 소박했다. 치아파스의 부자 지주들이 농장 땅에서 원주민을 괴롭혀서 쫓아내려고 고용한 '백인 경비대'로부터 치아파스 주민들을 지키기 위한 자위대의 창설을 도우려던 것이었다. 그로부터 상당한 시간이 지난 후, 마르코스와 그의 동료들은 저항군을 조직해서 봉기를 일으키기로 결정했다. 그는 마야인의 공동결정에 순순히 따랐다. 산타마리아 고메스가 지적하듯이,

전통적인 게릴라 조직 모델과 달리, EZLN은 카리스마를 지닌 '코디요' (정치조직, 특히 게릴라의 최고 지도자)의 지휘구조를 단호히 거부했다. 폭동

의 초기에, 멕시코 정부는 산 크리스토발 데 라스 카사스에서 활동하던 EZLN 군사작전 사령관, 즉 마야인이 아닌 극소수 전사 중 한 명이던 마르코스 부사령관을 우두머리로 조작할 듯한 낌새를 보였다. 하지만 사파티스타는 그들의 의사를 한 사람이 아니라 '위원회'의 이름으로 줄곧 발표했다.(Churchill, 1995, p.146에서 인용)

마르코스 부사령관이 자본가의 착취에 대한 투쟁을 실천적 방식으로 재정립하는 데 뛰어난 재능을 지닌 것은 부인할 수 없는 사실이다. 기예르모 고메스 페냐Guillermo Gómez Peña에 따르면,

나는 마르코스를 탁월한 행위예술자로 줄곧 생각해왔다. 마르코스의 친절함은 실천적 행위가 갖는 상징적 힘, 또한 옷차림과 액세서리가 갖는 상징적 힘을 이해하는 능력에서 출발한다. 그는 새로운 테크놀로지의 중요성, 기자회견장을 공연장처럼 꾸며야 하는 이유, 더구나 정치적 언어가 공허하고 파탄적으로 들릴 때 시를 전략적으로 동원해야 할 필요성을 거의 완벽하게 이해하고 있다. 이런 점에서 마르코스는 행위예술가와 조금도 다르지 않다.(Kun, 1999, p.188)

마르코스 부사령관이 언론에 자신을 낭만적 인물로 비출 정도로 창의적 재능을 지닌 것은 사실이지만, 그렇다고 마르코스를 사이버 공간의 슈퍼스타쯤으로 생각한다면 커다란 착각이다. 치아파스에서의 전쟁은 12일간의 공방전으로 끝났지만, 그 이유에는 1994년 1월 12일의 휴전을 준수하며, 수단과 방법을 가리지 않는 정치적 봉기를 포기하고 사이버 전쟁에 돌입하겠다는 사파티스타의 정치적 결정이 있었다. 그러나 치아파스의 111개 자치단체 중 66곳에 7만 5천 명의 병력이 주둔하고, 27개 지역에

서 준군사조직이 미친 듯이 날뛰고 있는 실정이다. 게다가 150명 이상의 외국 인권단체 감시인이 추방당했다. 치아파스의 상황은 한 치 앞을 내다볼 수 없을 지경이다.


## '흡혈귀'로 불린 살리나스

고원지대의 초칠족, 조금 낮은 지역에 분포된 체탈족과 토홀라발족, 그리고 평지의 촐족과 촐티족으로 대별되는 마야인의 공동체는 멕시코식의 신자유주의에 오랫동안 투쟁해왔다(Churchill, 1995).

살리나스 데 고르타리Salinas de Gortari 대통령이 멕시코 헌법 27조와 토지균분법을 개정하면서 농부가 토지를 소유할 가능성이 사라졌다. 헌법 27조는 특히 마야 농민들에게 커다란 골칫거리였다. 개정된 법에 따르면 농민은 자기 소유의 토지를 민간 투자자에게 팔거나 임대할 수 있고 공유할 수도 있다. 따라서 '에히도'의 구성원은 그들의 토지를 팔 수도 있고 공동의 재산으로 유지할 수도 있지만 생산적인 부문에 집중한 경제정책으로 야기된 황폐화 때문에 그들에게 선택의 여지는 거의 없는 편이다(Gracía de León, 1995). 따라서 농민의 토지보유권이 취소되고, '카시키스모'(여러 지배층이 지방세력을 이용해서 국가를 다스리는 에스파냐식의 과두정치제도 ─ 옮긴이)를 이용해 권력을 유지하고 착취하는 지배계급이 다시 보호받기에 이르렀다. 안토니오 가르시아 데 레온Antonio Gracía de León의 분석에 따르면, 헌법 27조의 개정은 주식투자를 통해 '라티푼디오'(광대한 토지)의 소유를 법적으로 뒷받침하고, 농민에게 대대로 물려받은 농지를 빼앗아 토지와 자원의 불공평한 집중을 가능하게 해주었다. 따라서 "땅이 상품화되면서 땅은 어머니라는 전통적이지만 본질적인 개념, 즉 우리와 분리될 수 없는 세습재산이란 개념이 사라졌다"(de León, 1995, p.214). 살리나스 대통령과 그의 보좌관들은 '반反근대적'인 부문에 정부 개입과 지원을 끊으면서 멕시코의 경제를 완전히 뒤바꾸어 버렸다. 미구엘 델 라 마드리드Miguel de la Madrid가 대통령으로 재임하던 기간(1982~1988)에, 국제 금융계는 멕시코에 긴급자금을 지원해 외채의 위기에서 구원하는 대가로, 농민에게 비료와 곡물가격의 지원을 중단하는 엄격한 긴축재정을 강요했다. 농민이 점유한 수백만 헥타르에서 생산되는 곡물이 세계시장에서 경쟁력이 없다는 이유로 그 땅을 생산성이 높은 부문에 활용하겠다는 살리나스의 '현대화' 계획은 사파티스타 투쟁의 촉매가 되었다. 더구나 멕시코 커피협회가 동東치아파스의 노동조합과 약속한 운송 보조금을 삭감한 사건도 공권력에 대한 농민의 반감을 불러일으켰다(Collier, 1994, p.85).[19]

## 총을 든 사람들

사파티스타는 치아파스의 토지개혁과 문화·정치의 자치권 획득이란 목표를 성취하기 위해서 무장투쟁보다 합법적인 정치적 해결책을 모색했지만, 민주혁명당PDR의 지도자와 행동주의자가 멕시코에서 매주 평균 2명씩 살해당하는 살벌한 현실에 직면해야 했다. 실제로 에르네스토 세디요Ernesto Zedillo 대통령이 취임한 후로 250명이 살해당했다(Petras, 1997b, p.41).

1997년 12월 22일 자정경, 제도혁명당의 준군사조직으로 마스카라 로하(붉은 가면)로 알려진 암살단이 단검과 AK-47 자동소총으로 무장해서 악테알 마을의 아담한 교회 근처에서 45명의 초칠족을 살해했다. 악테알 마을은 치아파스의 체날로 지역에 위치한 조그만 초칠 마야족 촌락으로 산 크리스토발 데 라스 카사스에서 70km나 떨어진 곳이었다. 21명의 여자와 15명의 어린이가 도살당했다. 생후 2개월밖에 되지 않은 핏덩이까지! 거의 2시간 동안 계속된 살육극에서 9명의 남자도 살해당했다. 이 학살극에서 살아남은 한 생존자에 따르면, 그 악당들이 "씨까지 말려버리겠다!"라고 소리치고는 임신한 여자의 자궁까지 칼로 베어 열었다 (Weinberg, 1998, p.46). 악당들은 상처를 입고 달아나는 사람들을 사냥감처럼 뒤쫓아가서는 난도질하고 토막토막 잘라냈다. 또 다른 생존자의 증언에 따르면,

내게는 임신한 누이가 있었다. 누이는 악테알에서 총에 맞아 죽었다. 그들은 총에 맞아 쓰러진 누이의 배를 찢어 아기를 꺼냈다. 내 눈으로 똑똑히 보았다! 그들은 내 형수도 죽였다. 형수에게 총을 쏘고는 형수를 냇가로 질질 끌고 갔다……. 그들은 총을 든 제도혁명당원들이었다. 준군사조직원이던 그들 모두가 아무런 죄를 받지 않고 풀려났다.(Stahler-Sholk, 1998, p.63에서 인용)

임신한 여자의 자궁에서 태아를 꺼내 죽이는 만행은 과테말라의 악명 높은 '카이빌즈'Kaibiles의 특기였다. 카이빌즈는 대게릴라 정예부대로, 소문에 따르면 1994년 사파티스타의 봉기 이후로 50명의 멕시코 고위장교를 훈련시켰다(Cockcroft, 1998). 악테알 학살의 피해자들 몸에서는 군대에서만 사용하는 대구경 소총과 탄환에 의한 총상이 확인되었다. 피해자들은 사파티스타의 토지개혁과 자치권 요구를 지지한 '라스 아베하스' (꿀벌)로 알려진 비폭력 시민단체의 회원이거나 후원자였다. 지역평화회담을 위해 체날로에 파견된 제도혁명당 대표가 CONAI(사무엘 루이스 주교가 이끌던 전국중재위원회)에 회담을 중단하겠다고 알리고 나흘 만에 그런 학

살이 일어났다(Cockcroft, 1998). 사파티스타라는 이유로 기소당한 5명의 남자와 2명의 여자가 무기를 소지하고 조립했으며 운반했다는 죄목으로 베라크루스의 양가에 있는 레클루소리오 노르테 감옥에서 6년째 복역 중이다. 그들은 재판도 받지 못한 채 19개월 동안이나 억류당했던 16명의 대표격일 뿐이다. 이런 상황에서, 사파티스타를 정당으로 전환하려는 움직임이 현실적인 대안인지는 여전히 의문이다. 예컨대 사파티스타의 마르코스 부사령관이 가면을 벗고 총 대신에 손을 흔들며, 정치적 연설을 하면서 광장에서 아기에게 입맞춤을 해야 한다면 그의 목숨이 얼마 동안 유지될 수 있을까? 미국 기업의 프로파간다가 원주민 여성의 권익을 위해 투쟁하며(사파티스타 전투원의 3분의 1이 여성이고, 사파티스타 지지 기반의 절반 이상이 여성이다.) 전투 피로증에 쌓인 전사들을, 게스 청바지라도 얻어 입으려고 싸우는 남성우월주의자인 반란군으로 전락시키는 데 얼마나 걸릴까? 대대 병력으로 멕시코 군부와 전쟁을 훌륭하게 이끈 지휘관들, 예컨대 라모나, 페트라, 아나 마리아, 수산나가 멕시코 헌법 39조에 따라 무장투쟁을 포기하고 멋진 양복이나 하늘거리는 블라우스를 입고 기업과의 협상에 참여한다면 그들이 얼마나 효과적으로 대처할 수 있을까? 제도혁명당의 암살단이 제도혁명당의 대통령 후보이던 루이스 도날도 콜로시오, 제도혁명당의 사무총장 호세 페페 프란시스코 루이스 마시에우를 암살했다면 사파티스타의 지도자를 암살하는 데 망설일 까닭이 있겠는가?

대학살이 있기 전, 군복을 입고 완전무장한 군인을 실은 트럭 두 대가 무기를 수색한다는 명목으로 악테알에 들어갔다. 그들은 아무 집에나 들어가 샅샅이 뒤지면서 반항하는 농부를 구타했다. 무기는 한 점도 발견되지 않았다. 학살이 자행되던 때 악테알을 순찰하는 경찰은 2시간 동안 계속된 총소리를 들었지만 아무런 조치도 취하지 않았다. 학살이 끝난 후, 경찰은 검은 제복을 입은 50명을 체포했다. 그들의 지휘관은 퇴역 육군 장교였다. 주경찰청장은 현장에 도착하자마자 경찰들에게 무기를 죄수들에게 돌려주고 석방하라고 지시했다(Weinberg, 1998). 심지어 펠리페 바스케스 에스피아노사 주경찰청장은 살인마들에게 순찰차까지 내주면서 그들이 무기와 탄약을 쉽게 운반하도록 도왔다(Weinberg, 1998). 악테알 학살로 국제사회가 떠들썩하자, 세디요 대통령은 치아파스 주지사인 동시에 내무장관이던 에밀리오 추에페트를 해임하고 몇몇 하급관리를 체포하는 것으로 끝냈다.

학살이 있은 후에도 계속된 협박과 폭력을 견디지 못하고 1만 5천 명 이상의 심정적 동조자들이 그들의 땅을 떠났다. 체날로에서 마야 여인들이 헌병에게 몽둥이로 두들겨 맞았고, 1998년 1월 12일에 오코싱고에서는 주경찰이 악테알 학살에 항거하던 시위대에 발포하기도 했다. 이때 체텔족 여인이 총상을 입어 사망했고, 그녀의 아기는 심한 상처를 입었다. 오코싱고는 전통적으로 부유한 지주들과 농장주들 및 그들이 고용한 사설부대의 본거지였다.[20] EZLN은 악테알 학살에 무력으로 보복하지 않았지만 '무방비 국민의 정의군'이란 조직이 게레로 경찰청을 공격했다는 소문이 있었다(Cockcroft, 1998).

체날로는 치아파스에서 고원지대를 뜻하는 '로스 알토스'란 지역에 위치하고 있다. 멕시코를 비롯해 라틴아메리카의 많은 원주민 지역이 그렇듯이, 체날로 주민의 궁핍한 삶은 외부에 거의 알려지지 않았다. 문맹률이 51%에 이르고, 마을 주민의 88%가 하수시설을 갖추지 못하고 살아가며, 78%가 밤에도 전기 없이 지낸다. 56%가 상수도의 혜택을 누리지 못하고, 91%의 가구가 흙바닥에서 지낸다. 또한 초등학교 학생의 4분의 3이 1학년을 채 끝내지 못한다. 체 게바라가 시에라 마에스트라에서 농부들과 처음으로 장기간 접촉하며 지내던 때 보았던 마을들과 다를 바가 없다.

## 대게릴라작전 – 총과 칼이 있을 뿐 장미는 없다

　지난 수년 동안, 세디요 대통령의 제도혁명당 정부는 준군사조직인 암살단을 저강도전쟁 전략의 일환으로 꾸준히 무장시켜왔다. 마스카라 로하(붉은 가면), 베누스티아노 카란사의 산 바르톨로메 데 로스 야노스 여단, 틸라의 평화와 정의, 칠론의 로스 친출리네스, 반反사파티스타 원주민혁명조직 등이 대표적인 조직이다. 미국이 세디요 정부의 이런 전략을 적극적으로 지원했다. 치아파스의 새 주지사, 로베르토 알보르스 기옌은 '육우 실력자의 후손'이란 별명답게, 전 주지사 압살론 카스텔라노스 도밍게스의 손자이다. 1994년의 봉기 당시에 도밍게스는 EZLN에 잠시 억류당해, 사파티스타 법정에서 치아파스 원주민을 학살한 죄로 유죄판결을 받았다. 1980년 육군 장군으로 치아파스 지역사령관이던 도밍게스는 고원지대의 농장을 '불법점거'한 50여 농민의 학살을 지휘했다(Weinberg, p.48).

　미국 조지아 주 포트 베닝의 군사학교Army's School of the Americas는 파시스트 선배들이나 잔인한 새디스트들과는 차별성을 강조하는 불량한 졸업생들을 자랑한다. 체닐로를 점령해서 고원지대로 통하는 길에 바리게이트를 설치한 연방 정예 특수부대도 1996년부터 미육군 특수부대에게 훈련받는 '자랑스런' 혜택을 누렸다. 실제로 3,200명가량의 멕시코 장교가 노스캐롤라이나의 포트 브래그에서 그린베레에게 훈련을 받았다. 조지아 포트 베닝의 군사학교에서 훈련받은 졸업생들이 치아파스 전투를 지휘했다. 그들은 그 군사학교에서 고문과 암살에 관련된 기술까지 익혔다. 파나마의 마누엘 노리에가Manuel Noriega와 엘살바도르 암살단의 카스리마 넘치던 지도자 로베르토 도뷔송Roberto D'Aubuisson도 포트 베닝의 졸업생이었다. 치아파스의 대게릴라 작전에 유혈극을 벌였던 장본인

중 하나인 제7군 사령관 마리오 레난 카스티요 페르난데스 장군은 포트 브래그에서 훈련을 받은 심리전 전문가였다. 치아파스 주정부가 준군사적 테러집단인 '평화와 정의'에 50만 달러의 보조금을 지급하는 자리에 페르난데스 장군도 있었다(Weinberg, 1998). 1997 회계연도에, 미국은 멕시코에 3,700만 달러 상당의 헬리콥터와 감시용 항공기, 1,000만 달러 상당의 지휘 및 통제용 전자기기를 원조했다(Weinberg, 1998). 게다가 지난 수년 동안 50대 이상의 휴이 헬리콥터를 멕시코에 팔았다.

최근에는 친정부 준군사조직이 체날로에서만 로스 초로스, 콜로니아 푸에블라, 라 엑스페란사, 켁스틱 지역에서 결성되었다. 격렬한 교전이 빈번하게 벌어진다. 주정부와 연방정부의 암묵적인 승인하에, 제도혁명당의 지역 지도자들, 즉 원주민 공동체를 개인의 봉토인 것처럼 지배하는 '카시케'들이 암살단원들에게 공격용 무기를 공동체에 발포하고, 가옥을 불태우며, 사파티스타 지지자들의 재산을 파괴하도록 부추기면서 체날로에서는 폭력사태가 끊이지 않았다. 연방군은 1995년부터 게릴라 진압작전을 본격적으로 시행했다. 이 작전의 목표는 종교·정치·종족의 차이에서 비롯되는 긴장을 야기해서 사파티스타 전쟁을 원주민 간의 갈등으로 전환시키는 것이었다. 이런 게릴라 진압작전을 성공리에 추진하기 위해서 치아파스 주정부는 사회개발부의 지원을 받아 제도혁명당에 소속된 원주민들에게 군수품과 병기를 아낌없이 지원했고, 연방군 장교를 동원해서 군사훈련까지 시켰다. 따라서 주정부가 준군사조직인 암살단에게 면책권을 주었을 뿐 아니라, 치아파스 고원지대의 중요한 게릴라 지역에서 암살단의 작전을 지원했다는 이유로, 사파티스타의 총사령부 격인 비밀원주민혁명위원회는 주정부를 격렬하게 비난했다. 게다가 암살단은 연방군에서 지원을 받은 까닭에 EZLN의 낡은 모제르보다 성능이 우월한 AK-47로 무장할 수 있었다.

치아파스 전쟁에서 주된 중재자 역할을 한 사무엘 루이스 주교가 멕시코 정부의 배신에 항의하는 뜻으로 전국중재위원회 위원장을 사임하자 로스 플라타노스 공동체, 유니온 프로그레소와 차바헤발 마을에서 전투가 벌어졌다. 연방군 보안대가 발포한 총격에 죄 없는 사람들이 죽어갔고, 민간인의 주택에 폭탄이 떨어졌다. 제도혁명당의 하수인에 불과한 로돌포 소토 주검찰총장은 치아파스 주도州都 툭스틀라 구티에레스에서 기자들에게, 사파티스타가 갈등의 불씨를 제공했다고 뻔뻔스레 주장했다. 주경찰, 연방경찰청과 법무부 소속의 경찰, 혼성여단이 원주민 공동체를 걸핏하면 공격했고 감금과 암살을 밥 먹듯이 자행했다. 엘 보스케, 타니 페를라스, 암파로 아구아티나, 나빌, 니콜라스 루이스 등이 경찰에게 공격당했다.

치아파스 주경계 너머 비야에르모소 타바스토의 제30군사지구에 주둔했던 헤수스 바예스 대위의 증언에 따르면, 봉기가 벌어진 첫날에 그는 사단장에게 포로를 잡지 말고 무조건 죽이라는 명령을 받았다. 오코싱고의 정글 도시, 라칸돈에서 사파티스타 반란군과 교전하라는 명령을 따르지 않고, 바예스 대위는 두 동료 군인과 명령의 위법성과 비도덕성에 항의하기로 결정했다. 그 후 바예스는 푸에블라 테후아칸의 부대로 전출당했고, 곧 '사라질 것'이란 협박까지 당했다. 1995년 에르네스토 세디요 대통령이 테후아칸 부대에게 EZLN의 지도부를 몰살시키라는 명령을 내리자 바예스와 그의 아내는 국경을 넘어 텍사스로 피신해 정치적 망명을 요청했다. 바예스의 주장에 따르면, 그의 상관 루이스 움베르토 포르티요 준장은 부대원들에게 사파티스타 반군으로 의심되는 원주민을 전멸시키라고 명령했고, 부근에 언론이 있을 때만 조심하라고 당부했다(Ross, 1999a, p.17).

공동체에 가해지는 폭력사태를 피해서 피난처를 찾는 사람이 거의 2만

명에 이를 것으로 추정된다. 게다가 약 7,000명의 원주민이 악테알과 체날로의 중심지에서 벗어나 팔로의 산촌으로 피신했다. 수천 명의 원주민이 그곳에서 기아와 질병에 시달리면서도 정부의 지원을 완강히 거절했다(Weinberg, 1998).

멕시코 정부는 이른바 농민들의 피신처로 알려진 로스 초로스, 페치킬, 체날로, 테네하파에서 제도혁명당의 준군사조직을 무장해제시키기 위한 어떤 조치도 취하지 않았다. 오히려 연방군은 라 레알리다드와 모렐리아처럼 사파티스타의 세력이 밀집된 지역에서 군사작전을 벌였다. 1998년 겨울과 봄에 연방군은 간혹 특수정예부대, 주보안경찰, 사법경찰, 이민국 관리의 지원을 받아가며 알타미라노 자치지역에 들어갔다. 누에바 에스페란사, 라칸돈 열대우림지역 끝에 위치한 11월 17일 자치구역의 모렐리아, 5월 10일, 4월 10일 등의 공동체에도 쳐들어갔다. 오코싱고 자치지역에서는 라 칼레아나와 리카르도 플로레스 마곤이란 새로운 자치구역을 침략해 들어갔고, 라스 마르카리타스 자치지역에서는 티에라 이 리베르타드 자치구역을 쳐들어갔으며, 니콜라스 루이스 자치지역은 군인들에게 완전히 장악당하기도 했다. 군인들은 남녀노소를 가리지 않고, 심지어 임신한 여자까지 괴롭히고 구타하며 고문하고 투옥했다. 인권단체의 감시원들까지 추방당하거나 감금당했다.

경찰이 평복을 입은 정부관리까지 태우고 트럭으로 타니페를라에서 몬테 리바노까지 순찰을 돌 때, 反사파티스타 원주민혁명조직MIRA에서 파견된 제도혁명당 준군사요원들이 연방군에 협력해서 오코탈 호수 주변을 불 지르고 커피농장과 옥수수밭을 태우며 공동체 학교와 협동조합 상점 주변에 철조망을 두를 때, 부활한 체 게바라의 일그러진 얼굴이 파괴의 현장에 감돌면서 다가올 심판의 날을 예고하는 듯했다.

## 제3세계주의와 자본주의

앞에서 언급했듯이 사파티스타는 체에게 영향을 받기는 했지만, 원주민의 투쟁방식을 충실히 따른다는 점에서 게바리즘 자체라 할 수는 없다. 아리프 딜릭(Arif Dirlik, 1997)의 분석에 따르면, 이른바 제4세계 원주민들의 '지역' 투쟁은 현재의 역사적 상황에서 상당히 중요한 의미를 갖는다. 체 게바라의 예에서 보듯이, 초기의 민족해방투쟁은 자본주의 시스템의 '족쇄'에서 벗어나 같은 민족에 속한 사람들에게 평화와 번영을 안겨줄 통합된 민족발전을 이루는 것이 목표였다. 이런 목표가 자본주의하에서는 불가능하다고 여겨졌다. 오늘날 대부분의 제3세계 국가가 수출 지향의 경제를 장려한 결과, 수치적으로는 국가발전을 이룬 것처럼 보이지만 다수의 국민은 가난과 궁핍을 벗어나지 못하고 있는 실정이다. 국가경제의 국제화와 경제주권의 상실을 은폐하고 감추기 위해서 이런 국가들은 문화민족주의를 강력하게 앞세우지만 이런 현상은 세계화된 자본주의에의 종속을 부추길 뿐이다(Dirlik, 1997). 딜릭은 "제3세계주의는 민족해방이란 초기의 목표를 버렸다······자본주의화된 세계에 대한 대안을 제시하기보다는 민족문화를 신파시스트적으로 구체화시키면서 자본주의를 정당화시킬 뿐 아니라 파시즘의 부활에 기여하고 있는 실정이다"(1997, p.157)라고 주장한다.

딜릭의 주장에 따르면, 원주민 운동조직은 자본주의나 사회주의 등 어떤 형태의 개발론도 거부하며 땅과 자연과의 일체성을 생존과 정체성의 근원으로 삼고 '세계는 공동체 연합이란 비전'을 제시한다(1997, p.159). 따라서 딜릭은 다음과 같이 결론짓는다.

여기에서 꿈은 자본과 국가에 항거해서 인간이 서로 재결집해 나아가는 것이다. 미래를 지향하는 마르코스 부사령관의 경우는 아니지만 대부분의 경우에 원주민의 비전이 과거의 구체적인 재현을 포함하고 있다면, 그 재현은 공동체의 창설을 목표로 한다. 현재의 공동체가 너무도 취약해서 정체성의 확보가 절실히 필요하기 때문이다. 이런 점에서 국가와 민족을 표방하는 경우와 다르다. 여기에서의 재현은 과거에서 물려받은 불평등의 이유를 찾아 현재의 불평등과 억압을 정당화시키는 것이 아닌, 그런 족쇄에서 해방되는 것을 목표로 한다는 데는 의심의 여지가 없다. 달리 말하면, 모두를 위한 '자유와 정의와 민주주의'라는 비전이 지배하던 과거의 재현이다.(1997, p.160)

## 원주민 조직 — 사파티스타의 정체

체 게바라가 살아서 세계 전역에 유행병처럼 퍼져가는 초국가주의를 보았다면, 원주민의 전통적 비전을 강력하게 추구하는 사파티스타가 지역과 세계의 변증법적 관계에 새로운 차원을 더해준 것을 높이 평가하면서 그 방식에 적잖게 영향을 받았을 것이다. 사파티스타의 접근법은 현시점에 존재하는 현상에 관련해서는 부정적 논리를 제시하고, 아직 존재하지 않지만 미래에 존재할 가능성이 있는 현상에 관련해서는 긍정적 논리를 제시하기 때문이다. 사파티스타는 군대로 조직되고 300여 공동체를 기반으로 잘 조직되어 있지만 권력 쟁취를 지향하지 않는다는 점에서 체 게바라나 그의 게릴라 운동과 차별성을 갖는다. 오히려, 사파티스타는 민주주의로의 평화적인 전환을 위해서 결집할 것을 시민사회에 강력히 요구한다. 이런 점에서 사파티스타는 억압받는 사람을 위해 투쟁하는 오른팔이 아니라, '타자의 담론'Discourse of the Other을 되비춰주는 거울 역할로 여겨진다. 사심 없이 원대한 목표를 추구한다는 사실을 보여주기 위해서 가면과 스카프로 얼굴을 감추었고, 무기를 들었지만 비폭력적일 수 있다는 사실을 증명해보였다. 실제로 사파티스타는 1994년 1월 8일 이후로이 글을 쓰는 이 시점까지 단 한 발의 총도 쏘지 않았다. 그들의 목표는 결단과 자아적 행위의 교차점에서 희망과 투쟁이 병렬적인 공동체를 건설하는 것이며, 자본주의적 노동의 역사적으로 특수한 형태와 사회적 총체성 속에서 나타나는 새로운 주체성의 형성을 드러내는 것이다.

사파티스타는 레닌, 게바라, 마오쩌둥의 전통과 뚜렷이 선을 긋고 '명령 복종'command obeying이란 원주민의 전통을 따른다. 루이스 로렌사노Luis Lorenzano에 따르면,

사파티스타가 라틴아메리카에서 과거에 존재한 모든 혁명조직과 뚜렷이 다른 점은 '명령 복종'이다. 사파티스타는 특수한 사회적 기반을 가진 '무장집단'도 아니고 '게릴라 부대'도 아니다. 사파티스타는 반란을 일으킨 사회적 기반 그 자체, 즉 공동체라 할 수 있다. 물론 군대로 조직화되기는 했지만 개혁주의자와 레닌식의 책략에 반대한다. 또한 투쟁과 정책이 모두 공동체에서 결정된다는 점도 다르다. 여러 종족과 공동체가 연합한 형태를 띤 비밀원주민혁명위원회의 위원으로 구성된 '지도부'는 공동체에서 위임받은 명령을 충실하고 효과적으로 수행해야 그 위상을 유지할 수 있다. 서구의 전통적인 정치관에서 본다면, 전통적인 원주민·농민 공동체는 '폴리스'로 발전하기 위해 변신을 거듭하고 있는 중이다. 땅과 언어와 문화의 공동체인 동시에 심의와 입법과 집행이란 역량까지 갖춘 정치 공동체로 발전해가고 있는 셈이다.(1998, p.130)

로렌사노는 사파티스타를 '새로운 유형의 노동자'로 보았다. 달리 말하

면, 땅과 문화를 공유한 노동자 공동체들이 연합체를 구성해서 통일된 공동의 정치·군사적 명령체제를 갖춤으로써 개혁주의와 전위주의에서 비롯되는 문제와 위험을 애초부터 피해가는 혁명의 조건을 만들어가는 사람들이었다. 로렌사노는 "그들은 사회를 하나의 총체로 파악하고, 순전히 농민과 원주민만을 위한 프로그램을 제시하지는 않았다. 사회적 삶과 국가를 급격히 민주화시키는 데 원주민도 동참하는 대안을 제시했다"(1998, p.145)라고 말했다.

한편 존 할러웨이John Holloway는 사파티스타를 포스트마르크스주의의 전형으로 보았다. 계급투쟁보다 '존엄'이란 개념이 중심어로 떠올랐기 때문이다. 사파티스타는 내가 너에게 말하는 것이 아니라 '우리는 서로 물어가면서 함께 걸어감'preguntando caminamos으로써 '인간의 존엄을 하나로 결집시킨다'라는 생각으로 큰 반향을 일으켰다. 이런 투쟁방식은 전통적인 혁명의 구조와 목표에서 벗어나, "인간의 존엄이란 목표를 실현시키기 위해서는 다양한 형태의 투쟁방식과 다양한 의견이 유효할 수 있다"고 인정한, 한층 실험적이고 유연한 조직의 모습을 보여주었다(1998, p.179). 할러웨이의 지적에 따르면, 정통 마르크스주의자들은 사파티스타가 '계급'과 '계급투쟁'이란 개념을 포기하고 노동계급이나 프롤레타리아가 아니라 시민사회에 호소하는 새로운 투쟁언어를 채택했다는 이유로 비난했다. 한편 사파티스타의 투쟁방식이 계급투쟁, 혁명, 사회주의보다 존엄, 진리, 자유, 민주주의, 정의를 앞세우는 무장농민 자유주의적 사회개혁론이라 평가하는 평론가들도 있었다. 그러나 할러웨이는 "사파티스타의 개념에서 존엄은 계급을 명시적으로 뜻하기 때문에 사파티스타가 계급이란 개념을 포기한 것은 아니다"라고 주장했다(1998, p.182). 게다가 우리가 어떤 특정한 계급에 속한 것이 아니며, 계급이란 개념에 대한 반감이 우리 안에 존재하면서 우리를 분열시키며, 정통 마르크스주의자가 생각하듯이 그런 반감은 계급의 형성 이전부터 존재하던 것이지 그 이후에 생긴 것은 아니라고 덧붙였다. 할러웨이는 계급을 특정한 집단으로 해석하지 않을 뿐 아니라, 계급에 대한 반감을 두 집단 간에 존재하는 것으로 생각지 않는다. 그저 인간의 행위가 일상의 노동을 통해서 조직화된 방법으로 파악할 뿐이다. 할러웨이에 따르면, 계급투쟁은 자본주의적 사회관계로 구체화된 형태에서 일어나는 것이 아니라 이런 사회적 관계의 구조 자체이다. 이런 관점에서 볼 때, 모든 사회적 행위가 계급투쟁이고, 계급투쟁은 그 자체로 인간의 존재방법이다. 노동과 자본 간의 갈등은 창의성을 파는 사람과 창의성을 노동으로 전환시키면서 창의성을 평가하고 착취하는 사람 간의 반목이다. 할러웨이의 지적에 따르면, 가장 절박하면서도 가장 중요한 갈등은 창의적인 사회적 행위(즉, 존엄과 인간애)와 종속과 소외(즉, 자본) 간의 갈등이다. 할러웨이는 사파티스타가 계급보다 존엄을 강조하며, 존엄을 자본과의 투쟁에서 최우선적 요소로 놓았다는 점에서 옳다고 주장했다. 마르크스의 어휘에서 혁명은 이미 지배라는 개념에 짓눌리고 그에 대한 저항을 표현할 만한 적절한 어휘가 없기 때문에 사파티스타의 선택이 마르크스의 개념을 개선하는 효과를 갖는다는 이유였다. 하지만 나는 할러웨이의 입장에 동의하지 않는다. 할러웨이의 주장에서 엿보이는 '낭만적 반자본주의'를 뛰어넘어야 한다는 사이먼 클라크 (Simon Clarke, 1999)의 생각에 전적으로 동의한다. 노동은 '창의성'으로 축소될 수 없는 개념이다. 마르크스의 상품 물신주의commodity fetishism에 따르면, 세상을 변화시킬 수 있는 유일한 힘은 직접 생산자의 자기조직화이기 때문이다.

## 인종차별과 노예제도

최근에 타니페를라와 암파로 아과틴타에서 연방경찰이 친사파티스타 구의회들의 해체를 기도했다. 로베르토 알보레스 기엔 치아파스 주지사는 그런 구의회들의 씨를 말려버리겠다고 공언하고 나섰다. 라틴아메리카식의 주술경제학呪術經濟學, voodoo economics이 치아파스 지역을 황폐화시키고 있는 마당에, 북미자유무역협정까지 더해지면서 1992년에 멕시코를 원주민을 포용하는 다문화국가로 규정하며 수정된 헌법 4조는 정치적 환상에 불과한 것으로 드러났다. 요컨대 다문화국가로 요란하게 포장만 되었을 뿐이란 뜻이다. 멕시코 지배계급이 추구하는 신자유주의 정책으로는 커피와 환금작물을 주로 재배하고 마호가니 벌목장을 운영하는 자본가 지주에 노예처럼 종속된 원주민의 처지를 개선하기 어렵다. 따라서 멕시코 지배계급의 실질적인 목표는 멕시코 경제를 제조업 중심으로 전화시키고, 그 과정에서 농민들을 땅과 떼어놓는 것이다. 그러면 생존수단을 상실한 농민들은 값싼 노동력으로 자본의 욕구를 채워주는 유순한 소모품이 될 것이란 계산이다. 뉴욕 체이스은행이 "사파티스타를 제거하라"고 요구한 사례에서 보듯이, 미국의 투자자들은 멕시코에서의 사회적 불평등의 심화에 대해 아무런 윤리적 관심이 없다(Silverstein, 1995).

미국이 세계 패권을 유지하기 위해서 중요한 근거지를 재조정할 필요가 있기 때문에 치아파스는 지정학적으로도 중요하다(Ceceña & Barreda, 1998, p.57). 다른 지역과 마찬가지로 치아파스에서도 인종차별은 신자유주의정책에 따른 산업노동자 예비군들을 통해 그 계급구조를 유지한다. 따라서 자본에 의한 생물학적 다양성의 착취와 국제적 자본축적은 역사적으로 천대받고 소외당한 집단에 가해지는 차별에 크게 의존하기 마련이다. 치아파스에서도 비기능적인 잉여물에 불과하다는 이유로 원주민

노동력을 파괴하는 형식으로 비효율적인 자본의 청소가 있었다. 세세냐와 바레다에 따르면,

인종차별을 가장 심도 있게 연구했다는 보고서에서도 인종차별이 경제에 미친 영향은 고려하지 않았다. 인종차별의 해악성을 가장 극명하게 보여주는 증거의 하나가 되는데도 말이다. 치아파스의 경우에 인종차별은 원주민의 약탈과 예속과 학살을 정당화시키는 주된 요인이 되었다. 이 지역에 살고 있는 마야인의 세련된 문화는 정복자의 문화보다 월등했다. 따라서 정복자들은 무기를 휘둘러대면서 유럽 자본주의의 지배를 강요했고, 그 과정에서 저지른 잔혹행위를 정당화시키는 이데올로기적 구실로 인종차별을 활용했다. 치아파스에서 오늘날까지 계속되는 무자비하고 약탈적인 착취는 인종차별을 정당화시키는 힘을 통해서만 가능할 뿐이다.(1998, p.59)

인종차별이 경제에 영향을 미친다는 이런 증거는 노예제도가 인종차별의 산물이 아니라 인종차별이 노예제도와 경제적 착취의 산물이라는 내 주장을 뒷받침해준다(McLaren, 1997a). 달리 말하면, 인종차별은 신화이고, 조직적인 계급화이며, 자본축적을 위해 어떤 집단을 강제로 예속화시키고 노동을 착취하는 현상을 자연스레 받아들이고 합리화시키는 제도이다. 치아파스 원주민은 원주민이기 때문에 무시당하고 지배받는 것이 아니다. 지역의 경제적 구조에서 그들이 차지하는 계급적 위치 때문에, 그들의 생산력이 도달한 수준 때문에 지배받는 것이다. 인종차별은 이런 계급구조를 유지하기 위해서 패덕하게 사용되는 도구일 뿐이다(Ceceña & Barreda, 1998).

## 정보공간의 공격과 사이버 사보타지와의 전쟁

　냉전이 끝나면서 미국은 '정보공간'infosphere을 공격하는 사이버 테러리스트들을 표적으로 삼았다. 사이버 전쟁에서는 '사이버 사보타지'cybotage와 '지속가능한 펄싱'sustainable pulsing과 같은 전술이 사용된다. 미육군의 후원으로 랜드연구소 아로요센터의 전략과 정책 프로그램이 '네트전'netwar, 더 정확히 말하면 '멕시코 사파티스타의 사회적 네트전'에 대한 연구를 최근에 완료했다. 이 연구보고서는 사파티스타가 인터넷을 통해 세계의 관심을 불러일으키는 데 성공한 1994~1996년을 집중적으로 다루었다. 여기에서 사파티스타는 아랍인보다는 덜 위협적인 조직으로 분류되었지만 미육군이 그들을 가볍게 다루지 않는다는 사실만은 분명하다. 또한 이 보고서는 전투적인 사회적 행동주의자들, 예컨대 사파티스타와 그들을 지원하는 비정부기구의 사회적 네트전을 하마스와 같은 이슬람 근본주의 조직의 테러지향적이고 '범죄적'인 네트전과 구별했다. 이 보고서에서 따르면,

　　사회적 네트전의 목적은 상대가 도전자에 대해, 혹은 자신과 주변세계에 대해 알고 있는 것이나 알고 있다고 생각하는 것에 영향을 주는 데 있다. 더 넓게 말하면, 사회적 네트전의 목적은 어떤 믿음이나 생각을 주변의 사회적 환경에 심어주는 데 있다. 사회적 네트전에는 지역적 차원에서 범세계적 차원까지 여론을 조성하고 언론에 접근하기 위한 전쟁도 포함된다. 물론 대의를 교육시키고 알리기 위해서, 심지어 속이고 왜곡하기 위해서 동원하는 프로파간다와 심리전 및 전략적 여론외교도 사회적 네트전에 속한다. 사회적 네트전은 '신피질 전쟁'의 비군사적 버전과 비슷하다……달리 말하면, 사회적 네트전은 케빈 미트닉처럼 홀로 활동하는 컴퓨터 해커

보다 마르코스 부사령관과 같은 교조적 지도자에게 필요하다.(Ronfeldt et al., 1998, pp. 21~22)

보고서는 계속해서 "EZLN을 지원하며 인권과 민주주의를 비롯해 개혁과 관련된 쟁점에서 멕시코 정책에 영향을 미치려는 무수한 초국가적 행동주의 비정부기구들 간의 협조관계에서 사회적 네트전의 대표적인 예를 찾을 수 있다"(p.22)고 말한다. 비정부기구는 서로 경계를 넘나들며 스워밍swarming, 지속가능한 펄싱, 패킷화packetization, '공격과 수비의 경계 허물기' 등과 같은 전략으로 정보화시대의 사회적 네트전을 구사하면서 멕시코 정부에 압력을 가하고 EZLN의 투쟁을 지원한다(p.3). 이 보고서에 따르면,

국내에서, 멕시코 주정부에 무력으로 저항하던 과거의 봉기와 달리 사파티스타의 네트전 전략은 봉기를 진압하려는 정부의 노력을 좌절시켰다. 중앙집권화된 정부는 인터넷을 이용한 사파티스타의 초국가적 활동에 대처하기가 쉽지 않았다. 1994년, 미국은 EZLN에 단호한 조치를 취하려는 멕시코 정부를 암암리에 지원했지만 미국의 지원조차 비정부기구들의 효율적 투쟁을 둔화시키지는 못했다.(p.102)

랜드연구소의 연구원들은 일정한 조건이 갖춰진다면 사파티스타가 멕시코 정국을 불안에 빠뜨릴 수 있다고 경고했다.

현재는 사파티스타의 사회적 네트전, EPR의 게릴라 네트전, 마약밀매단의 범죄적 네트전이 멕시코를 통치불가능한 상태로 빠뜨리거나, 새로운 권위주의 정권의 출현으로 발전할 상황까지는 아닌 듯하다. 하지만 이런

네트전들이 직간접으로 연계되어 세력을 강화한다면, 더구나 경제침체가 심화되어 연방정부와 제도혁명당이 위험할 정도로 정통성을 상실해서 파벌 다툼으로 엘리트 '혁명가문'과 그 정치적 배경이 혼란에 빠진다면, 멕시코의 앞날은 불투명하다.(Ronfeldt et al., 1998, p.104)

이처럼 바람직하지 않은 시나리오가 현실화된다면 어떻게 될까? 미군은 사파티스타, EPR과 그들의 비정부기구 후원조직의 네트전을 분쇄할 거대한 공격을 모색하고 있는 중이다. 그러나 사파티스타가 영원히 열대 우림 속으로 사라질 가능성은 거의 없다. 잭슨 포브스Jackson Forbes는 "사파티스타 전쟁은 멈추지 않을 것이다"(1995, p.195)라고 말했다. 어떤 위협이 가해지더라도 "원주민들은 죽을 각오로 싸울 것이다"(p. 195). 미국과 멕시코 정부가 그들의 투쟁을 억압할 수단을 갖고 있다면 그들도 그에 저항할 수단을 갖고 있다.

1999년 3월 21일 EZLN은 '원주민 인권의 인식과 종족박멸전쟁의 종식'이라 칭한 '콘술타', 즉 일종의 투표를 국제적으로 실시했다. 콘술타에서는 많은 것을 물었다. 원주민도 멕시코 국가 프로젝트에 포함되어야 하고 새로운 국가를 건설하는 데 적극적으로 동참해야 하는가? 평화는 군사적 수단보다 대화로 성취해야 하는가? 연방군은 병영으로 철수해야 하는가? 정부는 국민의 뜻에 따라서 통치해야 하는가? 원주민의 권리는 산 안드레아스 협정의 해석에 따라 멕시코 헌법에 명문화되어야 하는가? 멕시코 국경 밖에 거주하는 멕시코인도 멕시코의 선거에 참여해서 투표할 권리를 가져야 하는가?(Ross, 1999a) 멕시코의 2,500지역과 5대륙의 30여 국가에서 투표가 실시되었다. 유엔에 등록된 비정부기구로 멕시코를 비롯한 여러 나라에서 선거를 감시했던 인도주의법 프로젝트Humanitarian Law Project의 도움을 받아 투표용지가 수거되었다. 화해법은 사파티스타의 억류를 금지하고 있지만 콘술라를 반대하는 준군사조직이 투표를 방해하려는 공작이 있기도 했다. 한편 제도혁명당의 내무장관 프란시스코 라바스티다는 "법은 정글에서 만들어지는 것이 아니다"라고 콘술라에 대한 입장을 표명했고(Ross, 1999, p.24), 치아파스 주지사는 EZLN의 자치활동을 와해시키려는 공작을 중단하지 않았다. 그러나 EZLN은 300만의 지지표를 얻는 데 성공했다.

이 글을 쓰는 시점에도 사파티스타를 지지하는 5천 명의 원주민이 본래의 공동체를 억지로 떠나 다른 공동체나 카나다스 산골로 이주하고 있는 실정이다. 또한 프란시스코 고메스 자치구역을 비롯해 세 공동체가 군부대와 주경찰의 위협에 시달리고 있다. 콜롬비아 남부의 대초원에 위치한 라 만카차라는 한적한 촌락에서는 또 하나의 혁명조직, 콜롬비아 혁명무장군FARC이 활동 중이다. 그러나 이 조직의 움직임은 당혹스러울 만큼 이상하다. FARC의 라울 레예스 사령관이 뉴욕 증권거래소 리처드 그라소 회장을 만났고, 그 자리에서 그라소 회장은 레예스 사령관에게 증권시장의 운영방식에 대해 설명했다. 정부가 비무장화시키기는 했지만 반군이 지배하는 지역에서 그라소 회장은 레예스 사령관과 포옹을 나누면서, 콜롬비아가 투자의 증가로 큰 혜택을 받게 될 것이며 그런 만남이 FARC와 미국 간의 새로운 관계를 정립하는 출발점이 되기를 희망한다고 말했다(Los Angeles Times, A20면). 그 실질적인 결과는 시간이 말해주겠지만……

## 체와 원주민 투쟁

라틴아메리카에서 혁명의 성공 여부는 '과히로'와 '마체테로'를 비롯한 농업관련 노동자에게 달려 있다고 1960년대에 주장한 체 게바라의 판단은 옳았다. 하지만 체는 원주민을 투쟁에 끌어들이는 데 어려움을 겪었다. 당시 볼리비아는 라틴아메리카에서 가장 불안한 국가 중 하나였고 가장 빈곤에 찌든 나라였다. 1825년에 독립한 이후로 무려 189번의 정권교체가 있기도 했다. 1952년 볼리비아에서는 민중이 참여한 혁명까지 겪었다. 1910년에서 1920년까지 멕시코에서 있었던 상황이나 그 후 쿠바의 상황과 크게 다르지 않았다. 볼리비아는 체가 태어난 아르헨티나의 인접국이어서, 체가 볼리비아에서 게릴라전을 벌이면서 머릿속에 그렸던 목표, 즉 농민혁명을 시작하기에 적합한 곳이기도 했다. 체는 볼리비아 민족해방군의 인티 파레도 사령관과 동맹을 맺었다. 하지만 체가 1966년 11월 7일 냔카우아수 강의 게릴라 진지에 도착하고 한 달이 지나지 않아 체와 볼리비아 공산당 지도부 간에 균열이 생기기 시작했다.[21] 1966년 3월, 체의 진영에서 이탈한 세 명의 게릴라와 한 '치바토'(밀고자)가 체의 거점을 CIA에게 누설했다. 체는 볼리비아에서 활동하면서 토지개혁정책을 충분히 인식하지 못했다. 볼리비아 군부가 원주민 농부들에게 약간의 토지를 인정했고, 볼리비아의 지도자 르네 바리엔토스 장군이 케추아 출신이었으며, 군부의 테러전술이기는 했지만 군부가 원주민과 상대적으로 협조적 관계를 유지했다는 사실을 간과한 듯했다. 또한 광부들이 파업을 벌이고 학생들이 광부들의 파업을 지지하자 싱글로 20 광산지역에 군법이 공포되고 군대가 우아누니, 카타비, 싱글로 20 지역을 점거하면서 체와 게릴라 부대의 거점은 안데스 산맥에 의해서 광부들과 거의 1천km 이상 단절되었다. 따라서 체는 광부들과 어떤 정치적 연대를 맺을 수 없었고 교신조차 할 수 없었다(Castañeda, 1997, p. 372).[22] 광부들이 게릴라 부대에 하루치 임금과 의약품을 기꺼이 기부하기로 동의한 까닭에 아무런 방어체제도 갖추지 못한 수십여 명의 남녀와 어린아이가 살해당하거나 부상당했다. 광부들의 이런 결정은 볼리비아 광부 노동조합연맹의 총회에서 비준되었다. 체가 원주민의 지원을 받을 수 있었더라면 투쟁의 결과는 완전히 달라졌을 것이다.


## 새로운 사회주의자

체는 사회변화의 비판적이고 자기반성적인 주체가 되는 데 열정적이지는 않았지만 적어도 관심을 가짐으로써 새로운 혁명가의 역할 모델이 되었다. 그는 어렸을 때 만성적인 천식으로 정식교육은 6학년에서 중단했지만 어머니 셀리아의 정성어린 지도 아래 기본적인 교육을 충실히 받았다. 그의 집에는 3천 권 이상의 책이 있었다. 아르헨티나에서 독재정권이 기울어져가던 시기에 알타 그라시아스의 공립학교를 다닌 경험은 특권층 자녀였던 그에게 다양한 계급과 여러 인종을 접할 기회를 주었다. 예컨대 체는 시골 출신과 도시 출신, 검은 피부를 가진 학생을 만났고 이탈리아계, 에스파냐계, 영세농민 출신의 학생을 만났다(Castañeda, 1997). 7년간의 초등교육을 마친 후, 체는 코르도바의 데안 푸네스 국립학교에 입학했다. 교육부가 운영한 공립 중등학교로 그 지역 엘리트들의 자녀가 주로 다닌 몬트세라트 학교에 비해 덜 배타적이었다. 데안 푸네스 국립학교는 프랑스 고등학교의 커리큘럼을 받아들여 고전 교육을 엄격하게 실시했다. 체는 우등생은 아니었지만 두각을 나타냈다. 그를 가르친 교사 중 하나인 알프레도 푸예레돈은 훗날 체를 "뛰어난 학생이었다. 또래에 비해 훨씬 어른스럽게 관찰하고 행동했으며, 이미 성인이 된 듯 뚜렷한 개성을 지녔다"라고 회고했다(Sandison, 1997, p.19). 체는 그 후로 죽을 때까지 지적인 모험을 계속했다. 한마디로, 책을 향한 사랑이 적잖은 역할을 한 삶을 살았다.

체는 건설회사에서 평직원으로 일했고, 그 후 민족주의 성향을 띤 신문 〈악시옹 아르헨티나〉에서는 기자로 활약했다(Sandison, 1997, p.19). 아르헨티나에서는 포도 수확기에 인부로 일했고, 칠레 북부의 광산에서는 경비원으로, 또 아르헨티나 선박 '플로렌티노 아레기노'호와 '안나 G'호에서, 그리고 아마존 지역의 나환자촌에서 남자 간호사로 일했으며, 트럭 운전기사 노릇을 하기도 했고 접시 닦기 일을 하기도 했다(Loveman & Davies, 1995, p.x). 체는 어린 시절 로버트 루이스 스티븐슨, 쥘 베른, 알렉상드르 뒤마, 잭 런던의 소설을 읽었다. 8세부터 11세 사이에는 에스파냐 내전에서 활약한 영웅들의 이야기에 심취했다. 10대에 들면서 체는 보카치오의 『데카메론』과 보들레르의 글을 프랑스어로 읽었다. 그 밖에도 호세 인헤니에로스, 아나톨 프랑스, 오라시오 키로가를 읽었고 말라르메, 졸라, 로르카, 베를렌, 융, 애들러, 프로이트, 사르미엔토스, 마차도, 스타인벡, 포크너, 마르크스, 마르티, 네루다, 엥겔스, 간디 등을 읽었다. 아버지가 창설한 반파시스트 조직인 '악시옹 아르헨티나'의 청년부에 가입했고, 1945년부터 1946년까지 철학사전을 쓰기 시작해서 사회과학과 기본적인 마르크스·레닌주의의 일반적인 개념을 다룬 7권의 공책을 남겼다(Cupull & González, 1997).

체가 국가농업개혁연구소INRA 산업국 국장, 쿠바 국립은행 총재, 산업부 장관 등으로 임명된 1959년부터, 혹은 히스패닉계 소련 학자 아나스타시오 만시야Anastasio Mansilla가 정치경제학 교수로 부임한 후부터 마르크스 경제학을 공부하기 시작했다고 주장하는 사람을 머쓱하게 만들기에 충분한 배경이다. 실제로 체는 16세부터 마르크스주의를 공부하기 시작했다. 그가 마르크스, 엥겔스, 레닌을 읽기 시작한 때였다. 카를로스 타블라다 Carlos Tablada에 따르면, "특히 체는 마르크스의 『자본론』, 마르크스와 엥겔스의 『공산당 선언』을 탐독했다 …… 대학에 다니는 동안 체는 엥겔스의 『반뒤링론』, 레닌의 『제국주의: 자본주의 최고의 단계』, 『국가와 혁명』을 읽었다."(1991, p.71)

체는 방학이면 쿠티올로 엔진을 장착한 자전거로 여행했다. 친구 알베르토 그라나도와 함께 산 프란시스코 델 차냐르에 있던 호세 J. 푸엔테 나 병원에서 며칠을 보내기도 했다. 그때 체는 21세였다. 이곳에서 체는 괴테의 『파우스트』를 환자들에게 큰 소리로 읽어주곤 했다. 1951년에는 아니발 폰세Anibal Ponce의 『교육과 계급투쟁』과 『세계의 바람』을 읽은 것으로 여겨진다. 24세이던 1952년, 체는 알베르토 그라나도와 함께 8개월 동안 다섯 나라를 여행했다. 영국에서 제작한 500cc 노튼 오토바이로 시작한 여행이었다. 이 여행에서 체는 일기 쓰는 법을 갈고 다듬었고, 이때 그라나도는 에르네스토 게바라에게 '체'Che라는 별명을 본격적으로 붙여 주었다.[23]

멕시코시티에서 '그란마'호에 승선하기 전 날, 체는 과테말라인인 알폰소 바우어 박사의 집에서 숨어 지냈다. 바우어 박사는 체가 머물렀던 방의 상태를 이렇게 기록했다.

아수라장이었다. 정돈되지 않은 침대, 여기엔 빨대 저기엔 작은 요리용 곤로, 옷가지가 곳곳에 흩어져 있었다. 6권의 책이 펼쳐진 채 있었다. 그 책들을 동시에 읽기라도 한 듯이……. 레닌의 『국가와 혁명』, 마르크스의 『자본론』, 야전 응급수술에 관련한 교과서, 그리고 내 책인 『미국 자본이 중앙아메리카에서 어떻게 운영되는가?』가 눈에 띄었다.(Tablada, 1991, p.73에서 인용)

시에라 마에스트라에서 게릴라 지도자로 활약하면서도 체 게바라는 농민 전투원들에게 글을 가르쳤고 세르반테스와 로버트 루이스 스티븐슨의 글, 심지어 파블로 네루다의 시까지 읽어주었다(Gall, 1971). 체는 시에라 마에스트라의 라스 빌라스에서 여러 학교를 세웠다. 그에게 글을 배운 학생이었던 훌리오 세논 아코스타는 1959년 만사니요에서 체가 말라리아로 고생할 때 그의 곁을 지키며 정성스레 돌보았다.

전쟁터에서도 틈이 나면 체는 막사에 들어가 프루스트, 포크너, 사르트르, 밀턴을 읽었다(Markee, 1997). 콩고에서 체는 콩고 군인들에게 프랑스어와 스와일리어를 가르쳤고, '교양'을 가르치기도 했다(Anderson, 1997). 쿠바에서 혁명을 하는 동안, 체는 '데스카미사도스'Descamisados(와이셔츠를 입지 않은 노동자를 상징함—옮긴이)에게 글을 가르쳤다. 이스라엘 파르도와 호엘 이글레시아스가 체에게 글을 배운 사람이었다. 체는 이스라엘의 동생인 '엉큼한' 라몬 파르도처럼 글을 약간 아는 사람들을 위한 스터디 그룹을 만들기도 했다. 앤더슨에 따르면, "이 스터디 그룹에서는 쿠바의 역사와 군사교리에서 정치학과 마르크스까지 공부했다"(1997, p.298). 체 자신에게 있어서도 글 읽기와 일기 쓰기를 통한 독학은 사회주의 의식을 고취시켜 나아가는 데 중요한 역할을 했다. 체는 볼리비아에서 게릴라전을 시작하면서도 책을 손에서 놓지 않았다. 냔카우아수 강변을 정찰하고 식량과 보급품을 저장하기 위한 굴을 파고 돌아와 잠시 휴식을 취할 때도 책을 읽었다. 당시 그의 곁에는 베네데토 크로체Benedetto Croce의 『자유에 관한 이야기로서 역사』, 트로츠키의 『영구혁명론』과 『러시아 혁명사』, 파울 리베트Paul Livet의 『아메리카인의 기원』이 놓여 있었다. 타이보가 지적하듯이, 이 시기에 체는 샤를 드골과 윈스턴 처칠의 전쟁 회고록을 읽었고, 헤겔의 『정신현상학』과 드니 디드로의 책을 읽었을 것이라 여겨진다(1997, p.474). 게릴라부대를 이끌고 무유팜파를 공격할 때 체는 피델에게 보낼 암호편지를 레지스 드브레Régis Debray에게 보내면서, 드브레가 돌아올 때 가져오길 바라는 책 목록까지 덧붙여 보냈다. 이 목록에는 에드워드 기번Edward Gibbon의 18세기 고전 『로마 제국 쇠망사』가 포함되어 있었다(Sandison, 1997, p.133).

체가 세상을 떠나고 수십 년이 지난 후, 체의 경호원이자 동료 게릴라로 폼보라는 암호명을 사용했던 아리 비예가스 타마요는 자신의 일기 쓰기에 미친 체의 영향을 이렇게 회고했다.

30년 전 투쟁의 열기가 뜨거운 와중에 써주었던 지적과 평가는 지금 보아도 가혹하지만 열정이 느껴진다. 그런 구절을 다시 읽고 당시를 회상하면 지금도 가슴이 뭉클하다. 하지만 솔직하고 단도직입적으로 요점에 곧바로 파고드는 언어로 표현한 비판정신이 일기에서 읽혀진다. 우리는 체 게바라 사령관에게서 그런 식으로 교육받았다. 어떤 학교와도 비교할 수 없는 그의 학교에서 우리가 받은 최고의 가르침이었다.(1997, pp.27~28)

메리 앨리 워터스와 루이스 마드리드와 가진 인터뷰(1997)에서, 폼보는 교사로서의 체가 어떤 모습이었는지 우리에게 개략적으로 말해주었다.

체는 역사를 사랑했습니다. 끝없이 책을 읽고 끝없이 공부하는 학생이었습니다. 체는 우리에게 무엇보다 공부를 게을리 하지 말라고 가르쳤습니다. 무슨 뜻인지 아시겠습니까? 우리에게 남긴 최고의 유산입니다! 체는 젊은 사람들과 어울리길 좋아했습니다. 우리에게 항상 배우고 공부하라고 가르쳤습니다.(Waters & Madrid, 1997, pp.8~9)

체는 우루과이 몬테비데오에서 발간되던 급진적 주간지 〈행진Marcha〉의 편집자 카를로스 키하노에게 1965년에 보낸 편지에서 새로운 사회주의자를 양성하기 위한 교육적 비전을 밝혔다. 이 편지는 '사회주의와 쿠바의 남자'라는 제목으로 발표되었다.

가장 간단하게 시작하는 방법은 인간의 다듬어지지 않는 자질을 인정하는 데 있다고 생각한다. 인간은 미완성의 존재라는 뜻이다. 과거의 선입견이 개개인의 의식에서 현재까지 스며들어 영향을 미친다. 따라서 그런 의식을 뿌리 뽑기 위한 지속적인 노력이 필요하다. 양방향에서의 노력이 있어야 한다. 사회가 직간접으로 교육을 시행하는 것이 하나이고, 다른 하나는 개개인이 독학이란 의식적 과정에 충실해야 한다.(Mazlish, Kaledin & Ralston, 1971, p.411에서 인용)

'새로운 인간'을 만들어가기 위한 체의 교육적 열정은 단호했다. 혁명적 교육의 핵심적 역할은 개인주의를 없애는 데 있었다. 앤더슨은 체의 교육관을 이렇게 해석했다.

개인주의의 불식이 혁명의 요체였다. "사회적 환경에서 한 사람의 단발적 행위와 같은 개인주의는 쿠바에서 사라져야 한다. 미래의 개인주의는 오로지 공동체를 위해 개개인이 혼신을 다하는 삶이 되어야 한다." 혁명은 집단의지의 표준화가 아니었다. 혁명은 개개인의 역량을 마음껏 펼치는 통로가 되어야 했다. 그래야 혁명을 위한 방향으로 그 역량을 쏟아낼 수 있기 때문이다.(1997, pp.478~479)

쿠바혁명 직후, 체는 대학이 보수세력의 반동적 활동을 위한 발화점이 될 수 있다는 우려를 나타냈다. 체는 학생들에게 혁명정부의 원대한 계획에 참여하라고 독려했다. 기술인력이 절대적으로 부족한 노동시장에서,

또한 국민이 무장혁명을 목격했던 노동시장에서 인문과학이 무익하게 비춰지는 것을 우려하며, 체는 아바나 대학에 경제학부를 확대하라고 촉구했다. 또한 대학들에게는 학생이 사회인으로서 의무를 수행하면서도 학습을 계속할 수 있도록 허용하라고 요구했다. 그의 친구이며 혁명 영웅인 카밀로 시엔푸에고스의 이름을 딴 교육센터를 카네 델 라스 메르세데스에 세울 때,[24] 체는 에스트라다 팔마 채석장에서 직접 돌을 캤고 일요일이면 아바나를 떠나 교육센터의 건설현장에서 8시간을 일하기도 했다(Taibo, 1007, p.290). 체의 '혁명의 교육학'에서 중심개념 중 하나는 이런 유형의 노동이었다.

> 체는 생산적인 노동의 중요성을 굳게 믿었다. 달리 말하면, 인간의 일상적 고민을 이해하기 위해서는 정신적 작업에도 육체노동이 더해져야 한다고 믿었다. 체는 전문직과 지식인에게 팽배한 엘리트의식을 타파하기 위해서는 자발적 노동이 중요하다고 생각하며, 그들에게 문화적 활동을 제공하는 잉여물이 어떻게 만들어지는가를 가르쳤다. 요컨대 체는 지식인의 우월성에서 비롯된 '새로운 계급'의 출현을 피하기 위해서라도 육체노동자와 정신노동자를 결속시키기 위한 결정적인 조건으로 이런 노동이 필요하다고 믿었다.(Petras, 1998, p.16)

체에게 혁명을 떠난 삶은 존재하지 않았다. 정의와 진리를 추구하고 실천하는 삶은 '살아 있는 인간을 향한 사랑'에서 시작된다고 믿었다. 개인은 매일 노동을 하면서 각자에게 주어진 사회적 의무를 수행하는 존재였다. 체는 자유와 희생, 도덕적 의무와 혁명적 욕구, 새로운 윤리적 테크놀로지라 할 수 있는 드높은 인격과 미완성인 인간정신이 변증법적으로 투쟁하면서 새로운 사회주의자가 탄생한다고 믿었다. 인간정신은 미완성이기 때문에, "지평선에 어렴풋이 보이는 새로운 인간"의 지속적인 양성이 가능했다(Mazlish, Kaledin & Ralston, 1971, p.418). 체가 말했듯이, "혁명은 인간을 통해 이루지지만 인간은 매일 혁명정신을 가다듬어야 한다"(Mazlish, Kaledin & Ralston, 1971, p.418). 따라서 체가 사회주의의 건설을 위해서 인간의 전형을 소련 모델로 만들어가는 데 완강히 반대했다는 사실을 기억해야 한다. 체는 소련 사회가 질적인 면에서 자본주의사회와 다르다고 생각지 않았다. 오히려 "부르주아 소비사회를 국가적 차원에서 모방한 형태"에 불과하다고 믿었다(Löwy, 1973, p.66). 소련에서 자본주의는 여전히 '의식적 현상'이었다. 체의 생각에 자본주의는 무조건 지워버려야 할 것이었다. 개별 기업과 경제부문을 독립적 단위로 파악하는 소련식 자주관리는 불균등한 발전을 증대시킬 가능성이 컸다. 따라서 체의 모델에서는 국가가 경제계획을 세워서 한층 균형 잡힌 발전을 모색하는 식이었다(Markee, 1997). 1960년 르네 뒤몽Rene Dumont은 체와의 인터뷰를 정리하며, "체는 소련인을 진정한 새로운 인간 유형으로 생각지 않았다. 엄격한 의미에서 소련인이 양키와 조금도 다를 바가 없다고 생각했다."(Löwy, 1973, p.66에서 인용)라고 말했다. 체는 공산주의자의 윤리에서는 무엇보다 물질적인 이해관계를 초월해야 한다고 생각했다. 체가 보기에 소련 사회에는 물질적 이해관계가 너무도 뚜렷이 존재했다. 그러나 체가 쿠바에 계속 머물렀다면 소련과 무한정한 협력을 받아들일 수밖에 없었을 것이다.

체는 이런 새로운 사회주의적 존재를 만들어가기 위해서 글을 읽고 쓰는 행위, 꾸준한 학습이 필요하다고 생각했다. 부에노스아이레스에서 의사고시를 준비할 때 체는 베아트리스 숙모의 아파트에서, 혹은 칼레 파라과이에 있던 아버지의 작업실에서 책에 파묻혀 지내면서도 틈을 내어 피사니 박사의 알레르기 병원에서 자원봉사자로 일했다(Anderson, 1997).

1955년 27세에 멕시코에서 피델과 라울 카스트로 형제를 만나 쿠바의 7·26운동에 참여하게 되면서 체의 정치관은 큰 전환점을 맞았다. 그때부터 체는 마르크스를 본격적으로 연구하기 시작했다. 혁명 이후, 1959년 10월에 체는 쿠바 국립은행 은행장이 되면서 경제학과 수학을 개인교습 받았고 마르크스의 『자본론』에 대한 특별교육을 받았다. 이 분야를 정식으로 교육받지 못해 부족한 부분을 보충하려고 스스로 택한 학습이었다 (Löwy, 1973). 실제로 체는 쿠바에서 체스를 두고 수학을 공부하면서 대체로 여유로운 시간을 보냈다. 그의 경호원들에게도 글을 배우라고 다그치면서, 학업에 충실하지 않으면 가혹한 처벌을 내리겠다고 위협까지 했다 (Löwy, 1973). 체는 처형을 앞두고도 "알레이다에게······아이들을 계속 공부시키라고······전해주게."(Castañeda, 1997, p.401)라고 말했을 정도로 그의 혁명 여정에서 학습은 무척 중요한 위치를 차지했다.

　여기에서 우리가 확인할 수 있는 것은, 체가 글 읽기와 쓰기 및 학습을 정치적 행위이자 삶을 확인하는 행위로 이해했다는 점이다. 파울루 프레이리식으로 말하면, 이런 문맹퇴치는 '알아가는 행위'act of knowing이다. 이런 점에서 학습은 정치적 행위일 수밖에 없다. 프레이리에게 그랬듯이, 체에게도 학습은 속죄의 행위가 되었다. 계급전쟁에서 진실을 찾기 위해 투쟁하는 학습이었고, 그 목적은 사회민주주의를 위한 투쟁의 과정에서 구체화되었다. 새로운 사회주의자는 비판적으로 자기를 성찰하는 동시에 자기비판적인 인간이었다. 달리 말하면, 자신과 사회를 변화시켜 나아가는 인간이었다. 체와 프레이리 모두에게, 자기변화와 사회변화는 서로 영향을 미치고 변증법적 관계를 이루며 궁극적으로는 혁명을 실천하는 행위였다. 더 구체적으로 말하면, 향후 수십 년 동안 새로운 사회주의자를 만들어가는 데 필요한 행위였다. 새로운 사회주의자라는 원대한 비전의 도덕적 정점에는 목숨이라도 기꺼이 희생하겠다는 각오가 있었다. 체가 죽음으로 전형적인 예를 보여주었듯이, 혁명의 새로운 영웅이라면 자유와 정의라는 혁명의 원대한 대의大義를 위해서 '살겠다는 개인적인 욕심'을 기꺼이 희생할 수 있어야 했다. 쿠바의 '메리노 언덕'에서 전투를 하던 중에 체는 이런 글을 남겼다.

내가 언덕에 도착했을 땐 이미 수비대가 전진하고 있었다. 소규모 전투가 벌어졌고 우리는 신속하게 후퇴했다. 입지가 좋지 않았다. 수비대가 우리를 포위하고 있었고 우리는 거의 대항하지 못했다. 나는 전에는 느끼지 못한 무엇인가를 개인적으로 분명히 깨달았다. 다음 기회가 있다면 반드시 고쳐야 할 부분이었다.(Anderson, 1997, p.327에서 인용)

호르헤 카스타녜다에 따르면, 체가 생각하는 새로운 인간은

어떤 의미에서, 쿠바 공산주의자였다. 시에라 마에스트라의 전투와 자발적 노동, 피그스만 침공과 미사일 위기, 국제적 소명과 연대 등을 경험한 사람이었다. 한마디로, 새로운 인간은 체 게바라와 유사한 인간이었다. 체는 자기분석을 게을리하지 않았고 자신의 운명을 분명히 알고 지냈다. 젊은 시절 추키카마타와 페루의 아마존 지역에서 밤을 보낸 이후로 체는 선택받은 숙명이란 환상에 사로잡혀 지냈다.(1997, p.306)

존 리 앤더슨John Lee Anderson이 지적하듯이, 새로운 사회주의자에 대한 체의 글을 읽으면 "체가 자기만의 진리를 만들어갔다는 기분을 떨치지 어렵다. 하지만 그 진리에는 타인까지 포함되고 무엇보다 그의 혁명적 변화에 대한 설명이 읽혀진다. 바로 이 부분이 체 게바라 철학의 진수이다. 달리 말하면, 체는 개인이란 옛 자아를 승화시켜 사회와 사회의 이상을

위해서 자신을 의식적으로 희생시킬 수 있는 정신적 수준까지 이르렀다고 믿었다. 또한 그가 할 수 있다면 다른 사람들도 할 수 있다"(1997, p.636). 알렉산더 코크번은 한 걸음 더 나아가, "체는 절대적 변화의 가능성을 철저하게 믿었다는 점에서 지극히 낭만적이었다. 쿠바혁명에서 '새로운 인간'이란 개념은 바로 그가 지향한 인간상이었고, 경제적 '합리성'이란 구속을 가장 용납하기 힘든 인간상이기도 했다. 교황 요한 23세만큼이나 게바라도 라틴아메리카에 불어닥친 급진적 사회행위의 격랑인 해방신학에 영향을 주었다고 말할 수 있다"(1997, p.4).

체 게바라에 따르면, 새로운 사회주의자에게 가장 중요한 지도자적 덕목은 사랑이었다. 지금은 일종의 경전처럼 여겨지지만 내 생각에 여기서 다시 언급할 충분한 가치를 갖는 구절에서, 체는 이렇게 말했다.

> 우스꽝스럽게 들리겠지만, 진정한 혁명가는 사랑이란 뜨거운 감정의 인도를 받아야 한다. 사랑이 없는 진정한 혁명가를 생각할 수 있을까? 내 생각에는 불가능하다. 사랑은 지도자에게 가장 필요한 덕목 중 하나이다. 지도자는 차가운 머리에 뜨거운 가슴을 가져야 하며, 조금도 위축되지 않은 상태에서 고통스런 결정을 내릴 수 있어야 한다. 우리 지도자급 혁명가들은 민중을 향한 사랑을 이상화시켜야 하고 그 사랑을 하나로, 결코 분리될 수 없는 것으로 승화시켜 나아가야 한다. 그런 사랑이 가장 신성한 대의이기 때문이다. 지도자급 혁명가라면 일상의 사소한 애착 때문에, 보통 사람들이 사랑을 실천하는 수준으로 떨어져서는 안 된다.(Anderson, 1997, pp.636~637에서 인용)

체는 "진정한 공산주의자, 진정한 혁명가는 인류에게 닥친 큰 문제를 자신의 문제로 받아들이는 사람"이라고 믿었다(Löwy, 1997, p.3). 체의 마르크스적 휴머니즘은 마르크스의 『자본론』과, 마르크스가 1844년에 쓴 『경제학·철학 초고』에서 가장 큰 영향을 받았다. 체는 소외를 극복하는 데 의식의 역할을 특히 강조했다. 체의 교육학은 아래로부터의 혁명적 교육을 역설한 마르크스의 『포이어바흐 강의』와 상당히 일치했다. 학생도 교사를 교육시킬 수 있다! 체는 이런 점을 역설하며,

> 사람들을 교육시키는 첫걸음은 그들에게 혁명을 가르치는 것이다. 그들에게 독재정권의 학대를 견디라고 말하며, 교육만으로 그들의 권리를 쟁취하는 데 도움을 줄 수 있는 척 해서는 안 된다. 무엇보다 그들에게 권리를 쟁취하는 법을 가르쳐줘야 한다. 그들이 정부에서 발언권을 가질 때 그들은 무엇을 배워야 하는지 깨닫게 될 것이다. 아니, 훨씬 많은 것을 깨닫게 될 것이다. 진지한 노력이 없다면 그들도 곧 교사가 되어 모든 사람 위에 군림하려 할 테니까.(Löwy, 1997, p.5에서 인용)

체가 시대를 초월해서 많은 사람에게 깊은 인상을 주는 이유는 그의 일관된 태도와 놀라운 실천의지 때문이다. 실제로 그의 정치적 행위는 일상에서 보여주던 행위나 생각과 완전히 일치했다. 싱클레어의 말을 빌면,

> 체는 절대주의자였다. 그는 모든 것을 합당한 결론에 이를 때까지 밀고 나가려 했다. 이런 일관된 태도에서 억지의 흔적을 찾기란 불가능했다. 그에게는 어떤 위선의 흔적도 없었다. 그가 동료를 위해서 일하는 것이 인간이 누릴 수 있는 최고의 즐거움이라 말했다면 적어도 그에게는 진실이었다. 체는 혁명가라면 아직 태어나지 않은 국가의 깃발 아래에서 투쟁하며 죽는 것이 당연하다고 믿었고, 그렇게 행동했다. 용기를 과시하려는 행동이 아니었다. 그는 진정으로 용감했고, 세상에서 가장 자연스런 일을 하는 것

처럼 즐겁게 투쟁했다. 그는 누구도 다른 사람을 대신할 수 없다고 말했고, 이 원칙은 그를 포함해서 모두에게 적용되는 것이라 믿었다. 따라서 그는 투쟁에 기꺼이 뛰어들었고 목숨을 잃었다. 그는 완전한 인간이었다.(1998, p.112)

학습을 향한 체의 열정은 피델의 열정과 아주 흡사했다. 피델은 피네스 섬의 교도소에서 복역하는 동안 정치사와 철학을 강의했다. 타인을 향한 체의 사랑과 연민은 부분적으로 만성적인 천식에서 기인한 듯하다. 게릴라 활동을 하는 동안에는 천식을 치료할 수 없어, 체는 육체적 병으로 고생하는 사람들에게 더욱 공감할 수 있었을 것이다. 하지만 체는 게릴라들이 부상을 핑계로 최선을 다하지 않는 것은 용납하지 않았다. 의사라는 능력을 십분 살려서, 체는 자신의 병을 치료했을 뿐 아니라 군인과 농부, 심지어 적의 상처까지 치료해주었다. 가난하고 고통 받는 사람들을 향한 체의 봉사정신은 게릴라들에게 잡혀온 포로들에게도 이따금씩 베풀어졌다. 체는 온몸을 괴롭히고 폐를 갉아먹는 천식과의 싸움에서 굴복하지 않았다. 이런 점에서 체는 육체적 장애를 이겨낸 다른 유명한 역사적 인물과 다르지 않았다. 저명한 사회주의 강연자 헬렌 켈러는 귀머거리에 맹인이었다. 멕시코 자유당의 혁명평의회에서 활약했고 멕시코혁명의 아버지라 할 수 있는 리카르도 플로레스 마곤Ricardo Flores Magón은 당뇨병을 앓았다. 안토니오 그람시는 가난한 농부 집안에서 꼽추로 태어났고 어린 시절에 병치레를 너무 자주해서, 수년 동안 저녁마다 어머니가 가장 좋은 옷을 입혀 관에 눕혀 재웠다고 전해진다(Csikszentmihali, 1990, pp.234~235). 육체적 고통이 체가 혁명에 대한 주체적 생각을 형성하는 데 결정적 역할을 했다는 점에는 의문의 여지가 없으며, 체가 온갖 고통을 무릅쓰고 국제적 투쟁에 몰두한 이유까지 설명해주는 듯하다. 물론, 체는 자본가계급의 탐욕이나 자본가가 가난한 사람과 핍박받는 사람에게 품는 경멸에서 비롯되는 불필요한 고통을 무엇보다 혐오했다. 인류를 향한 지극한 사랑과, 자기 이익을 챙기기 위해서 다른 사람을 착취하는 사람들을 향해 억누른 분노가 그에게 전사정신을 잉태시켰고, 여기에 지적 노동이 더해지면서 그는 윤리적으로나 정치적으로 한 걸음씩 앞으로 나아갔다. 체에게 몸은 혁명가를 가장 가혹하게 가르치는 교사였다. 하지만 지배계급이 고용한 남성우월주의에 사로잡힌 용병들만큼 체는 육체적으로 건강하지 못했고 민첩하지도 못했다. 불굴의 의지로 몸을 한계까지 스스로 학대하지만 미래의 목표를 위해 비판적으로 맥락적인 분석을 게을리하지 않는 전사들이 육체적으로 체에게 더 가까웠다.

체의 교육학에서 가장 눈에 띄는 부분은 본보기를 통한 교육이었다. 요즘 교사들이 가르쳐야 할 것의 '윤리적이고 실천적인 모델'이라 흔히 칭하는 방법을 통한 교육이었다. 따라서 페트라스는 체의 교육학을 이렇게 결론지었다.

본보기를 통한 교육은 체의 원칙이었다. 게릴라 전투에 적극적으로 참여해 일정한 역할을 맡으면서 체는 똑같은 곤경을 겪었고 똑같은 위험을 감수했다. 천식이란 심각한 결함이 있었지만 특혜를 바라지 않았다. 실제로 체는 자신을 지나치게 학대했고, 남들에 비해 더 오랫동안 일하고 잠은 덜 잤다. 자신의 실수와 과실에도 지독히 비판적이었다. 그의 교육철학에 따르면, 학습은 말한 것만이 아니라 행한 것을 관찰하는 것에서 시작된다. 너무나 자주 대중들은 지도자들이 말하는 것과 그들이 실제로 살아가고 정치를 행하는 방법이 커다란 차이를 보이기 때문에 사상에 대한 신뢰감을 잃어버렸다. 따라서 체는 민중운동을 결성하고 원칙을 지키는 조직을 만들어가는 데는 무엇보다 신뢰가 중요하다고 생각하여, 이런 목적을 성

취하기 위해서 지도자들에게 본보기를 보이라고 촉구했다.(1998, p.17)


## 마르크스주의와 인종차별의 극복

미카엘 레위는 "체의 생각에, 민중을 해방시키는 유일한 교육법은 민중이 혁명의 실천을 통해서 스스로 배워가는 방법이었다"(1997, p.5)라고 말했다. 라스 비야스 대학에서 명예학위를 받았을 때 체는 기념식장에 참석한 교수들과 학생들에게 교육이 백인 중산층의 특권인 시대는 끝났다고 말하면서 "이제 대학은 흑인, 물라토(흑백 혼혈─옮긴이), 노동자, 농민으로 색칠되어야 한다."(Smith & Ratner, 1997, p.43)라고 선언했다.

매닝 매러블Manning Marable (1999)의 지적에 따르면, 쿠바와 검은 아메리카는 공통된 역사적 경험과 사회적 특징을 갖는다. 쿠바와 검은 아메리카는 첫째로 노예경제에서 비롯된 인종차별적 요소를 공유하고, 둘째로 카리브해 연안국의 흑인들과 관련성을 지니며, 셋째로 정치적 민주주의와 자결권을 위한 투쟁에서 유사한 역사를 갖는다. 쿠바의 미르타 아기레 Mirta Aguirre가 앨라배마의 스코트보로에서 두 백인 여성을 강간한 죄를 뒤집어 쓴 9명의 흑인 젊은이를 주제로 쓴 1935년의 시에서 보듯이, 아프리카계 미국인의 투쟁은 쿠바의 많은 진보주의자에게 영향을 주었다.

앨라배마의 스코트보로
양키나라의 스코트보로
그곳은 화염 속에서 달궈진
한 인종의 창자 속에서 끓어오른 무쇠다.
일자리도 없는, 아직 어린아이였던 9명의 흑인들

매춘부였던 두 여자.

린치, 자본주의, 부르주아

그리고 천 개의 발톱이 달린 거대한 괴물의 발과 같은

추악한 역사를 가진 KKK단

아직 소년이었던 9명의 흑인들.

제국주의-양키나라의 땅에 있는

앨라배마의 스코트보로는

수난을 감추는 망토이며

두 인종을 뒤덮어

부끄러움을 감추는 망토이다.

(Marable, 1999, p.10에서 인용)

1960년 9월, 피델이 제15차 유엔총회에서 연설하려고 뉴욕을 찾았을 때 쿠바 대표단은 할렘의 테레사 호텔에 체류했다. 그들이 호텔에 도착하자 수천 명의 흑인과 라틴계 할렘 거주자들이 그들을 반겼다. 맬컴 엑스가 피델과 개인적인 인사를 나누려고 호텔에 들렀고, 맬컴은 피델을 "내가 정말로 좋아하는 유일한 백인"이라 말했다(Marable, 1999, p.12). 1970년대와 1980년대, 쿠바는 마르크스주의자에게 영향을 받은 앙골라 해방인민운동-MPLA을 지원하며 3만의 병력을 파견해서, MPLA가 남아프리카공화국의 지원을 받던 조나스 사빔비Jonas Savimbi를 격퇴시키는 데 큰 역할을 했다(Marable, 1999). 쿠바는 에티오피아에도 2만의 병력을 파견해서 소말리아와 충돌한 마르크스주의 정권을 도왔다. 또한 쿠바는 마이클 맨리Michael Manley의 사회민주주의 정부가 집권한 자메이카에서 모리스 비숍Maurice Bishop의 신보석운동이 집권한 그레나다까지 흑인세계 전역에 의료진과 교사 및 기술자를 파견했다. 쿠바가 흑인세계에서 일어난 탈식민주의 조직이나 급진 정부와 연대를 맺으면서 미국과 쿠바 간의 쌍무 관계가 급격히 쇠퇴했다(Marable, 1999). 피델은 "그 어느 때보다…… 우리는 맬컴 엑스와 체 게바라 등 민중의 이익을 위해 투쟁한 모든 영웅들을 기억해야 한다"라고 역설했다(Marable, 1999, p.15).

매러블의 지적에 따르면, 아프리카계 아메리카인들 중에서 남아프리카 공화국의 넬슨 만델라만이 도덕적 권위와 정치적 신뢰성에서 피델 카스트로를 넘어선다. 쿠바에서는 1959년에 인종차별이 금지되었다. 매러블이 지적하듯이,

> 피델 카스트로는 1959년 3월 22일 텔레비전에 출연해, 혁명정부는 인종 차별을 반대한다는 입장을 분명히 밝혔다. 공공기관, 노동현장, 학교 등 어디에서나 인종차별을 금지하면서 카스트로는 "누구도 자신을 남보다 우월한 종족에 속한다고 생각해서는 안 된다"라고 선언했다.(1999, p.11)

체는 1960년대 초에도 미국 전역에 존속하던 흑인차별정책에 항거한 아프리카계 미국인들의 용기 있는 투쟁을 높이 평가했다. 체는 특히 맬컴 엑스를 찬양했다. 체가 1964년 뉴욕을 방문했을 때, 맬컴은 체를 초대해 아프리카계 미국인 단결기구OAAU가 뉴욕시 오듀본 볼룸에 마련한 집회에서 연설할 기회를 주었다. 메리 앨리스 워터스(1998, p.22)의 보도에 따르면, 맬컴이 체를 초대하기 이틀 전에 '구사노스'(gusanos, 쿠바의 반혁명세력 혹은 '벌레들')가 유엔 건물을 겨냥해서 미제 로켓탄 발사기로 바주카 포탄을 발사했다. 십중팔구 유엔에서 연설하던 체를 목표로 한 테러였다. 포탄은 폭발했지만 천만다행으로 표적을 빗나가 이스트 강에 떨어져 아무런 피해를 남기지 않았다. 그 때문에 체의 경호원들은 그 후로 어떤 공공집회에도 체가 참석하지 않도록 말렸다. 그래서 체는 OAAU에서 연설

하지 못했지만 그들과의 연대에 진심으로 감사하는 전갈을 보냈다. 집회에 참석한 사람들에게 체의 전갈을 읽어준 후, 맬컴은 이렇게 말했다.

나는 한 혁명가를 사랑합니다……이 나라에서 가장 위대한 혁명가 중 한 분이 오늘 이곳에 우리 친구인 셰이크 바부(잔지바르 해방투쟁의 지도자였고 탄자니아 독립의 선구자였다)와 함께 참석할 예정이었습니다. 하지만 그분은 생각을 바꿨습니다……여러분이 뜨거운 박수로 그분의 전갈에 화답해주어 나는 정말로 기쁩니다. 우리 박수소리를 듣고, 그분이 오늘 이곳까지 와서 우리가 누구를 성원하고 누구를 성원하지 말아야 하는지 구태여 말할 필요가 없는 걸 아실 것이기 때문입니다. 이곳에는 반카스트로 쿠바인이 한 명도 없습니다. 우리가 그들을 모두 먹어치워 버렸습니다!(Waters, 1998, p.23에서 인용)

메리 앨리스 워터스는 맬컴과 체의 유사점을 찾아냈다.

체와 맬컴은 자본의 특권과 자본의 인격화를 철저하게 경멸했다는 공통점을 가졌다. 그들은 분연히 일어서서 싸웠던 사람들의 진정성과 지성을 편견 없이 받아들이며 존경했다는 공통점도 가졌다. 또한 그들은 진실과의 타협을 단호히 거부했고, 보통사람도 삶의 조건을 변화시키고 세상을 바꾸기 위해 투쟁하는 과정에서 변할 수 있다고 확신했다는 점에서도 공통점을 갖는다. 또한 그들은 힘겹게 노동하는 사람들을 잘못된 길로 끌어가는 거짓 지도자들의 합리화와 비겁한 행위를 지독히 경멸했다.(1998, p.20)

맬컴과 체는 인종차별을 불식시키기 위해 투쟁했다. 인종은 굴절적 개념이고 '사회적 구성물'이며, 인종차별은 자본주의에 짓눌린 가치의 법칙이나 노동의 감옥과는 별개로 문화의 껍질 위에서 멋대로 떠돌아다니는 불안정한 시니피에에 불과하다는 요즘의 난해한 해석을 그들의 투쟁에서는 전혀 찾아볼 수 없다. 로레인 핸스버리Lorraine Hansberry의 희곡 「백인」에 등장하는 인물 쳄베처럼 맬컴과 체는 인종차별의 결과, 즉 인종차별이 사회에 미친 영향에 주안점을 두었고, 그런 결과가 지속되는 것을 거부하는 사회적 환경을 만들어가려 애썼다. 쳄베는 이런 입장을 웅변적으로 표현했다.

> 나는 아무렇게나 말하는 게 아닙니다……도구는 도구이지만 어떤 결과를 갖기 마련이라고 말하는 겁니다. 일단 발명된 도구는 생명을 갖습니다. 그 도구를 들먹이는 현실에서 생명을 갖습니다. 따라서 인간은 어떤 시대에는 정복의 해악을 감추기 위해 종교라는 도구를 들먹였고, 어떤 시대에는 인종을 들먹였습니다. 이제 두 경우 모두에서 여러분과 나는 도구라는 것의 기만성을 인식할 수 있습니다. 하지만 무슬림이나 기독교인이 되기를 거부했기 때문에 칼을 맞은 사람, 혹은 흑인이라는 이유로 자템베나 미시시피에서 총에 맞은 사람이 그 도구를 들먹이는 현실에서 고통 받는다는 사실은 그대로입니다. 그런 도구는 거짓에 불과하기 때문에 존재하지 않는다는 주장은 무의미한 메아리일 뿐입니다.(Hansberry, 1994, p.92)

체는 미국에서 노동계급운동의 첨병으로서 아프리카계 미국인들의 투쟁을 중요하게 여겼다. 많은 아프리카계 미국인에게, 혁명 이후의 쿠바가 인종차별의 철폐에서 중요한 역할 모델이 될 것이란 점도 체는 분명히 알았다. 1959년 1월, 쿠바의 혁명 정부는 어떤 형태의 인종차별도 금지하는 법을 시행하기 시작했다(Waters, 1998, p.19). 1964년 12월 유엔총회에서 행한 연설에서 체는 예언이라도 하듯이 이렇게 말했다.

이 총회가 더 성숙해져 미국 정부에게 미국에 사는 흑인과 라틴아메리카인의 삶을 보장해주길 요구할 때가 올 것입니다. 그들의 대부분이 애초부터 혹은 입양으로 미국 시민입니다. 그러나 피부색이 다르다는 이유로 자식을 죽이고 차별하는 사람들, 흑인을 죽인 살인자를 자유롭게 풀어주고 보호하는 사람들, 게다가 흑인이 자유인이란 정당한 권리를 요구했다는 이유로 처벌하는 사람들, 이런 짓을 하는 사람들이 어떻게 자유의 수호자라고 자처할 수 있겠습니까?……미국 정부는 자유의 수호자가 아닙니다. 오히려 세계의 민중만이 아니라 미국 국민의 다수까지 착취하고 억압하는 약탈자입니다.(Waters, 1998, pp.19~20에서 인용)

맬컴처럼 체도 위대한 교사였다. 부상을 당해 라이게라 학교의 더러운 바닥에 누워 숨을 헐떡이면서도 체는 군인들에게 훌리아 코르테스 선생과 이야기를 나눌 기회를 달라고 청했다. 죽음을 앞둔 최후의 순간에도 체는 교육학을 화제로 삼았다. 타이보는 체와 훌리아 코르테스 선생 간의 대화를 이렇게 전해주었다.

체는 칠판을 가리키며 말했다. "당신은 선생입니다. 'ya sé leer'에서 악센트가 sé의 e에 있다는 걸 아시겠죠? 그런데 쿠바에는 이런 학교가 없습니다. 이런 학교는 우리에게 감옥이나 다르지 않습니다. 농민의 자녀가 어떻게 이런 곳에서 공부할 수 있을까요? 반교육적입니다."
"우리 나라는 가난합니다."
"하지만 정부 관리들과 장군들은 메르세데스를 몰고 다니지 않습니까? 그밖에도 많은 것을 갖고요……그래서 우리가 싸워야 하는 겁니다."(1997, p.560)

## 혁명과 포스트모던적 조건

　체가 생각한 혁명의 교육자는 계몽주의의 유산에 충실해야 하지만, 요즘 들어 계몽주의의 유산은 포스트모던 학계의 공격을 받고 있는 실정이다. 많은 포스트모던 학자의 주장에 따르면, 해방투쟁은 계몽주의의 합리성에 근거를 두기 때문에 비서구인의 종속을 은폐하려는 간악한 시도에 불과하다. 자본주의하에서 고통받는 인간의 문제에 대한 '말장난 좋아하는' 포스트모더니스트의 어리석은 무감각과 오만함과 경박함이 문제는 아니다. 달리 말하면, 포스트모더니스트에게 모든 죄를 뒤집어씌울 수는 없다. 하지만 그들은 현실이란 개념과는 실질적으로 담을 쌓은 듯하다. 현실은 이데올로기가 끼어들 틈도 없고, 올림푸스 산에서 군림하는 신의 눈을 요구하는 것도 아니다. 체의 혁명정치는 그 역사적 맥락에서 이해되어야 마땅하다. 체의 정치활동은 평등과 보편주의를 지향했기 때문에, 기계적인 경제 결정론에 대입시킬 수 없다. 그의 정치는 인종과 성을 초월해서 모든 인간의 평등을 요구했다. 그의 세계관이 이른바 '현전의 형이상학'metaphysics of presence과 어느 정도나 관계있느냐는 의문은 체의 사상을 요즘의 신학적 흐름과 비교하려는 학자들에게 맡겨두기로 하자. 다만 여기에서는 체의 마르크스주의가 번스타인Basil Bernstein, 카우츠키 Karl Kautsky, 플레하노프Georgii V. Plekhanov, 부하린Nikolai Bukharin 등과 같은 사상가로 대표되는 제2인터내셔널과 제3인터내셔널에서 제시된 민중경제적인 마르크스주의나, 알튀세르Louis Althusser의 구조주의적 마르크스주의에도 그다지 적대적이지 않았다는 사실만 지적해두기로 하자. 물론 에르네스토 라클라우Ernesto Laclau나 샹탈 무프Chantal Mouffe의 포스트마르크스주의처럼 역사의 중심에 주체를 갖지 못한 마르크스주의는 달갑게 생각지 않았을 것이다. 페라로Joseph Ferraro의 지적에 따르면,

역사의 중심에서 주체를 제거했기 때문에 구조주의 마르크스주의자들은 결국 구조 자체를 없애야 했다. 따라서 '이데올로기의 착각'이란 부분에 대한 담론적 분석밖에 남지 않았다. 페리 앤더슨Perry Anderson이 지적하듯이, 구조주의의 전통에 따라 반휴머니즘, 반역사주의, 반경험주의에 영향을 받은 까닭에 포스트마르크스주의적 후기 구조주의자는 구조에서 해방되기는 했지만 그들에게는 '주체가 없는 주관주의', 구조가 없는 구조주의, 결국 순전히 담론적 사색밖에 남지 않았다. 이런 이론에서 기대할 수 있는 것은 모든 선택의 '해체'deconstruction뿐이다. 사회적 무위無爲의 서곡이고, 현상을 유지하겠다는 암묵적 동의가 아닐 수 없다. 따라서 포스트마르크스주의적 후기 구조주의는 포스트마르크스주의인 동시에 반마르크스주의라 할 수 있다.(1992, pp.27~28)

체의 마르크스주의는 사적 유물론, 즉 투쟁의 자기반성적 주체라는 개념에 뿌리를 두었다. 또한 역사를 이해하고 역사를 변화시키기 위한 정치적 선택에도 근거를 두었다. 새로운 사회주의자라는 체의 비전은 좌파 교육계가 분열되고 있는 현 시점에도 여전히 필요하다. 리바이어던과 베헤못의 사이에서 태어난 잡종, 달리 말하면 전제주의와 혼돈의 결합물인 '포스트모던' 사회에서도 여전히 유효하다. 어쩌면 오늘날과 같은 사회에서 더더욱 필요하다. 내가 체를 새로운 사회주의자의 전형이라 주장한다고 해서 단 하나의 목표, 즉 자본이란 동질적이고 상품화된 요소와 대립각을 세우겠다는 목표를 전제로 반자본주의 투쟁을 하는 획일적이고 동질적인 사회주의자를 만들어가자고 주장하는 것은 아니다. 현재와 같이 자본의 복잡한 구조를 감안할 때, 또한 우리가 시민으로서의 역할을 이해하는 방식에서 자본이 무소불위의 권세를 휘두르는 참담한 현실을 감안할 때, 우리에게는 변증법적으로 자기수정을 해가는 해방의 동력, 또한 정치적으로나 윤리적으로 반자본주의 투쟁과 관련된 해방의 동력을 지닌 비전이 필요하다. 그런데 그 투쟁에는 새로운 이론의 구축도 필요하지만 그에 못지않게 새로운 조직과 프로그램 및 제도적 구조의 건설도 필요하다(McLaren, 1999a, 1999b; Kincheloe & McLaren, 1994).

하지만 여기에 만족하지 않고 "왜 우리는 역사적 지식을 축적하지 않았고, 체가 제시한 새로운 사회주의자로 발전되지 않았을까? 왜 그런 새로운 혁명적 행위자가 아직 나타나지 않는 것일까?"라는 의문까지 제기할 수 있어야 한다. 심지어, "금융자본의 국제화가 가속화되고 자본의 생산적 순환이 고삐 풀린 망아지처럼 반복되는 상황에서 그런 새로운 사회주의자가 부활할 수 있을까?"라는 의문까지 제기할 수도 있다. 상품과 서비스로 이루어지는 실물 경제가 화폐와 신용과 자본이란 상징적 경제에 밀접한 결속관계를 더 이상 갖지 않는 시대에, 또한 투기 금융이 생산과 점점 멀어지는 시대에, 체가 꿈꾸던 혁명적 주체가 존재할 수 있을까? 되돌아보면, 1960년대가 대규모 민중혁명이 성공할 수 있었던 마지막 기회였을까? 유럽 프롤레타리아가 1968년 이후의 좌파 지식인들에게 등을 돌리면서 야기된 정치적 난맥상은 결국 혁명 프로젝트와 마르크스의 '생산주의적' 이론을 역사의 쓰레기통에 던져버렸다는 뜻일까? 포스트모더니스트에 의한 마르크스적 분류의 수정, 유럽과 북아메리카 인테리겐차에 의한 마르크스적 프로젝트의 거부는 혁명적 사회변화의 희망을 포기했다는 뜻일까? 에르네스토 게바라라면 오늘날과 같은 상황에서도 '엘 체'로 거듭 태어날 수 있을까?

게바라였다면 제어받지 않는 자본주의가 폭주 기관차처럼 새로운 천년 시대를 향해 계속 질주하며 부자를 위해서 세계의 자원을 약탈할 거라고 예측했을 것이다. 메리 앨리 워터스가 지적하듯이,

자본주의세계의 무질서, 즉 제국주의로 치닫는 21세기의 현실은 체에게 새삼스레 여겨지지 않았을 것이다. 체였다면 이런 현실에서 쿠바혁명의 중요성과 정치적 의미를 어렵지 않게 인지했을 것이다. 게다가 우리에게 닥친 불평등한 현실에 좌절하지 않고 이 세계를 정확히 진단해서, 그에게 충만했던 전사의 정신으로 전세를 역전시켜 승리로 나아갈 길을 찾아냈을 것이다.(1998, pp.12~13)

체라면 요즘의 초국가적 자본이란 새로운 형태로 꾸며진 착취적 힘을 어떻게 이해할까? 특히 국민국가와 과거 민족에 기반을 둔 계급 간의 관계 변화, 경제의 재건 범위와 경제 재건이란 이름으로 조직화된 노동세력에 가해지는 폐해, 국경을 넘나드는 대량이주로 인해 희소한 자원을 두고 여러 집단이 벌이는 치열한 경쟁을 보고 어떤 생각을 할까? 어떤 의미에서, 체는 요즘의 상황을 보고도 그다지 놀라지 않았을 것이다. 오히려 일찌감치 미제국주의를 경고했다는 사실을 우리에게 떠올려줄 것이다. 메리 앨리스 워터스가 확언하듯이,

우리가 지금 맞상대하는 적의 성격을 체는 완벽하게 이해하고 있었다. 자본주의의 최후단계이며 가치법칙이 지배하는 체제인 제국주의가 세계를 지배하는 체제이고, 세계의 계급투쟁은 서로 관련을 갖는 총체라고 일찍부터 말했다. 프롤레타리아 국제주의는 사치스런 생각이 아니다. 유효한 여러 선택 방향 중 하나이다. 자본의 필연적인 국내 갈등과 약탈적인 특징에서, 결국 자본이 자초한 현상이다. 체의 주장에 따르면, 프롤레타리아 국제주의는 노동계급이 무산 임금 노예제에서 필연적으로 야기되는 우리끼리의 경쟁을 피하고, 궁극적인 승리를 쟁취하고 그 과정에서 우리 자신을 변화시키는 데 필요한 문화와 훈련의 수준을 높이기 위한 전제조건이

다.(1998, p.13)

체라면 현재와 같은 범세계적인 자본주의의 위협에서 쿠바를 어떤 방향으로 이끌었겠느냐는 질문에 쿠바의 산업부에서 체와 함께 일했던 오를란도 보레고Orlando Borrego는 이렇게 대답했다.

> 그는 공부하고 또 공부해서 이론적 이해의 깊이를 더했을 것이다. 그런 다음에야 세계화 현상과, 신자유주의라는 이런 후진적 생각들을 신중하고 철저하게 분석했을 것이다. 쿠바가 겪는 극심한 물자 부족과 어려움에 실질적인 해결책을 찾아내려 애쓰면서, 옛 소련이 경험했듯이 결국에는 우리 혁명적 과정에 파국적 결과를 안겨줄 수 있는 경제관리방식을 채택하지는 않았을 것이다.(Borrego, 1998, p.40)

그러나 다른 관점에서 보면, 게바라였더라도 세계 자본주의의 엄청난 변화, 장기적인 디플레이션의 위기, 무역통화들의 심화되는 갈등, 그런 갈등에서 비롯되는 구조적 모순에 두려움을 감추지 못했을 것이다. 윌리엄 로빈슨에 따르면, 현재는 초국가적 부르주아계급이 국경을 초월한 기관들과 관계들의 네트워크를 통해서, 한편으로는 한 나라의 정부를 '영토적 한계를 지닌 법률적 단위'로 이용하는 식으로 계급의 힘을 행사하고 있다. 이런 구조에서 정부는 초국가적 과제를 국내에 부가하는 매개체나 여과장치로 전락한 셈이다(1996, p.19).
로빈슨이 지적하듯이, 이제 초국가적 엘리트 계급은 거시경제의 안정을 확보하고 글로벌 자본의 원활한 순환과 유통을 위한 하부구조를 제공하며 초국가적 매판 엘리트들의 사회적 지배를 허용하는 재정정책과 금융정책을 채택하는 역할을 국민국가의 수준에서 행하기 위해 민주주의를

(믿을 수 없는 국가라 칭해질 수 있는) 독재체제로 타락시킬 수 있다. 국민국가는 신자유주의 체제로 나아가지만 국가이익이란 환상을 떨치지 못하고 외국과의 경쟁을 우려한다. 그러나 국가이익에 대한 우려는 논쟁의 여지를 축소시킴으로써 권위주의 체제를 엘리트 계급의 폴리아키로 변화시켜 나아가려는 이데올로기적 술책에 불과하다. (글로벌 자본주의에서 국가의 역할에 대한 로빈슨의 주장에 엘렌 메익신즈 우드 Ellen Meiksins Wood를 비롯한 일부 좌파는 동의하지 않겠지만 나는 여기에서 이 문제를 다루지 않으려 한다.) 오늘날의 학교에서 협동학습이나 학습자 공동체 결성 등과 같은 문해교육 활동이 이처럼 신자유주의화된 경제와 기능적으로 관련을 갖고, 새로운 졸속 자본주의와 전통적인 인지과학 간의 편의적인 연대를 조장한다는 사실에도 게바라는 그리 놀라지 않았을 것이다. 이런 새로운 학습법은 상징적 경제를 기획하고 분석하는 데 도움을 주는 동시에 새로운 형태의 자본주의와 더불어 선택되어, 새로운 자본주의의 착근을 용이하게 해준다(Gee, Hull & Lankshear, 1996).

자본주의 테크놀로지의 급속한 국제화와, 사회적 삶이 전체적으로 하나의 단일한 자본주의 양식으로 전이되는 현상에는 체라도 놀라지 않을 수 없을 것이다. 윌리엄 로빈슨은 이런 현상을 "온 인류가 글로벌 자본과 노동이란 두 계급으로 급속히 분열되는 과정"이라 칭했다(1996, p.15). 물론 두 계급은 다시 자체적으로 세분화된 구조로 나뉘어 계층화된다. 여하튼 자본주의 경제가 사회적인 것의 모든 영역에 침투해서 삶과 관련된 모든 부분을 변화시키고 상품화시키면서 일상적 삶의 조건에 대한 인간의 민주적 지배권을 위협하는 현실에는 체라도 소스라치게 놀랄 것이다. 전통적인 노동계급이 분열된 것이 사실이고, 포스트모던 소비사회에서 불평등이 생산방식만이 아니라 소비방식으로도 구조화되기 시작한 것이 사실이더라도 "우리는 다른 시간대에 다양한 위치에서, 잘 조직된 착취 시스템의 수혜자인 동시에 피해자이다"(Ashley, 997, p.145).

　가치법칙(혹은 수익법칙)에 따라 투자 방향이 결정되는 현상을 체는 바람직하게 여기지 않았지만, 상품에 속하는 것들, 예컨대 대중에게 판매되는 소비재의 상품적 성격이 일시적으로 불공평하게 존재하는 것까지 부인하지는 않았다. 실제로, 체는 (소련에서 행해진 관료주의적 계획경제와 달리) 중앙집권화된 계획경제는 가치법칙을 대대적으로 척결하기 위해서 가치법칙을 부분적으로 사용해야 한다고 주장했다. 하지만 세상이 오늘날처럼 세계화되면서 상품화가 이처럼 대규모로 진행될 줄이야 체라도 상상할 수 있었겠는가?

　체의 시대에는 자본의 소외로부터 완충 역할을 할 수 있는 상품 이전의 영역이 있었다. 또한 재산을 소유한 계급과 잘 조직된 프롤레타리아의 경계도 지금보다는 더 뚜렷했다. 모든 관계가 교환가치라는 전투견 앞에 굴복한 것은 아니었다. 노동계급은 적잖은 어려움이 있기는 했지만 자의식을 가진 혁명계급이란 정체성을 그런대로 구축할 수도 있었다. 북반구에서 케인스식의 복지국가가 해체되고, 남반구에서는 가혹한 구조조정이 실시되면서 초국가적 엘리트 계급을 위한 독점적 지배가 고착화되었더라도 체는 그리 놀라지 않았을 것이다. 하지만 이런 체제가 합의된 지배 메커니즘을 통해서 대규모로, 그것도 거의 동시에 이루어지고, 더구나 소비자 주관주의가 새로운 구조로 뒤바뀌고 새로운 의미로 해석되기를 요구한다는 사실까지 안다면 체라도 놀라지 않을 수 없을 것이다(Ashley, 1997). 어음의 유통이 새로운 형태의 계급지배에서 강력한 요인이 되면서, 과거의 한층 권위적이던 식민시대의 수단들을 대체하는 데 큰 몫을 차지했다. 오늘날 우리는 다른 유형의 제국주의에 직면하고 있지만 그것이 제국주의인 것은 틀림없다. 이제 상품관계가 인간 간의 상호관계에서 당연한 출발점으로 여겨지기에 이르렀다. 구경거리처럼 쌓인 상품의 경제에서, 상품관계가 욕구와 욕망의 체제를 만들어간다.

그러나 데이비드 애슐리David Ashley에 따르면, "소비자 중심주의가 자본의 순환에서 점점 중요한 부분을 차지하지만 인간의 물질적 실존에 필요한 모든 것을 대신하지 않으며 대신할 수도 없다……하지만 자본은 여전히 소비와 생산에 근거를 두며, 이윤이란 욕망에 의해 추동된다."(1997, pp.211~212).

오늘날 미국에는 테크놀로지로 인한 귀족층과 기업의 주식가치를 상승시키려 일하는 경영자로 이루어진 새로운 지배계급이 등장했다(Ashley, 1997). 이런 상황에서, 자본과 국가는 인종과 젠더를 재구조화시킨다. 글로벌 자본주의가 제3세계의 노동력과 제1세계의 공간에 있는 제3세계의 노동력 풀에 더욱 의존하게 되면서 백인 남성 매판 노동귀족이 인종과 젠더를 '분할지배'divide and rule의 전술로 활용하는 한결 분권화된 지역적이고 탄력적인 수단에 굴복한 때문이다(Ashley, 1997).

데이비드 애슐리(1997)가 자본 순환의 세계화와 포스트모더니즘 문화에 대해 언급한 것에 대해 체라면 어떤 식으로 혁명운동을 전개했을지 생각해보는 것도 의미 있는 일이다. 애슐리에 따르면 자본의 세계화와 추상화, 금융자본의 극성, 노동 분업의 공간적 확대, 한층 강조된 소비상황의 재생산, 기호론적 특권의 확대 생산, 개인중심주의의 새로운 해석, 상품으로 대신되는 현실세계, 세계가 객관적으로 인식 가능하다는 믿음과 연관된 비관주의, 프롤레타리아의 국제화보다 우선시되는 정체성 정치 등이 포스트모더니즘 문화의 특징이다. 계몽시대의 전통인 통일된 주체를 향한 디스토피아와 포스트모더니즘의 공격에 직면해서는 체라도 포스트모던 좌파의 공감을 쉽게 얻지는 못할 것이다. 또한 담론이 사회적인 것을 포함한다는 푸코의 생각에는 동의하겠지만 담론이 사회적인 것으로 축소될 수 있다는 생각에는 결코 동의하지 않았을 것이며, 노동의 국제분업 개념에 안정감을 제공한 죄를 범한 지배 이론을 찾아내려 애썼을 것이다. 오늘날 포스트모던 좌파의 환멸과 타성을 거부하고 사회주의를 향한 탈민족적 여정에 대한 체의 비전을 검토해보면 혁명적 사회주의 프로젝트를 되살릴 수 없을 정도로 뿌리까지 흔들려 있다는 사실을 분명히 감지할 수 있다. 실제로 오늘날 포스트모던 좌파는 니체의 원근법주의per-spectivism, 반휴머니즘의 복고, 그리고 사회적 생산관계와는 거의 무관한 문화정책의 기호학적 타성과 정치적 무력증에서 비롯되는 절망감에 허우적댄다. 체가 혁명의식을 강조했기 때문에 정체성 정치가 반영된 지역 투쟁을 옹호하는 포스트모더니스트에게 체는 비타협적인 사람으로 여겨진다. 실제로 체라면 해방의 정치학에서 인종과 젠더를 초월한 정의를 강조하면서, 포스트모던 평론가들의 맥없는 배신과는 조금도 타협하지 않았을 것이다. 그런 평론가들의 이빨 빠진 자유주의와 허망한 저항은 체가 필생의 사업으로 삼았던 해방의 원대한 국제주의와 완전히 다르다. 체는 혁명을 엄청난 파급효과를 갖는 역사적 사건으로 보았다. 따라서 혁명은 전 세계를 뒤엎을 때까지 줄기차게 추진되어야 했다. 체의 전체주의적 비전은 지금도 여전히 유혹적이고 교훈적이며, 30년 전과 마찬가지로 현재에도 절실히 필요한 비전이다. 어쩌면 그때보다 더 절실한 지경일 수도 있다.

　포스트모던적 관점에서 체를 해석하면 어떻게 될까? '체의 유령들'이 정말로 있을까, 또 체의 유령들이 있는지에 우리가 꼭 관심을 가져야 하는 것일까? 나는 데리다Jacques Derrida의 '텍스트를 떠난 것은 존재하지 않는다'라는 말이나, 푸코의 '주체의 사망'이란 어구의 틀 안에서 체를 지워버리고 싶지는 않다. 오히려 체의 포스트모던적 가능성에 대해서 간략하게나마 살펴보려 한다. 죽은 주체에게 어떻게 실질적인 혁명적 역할을 떠맡길 수 있느냐는 문제에 대답하려면, 포스트모더니즘이 범세계화된

1963년 사탕수수밭에서 일하는 노동자와 담소하는 체 게바라.

자본주의에 어떻게 기능적으로 유리하게 작용할 수 있는가를 인지해야
한다. 또한 포스트모더니즘이 사회와 교육의 재구조화를 위해서 근시안
적인 거짓말과 기업의 지원을 받은 냉혹한 정책으로 팽배한 상업주의 문
화에 어떤 도움을 주는지에 대해서도 분명히 알아야 한다. 기업가 정신을
찬양하는 교육방향은 이러한 현대문화의 특징을 보여주는 한 지표에 불
과하다.

　많은 경우에, 포스트모던적 비판은 부르주아적 의미구조에 이론異論을
제기한다면서 오히려 그런 구조를 재생산할 뿐이다.[25] 포스트모던적 비판
이 교육의 리더십이란 개념을 탈계급화시킬 수 있을지는 모르지만 다른
영역에서 리더십이란 개념을 다시 계급화시키고, 그런 결과로 주관화, 파

편화, 모방, 탈중심의 개체화, 불확정성, 결정 불능 등과 같은 포스트모던 문화에서 비롯된 위기를 관리하는 데 급급할 뿐이다. 따라서 포스트모던 적 비판은 교육의 리더십을 현 사회에 팽배한 착취의 사회적 관계와 완전히 떼어놓은 채 미학적 탐구의 한 방식으로 이해하려는 전략적 수단이다.

체 게바라와 게바라식의 리더십을 포스트모던화하려는 시도는 포스트모던 이론 자체에 내재된 의심스런 가정과 구조적인 모순을 나타내는 증거일 수 있다. 포스트모던 이론의 '고차원의 정치'haute politique는 '불가공약성'incommensurability을 분석과 설명의 기준으로 삼는다. 따라서 고차원의 정치가 담론의 허구성과 대의정치를 미묘한 부분까지 이해하는 데 도움을 주기는 했지만 자본주의의 야만적 전횡과 세계 노동계급에 대한 제국주의적 착취로부터 비판적 분석을 딴 곳으로 돌리게 만들었다. 얄궂게도 포스트모더니즘은 좌파 학계의 새로운 찬가가 되어, 세계 자본주의체제의 불공정하고 불평등한 발전에서 비롯된 현재의 역사적 위기를 올바로 이해하는 데 훼방꾼 노릇을 하기에 이르렀다. 제국주의 중심부의 부르주아적 담론은 종종 의미작용체계를 탈중심화시키고, 그럼으로써 (때로는 본의 아니게) 전혀 다른 차원의 의미를 의미작용체계의 중심으로 끌어들인다. 생산의 사회적 관계가 역사적 필연으로 해석되지 않고 우연한 현상으로만 해석되기 때문이다. 담론의 작용체계 그 자체로서의 일상의 삶이 그 객관적 결정의 총체성을 구성하는 구체적인 내재적 관계와 연관성에서 완전히 단절되어버린 셈이다.

포스트마르크스주의자라면, 내가 체의 하이퍼텍스트, 즉 반영의 반영이고, 모방의 모방이며, 결국 데리다의 『마르크스의 유령들』에서 마르크스의 모습을 한 인물처럼 포스트모던 공간에 떠도는 공허한 존재에 불과한 체를 제시해주기를 바랐을 것이다. 그런 체는 추상적 기호이고, 구조화된 부재에 불과하다. 따라서 포스트모던적 비판의 보수화된 성향은 비판의 진보적이고 해방적인 잠재력을 살리지 못하고 비판을 부정의 영역으로 전락시킬 가능성이 없지 않다. 제국주의를 총괄적으로 파악해서 변증법적으로 접근할 때 해방을 위한 비판은 잠재력을 극대화시킬 수 있다. 따라서 나는 이해 가능한 부분을 내재적으로, 즉 문화의 텍스트 내에서 파악하는 데 그치지 않으려 한다. 그보다는 이해 가능한 부분의 외적인 표현, 즉 아는 것을 알리기도 하지만 왜곡시키기도 하는 외적인 물리적 관계만이 아니라, 그 관계의 구체적인 결정과정까지 다뤄보려 한다. 포스트마르크스주의적 비판에서 입을 다물고 있는 것은 포스트모더니즘 자체가 지배 이데올로기를 전달하기 위해 순화된 도구가 될 수 있다는 사실이다. 이런 관점에서, 대다수의 포스트마르크스주의적 비판은 포스트모더니즘의 초월적 권위하에 종속된 듯하다.

체의 삶과 교육학을 가장 효과적으로 소개하려면 내재적 혹은 내부적 독해讀解보다는 역사적·유물론적 관점에서 출발하는 편이 나은 듯하다. 텍스트 자체로서 체의 모순이나 '아포리아'aporia(증거와 반증이 동시에 존재하기 때문에 명제의 이론적 진실성을 확립하기 어려운 해결 곤란한 문제 — 옮긴이)를 찾아내는 작업이 무척 흥미로운 과제일 수 있지만, 우리에게 주어진 과제는 그런 모순을 찾아내는 데 있지 않고 그런 모순의 필연성을 이해함으로써 그 모순에 담긴 의미를 파악하는 데 있다.

체를 현 시점에 다시 등장시킨다고 해서 체의 텍스트를 포스트모던식으로 해석한다거나 체를 요즘의 포스트모던적 공간에 옮겨놓겠다는 뜻은 결코 아니다. 실체적이고 역사적인 행위가 곧 체를 둘러싼 의미체계를 만들어내고 있기 때문에, 그 둘을 다시 관련시킴으로써 체의 텍스트에 담긴 정치·경제를 고스란히 풀어내겠다는 뜻이다. 포스트모더니스트라면 데이비드 코퍼필드에게 데리다의 역할을 맡기는 가상 무대에 체를 올려놓고 체의 흔적을 지워버리고 싶어 할 것이다. 체는 꼬깃꼬깃 접혀져서 용도폐기된 종잇장에 불과한 의미적 존재로 보일 뿐이다. 결국 문자언어보다 음성언어를 중시하는 그의 로고스적 특징, 즉 '현전의 형이상학'을 제거하려는 시도에 의해 체는 갑자기 무너져 내려 의미론적 파편만이 남겨졌다. 그 같은 이론운동에서는 후기 구조주의자들이 흔히 말하듯이, 역사적 행위자는 언어행위의 내재적 법칙에서 역사와 무관한 부분에 불과하기 때문에 체는 수사학적 전략, 즉 형태의 수준을 넘어서지 못한다.

교육자의 과제는, 포스트모던적 분석에서 약속이라도 한 듯이 한결같이 배제하는 부분, 즉 변증법적 비판과 정치경제학에 대한 관심을 빈틈없이 채워주는 교육적 리더십의 전형을 제시하는 데 있다.

결국 "교육자가 글로벌 자본주의의 착취에 저항하며 새로운 사회질서를 만들어갈 수 있는 리더십의 모델을 어떻게 떠맡을 것인가?"라는 중요한 질문은 포스트모던적 비판에서는 적절히 제기되지 못한다. 체 게바라, 파울루 프레이리, 안토니오 그람시, 아밀카르 카브랄Amilcar Cabral 등처럼 변증법적으로 접근할 때 이 질문은 온전히 이해될 수 있다. 따라서 체의 삶이란 텍스트에 담긴 내재적 논리를 현재의 역사에 관련시키기 위해서는 포스트모던적 담론에서 벗어날 필요가 있다.

요컨대 평론가는 리더십의 역할을 담론, 즉 규칙을 전개하는 텍스트로 생각하기 마련이다. 따라서 우리가 그런 담론을 절제된 시각에서 신중하게 파악하려면 그 담론이 다른 담론과 어떻게 대립되는가를 설명하는 이론이 필요하다. 이런 점에서 포스트모던적 비판이 우리에게 약간이나마 도움을 줄 수 있다. 하지만 우리에게 궁극적으로 필요한 것은 혁명적 리더십의 분석, 즉 우리에게 자본주의적 사회관계를 전체적으로 보여줄 수 있는 리더십의 분석이다. 포스트모던적 비판은 자본주의에 대한 문화적 담론을 어떤 제한도 없는 욕망의 터전으로 분석하기 일쑤이다. 반면에 교육적 리더십의 혁명적 모델은 담론을 늘 상업주의 문화에 순화되고 역사적으로나 사회적으로 계급투쟁의 장에서 생산된 해석으로 이해한다. 혁명적 리더십은 자본주의적 사회관계와 그 막다른 숙명성을 인지하고 이해해서 궁극적으로 변화를 모색할 수 있는 역사적 조건을 검증할 때에야 성취 가능할 뿐이다.

산 후안 E. San Juan의 주장에 따르면,

사적유물론의 관점에서 볼 때, 사회적 현실의 객관적 결정의 총체성을 구성하는 구체적인 내재적 관계와 연관성을 이해하지 않고는 사회적 현실의 역동적 과정을 파악하기는 어렵다……이런 전통적 관점에서 진실은 인간의 실천, 즉 의식과 그 대상을 이어주는 매개체에 뿌리를 둔다. 이론과 실천을 하나로 결합시키는 매체는 인간의 노동이다. 레닌이 말했듯이, 모든 것은 대립물과 결합되는 변화에 의해 조정되고 연결된다. "결정, 질, 특징, 면, 특성 등 모든 것이 다른 것으로 전환되며, 따라서 개체는 결국 보편에 이르는 연결과정에서만 존재한다."(p.10)

산 후안에 따르면, 소외를 극복하기 위한 국내투쟁에서는 피지배자에 의한 완전한 주권의 쟁취가 최우선 과제이다. 『경제와 철학 논고』를 비롯한 마르크스의 초기 저작에 크게 의존한 '쿠바에서의 인간과 사회주의에 관한 소고'에서 체는 초언어translinguistics의 정치화를 예로 보여주었다(San Juan, 1998b). 국민국가에 대한 체의 비전은 역사에 뿌리를 두고 있으며 예언적 성격을 띤다. 변화를 끌어가는 행위자로서 혁명가는 초언어적 담론에 근거를 두어야 했다. 산 후안에 따르면, 체는 개인을 사회주의국가의 중심으로 보았다. 말하는 주체로서 개인은 농축된 상호관계의 집합체에서 태어난다. 위의 글에서, 체는 사회주의에서는 국가가 개인을 종속시킨다는 반공주의자들의 비난을 일축했다. 체가 영웅적 태도라 칭한 것의 계발을 통해, 아메리카의 전위국가로서 쿠바가 그리고 피델 카스트로가 전형을 보여주었듯이 종속된 지배는 전위정당의 지휘를 받아 변화의 길로 나아갈 수 있다. 체의 글에서 말하는 주체로 압축된 상호관계가 지도자들 간의 간격을 어떻게 좁혀서, 사회주의하에서 인간적인 모습을 되찾아가는 과정으로 어떻게 연결되는지 산 후안은 설득력 있게 설명해주었다.

산 후안의 지적에 따르면, 체의 담론은 바흐친 저서의 면면에서 흐르는 '구체적인 책무'concrete ought의 실천을 위한 윤리적인 참여 원칙과 무척 유사하다. 체의 글에서, 이상적인 대상은 진행단계에 있는 공산주의 사회이다. 달리 말하면, 현재에 내재된 미래이다(San Juan, 1998a). 산 후안이 지적하듯이, 사회주의가 헤게모니를 장악하려는 사회·정치적 프로젝트가 자본주의의 영리추구를 대신하는 역공간liminal space으로 국가는 변해간다. 사회주의를 추구하는 사회·정치적 프로젝트는 영웅적 희생이란 소명으로 정의되고, 자본주의의 영리추구는 자본주의의 소외에서 '타자'他者로 구체화되기 때문이다. 산 후안은 선구적인 여성운동조직, 마키바카Makibaka(신여성 자유운동)의 창립자이며 필리핀의 혁명가인 마리아 로레나 바로스María Lorena Barros의 삶을 조명하면서, 그녀의 삶과 죽음이 탈식민주의 이론에서 제시하는 어떤 범주에도 속하지 않는다고 지적했다. 구체적으로 말하면, 프레드릭 제임슨Frederic Jameson의 '민족적 알레고리', 호미 바바Homi Bhabha가 언급한 '제3공간'의 간격을 넘어선 주체성 획득, 샐먼 루시디의 '상상의 고국' 등 그 어느 것으로도 바로스는 설명되지 않는다. 바로스는 1976년 케손 주 마우반에서 정부군에게 살해당했다. 내 생각에, 산 후안이 바로스를 페미니스트인 지하 투사로 평가했던 것처럼 체의 혁명투쟁도 그런 식으로 평가할 수 있을 듯하다. 체의 혁명투쟁이 권리를 빼앗긴 사람들의 투쟁에서 "결정하고 위험을 무릅쓰는 기술,

책임의 범위를 분명히 규정하려는 상상의 산물"(San Juan, 1998, p.49)이라는 점에서 더욱 그렇다. 바로스, C. L. R. 제임스, 리고베르타 멘추를 면밀하게 분석한 산 후안의 접근방식을 따르면, 체 게바라에게서도 실천적 정체성의 예를 분명히 찾을 수 있다. 말하자면, 과거를 뛰어넘어 결정과 책임을 유지하고 역사성을 띠는 행동으로 점철된 삶이었다. 구체적이고 분명한 목표를 띤 일상의 투쟁을 통해서 '나'와 '너', '우리'와 '그들'을 결합시키려는 당파성, 다양성을 인정하는 공동체를 향한 잡다한 통합적 충동, 소속감과 연대감을 전제로 한 민중 중심의 반식민주의 등을 체의 삶에서 엿볼 수 있다. 이런 점에서 산 후안의 글을 인용해보자.

따라서 전환기와 공백기간은 중간적 단계가 아니라, 공동체를 통한 자기 인식을 분명히 의식하는 때이다. 따라서 양비론에 머물지 않고, 특정한 문제와 위기를 적극적으로 해결하려는 단호한 의지와 결의를 가져야 한다. 또한 지역적 차원에 국한하지 않고, 연대와 반패권적 블록을 형성해서 보편적 민중의 공간을 만들어가는 초석을 마련해야 한다. 다른 것의 표면적인 결합이 아니라, 창조적 경계를 지어 구조적으로 완전히 새로운 것을 만들어가려 애써야 한다. 잡다한 목소리를 내는 대신에, 혁신과 창조의 근원인 침묵하는 풀뿌리에서 명쾌한 목소리를 끌어내야 한다. 이렇게 할 때 차이가 가능성으로 대체되고, 패권주도적 문화의 파국적 이분법이 유물론적 비판과 추론에 의해 해체된다. 발언은 개인적인 것도 아니고 유아론적唯我論的인 것도 아니다. 대중노선의 결집된 발언이다. 이질적인 대중노선이 아니라 정확히 규정된 대중노선이며, 우발적으로 선택된 대중노선이 아니라 면밀한 지적 계획과 방향 설정에 따른 대중노선이다.(1998a, p.51)

사회주의 혁명가는 개인으로서나 집단의 구성원으로서 변증법적으로 존재해야 한다는 관점은 체의 글, 「행진」에서 분명히 찾아진다. 혁명가는 언제나 변화과정에 있어야 하고, 항상 새로워야 한다. 말하자면, 혁명적 세상을 만들어가는 구체적인 순간을 함께하는 미래로서 존재해야 한다. 체가 처형되기 직전, 셀리크 볼리비아 육군 중령이 라이게라의 한 학교에서 체를 심문했다. 셀리크 중령의 증언에 따르면 그는 체에게 "너는 쿠바인이냐 아르헨티나인이냐?"라고 물었다. 체는 "나는 쿠바인이고 아르헨티나인이며, 볼리비아인이기도 하다. 또 페루인, 에콰도르인이기도 하다. 무슨 뜻인지 알겠느냐?"라고 대답했다고 전해진다(Anderson, 1997, p.734). 이런 대답은 말하는 주체를 탈중심화시키는 포스트모던적 담론을 흉내낸 듯하면서도 훌쩍 뛰어넘는다. 새로운 사회주의자라는 체의 비전에 맞추어 다시 읽어보면, 체의 대답에서는 탈민족적 냄새가 물씬 풍긴다. 달리 말하면, 집산주의사회를 완성하기 위한 대의大義를 위해서 투쟁하고 고통을 견디어야 한다는 상호주의적 담론에서 혁명가를 정의했다. 물론 가말 나세르 이집트 대통령이 경고했듯이 이 대답이 자칫하면 "체를 또 하나의 타잔, 즉 흑인들과 어울리며 흑인을 지도하며 보호한 백인으로 승화시킬 수 있다"(Sandison, 1997, p.90)는 가능성을 무시할 수는 없지만, 국경을 초월한 투쟁을 향한 체의 염원이 서구 제국주의 역사에 팽배한 백인 선교사 증후군에 의해 폄하될 수는 없다. 오히려 이 세상에서 억압받는 사람들의 편에 서서 정의로운 사회를 구현하려던 바람으로 여겨져야 마땅하다. 이런 식으로 체의 염원은 포스트모던적 회의주의와 뚜렷이 구분된다. 역사에서 주체는 언제나 미리 정해져 있다는 체념에 빠져 정치적 행위마저 단념하는 것이 포스트모던적 회의주의였다면, 체는 막 태동된 집산주의사회를 위해 개인적으로 순교의 피를 뿌린 희망의 불꽃이었다. 1956년의 멕시코시티를 생각해보자. 당시 체는 피델의 추종자 대부분에게 '아르헨티나 사람'으로 알려져 있었다. 그런데도 피델은 체를 안가安家

1959년, 비행장에서의 체와 피델 카스트로.

한 곳의 지도자로 지명했다. 체가 쿠바인이 아니라 아르헨티나인이었기 때문에, 체의 안가에 소속된 20~30명의 게릴라 중 일부가 체의 리더십에 도전했다. 체가 그 안가에서 유일한 외국인은 아니었다. 멕시코인, 도미니카인, 이탈리아인도 한 명씩 있었다. 그러나 피델은 비쿠바인의 수를 합리적 수준에서 제한하는 방향을 택했다. '국적의 모자이크'로 인해 그들의 저항이 쿠바 게릴라전이란 사실을 퇴색시키고 싶지 않았던 것이다 (Anderson, 1997, p.190). 하지만 피델은 체 게바라를 적극적으로 옹호했다. 체가 그들의 집단을 위해 기꺼이 피를 흘릴 각오가 되어 있다는 것을 알았기 때문이다. 헤수스 몬타네 오로페사Jesús Montané Oropesa의 표현을 빌면, "쿠바인은 아니었지만 체는 무조건 우리와 함께하며, 자유를 위해 싸울 각오가 되어 있었다. 따라서 국제협조주의라는 우리 혁명의 전통에 걸맞은 사람이었다."(1994, p.17). 피델은 덧붙여서,

프롤레타리아 국제주의자를 언급하면서 그에 걸맞은 예를 찾는다면 체만큼 합당한 인물이 없을 것이다. 국기, 편견, 편협한 민족주의, 자기중심주의는 체의 머리와 가슴에서 지워진 지 오래였다. 체는 어느 민족을 위해서나, 어느 민족의 대의를 위해서나 언제라도 기꺼이 피를 흘릴 준비가 되어 있었다.(1994, p.78)

도시를 거점으로 활동하던 게릴라를 제외할 때 체가 볼리비아에서 지휘한 게릴라군은 아르헨티나인 한 명(체), 독일인 한 명(타니아), 페루인 3명, 쿠바인 13명, 볼리비아인 29명이었다. 피델과 비슷한 생각으로 체는 볼리비아인의 수를 늘리려고 애썼다. 체는 볼리비아에 넘어갈 때 17명의 쿠바인을 데려갔다. 그들 중 상당수가 시에라 마에스트라에서 게릴라로 활동한 고참병이었고, 4명은 쿠바군의 사령관, 4명은 쿠바 공산당 중앙위원회 간부였다. 특히 그들 중 둘은 40대였고, 나머지 둘은 각각 차관과 광산국 국장이었다(Sinclair, 1998).

인간미가 넘치는 사회주의사회를 추구한 까닭에 체는 소비에트 모델의 공산주의와 결별을 선언했다. 체의 판단에 소비에트 공산주의는 부르주아 소비사회를 흉내 낸 국가자본주의의 변종일 뿐이었다(Löwy, 1973). 저개발 자본주의 경제하에서 신음하던 쿠바에서 체는 중앙집중식 예산 시스템을 도입해서 자원을 경제의 여러 분야에 공평하게 할당해야 한다고 역설했다(Harris, 1998). 자유주의 시장경제, 물질적 보상제도, 기업금융의 자기관리 등은 생각조차 않았다. 노동의 분업은 그대로 유지하고, 정치·경제 시스템에서 자본이 우위를 차지하는 계급구조가 견고히 유지되며,

경직된 정치적 규제를 통해서만 잉여노동과 잉여가치를 해소하려던 소비에트 국가자본주의를 완강히 반대했다. 체는 흐루시초프의 소련이 지향한 경제의 지상과제를 우익화된 사회주의의 일탈이라 생각했다(Harris, 1998, p.28). 게다가 쿠바의 지도층에게 사탕수수 생산, 물질적 보상, 생산기업의 분산적 자금관리를 강요하던 소비에트의 요구에 강력히 반대했다. 그런 요구는 자본주의의 물질적 유인책을 공산주의의 윤리적 동기부여로 대체하며 산업화를 지향하겠다던 혁명체제의 약속을 헌신짝처럼 내버린 배신이었다(Harris, 1998). 체의 혁명의식은 물질적 유인책보다 윤리적 동기부여를 지향했다. 백 보를 양보해서 소련의 경우에 국가자본주의 형태를 택했다고 인정하더라도 소련과 서구 자본주의세계는 본질적으로 똑같은 패러다임 내에서 여전히 경쟁하고 있었다. 물론 '실제로 존재하는 사회주의'는 경험적 사실이라기보다 이상에 더 가깝다는 사실을 부인할 수는 없다. 따라서 사회주의가 역사적 청사진이 없더라도 역사적으로 특이한 혁명적 조건에서 재창조되어야 하는 것이라고 체는 이해했다.

체 게바라는 새로운 사람, 즉 새로운 사회주의자의 탄생을 통해 사회의 실질적인 기반이 형성되면서 공산주의가 건설된다고 믿었다. 체의 주장에 따르면 공산주의 건설을 위해서는 2가지 중요한 조건이 충족되어야 한다. 새로운 윤리적 주체의 형성과 테크놀로지의 발달이었다(Löwy, 1973). 체는 소비재가 모든 사람에게 골고루 돌아가면 물질적 유인책은 결국 사라질 것이라는 기계론적 관점을 배척했다. 또한 생산력의 증강이 사회·정치·이데올로기의 변화에서 중요한 요인이라고 해석하는 자기관리 중심의 금융과 경제 이론도 인정하지 않았다. 사회 전체의 다양한 수준에서 자율의 공간이 존재한다고 믿었기 때문에 체는 정치윤리적 동기부여가 중요하다고 역설하며, 억압받는 사람들의 의식을 변화시키려면 이른바 '다양한 형태의 행동'·multiform action이 필요하다고 주장했다. 자본주의는 물리적 유인책을 맹신하기 때문에 물리적 유인책으로는 극복될 수 없었다. 집산주의적 의식이 형성되고 그를 바탕으로 경제적 기반이 구축될 때에야 자본주의를 몰아낼 수 있었다고 믿었던 것이다. 반면에 병원, 연구자 단체 등과 같은 사회적 주체나 교육주체를 위한 물질적 유인책은 강조되었다(Löwy, 1973). 사회주의로 전환해가는 과도기에 체는 노동자에게 공부하면서 문화적 소양과 기술력을 함양하도록 자극하기 위해서라도 능력에 따라 임금을 조절할 필요가 있다고 생각했다. 그러나 체는 궁극적으로는 물질적 유인책이 대중의 정치·사회적 의식과 윤리적 동기로 대체되어야 한다고 주장했다. 체는 혁명적 윤리성을 갖추지 못한 공산주의를 경멸했다. 카를로스 타블라다에 따르면,

체는 경제발전을 궁극적 목표로 생각지 않았다. 사회의 발전은 남녀를 불문하고 인간을 변화시키고 창조적 역량을 함양시켜 자기중심적 사고를 극복하는 데 기여할 때에야 의미를 갖는다. 자유세계로의 전환은 '나'에서 '우리'로의 여정이다. 따라서 체의 표현대로 '자본주의가 우리에게 남겨준 무딘 수단'에 의지해서는 사회주의가 이런 전환을 이루어낼 수 없다. 과거의 사회가 그랬듯이 사회주의하에서도 삶이 이리들 간의 경쟁을 벗어나지 못하면 공산주의로의 이행移行은 불가능하다.(1991, p.70)

체의 유물사관적 접근방식이 교육계에 몸담은 교육자에게 어떤 교훈을 던지고 있을까? 비판적 교육학과 그 정치적 쌍둥이인 다문화 교육이 노동의 분업과, 분업이 자본주의사회에서 교육의 사회적인 재생산 기능에 미치는 영향에 적극적으로 저항하기 위한 발판, 즉 사회적으로나 교육학적인 면에서 적절한 발판 역할을 제대로 해내지 못하는 지금과 같은 상황에서 나는 의문을 제기하지 않을 수 없다. 비판적 교육학은 민주주의의 전

령, 혁명적 프락시스를 촉구하는 목소리의 역할을 제대로 해내지 못하고 있다. 1970년대 말과 1980년대 초에 약속했던 급진적 민주주의를 만들어가는 데 필요한 비판과 가능성마저도 제시하지 못하는 실정이다.

"비판적 교육이 환골탈태해서 다시 활력을 되찾으면 21세기에도 반패권적 투쟁과 저항의 정치를 위한 출발점 역할을 할 수 있을까?"라는 끈질긴 의문이 다시 수면 위로 떠올랐다. 이 의문에 그렇다고 대답하기 위해서 에르네스토 체 게바라의 유산과 투쟁에서 배울 만한 것이 있을까? 얼핏 보면 낙관적으로 생각할 이유가 몇 가지 있기는 하다. 요컨대 비판적 교육학은 인종차별과 페미니스트 투쟁을 결합시켜서 다양성, 관용, 물질적 자원에의 평등한 접근권을 성취하기 위해 민주적 사회를 건설하자는데 목표를 두었다. 그러나 그런 목표는 나무랄 데 없었지만, 비판적 교육학은 체 게바라의 삶과 죽음을 우리에게 떠올려주는 다소 급진적인 반제국주의 투쟁과 성급히 타협하는 길을 택했다.[26]


## 비판적 교육학 – 무엇을 해야 하는가?


교육의 목표와 방법론은 국가를 들먹이는 도덕극에서 언제나 한몫을 차지해왔다. 또한 질서와 안정 혹은 무질서와 문명의 와해를 표현하는 정치적 전형이기도 했다. 이런 배경에서, 권력과 특권에 관련된 쟁점은 미국 교육에서 실질적으로 부각된 적이 거의 없었다. 교육은 객관적인 학문이라는 교묘한 함정에서 벗어나지 못한 탓이었다. 정치·경제적 모델이 없는 까닭에 교사가 역사와 언어, 문화와 권력에서 어떤 위치를 갖는지 살펴보고 연구할 기회 자체가 교사에게는 허락되지 않았다. 학교는 시민에게 필요한 자질과 자세를 재생산해내고, 서구세계의 관료제와 국정운

영을 합리화시키는 역할을 해왔다. 아프리카계 미국인과 라틴계는 빈곤을 대물림하는 문화, 멕시코계 이민자의 권리를 억압하고 그들이 미국 사회에 적극적으로 동화하려는 의지를 보이지 않는다고 근거 없이 비난하며 라틴계에 대한 두려움을 조장하는 정책 입안, 백인이 다수인 사회를 유지하려는 송환법, 다문화주의자들에게 빼앗긴 백인 세계를 향한 염원 등에 항거하며 제국주의의 그늘하에서 힘겨운 투쟁을 계속해왔다. 제국주의가 잊혀졌다고 하지만 그 논리는 여전히 살아 있는 셈이다. 역사적으로 보면 지금은 사반세기 전에 쟁취한 시민권마저 상실해가고 있는 듯하다. 후기산업시대를 맞아 기업들이 힘을 결집하고, 눈에 띄게 증가한 라틴계 노동자들과 전쟁을 벌이면서 그들에게는 시민권조차 인정하지 않고, 노동에 대한 자본의 승리를 노래하는 시대가 되고 말았다. 이런 상황이기 때문에, 진보적인 시민들은 학교가 젊은이들의 가슴과 머리에 정의를 위한 투쟁심을 심어줄 수 있는 곳이기를 바란다.

교육학에서 가장 진보적인 접근법이라 자평하고, 실제로 많은 교육자가 해방교육의 실천에서 중심적 역할을 하는 출발점이라 여기는 비판적 교육학이 최근에는 지나치게 심리학적 성향을 띠고 근거도 없는 인간 중심을 거론하며 기교적으로 변했다. 또한 개념적으로도 포스트모던화 되어, 넓은 의미에서의 해방투쟁과 갖는 관계가 완전히 사라지지는 않았지만 심각할 정도로 약화된 것은 사실이다. 비판적 교육학이 학교를 혁명적으로 바꿔놓고 학생들에게 혁명적 의식을 고취시키는 폭발적 잠재력을 가졌다고 믿었기 때문에, 보수주의자들은 비판적 교육학을 '미국 제일주의'에 독설을 퍼부어 주목받으려는 정치적 술수에 불과한 주장으로 전락시키려 애써왔다. 그 결과, 비판적 교육학은 완전히 힘을 상실해서, 아메리칸 드림을 희미하게나마 간직한 사람들에게는 조금도 비판적인 목소리로 여겨지지 않는다. 비판적 교육학이라 알려진 핵심 개념이 지나치게 넓게, 때로는 대담하게 적용되는 바람에 '토론친화적'으로 배치된 교실 책상에서부터 학생의 자아상을 향상시키기 위한 것이란 '자기만족적' 커리큘럼에 이르기까지 혼란스럽고 해악한 교육환경을 미화시키는 지경에 이르렀다. 달리 말하면, 비판적 교육학은 자유주의적 인본주의의 탈을 쓰고 어중간한 지식인들의 기업가 정신과 성경학교의 설교를 뒤죽박죽 섞어놓은 듯한 인상을 주었다. 또 문화를 동등한 입장에서 접근하자는 비판적 교육학의 다문화 교육은 흑인 역사의 달(Black History Month, 아프리카계 미국인 역사에서 중요한 역할을 한 사람과 사건을 기념하는 달로 미국과 캐나다에서는 2월, 영국에서는 10월에 관련 행사가 열린다 — 옮긴이)과 멕시코계의 5월 5일 등과 같은 '민족'의 기념일을 축하하는 행사를 통해 차이를 해소하려는 정치에도 적용되었다. '비판적 교육학'이란 개념이 현재의 교육 상황을 토론하는 현장에서 남용되고 있기 때문에 브라질의 파울루 프레이리를 비롯한 초기의 주창자들이 극히 우려한 대로 비판적 교육학은 개별국가화되었다고 판단할 수밖에 없는 실정이다.

비판적 교육학과 다문화 교육에 매진하는 많은 교육자가 자국의 부르주아 계급을 대변하는 듯한 인상마저 풍긴다. 물론 부도덕한 교육자도 있겠지만 소수에 불과할 뿐이기 때문에 이런 교육자들의 성실성이나 능력을 의심하는 것은 아니다. 하지만 비판적 교육학과 다문화 교육에 대한 그들의 해석이 자유주의적 인본주의와 진보주의의 주류 해석에 동화되었다는 결론은 피할 수 없다. 비판적 교육학의 초기 주창자들이 논쟁을 마다하지 않는 과도한 행동과 급진적인 정치 행적으로 비난받았던 반면에, 새로운 세대의 비판적 교육자는 그 이후에 등장한 까닭에 사회적 갈등을 다원론적 관점에서 접근하면서 1980년대의 '문화전쟁'으로 갈가리 찢어진 사회를 재봉합하는 데 급급한 듯하다. 따라서 그들은 혁명적 프락시스에 완전히 투신하지 않고 일시적인 관심으로 비판적 교육학을 들먹이는 듯한 인상을 준다. 실제로 그들은 '이데올로기의 종말'에 환호하고 글로벌 자본주의를 아주 드물게만 토론의 대상으로 삼을 뿐이다.

비판적 교육학이 이처럼 순화된 이유에 대해서는 앞에서도 언급했다. 하지만 여기에서 나는 가장 중요하다고 여겨지는 몇 가지 이유를 좀 더 심도 있게 살펴보려 한다. 포스트모더니즘과 후기 구조주의에 심취한 비판적 교육자들에게서는 미국의 자본주의가 최근 들어 구조적으로나 운영방식에서 크게 변했다는 사실을 모르거나 간과하는 경향이 뚜렷이 확인된다. 칼 보그스Carl Boggs는 이런 상황의 심각성을 다음과 같이 지적했다.

> 문화계와 지식인 세계에서는 물론이고 정치에서도, 불확정과 불명료 및 혼돈을 인정하는 포스트모던적 성향이 냉소주의와 소극적 자세로의 표류를 쉽사리 인정해버린다. 주체는 무력한 존재여서 자신은 물론이고 사회를 변화시킬 힘이 없다. 게다가 전문용어를 남발하며 잘난 체하면서 도무지 해독할 수 없는 담론을 쏟아내는 포스트모더니즘은 유행에 민감한 학계에서 가장 뚜렷이 확인된다. 텍스트와 그 안에 담긴 이야기를 끝없이, 때로는 무의미하게 해체하면서, 학자들은 정치 참여를 회피하는 자신들의 입장을 변명하고 합리화시킨다⋯⋯대규모 제도적 기관을 향한 극단적인 포스트모던적 공격은 비판과 행동 간에 경계선을 뚜렷이 그어놓았다.(1997, p.769)

포스트마르크스주의에 심정적으로 동조하고, 사회적 갈등이 다양한 모습으로 표출되는 이 시대에 정치경제가 교육자에게 관심을 갖는 이유가 무엇일까? 우리가 소득이 소수의 부자에게 집중되고, 자본주의가 고삐 풀린 망아지처럼 날뛰는 시대, 즉 역사적으로 무척 중대한 위기를 맞은 시대에 살고 있기 때문이다. 총수입이 쿠바의 세입액보다 많은 다국적기업이 70개가 넘는다. 달리 말하면, 개인이 소유한 경세 국가가 70곳이나 된다는 뜻이다. 제1세계 경제 공동체에도 실업자가 수백만을 헤아리고, 제3세계 공동체에서의 실업자 수는 새삼스레 언급할 필요조차 없는 실정이다. 새롭게 창출된 일자리의 4분의 3이 임시직이고, 특별한 기술이 필요 없는 저임금 노동직이다. 따라서 노동자에게는 큰 혜택이 돌아오지 않는다. 라틴아메리카 경제는 지난 10년 전부터 지루한 위기에서 허덕이고 있다. 1989년 미국에서는 상위 1%의 소득이 하위 40%의 소득보다 많았다. 찰스 핸디Charles Handy가 추정한 바에 따르면, 최근에 영국 정부는 노동자의 82%가 정규직이라 발표했지만 실제로는 노동인구의 24%가 시간제 노동자, 13%는 자영업자, 6%는 임시직, 8%는 실업자였다. 따라서 51%가 정규직 노동자가 아니었다. 게다가 정규직의 평균 근무연수는 약 5.8년에 불과했다. 요컨대 자본주의는 고용이 아니라 고용 가능성을 제시할 뿐이다(Handy, 1996). 또한 부가 가난한 사람들에게서 부자에게로 재분배되면서 과소비 현상이 뒤따랐다. 관리자와 창업자, 전문직 종사자처럼 부르주아를 꿈꾸는 사람들에게 베푸는 정치적 선물이라 할 수 있는 과소비가 만연되면서 노동운동도 전반적으로 퇴조했다(Callinicos, 1990). 자본의 세계화로 인해 사회를 통제하는 새로운 방식이 나타났고, 노동계급을 국제적 차원에서 지배하기에 이르렀다. 그렇다고 문화를 담당한 제도적 기관이 경제에서 비롯되는 문제를 해결하려 나서지도 않았고, 상대적으로 상품화에서 탈피한 지역이 존재하는 것도 아니었다.

북아메리카의 비판적 교육자들 중에서 초기의 마르크스적 관점을 포기하고 자유주의적인 관점, 사회민주주의적인 관점, 신자유주의적 관점, 심지어 우파적 관점으로 입장을 바꾼 교육자가 적지 않았다. 이론 전선에서도 안토니오 그람시처럼 마르크스주의자로 여겨지던 학자들이 신자유주의의 정치적 의제에 복무하는 것을 적지 않게 보았다. 결국 요즘 교육계에서 벌어지는 토론은 마르크스주의적 정치색을 탈피하는 데 그치지 않고, 자본주의를 옹호하는 국가적 도구로 입장을 뒤바꾸는 경우도 적지 않다. 북아메리카의 좌파 교육자들은 정치와 이데올로기의 관계와 교육을 주제로 토론하면서, 사회적 세력의 양성소가 반제국주의적 투쟁과는 완전히 동떨어진 영역인 것처럼 말한다. 미국이 과테말라(1954), 레바논(1958), 도미니카 공화국(1965), 베트남(1954~1875), 라오스(1964~1975), 캄보디아(1969~1975), 니카라과(1980~1990), 그레나다(1983), 파나마(1989), 유고슬라비아(1999)에서 침략행위를 저질렀다고 인정하는 것도 반제국주의적 투쟁의 일환이다. 미제국주의에 대한 공개적 토론은 기업이 지배하는 주류 언론에서 실질적으로 차단된 실정이며, 언론은 미국민의 대다수가 중도적 의견마저 극좌의 입장으로 오해하게 만드는 데 큰 역할을 해왔다. 오늘날 언론인은 정부의 발언을 그대로 되풀이하는 앵무새와 크게 다르지 않다. 데이비드 코퍼필드가 라스베이거스 무대에 올라선 것처럼 교묘한 속임수의 명인답게 뉴스룸의 앵커는 거짓말을 진실로 둔갑시킨다. 정부의 마법사들과 손잡고 앵커와 기자들은 시민들에게 그들이 인식하는 것이 미리 조작된 것이 아니라 '그럴 수밖에 없는 현실'과 일치하는 것이라고 그럴 듯하게 말하면서 대중이 딴 데로 눈을 돌리지 못하게 만든다.

따라서 비판적 교육학은 정체성과 차이라는 확정된 개념을 일시적인 유행에 들떠서 교란시키고, 미리 주어진 본질적인 '자아'의 개념마저 뒤흔들어 놓는 포스트모던적 목표를 뛰어넘어서 새로운 의제를 설정해야 한다. '우스꽝스런' 포스트모던적 입장은 변증법적이지 못할 뿐 아니라, 문화 영역이란 장에서 허덕이고 있을 뿐이다. 따라서 경제적 분배, 자본주의의 착취, 제국주의자의 침략 행위 등과 같은 쟁점을 충분히 다루지 못한다. 한마디로, 체 게바라였다면 웃기는 짓이라고 혹평했을 수준이다.

세계화globalization를 미국의 세계적인 간섭정책globalism과 동일시하지 않고 그 과정과 결과를 제국주의에 연계시키지 않는 것은, 자본주의에 다른 얼굴을 덧씌워 멋지게 보이려는 전략에 불과하다. 체가 철저하게 반대하며 저항했던 상황이 아닐 수 없다. 시바난단에 따르면,

> 세계화는 하나의 과정이지 개념이 아니다. 반면에 미국의 세계적인 간섭 정책으로 해석되는 글로벌리즘은 프로젝트이다. 그 프로젝트는 제국주의이다. 세계화를 우파의 의제쯤으로 간과해서 세계화를 '세계화라는 헛소리'(globaloney, 세계화를 뜻하는 globalization과 헛소리라는 뜻의 baloney를 합성해 세계화의 허구성을 꼬집은 단어— 옮긴이)로 무시하며 포스트모더니즘이나 정체성 정치를 덧씌운다고 자본주의의 승리를 부정한다는 뜻은 아니다. 승리를 호언장담하는 자본주의와의 싸움을 회피하고 낡은 철책 뒤에서 안전을 도모하면서 비겁한 지식인처럼 자본주의에 돌이나 던지는 꼴이다.(1998/1999, p.6)

## 새로운 천년시대를 위한 비판적 교육

체의 혁명 정신을 뒤따르고자 한다면 비판적 교육학과 다문화 교육은 변신을 거듭하는 자본주의의 행태를 면밀하게 연구하고, 자본주의의 제국주의적 성격만이 아니라 ('식민주의'라는 단어로 미화시키는) 정복을 통해 축적된 역량의 그 특수한 발현을 쟁점화시켜야 한다. 달리 말하면, 비판적 교육학은 언제 교육개혁가들이 세계자본주의의 이익에 맞춰 무분별하게 행동하는가를 정확히 파악하고, 사회적 부를 공정하게 활용하고 분배하는 시스템의 창조와, 소유관계의 변화에 초점을 맞춘 해방 프로젝트를

설정할 필요가 있다. 마르크스주의자와 신마르크스주의자의 주장에 따르면, 기업의 독점자본과 노동의 국제분업을 통해서 범세계적 자본축적을 지향하는 최근의 움직임은 명백히 제국주의의 관행임이 입증되었다. 자유주의자라면 서구 세계에서 점진적으로 일어난 변화를 개성의 발휘, 법의 지배, 시민사회의 발전 등으로 옹호할 것이 뻔하다. 하지만 마르크스주의자와 신마크르크스주의자의 관점에서 보면, 겉으로는 민주주의를 지향한다고 말하는 이런 변화는 실제로,

> 새로운 형태의 착취와 지배('아래로부터의 권력'은 결국 지배 세력의 권력이다), 개인 간에 새롭게 설정된 의존과 속박, 잉여물의 사유화로 해석될 수도 있다. 억압의 주체가 국가에서 '사회'로 바뀐 것일 뿐이다. 다시 말하면, 지배 권력이 국가에서 사유재산으로 넘어간 것일 뿐이다.(Wood, 1995, p.252)

17세기에 유럽 자본주의가 승리한 이후로 부르주아계급은 법, 정치, 군사 등 거의 모든 부문에서 권력을 장악해서 자본의 축적을 위해서는 사회 전체를 파괴할 만한 힘을 확보해왔다(Petras & Marley, 1992). 그러나 인종 차별이나 성차별처럼 경제외적인 불평등 현상이 성공적으로 해소된다면 분명 서구 선진국에서 자본주의는 와해될 수 있다(McLaren, 1997a, 1997b, 1998). 개인이 계급의 정체성 이외에 개별적인 정체성을 갖는 것은 사실이지만, 계급의 정체성은 개인의 경험을 형성하는 데 중요하고 결정적인 역할을 한다. 따라서 반자본주의 투쟁은 교육자들에게 정체성이 급진적 사회주의 프로젝트의 틀 안에서 어떻게 잉태되어 다시 형성되는가를 보여줄 수 있는 최적의 방법이다. 엘렌 메익신스 우드는 자본주의의 전체주의적 권력을 다음과 같이 파악했다.

자본주의는 계급 착취로 이루어진다. 하지만 자본주의는 단순히 계급을 억압하는 체제에서 그치지 않는다. 모든 면에서 우리 삶을 규정짓는 무자비한 전체주의라 할 수 있다. 이는 상대적으로 풍요로운 북반구 자본주의 국가에서만 확인되는 현상이 아니다. 어디나 마찬가지이다. 경제와 정치 모두에서 자본이 휘두르는 막강한 힘은 별개로 치더라도, 자본은 모든 사회적 삶을 시장의 추상적 요구에 종속시킨다. 달리 말하면, 자본이 노동과 여가, 자원과 생산방식, 소비와 시간 할당 등을 결정짓기 때문에 모든 면에서 삶 자체가 상품화된다. 따라서 자본주의는 자주권, 선택의 자유, 민주적 자기관리 등을 향한 우리의 열망을 비웃고 있는 셈이다.(1995, pp.262~263)

　그러나 이스트반 메자로스István Mészáros(1995)가 지적했듯이, 우리가 반드시 자본주의의 가치에 순응해야 할 필요는 없다. 미래의 투쟁은 자본가의 재산 몰수를 지향하고, 궁극적으로는 자본 자체의 폐기를 목표로 삼아야 한다. 자본의 폐기는 인종차별 투쟁과 필연적으로 연결된다. 비판적 교육학자라면 인종차별이 17세기와 18세기에 글로벌 생산의 주된 방식이었던 신세계의 식민지 플랜테이션에서 어떻게 발전해 현재와 같은 상황에 이르렀는지 생각해보아야 한다. 또한 주로 담배, 사탕수수, 목화와 같은 소비재를 생산하기 위해 아프리카에서 도입한 노예노동이 어떤 식으로 변해왔는가도 아울러 살펴보아야 한다(Callinicos, 1992; McLaren, 1997b). 이민노동자 계급이 인종에 따라서 역사적으로 분할된 과정도 다문화 교육자들이 좀 더 심도 있게 다루어서 올바로 이해해야 할 과제이다. 예컨대 인종차별이 백인 노동자에게 어떤 특별한 정체성을 부여해서 백인 자본가의 편에 서도록 했을까?(Callinicos, 1992)
　다문화 교육과 한 쌍인 비판적 교육은 문화이론과 정치경제에 대한 이해의 폭을 넓히고 사회경험적 분석에 적극적으로 참여함으로써, 현재와 같은 역사의 소용돌이에서도 지식인과 제도적 기관의 양성방법을 더욱 비판적으로 다룰 수 있어야 한다. 비판적 교육학과 다문화 교육은 현재의 목표를 우선적으로 성취하겠다는 선의에서 한 발짝 더 나아가야 한다. 동정심과 사회정의라는 기본적인 윤리의식, 또한 연대와 상호의존에서 출발하는 사회주의적 기본정신으로 무장한 교육자들의 혁명적 운동이 필요하며, 역사의 객관적 법칙을 파악할 수 있는 비판적 언어도 필요하다(San Juan, 1998b). 현재의 미국 교육정책, 즉 기업의 이익에 노예처럼 굴종하며 IMF와 세계은행, G-7과 GATT 등과 같은 국제기구로 이루어진 실질적인 세계정부의 입맛에 맞춘 교육정책을 감안하면, 비판적 교육자가 모든 전선에서 착취에 저항하는 마음을 새롭게 가다듬어야 할 필요성이 절실하다(Gabbard, 1995). 계급투쟁이란 전선을 예로 들면, 비판적 교육학에 마르크스주의적으로 새롭게 접근할 때는 성과 인종의 반목을 이익과 불이익이라는 자본주의적 사회관계의 정태적이고 구조적인 결과로 개념화하는 데 그쳐서는 안 된다. 문화정책과 사회적 차이의 중요성을 인정하는 역학이론으로 그런 반목에 접근하는 자세가 필요하다. 비판적 교육학과 다문화 교육은 문화를 단순히 자본축적의 도구로 취급함으로써 문화의 장을 위축시키는 대신에 인종과 계급, 성과 성의 형성 등과 같은 미시정치에 관련된 국부적 투쟁의 특이성을 인정할 수 있어야 한다. 인종차별과 성차별을 직접적으로 다루지 않고 계급투쟁에만 골몰하는 비판적 교육학으로는 자본의 파괴적인 확산을 억제할 수 없다. 체 게바라의 사례는 세계 자원의 혁신적인 분배를 촉구하고, 좌파들 간에 국제적으로 연대해서 전략적 공통분모를 찾는 새로운 채널을 형성하는 초국가적 네트워크를 모색한다는 점에서, 새로운 악덕 자본가들이 창궐하는 이 시대에 되살려야 할 사회주의 정치라 할 수 있다. 정치적 행동주의가 공공의 장에만 국한되지 않고 생산과 재생산을 담당하는 모든 터에서 일어날 때 그런 국제적 연대를 모색하는 새로운 채널이 가능할 수 있다.

비판적 교육학은 초현대성transmodernity이란 입장을 띠어야 한다. 엔리케 두셀Enrique Dussel은 초현대성을 다음과 같이 정의했다.

현대성과 그것의 부정된 타자성alterity(희생자)이 창조적인 상호발전 과정에서 공존하는 상태가 초현대성이다. 정치, 경제, 생태, 성욕, 교육, 종교 등의 영역에서 해방을 목표로 하는 초현대성은 현대성만으로 실현 불가능한 목표의 공동 실현이다. 달리 말하면 중심과 주변, 남자와 여자, 여러 인종, 여러 민족 집단, 여러 계급, 문명과 자연, 서구 문화와 제3세계 문화 간의 포합적抱合的 결속의 공동 실현이다. 나는 이런 결속을 초언어적analectic 결속이라 칭해왔다. 그러나 이런 결속이 가능하기 위해서는 현대성의 부정되고 희생된 '다른 얼굴'— 예컨대 식민지 주변부, 원주민, 노예, 여성, 아동, 주변화된 민중 문화 — 이 의례적 제물로서 '죄 없는 희생자'라는 사실을 먼저 스스로 깨달아야 한다. 이처럼 자신에게는 아무런 잘못도 없다는 사실을 깨닫는 과정에서 희생자는 애초부터 불합리한 폭력이 현대성에서 비롯되었다는 결론에 이를 수 있다.(1993, p.76)

내가 추구하는 비판적 교육학은 정보의 주입보다는 행동을 우선시하고, 미리 결정된 커리큘럼에 의문을 제기하는 교육학이 아니라 학생들의 생생한 경험을 근거로 한 형이하학적 교육학이다. 내가 게바라와 프레이리의 관점에서 다시 접근하는 비판적 교육학은 다문화가 공존하는 학교 교실에서 가장 비판적 실천의 특징을 나타내는, 텍스트 기본주의와 시각의 맹목적 물신주의, 귀족적 이론의 터무니없는 추상성을 거부하는 교육학이다. 그렇다고 이론 자체를 거부하는 것은 결코 아니다. 이론의 발달 부진과 반지성주의는 심각한 문제가 아닐 수 없다. 특히 민족에 대한 모욕이 반혁명적인 정체성 정치로 물신화되어가는 시대에는 더욱 그렇다. 이론은 혁명적 정치의 비전이나 실천과 유기적으로 연결되어야 한다는 것이 내 생각이다. 따라서 뼈와 살을 가진 이론이어야 한다. 혁명적 다문화 윤리가 부르주아 학계의 문화 백과사전에서 발췌한 멋진 공식을 입으로 외워대는 데 그치지 않고 길거리에서 실천되는 교육학이 필요한 것이다. 따라서 교사들은 현재의 다문화 교실을 지배하는 교과서 정치에서 벗어나, 이론만이 아니라 실질적 관계까지 파악하기 위해 몸과 마음을 던지는 정치에 뛰어들어야 한다. 다문화 교육을 위한 비판적 교육학은 학생들의 정서적 감수성을 자극하면서, 자본의 힘과 만행을 연결짓는 고리를 끊어내기 위해서 사회를 분석하고 문화를 비판하며 사회적 행동주의를 촉구하는 언어를 학생들에게 제시할 수 있어야 한다(McLaren, 1997a; Kincheloe & Steinberg, 1997). 지식은 사색에서 그치지 않고 감각을 자극하는 실천적 행위로 발전해야 한다. 그런 행위를 통해서 인간은 숙명론과 낭만적 이상론을 넘나들면서 목적의식을 가진 역사를 만들어갈 수 있다. 공동체에서 일하는 학생들에게 기회가 제공되어야 한다. 그래야 학생들이 공동체 차원의 실천적 행동에서 다양한 민족과 어울려 시간을 보내며 진보적인 정치연대에 참여할 수 있기 때문이다. 학생은 비판적이고 다문화적인 실천의 사례들을 아는 것에서 멈춰서는 안 된다. 그런 실천사례를 구체적으로 이해하고 일상의 차원에서 그런 사례를 실천해보려는 심정적 의지를 가져야 한다. 그래야 자본의 침략성을 올바로 인식하고, 산업체와 결탁해서 기업의 이익을 보호하려는 미국의 주류 언론이 이데올로기적으로 유리하게 왜곡해서 보도한 기사들을 정확히 읽어낼 수 있다. 따라서 비판적 교육학은 이데올로기와 비판의 실천에서 중심점 역할을 해내야 한다.

이데올로기의 형성과정은 일상생활에서 경험되고 취해지는 생각, 가치관, 믿음, 관습이 만들어지고 표출되는 것과 밀접한 관계를 갖는 과정이다. 이데올로기의 틀, 즉 이미 존재하는 담론적 공통분모가 없다면, 우리는 경험을 해석해서 이야기로 만들 수도 없고 세상을 이해할 수도 없다. 하지만 이데올로기는 긍정적인 면과 부정적인 면을 동시에 갖는다는 사실을 기억해야 한다. 이데올로기는 우리에게 일상의 삶을 이해하는 데 필요한 문법과 표준적 기준을 제시하지만, 그런 틀과 문법은 언제나 특정한 입장을 대변하기 때문에 선별적이고 부분적이기 마련이다. 달리 말하면, 이데올로기라는 틀은 어떤 의미를 만들어내지만 의미를 다른 식으로 만들어낼 가능성을 억제한다. 물론 이데올로기는 제도화될 수도 있다. 따라서 지배 이데올로기의 관계는 조심스럽게 은폐되어, 사회문화적 지배 질서 내에서 권력과 특권의 비대칭적 관계를 설정하고 유지하려는 음모를 대중이 눈치 채지 못하도록 은밀히 작동하고 있다는 사실을 잊어서는 안 된다. 이데올로기는 낙태시술 병원을 폭탄으로 날려버리는 정치적 광신자의 무지막지한 광기가 아니다. 이데올로기는 상식의 틀을 벗어나지 않고 일상의 담론에서 일반적인 생각의 근거를 이룰 뿐이다. 탈신화와 탈식민지 전략을 통해서 백인이 주도하는 가부장적 자본주의사회의 지배 이데올로기를 고발하고 해체하는 역할을 비판적 교육학이 떠맡아야 한다(McLaren 1995, 1997a, 1997b, 1998).

에드워드 사이드Edward W. Said가 웅변적으로 토해낸 지식인의 자질이 비판적 교육자에게는 필요하다. 사이드에 따르면, 지식인은 "계급의식과 편견을 버리고 국가나 개인의 차이를 정의롭고 공명정대하게 평가한다는 확고한 확신"을 가져야 한다(1996, p.94). 또한 사이드는 "지식인은 권력자에게 진실을 말하기 위해서라도 뚜렷한 원칙에 입각한 대안적 입장을 가져야 한다"(p.97)라고 지적했다. 물론 사이드가 말한 대로 "지식인의 목소리는 외롭다. 그러나 지식인의 목소리는 어디에도 구속받지 않고 진정한 현실, 국민의 열망, 공유된 이상을 향하고 있을 때만 영향력을 갖는다"(p.102). 달리 말하면, 지식인의 사회적 역할은 지적인 성실성을 보여주는 데서 그치지 않는다. 비판적인 자기성찰로 사회정치적인 프락시스로 이어져야 한다. 이런 점에서 사이드가 구분했듯이 비판적 교육자도 전문가인 지식인과 아마추어 지식인을 구분할 수 있어야 한다.

전문가는 종사하는 직업을 근거로 공정함을 주장하며 객관적인 체한다. 반면에 아마추어는 보상을 바라지도 않고 경력을 화려하게 꾸밀 욕심도 없다. 공공의 장에서 분명한 이상과 가치관을 갖고 운동할 뿐이다. 시간이 지나면서 지식인은 자연스레 정치세계로 관심을 돌린다. 상아탑이나 연구소와 달리 정치세계는 과장해서 말하면 사회 전체나 국가 전체의 운명을 좌우하는 권력과 이해관계를 고려해서 움직인다. 마르크스가 불길한 예언처럼 말했듯이, 권력과 이해관계를 고려하는 순간부터 지식인은 상대적으로 독립적이었던 해석의 문제에서 사회의 변화와 관련된 한층 의미 있는 문제로 눈을 돌린다……자신을 위해서만, 순수한 향학열에서만, 혹은 이론과학의 발전을 위해서만 글을 쓴다고 주장하는 지식인은 믿을 바가 못된다.(1996, p.110)

체 게바라는 사이드의 구분에서 아마추어 지식인의 전형이다. 말하자면, 부르주아 학계의 정치적 이해관계에서 자유로운 지식인이다. 오히려 많은 점에서 게바라식 지식인은 사이드가 제시한 모델을 넘어서 그람시의 유기적 지식인에 가깝다. 더구나 산 후안은 사이드의 이분화된 탈식민주의적 지식인을 '대도시의 문학 서클에서 낙오한 지식인'(1998, p.30)이라 혹평하며, "신식민주의화된 국민국가의 부르주아 매판 민족주의와 저명한 학자들의 국제적인 고급문화"(San Juan, 1998, p.32) 사이에서 오락가락하는 사람으로 취급한다. 반면에 유기적 지식인은 일정한 방향도 없이 양비론에 뒹굴지 않고 교육적이고 선동적인 역할을 스스로 떠맡는다. 또한 자본주의의 불공평한 발전을 인식해서, 농부의 요구와 욕구를 국민적 차원의 행동 프로그램에 적극적으로 반영한다(San Juan, 1998). 요컨대 게바라식 지식인은 서구의 신자유주의 체제처럼 낮은 수준의 민주주의에 참여하는 데 만족하지 않고, 사회주의적 정치에서만 앞당겨질 수 있는 높은 수준의 민주주의에 초점을 맞춘다. 이런 점에서, 게바라식 지식인은 구스타보 피쉬맨Gustavo Fischman, 실비아 세라Silvia Serra, 에스타니슬라오 안텔로Estanislao Antelo 및 내가 '헌신적인 지식인'committed intellectual이라 칭한 지식인에 더 가깝다(McLaren et al., 1998). 그람시의 유기적 지식인이 그렇듯이, 게바라식 지식인도 시민사회가 정치사회와 갖는 내부적 관계와 시민사회 자체를 분리하지 않는다. 오히려 그 관계가 전체적인 틀, 즉 역사적으로 결정된 복합적인 틀에서 이해되어야 한다. 그런 틀을 설정하면, 문화라는 넓은 영역이 정치경제와는 동떨어진 별개의 영역으로 여겨질 수 없다(San Juan, 1998). 게바라식 지식인은 지도자가 없는 혁명세력을 주장하지 않는다. 선도적 지도자가 있어야 한다. 하지만 선도적 지도자는 지식인이 아래로부터 성장해서 커가도록 독려한다. 게바라식 지식인은 보편화를 지향하고, 제3세계가 통일전선을 구축해 반제국주의 투쟁을 벌이자고 촉구한다. 이런 점에서, 게바라식 지식인은 유기적이고 헌신적인 지식인과 유사성을 갖는다.

세계화 시대를 맞아 비판적 교육학을 다시 생각하면서 내가 강조하려던 점은 체의 글과 삶에서 한층 명확해지지만 여전히 화급한 과제이다. 교육을 위한 투쟁은 사회정치적인 삶에서의 투쟁과 근본적으로 관계가 있기 때문이다. 우리가 투쟁을 통해서 정치적 행동주의자와 교육 연구자로 훈련받고 성장하려면, 자본가의 거래와 노동의 국제분업이 생산되고 재생산되는 방식에 대해 범세계적 차원과 국부적 차원을 동시에 고려하는 투쟁이 되어야 한다. 나는 정책과 커리큘럼 및 교실 교육학의 차원에서 학교를 개혁시키려는 시도에도 크게 공감하지만, 그런 시도는 자본주의적 사회관계에 반대하는 투쟁이라는 총체적 전망에서 행해져야 한다. 달리 말하면, 체 게바라와 파울루 프레이리의 정신에 맞춰 시도되어야 한다.

## 과거와 미래에 공존하는 혁명가

자본주의의 세계화에 어떻게 대응해야 하는가? 이런 의문에 체 게바라의 교육학은 우리에게 어떤 답을 던져줄까? 첫째, 체는 세계화를 자연스런 현상으로 보지 않았다고 대답할 수 있다. 즉, 세계화를 필연적이고 보편적인 현상으로 인정해서는 안 된다. 페트라스가 지적한 바에 따르면,

> 자본주의의 확대를 정치·사회적 역학관계로 설명하는 체의 입장은 '세계화'에 대한 현대 이론가들의 객설과 극명하게 다르다. 현대 이론가들은 자본주의가 자연스런 경제활동 과정의 산물이기 때문에 자본주의의 확대를 비인격적이고 보편적이며 돌이킬 수 없는 것이라 주장하는 반면에, 체는 제국주의를 지향하는 정치권력이 세계자본주의 확대의 근원이라 주장한다. 세계화 이론가들은 테크놀로지와 시장 관계를 언급하는 것 이외에 뾰족한 일반론을 제시하지 못한다. 하지만 그들의 이론으로는 착취와 불평등을 설명하지 못한다.(1998, p.10)

둘째, 체는 세계화와 자본주의에 자기영속적인 내적 논리가 없다고 생각했다. 체는 '주체성'을 세계화에서 결정적 요인으로 보았다. 따라서 반

자본주의 투쟁은 이데올로기 비판과 반패권적 프락시스를 통해서 저항하는 주체를 키워내는 투쟁으로 발전되어야 한다. 이런 주체들이 힘을 결집해서 자본주의 구조를 타파하고, 자본주의 세력이 탐욕이란 동기로 서로 연대해서 착취하지 못하도록 막아야 한다. 다시 페트라스를 인용하면,

> 세계화주의자들은 세계화를 내적 논리에 따라 확대되는 객관적 구조라 주장한다. 따라서 사회적 힘이나 정치적인 힘으로 세계화의 물결을 돌이킬 가능성은 없다고 일축한다. 체는 제국주의를 모순된 역사적 현상이라 정의하며, 제국주의의 확대는 계급투쟁과 국민의 투쟁을 불러일으켜 결국 제국주의의 쇠퇴로 이어진다고 설명했다. 반면에 세계화주의자들은 자본주의가 새로운 세계질서로 통합된다는 자본가들의 주장을 그대로 답습할 뿐이다. 자본주의가 자기영속적인 세계 시스템으로 발전하고, 그런 시스템 내에서는 국가의 흥망성쇠가 유일한 변화라며 극단적인 주장을 서슴지 않는 학자도 간혹 눈에 띈다.(1998, p.10)

셋째, 체는 계급투쟁을 통해 뿌리 뽑아야 할 제국주의적 관행과 세계화를 연계시켰다. 제국주의의 문제점과 관계가 크게 해소됐다고 믿는 포스트모더니스트와 달리, 체는 계급투쟁을 자신의 혁명의제에서 가장 중요하게 삼았다.

> 체는 국가권력, 제국주의의 지배, 계급관계란 중요한 문제들을 정치 토론에서 중심과제로 삼았던 반면에, 세계화주의자들은 그런 중요한 문제들이 해결되었다고 믿는다. 따라서 그들에게는 제국주의에 어떤 식으로 굴복할 것인가를 협상하는 정치력만 있으면 충분하다. 요컨대 체는 아프리카와 볼리비아의 마을에서는 미시적 차원에서, 동시에 국제 포럼에서는 저항세

력을 조직함으로써 세계제국주의에 도전했다. 그러나 세계화주의자들의 주장에 따르면, 지역적 활동은 자본주의체제의 빈틈을 메우는 식으로 이루어져야 한다.(Petras, 1998, p.11)

포스트모던 지식인들은 사회주의가 서구의 제국주의적 담론에서 차지하는 위치를 넘어서 역사적으로 적절한 관련성을 갖는다고 생각지 못하겠지만, 체와 같은 마르크스주의자들에게는 사회주의가 변증법적 개념일 뿐 아니라 세계 노동자들의 삶에서도 구체적 의미를 갖는 개념이다. 포스트모던 지식인들의 고상한 정치와 학문적 화적질은 선진자본주의의 범세계적인 창궐과 제국주의자에 의한 세계 노동자계급의 착취에서 딴 데로 비판적 분석을 돌렸다. 얄궂게도 포스트모더니즘은 좌파의 찬가가 되었지만, 현재의 역사적 위기가 세계자본주의체제의 불공평하고 불평등한 발전에서 비롯되었다는 사실을 이해하는 데 방해하는 노릇만 했다. 포스트모더니즘은 간혹 엘리트 매판 계급의 변명 수단으로 둔갑하면서, 비판과 희망의 언어를 버리고 걸핏하면 해방담론을 만병통치약처럼 들먹이는 인식론적 언어로 바꿔놓았다.

체는 자본주의를 극복할 수 있다고 굳게 믿었다. 그의 관점은 확고하고 단호했다. 체는 혁명가들에게 자본주의를 개혁하는 데 만족하지 말라고 충고했다. 자본주의가 우호적인 체제로 변할 것이라는 환상을 버리라고 말했다. 그는 확고한 혁명적 실용주의로 마르크스와 그 후계자들을 향한 변함없는 충절을 보여주었다. 생산력이 발달한다고 노동자가 수동적으로 변한다거나, 자본주의의 성숙을 앞당기는 것은 아니었다. 따라서 노동자계급이 더 확고하게 결집해서 응집력을 보여줄 때까지 혁명을 늦출 이유는 없었다. 체의 입장에서 핵심적인 쟁점은 경제구조를 현대화시키고 국가를 개혁하며 정부의 권한을 분산시키는 것이 아니었다. 자본주의에 도

전해서 무릎을 꺾어놓는 것이 목표였다. 페트라스가 말한 대로,

> 체의 정치적 전망은 세계를 변화시키기 위한 인간의 투쟁에서 프로메테우
> 스적 이미지를 떠올려준다. 반면에 세계화주의자들은 자본주의를 변화시
> 킬 가능성에 대해서 쇼펜하우어의 비관론을 떠올려준다. 오늘날 체의 프
> 로메테우스적 관점과 세계화주의자의 쇼펜하우어적 비관론 혹은 거꾸로
> 지금이 '우리가 이루어낼 수 있는 최고의 세계'라고 주장하는 극단적으로
> 낙관적인 관점은 이론과 정치에서 근본적으로 충돌한다.(1998, p.11)

체의 입장에서, 착취적인 계급관계는 어떤 희생을 치르더라도 용납할
수 없는 사회구조였다. 또한 제국주의적 양극화는 기본적인 생산 단위에
서 인정할 수 없었다. 결론은 분명했다. 문제는 어떤 형태의 자본주의를
선택해야 하는가, 개혁된 선거 정치를 통해서 국민의 복지를 향상시키면
서 세계화된 경제에 참여하자는 부르주아의 지상과제를 어떻게 수용하느
냐가 아니었다. 체에게 지상과제는 계급의 연대와 반제국주의적인 혁명
투쟁을 통해서 자본주의와 자본 자체를 타파하는 것이었다.

체 게바라가 세계 전역의 농민과 노동자를 대신해서 투쟁한 탈국가적
게릴라였다는 사실을 기억해야 한다. 체는 어떤 나라에도 충성을 맹세하
지 않았다. 오직 자유를 위한 혁명투쟁에만 매진했다. 이런 점에서 체는
소비에트 지도자들의 충고를 전술적 차원에서, 때로는 대담할 정도로 거
부했다. 따라서 소비에트 지도자들은 혁명을 다른 나라들로 확대하려는
체의 시도를 못마땅하게 여겼다. 체는 구찌 고급 양복을 입은 자본주의 전
사들과 혁명의 대척점에 있었다. 그들은 체처럼 어떤 나라에도 충성을 맹
세하지 않았지만, 이익의 법칙을 세워서 민주주의란 이름으로 대부분의
인류를 착취하는 탐욕스런 투쟁을 전개하는 데 몰두하는 사람들이었다.

스미스와 레트너는 체의 죽음과 자본주의의 승리를 둘러싼 잔혹한 아이러니를 분석한 후 다음과 같이 말했다.

오늘날 라틴아메리카에는 가난한 사람이 6,000만 명에 이른다. 체가 세상을 떠난 때보다 더 증가한 셈이다. 당시에는 상위 20%와 하위 20% 간의 격차가 60대 1이었지만 1990년에는 150대 1로 확대되었다. 가난한 사람들은 체가 염원한 대로 착취가 없는 세상에서 풍요롭게 '새로운 인간'new man으로 사는 것이 어떤 삶인지 궁금해할 수 있을 뿐이다.(1997, p.44)

요컨대 체 게바라와 새로운 혁명세력을 근거로 한 교육학은 계급투쟁이란 특수한 맥락에서 반자본주의 투쟁이란 보편적 비전을 천명하는 실용적 마르크스주의의 한 형태라 할 수 있다. 페트라스는 다음과 같이 설명한다.

체와 새로운 혁명세력은 정교하고 복잡한 이론을 앞세우지 않는다. 그렇다고 "행동이 먼저, 이론은 나중에!"라며 행동을 취하는 과정에서 문득 떠오른 생각을 즉흥적으로 내뱉는 사람들도 아니다. 그들은 계급분석을 기본적인 수단으로 사용하고, 사회적 발전과정에 있는 나라들의 구체적인 현실에 그 수단을 적용한다. 따라서 이른바 '응용 마르크스주의'applied Marxism는 유토피아를 꿈꾸는 환상이 아니라, 저항운동에 참여한 사회집단, 예컨대 원주민이나 농민 등의 구체적 성격에 근거한 경험적 내용을 갖는다.(1997a, pp.17~18)

## 불확실한 도전, 그러나 확고한 신념

체는 결코 완벽한 사람이 아니었다. 그는 자신을 불완전하다고 정직하게 인정했기 때문에 그가 보여준 모습은 더욱 감동적이다.[27] 혁명적 정의와 관련해서 체는 어떤 위로의 말도 바라지 않았다. 따라서 융통성을 발휘하지 못하고 그의 고결하고 단호한 기준에 맞춰 행동하지 않는 사람들에게 가혹한 처벌을 가할 수도 있었다. 하지만 체는 다른 사람들에게 그처럼 엄격한 기준을 강요하지 않았다. 리처드 해리스Richard Harris에 따르면,

> 체는 무분별한 광신자가 아니었다. 살육과 인간의 잔혹성을 병적으로 사랑한 사람도 아니었다. 하지만 보통사람들처럼 현실에 안주하는 사람도 아니었다. 그런 사람이었다면 결코 혁명가가 되지 못했을 것이다. 체는 몽상가였고 모험가였다. 기존의 질서에 저항하는 반항자였다. 체는 주변 어디에서나 목격되는 사회적 부정의에 분노했고, 그런 부정의를 바로잡겠다는 뜨거운 열망에 불탔다. 그는 완벽한 혁명가였다. 천국을 즉시 지상에서 실현하겠다고 고집부린 이상주의자였다. 게다가 이상을 실현할 수 있다면 목숨까지도 버리겠다는 그의 의지에서, 평범한 사람으로서는 상상조차 할 수 없는 용기와 신념이 읽혀진다.(1970, p.40)

체는 게릴라전을 벌일 때마다 세상에서 헐벗은 사람들에게 꿈을 전했고 행복하게 살 권리를 약속했다. 체가 특별한 목적의식도 없이 그렇게 했다고 생각한다면, 체가 자신의 혁명적 투쟁이 세계 역사에서 갖는 의미조차 파악하지 못했다고 과소평가하는 꼴이다. 체가 우리 마음에 계속 살아남아 있다는 것은 우리가 그의 절제력과 타인에 대한 투철한 책임감을

높이 평가했다는 뜻이다. 체도 게릴라 동료들을 심하게 윽박지르면서 그들의 자아에 상처를 주고 자존심마저 꺾어놓을 수 있었다. 자신의 비판적 통찰력을 과시하면서 동료들을 무시할 수도 있었다. 그러나 게릴라들은 칭찬을 원했고 비판 앞에서는 참지 못했다. 게다가 잘못도 너그럽게 용서받고 싶어 했다. 이처럼 체의 지나칠 정도로 인간적인 면을 고려하더라도 체는 여전히

혁명가들에게 중대한 영향력을 미치고 있는 인물이다. 베를린 장벽이 무너지고, 소비에트 제국이 붕괴되어도, 또 소련이 지원하던 사회주의국가들이 달러에 굶주린 관광지로 돌변해도 혁명의 불길을 불태우는 사람은 아직도 많다. 그들에게 체 게바라의 삶과 전설은 꿈과, 그 꿈을 실현하겠다는 굳은 의지만 있으면 어떤 일이라도 이루어낼 수 있다는 진실을 보여주는 눈부신 증거이다.(Sandison, 1997, p.152)

마르크스가 그렇게 생각했듯이, 체도 프롤레타리아의 교육투쟁은 정치윤리적인 정당성을 갖는다고 생각했다. 세상을 올바로 이해하고, 세상을 변화시키기 위해서 교육투쟁은 필요했다. 노동자계급이 처한 물리적 조건을 운명적으로 받아들이기를 거부하고, 자본과 자본주의에 종속되기를 거부하면서 체는 어떤 변화도 가능하다는 꿈을 키웠다. 이런 생각은 쿠바 공산주의자들이 최근에 그들의 깃발에 덧붙인 구호, "사회주의가 아니면 죽음을!"에서도 읽혀진다. 얼마 전, 베네수엘라 폴라마르에서 열린 라틴아메리카 정상회담에서 피델 카스트로는 "쿠바에는 어떤 유혹에도 포기할 수 없는 원칙을 따르는 혁명이 있었다. 그 혁명은 지금도, 앞으로도 계속될 것이다!"라고 연설했다(〈로스앤젤레스 타임스〉, 1997. 11. 9, A4면). 프레이 베투는 "유토피아가 실현될까 두려워하는 사람들이 있다. 그런 이유에

서 피델의 승리보다 체의 패배에 관해 말하기가 더 편하다"(1997, p.5)면서 "감사하게도 유토피아는 체와 비슷해서, 유토피아를 묻어버리려는 사람들보다 더 강하다"(p.5)라고 결론지었다.

체 게바라의 관점에서 비판적 교육학을 읽으면 답이 없는 공론을 계속하고 불변의 것을 완강히 거부하며 탄력적인 정체성을 집요하게 추구하는 포스트모던 교육의 행태에 진지하게 의문을 제기하지 않을 수 없다. 비판적 교육학은 부르주아의 무법행위와 들불처럼 번지는 속물근성에 주목하고, 생산관계에서 비롯되는 쟁점에 대한 시민의 무관심과 역사에 대한 건망증을 고스란히 보여주는 포스트모던 비평의 오만한 냉소주의에도 경계심을 갖는다.

체가 세상을 떠난 이후로, 체의 영향을 받지 않은 혁명은 찾기 힘들었다. 체의 사상을 왜곡하고 체가 본래 지향했던 의미와 아무런 관계가 없는 단어로 구호를 내세운 혁명세력도 결국 체의 영향에서 벗어나지 못했다. 심지어 체의 글에서는 찾아볼 수도 없는 말을 체의 말이라 들먹이는 경우도 있었다. "승리할 때까지!"라 쓰인 깃발은 세월의 풍상과 수많은 저항자의 눈물로 퇴색될 만도 했지만, 혁명을 꿈꾸는 체의 후배들이 해방투쟁을 위해 일어서는 곳마다 그 깃발은 지금도 당당하게 펄럭이고 있다. 또한 체의 뚜렷한 개성, 전설처럼 전해지는 용기, 그리고 혁명과 어떤 관계가 있느냐는 하나의 잣대로만 정치 프로젝트를 평가한 무서운 균형은 지금도 반동보수주의와 신보수주의를 지지하는 사람들의 가슴에서 잊혀지지 않는다. 게다가 체가 하루살이처럼 힘겹게 살았다는 진실에 그들은 분노하기도 한다. 하지만 자본의 모순이 혁명의 잠재력을 깨워서 민중 계급을 정치투쟁으로 끌어갈 것인지, 아니면 자본의 필연성을 인정하는 체념 상태로 몰아갈 것인지는 두고 볼 일이다.

비판적 교육자에게 심각하게 제기되는 문제는 "좌파가 내부의 재분배를 완성하려는 국가의 간섭을 넘어 구조적 변화를 어떻게 주도하고, 자유시장과 글로벌 경제와 통합하려는 신자유주의 모델을 어떻게 전술적으로 수용할 것인가?"라는 것이다. 이런 문제의 답을 구하려면, 조직화된 좌파 정당이 지금까지 보여준 활약에서 교훈을 찾아야 한다. 예컨대 니카라과의 산디니스타 민족해방전선, 브라질의 노동자당, 엘살바도르의 파라분도 해방전선, 멕시코의 민주혁명당, 우루과이의 확대전선Frente Amplio, 아르헨티나의 민족동맹전선, 아이티의 라발라스 가족당, 베네수엘라의 급진대의당, 쿠바의 공산당, 칠레의 공산당이 대표적인 예이다. 그러나 국가구조 밖에서 활동한 풀뿌리 사회주의 세력, 기독교를 기반으로 한 공동체, 연대 조직, 브라질의 토지없는노동자당 등과 같은 조직화된 좌파 정당, 멕시코의 사파티스타(Robinson, 1998)와 같은 혁명세력, 좌파 조직과 공동체 집단 및 독립된 연합체를 공동 저항전선으로 결집시킨 멕시코의 인테르신디칼의 역할도 간과해서는 안 된다. 또한 볼리비아의 코카렐로스와 농민 신디케이트와 광산의 단위 노동조합들, 파라과이의 전국농민연합, 콜롬비아의 콜롬비아 혁명무장군, 에콰도르의 전국 원주민과 농민조직 연합, 과테말라의 전국 원주민과 농민 동맹, 엘살바도르의 민주농민동맹, 도미니카 공화국의 혁명군에서 교훈을 찾아야 한다(Petras, 1998). 이런 새로운 혁명세력이 국가와 민중 간에 어떤 가교 역할을 할 수 있을까? 전투적인 노동조합, 좌파 사회주의자, 무당파적 무정부주의자, 탈스탈린 공산주의자, 비교조적 트로츠키주의자 등까지 포함해서 모든 좌파가 초국가적 공간에서 투쟁하기 위해서, 초국가적 지배집단과 그들의 지역 하수인들의 패권주의에 어떻게 도전하고 저항해야 할까? 세계화된 엘리트 계급의 힘에 도전하기 위해서 시민사회와 정치화된 사회 등 아래로부터의 초국가적 결집을 어떤 식으로 유도해야 할까?

지금이 게바라의 혁명적 감성을 고양시키고 프롤레타리아의 국제적 결집을 시도할 최적의 시기는 아니다. 특히 정치적 행동주의가 경작지와 광산에서 부르주아의 우아한 살롱으로 옮겨가고 있어서 더욱 그렇다. 부르주아는 지루한 일상의 양념거리로 혁명을 생각하며, 머릿속으로 끝없이 의미를 찾는 데만 열중하고 행동은 계속해서 미루기 때문이다. 대다수의 인간이 새로운 천년시대를 향해 절룩거리며 나가지만, 이 '풍요로운 소수'는 직접 역사를 만들어가려는 사람들의 공격을 다시 저지했다면서 출입문이 닫히고 첨단장치가 갖춰진 회의실에 모여 축하 잔치를 벌인다. 소위 고귀한 창조물인 민주주의는 다수의 이익을 억누르고 소수의 이익을 보호해왔다.

교육자가 체의 모범을 따르고자 한다면 자본을 전제로 하지 않는 사회질서를 세우는 데 전력을 다해야 한다. 페트라스는 "이제 혁명적 정치행위에 올바로 다가가기 위해서는 게바라의 관점을 받아들여야 한다!"(1998, p.11)라고 말했다. 이런 점에서, 나는 페트라스의 주장에 전적으로 동의한다. 코벨이 경고했듯이,

우리가 문명인으로, 즉 진정한 인간으로 살아남고자 한다면 자본이 사라져야 한다. 자본을 몰락시킨다는 철학에서 모든 대책과 개혁이 취해져야 한다. 현재와 같은 역학관계에서는 쉽지 않은 일처럼 보일 수 있다. 또한 어불성설이라 생각될 수도 있다. 따라서 현재의 상황에 소극적으로 굴복하지 말고, 그런 목표가 가능하다고 먼저 생각할 수 있어야 한다. 자본은 자연법칙에 따라 움직이지 않는다. 자본은 선택의 결과일 뿐이다. 자본을 우리가 어찌해볼 수 없는 필연적인 것이라 생각할 절대적인 이유가 없다. 물론 이런 식으로 생각한다고 충분하지는 않다. 하지만 윤리적이고 실질적인 면에서 필요한 생각이다.(1997, p.14)

사미르 아민Samir Amin은 우리에게 도발적인 질문을 던졌다. 조금도 애매하게 해석될 여지가 없는 질문이었고, 체 게바라였어도 칭찬을 아끼지 않았을 질문이었다. "그 어느 때보다 인류는 둘 중 하나를 선택하라는 강요를 받고 있다. 자본주의의 논리에 끌려 집단 자살의 길을 택할 것인가, 아니면 세계 곳곳에서 떠도는 공산주의 유령이 이끄는 대로 인간의 거대한 가능성을 모색할 것인가?"(1998, p.11). 지금처럼 기업이 정보를 장악한 시대에, 사회주의운동으로 초국가적 자본주의의 논리에 어떻게 저항할 수 있을까? 윌리엄 로빈슨에 따르면, 이런 의문을 해결하는 열쇠는 정치투쟁과 사회투쟁을 '융합'하는 데 있다.

대중적 사회운동이 당면한 과제는 정치수단을 개발해서 정치투쟁과 사회투쟁을 어떻게 융합하느냐는 것이다. 반패권적 공간이 대중 동원을 통해서 시민사회까지 확대되어 있기 때문에 정치수단은 정치사회, 즉 국가까지 확대 적용될 수 있다. 좌파는 사회운동의 자발성, 위에서 아래로의 변화보다는 아래에서 위로의 변화, 조직 내의 민주주의, 과거의 수직구조를 넘어선 비계급제도적 풍습을 열렬하게 주장해왔다. 이런 주장이 개혁된 좌파의 실제 모습에서 실질적으로 구현되고, 반패권적 프로젝트의 조직구조에 반영될 필요가 있다.(1998/1999, p.126)

체의 사상과 삶은 전통적인 마르크스주의에서 산업프롤레타리아로 정의된 사람들에 대한 책임 의식을 되살려냈다. 그것은 역사적 목적론적 용어에서가 아니라, 체가 세상에서 억압받는 사람들을 위해 투신했던 윤리 정치적 용어에서 되살아났다. 체의 책임의식은 혁명이란 대의를 위해서 권력과 영광, 가족과 안전을 포기하는 것이었다. 에두아르도 갈레아노 Eduardo Galeano에 따르면, 체는 "자신을 위해서는 어떤 것도 갖지 않았고 어떤 것도 요구하지 않았다. 그는 삶이란 자신을 주는 것이라고 생각했다. 그래서 그는 그 자신을 아낌없이 주었다."(Markee, 1997에서 인용).

체는 우리 마음속에서 꿈틀대는 열망과 인간으로서 갖는 이상을 명쾌하게 말했다. 그는 과거와 미래를 잇는 다리 역할을 떠안았다. 희생과 투쟁으로 귀감을 보여준 체의 교훈은 탈국가적 환경에서 반자본주의 투쟁에 매진해야 하는 지금, 이질적인 것이 뒤섞인 포스트모던 문화라 일컬어지는 지금도 여전히 유효하다. 타이보는 "체가 죽은 지 30년이 지난 지금까지, 그가 남긴 신화는 신자유주의의 과대망상을 위협하며 맴돌고 있다. 고집스럽고 도덕적으로 완고하며 결코 잊을 수 없는 조커처럼!"이라 말했다(1997, p.587).[28]

결론을 대신해서 싱클레어를 인용해보자.

역사는 게바라를 그 시대의 가리발디, 즉 그의 시대에 가장 존경받고 사랑받는 혁명가로 평가할 것이다. 그의 사상이 사회주의와 게릴라전에 남긴 충격은 한때의 바람으로 여겨질 수 있지만, 그가 특히 라틴아메리카에 미친 영향은 꾸준히 지속될 것이다. 이처럼 분열되고 불운한 대륙에서 게바라처럼 단결이란 고결한 이상을 한결같이 품었던 사람은 볼리바르Simon Bolívar 이후로 없었기 때문이다.(1998, p.113)

## 무력저항

국경을 넘나들면서 사람을 죽인 사람을 어떻게 존경할 수 있냐고 반문할 사람도 있을 것이다. 하지만 체가 고문을 금지했고, 희생자가 고문을 자행한 사람이거나 살인자인 경우에만 처형에 가담했다는 사실을 기억해야 한다.

쿠바의 시에라 마에스트라 산맥에서 체는 정보를 캐내기 위해 고문을 사용해서는 안 된다고 게릴라들에게 다짐을 받았다. 체는 고문이 비인간적인 대우를 타파하려는 혁명의 목적을 말살하고 혁명가들을 타락시킬 것이라고 주장했다. 또한 체는 혁명전쟁 기간에 일반 사병들을 곧잘 석방시켰다. 그들도 체제의 희생자라고 생각했기 때문이다. 학살에 관계한 관리들과 고문자들만이 즉결로 처형됐다.(Petras, 1998, p.16)

체와 멕시코의 사파티스타가 그랬듯이, 혁명의 교육학은 무장투쟁이란 쟁점을 외면해서는 안 된다. 비판적 교육학과 혁명의 실천을 약속한 우리에게도 무장투쟁은 접근하기가 쉽지 않은 쟁점이다. 루이스 고든이 지적했듯이 "억압은 평범한 삶을 살려고 노력하는 평범한 사람들에게 가해지는 평범한 행위의 특별한 조건"(1995, p.41)이기 때문에 혁명의 교육학은 때때로 특별한 행동을 취해야만 한다. 혁명의 교육학은 '총만이 해답' 이란 주장을 옹호하지 않는다. 그렇다고 무장저항을 전적으로 배제하지도 않는다.

모든 투쟁에서 중요한 쟁점은 행위의 적정성이다. 한 집단이 목표를 성취하기 위해서 어떤 행동이 가장 적절한가는 누구도 미리 알 수 없다. 또한 폭력적이든 않든 간에 목표의 성취 가능성도 미리 점치기는 어렵다……투쟁은 다양한 형태를 띨 수 있다. 가장 두려운 형태인 무장저항도 반드시 배제되어야 할 필요는 없다. 식민지배자들에게 상황의 중대성을 올바로 전달하기 위해서는 무장저항이 사용되어야 한다.(Gordon, 1995, p.79)

무장투쟁은 가능한 모든 전략과 전술이 다 동원되고 다른 대안을 찾을 수 없는 경우에만 고려되어야 한다. 루벤 사모라는 "민중은 대안을 찾지 못할 때 무장투쟁에 눈을 돌린다. 내가 알기에 이 길을 택한 민족들 중에서 자발적으로 원해서 무장투쟁한 민족은 없었다. 그들에게는 너무도 자명한 문제였던 까닭에 무장투쟁의 윤리성을 따질 필요가 없었다. 폭력을 종식시킨다는 것은 폭력을 불러일으킨 상황을 해결한다는 뜻이었다."라고 말했다(Chomsky, 1995a, p.2에서 인용). 폭력행위에 저항하는 방법을 고민한 끝에 체는 촘스키가 제기한 의문을 우리도 제기할 수 있어야 한다고 요구한다. 촘스키는 과테말라 군부가 원주민을 학살한 사건을 언급하면서 다음과 같은 의문들을 제기했다.

　　누가 '폭력으로 발전한 상황'을 만들어냈는가? 더 재밌는 일이 있다는 이유로 어린아이들이 잔혹하게 살해당하고 기아와 질병으로 죽어가면서 내지른 비명에 귀를 막아버린 사람이 누구였는가? 고문과 학살 등 말로 표현할 수 없는 잔혹행위가 계속되도록 지원하고 그런 야만적 범죄를 종식시키기 위해서는 어떤 짓도 하지 않고, 심지어 그런 범죄를 정당화시키고 선동까지 하면서 생각도 없이 조용히 세금을 납부한 사람이 누구였는가? 우리가 엄청난 자원과 비교할 수 없는 우위에서 자행한 짓에서 교묘하게 눈을 돌리면서 구역질나는 풍요 속에서 쏟아내는 자화자찬에 기꺼이 동참한 사람이 누구였는가? 누가 진짜 야만인인가?(1995b, p.27)

　전쟁범죄로 기소당한 바티스타 추종자들의 재판에서 '최고검찰관'을 맡은 체는 단호한 결단력을 보이며 그들의 처형을 주도했다. 하지만 전쟁터에서는 동정심과 자비심을 종종 드러냈다.
　지난 한 세기 전부터 우리는 비폭력을 전제로 한 혁명투쟁이 성공한 경

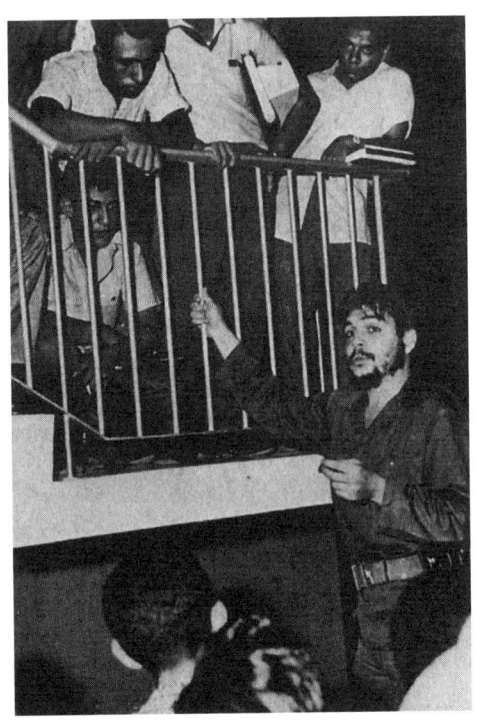

1960년 젊은이들을 상대로 연설하는 체.

우를 적지 않게 보았다. 간디, 마틴 루터 킹, 세자르 차베스가 대표적인 예이다. 비폭력은 압제자만이 아니라 억압받는 사람의 마음까지 변화시킬수 있다. 따라서 비폭력은 최우선적인 수단이다. 하지만 군부와 준군사조직이 지평선에 나타나 공격을 가하거나, 암살단이 무방비 상태인 공동체에 침입해서 무력을 휘두를 때도 저항하지 않고 죽은 듯이 있을 수는 없다. 우리와 함께 투쟁하던 형제와 자매가 길에서 굶주림에 시달리는데 나태한 방관자 노릇을 계속할 수는 없다. 어떤 희생을 치르더라도 우리 목숨을 위협하는 폭정에 맞서 싸워야 한다. 무장투쟁은 베트남, 쿠바, 니카라과, 중국, 모잠비크 등에서 성공을 거두었다. 오늘날에도 일부 국가에서는 무장투쟁이 필요할 수 있다. 페트라스에 따르면,

체는 무장투쟁이 필요한 상황을 자세히 나열했다. 독재국가(바티스타의 쿠바, 바리엔토스의 볼리비아), 제국주의자의 침략(베트남, 과테말라), 식민주의 혹은 신식민주의의 독재(콩고) 등이었다. 이런 조건들이 요즘에도 라틴아메리카의 일부 국가에서 부분적으로 확인된다. 예컨대 콜롬비아는 선거라는 허울로 포장하고 있지만 암살단과 군부가 방대한 지역을 지배하는 테러 국가이다. 멕시코의 제도혁명당은 정적을 암살하고 부정선거를 획책하며 독재를 일삼는 정당국가이다. 게다가 체는 자본 민주주의의 한계를 인식했고, 부르주아가 그들의 기본적인 재산권을 침해하는 선거 결과까지 기꺼이 받아들일 것인지에 대해 의문을 품었다. 또한 제국주의는 외국인 투자, 채권 추심, 자유시장을 반대하는 민주주의를 존중하지 않을 것이라고 주장했다. 여기에서 미국 군부가 민주적 선거로 당선된 아옌데 정권을 전복했을 것이란 추론이 가능하다.(1998, p.18)

## 우상과 혁명의 우상 파괴

체의 생애는 무장 혁명투쟁의 연속이었고 그의 죽음은 해방의 요구에 대한 충성 속의 죽음이었다. 역사가 우리에게 보여준 바에 따르면, 걸출한 지도자의 순교를 요구하는 투쟁의 죽음이기도 했다. 체 게바라를 순교자로 보아야 하느냐는 문제는 지금도 논란거리이다.[29] 쿤즐리David Kunzle (1997)에 따르면, 체는 볼리비아에서 훈련하던 중 히우그란지 강에 도착하자마자 인티 페레도에게 세례를 해달라고 부탁했다. 한편 체는 젊은 공산당 지도자인 로욜라 구스만에게 세례를 주었고, 16세기의 유명한 성인의 이름을 따서 '이그나치아'란 세례명까지 주었다. 쿠바 산타클라라의 가장 넓은 광장에는 체의 당당한 동상이 우뚝 서있다. 체의 게릴라군이 1958년 12월 31일에 산타클라라를 함락하면서, 바티스타는 다음날 쫓기듯이 쿠바를 탈출했다. 실물보다 2배 정도 큰 동상은 슬픔의 사람, 예수 그리스도가 아니라 전사이며 인간의 보호자로 살아서 숨 쉬는 듯한 모습을 띠고 있다. 피델 카스트로에 따르면,

> 체는 영광을 위해서 싸우지 않았다. 물질적 욕심과 야망을 위해서 싸우지도 않았다. 그는 명성을 얻으려고 싸우지도 않았다. 체는 처음부터, 첫 전투부터 목숨을 버릴 각오로 싸운 사람이었다. 무명용사로 죽을 수도 있었던 사람이었다. 첫 전투에서 전사했더라도 그는 우리가 그에 대해 알고 있는 인격과 인품을 남겨놓았을 것이다.(Castro, 1994, p.105)

그러나 체는 하느님의 사람이라기보다 역사가 낳은 사람이었다. 체는 삶과 죽음을 통해서 순교의 핵심적인 요건, 즉 사랑과 자유와 사회정의라는 대의를 위해서, 또 인류에게 책임감을 가르치기 위해서 목숨을 기꺼이 버리는 마음가짐을 보여주었다. 그는 극도로 비인도적인 죽음을 맞은 사람들, 매일 조금씩 고통스레 죽어간 사람들을 위해서 죽었다. 그는 파시즘과 제국주의 세력에게 무자비하게 학살당한 사람들을 위해서 죽었다. 세상에서 고통 받는 사람들은 체의 모범을 통해서 희망을 얻었다. 해리스는 "체는 신념을 위해 목숨을 버린 사람이었다. 혁명의 이상을 위해 거의 신화적인 자기희생을 치른 덕분에 체는 세상의 혁명가들과 게릴라 전사들에게 가장 중요한 '숭배의 대상'이 되었다."(1998, p.30)라고 말했다. 해리스는 한 걸음 더 나아가 체를 다음과 같이 평가했다.

> 체는 절실하게 필요해질수록 불가능하게만 보이는 라틴아메리카 혁명의 '전령'이었고, 지금도 마찬가지이다. 그의 정신은 전 세계 사람들의 마음

속에 아직 살아 있다. 그가 남긴 혁명의 신화는 나무처럼 쑥쑥 커갔다. 그가 죽는 순간까지 간직한 혁명의 이상은 세대와 문화의 차이를 초월했다. 1960년대 말과 1970년대 초에 흔히 듣던 구호, "체 만세!"는 지금도 그때만큼이나 많은 의미를 담고 있는 듯하다. 그의 혁명 유산은 당시 그에게 영감을 받았던 우리 세대의 사람들에게는 물론이고, 오늘날 그를 발견한 사람들에게도 꾸준히 영향을 미치고 있다.(1998, p.31)

프레이리는 체를 유명한 기독교 순교자이며 혁명가였던 카밀로 토레스 Camilo Torres에 비유했다.

게바라는 동료들과 함께한 경험을 이야기할 때나, 가난하고 충직한 농민들과의 만남을 거의 복음적인 말투로 표현할 때나 빈틈이 없었다. 여기에서도 그의 지극한 사랑과 커뮤니케이션 능력을 엿볼 수 있었다. 따라서 게바라는 사랑을 베풀던 또 한 사람, '게릴라 신부'라 일컬어지던 카밀로 토레스의 투쟁을 뜨겁게 증언해주는 듯하다.(1993, p.152)

프레이리는 주변 사람들과 교감하는 체의 탁월한 능력을 강조했다. 교감communion은 공산주의communism의 근원이며, 집단투쟁의 프락시스에서 시작되는 삶의 원칙이기도 하다. "어떤 단계에서도 혁명적 행동은 인간과의 교감을 무시해서는 안 된다. 교감은 협력을 낳고, 협력은 궁극적으로 지도자와 민중을 게바라식의 융합에 이르게 한다. 혁명적 행동이, 해방하기 위해서 진실로 인간적이고 감정을 나누며 사랑하고 소통하며 겸허할 때에만 그런 융합이 가능할 수 있다."(Freire, 1993, p.152) [30]

게릴라의 폭력 방침— 정의의 오른팔— 에 안타까워하거나, 체를 서구식으로 광적인 '테러리스트'에 끼워 넣으려는 사람이 있기는 하지만, 체의 이름은 앞으로도 오랫동안 공공 토론장에서 사라지지 않을 것이다. 체 덕분에 우리는 사랑의 의미를 더 깊이 이해할 수 있었다. 그 사랑은 그가 혁명가로 살겠다는 결심을 지탱해주었고, 그 결심은 너무도 단호해서 억눌리고 버림받은 사람의 존엄한 생존을 위해서 기꺼이 희생할 때에만 삶의 의미가 있었다.

미카엘 레위(1997)는 "총알이 자유의 투사를 죽일 수 있어도 그의 이상까지 없애지는 못한다. 그의 이상이 투쟁을 다시 시작하는 세대들의 마음에 뿌리내린다면 계속 이어질 것이기 때문이다. 로자 룩셈부르크, 레온 트로츠키, 에밀리아노 사파타, 체 게바라를 학살한 불한당들은 그런 사실을 깨닫고 깊은 패배감을 떨치지 못했다."(1997, p.6)라고 결론지었다.

피델은 레위의 결론에 화려한 찬사를 덧붙였다.

전투원은 죽을 수 있다. 하지만 그의 이상까지 죽지는 않는다. 체가 부상당해 포로가 된 곳에서 미국 정부요원은 무엇을 하고 있었을까? 왜 그들은 그를 죽이면 전투원으로 끝나는 것이라 믿었을까? 지금 체의 몸은 라이게라에 있지 않지만 그의 정신은 어디에나 살아서 숨 쉰다. 반드시 지켜야 할 정의로운 대의가 있는 곳이면 어김없이 체의 유령이 어른거린다. 그를 죽여 없애려던 사람들은 체가 역사에 지워지지 않는 흔적을 이미 남겼다는 사실을 알지 못했다. 그의 예언적 비전이 이 땅에서 신음하는 가난한 사람들에게 길을 비추어주는 상징이 될 줄은 꿈에도 생각지 못했다. 남녀노소를 불문하고 그를 아는 사람, 세계 방방곡곡의 정직한 사람들이 사회적 배경을 초월해서 그를 동경한다. 체는 예전보다 더 많은 전투를 벌이고 승리를 거두고 있다. 체, 고맙네! 자네의 삶으로 본보기를 보여줘서.(1998, p.30)

라틴아메리카 혁명의 위대한 선구자 중 한 명인 에르네스토 체 게바라는 견줄 바 없는 20세기 인물이었다. 불굴의 사상가, 지칠 줄 모르는 노동자, 뛰어난 게릴라전 전략가, 용감한 전사, 탁월한 이야기꾼, 타고난 교사, 타의 추종을 불허하는 도덕가였던 체는 역사적으로 혁명에 필요했던 모든 미덕을 갖춘 사람이었다. 계급투쟁이 역사를 만들어간다는 진리를 그 이전의 어떤 혁명가보다 정확히 이해했던 혁명가였다. 그의 생각에 계급투쟁은 혁명적 프락시스의 토양이었다. 체의 유토피아적 이상주의는 세상과 동떨어진 공상이 아니었다. 그의 이상주의는 투쟁에 희망이 더해져야만 생명력을 갖는다는 비판적 이상주의였다. 인류를 위해 끈질기게 봉사하는 동정심에 사랑이 더해진 이상주의였다. 물론 우리 모두가 무엇인가를, 또 누군가를 섬긴다. 하지만 체는 우리에게 민족 중심적 생각을 떨치고 좀 더 자기비판적이 되라고 촉구한 선각자였다. 우리가 누구인지 면밀히 되짚어보고, 우리가 자본을 우상처럼 섬기면서 충성을 맹세했다는 엄연한 현실을 인정하고, 우리가 서구 민주주의의 시민으로서 어떤 위치에 있는지 냉정하게 살펴볼 기회를 준 선각자였다. 민주주의라는 가면을 쓰고 미국의 지배계급이 세계 곳곳에서 테러 행위를 자행하고 헐벗은 사람들의 해방운동을 억누른다는 가슴 아픈 교훈을 누구보다 확실하게 우리 가슴에 새겨준 사람이 바로 체 게바라였다. 체는 독재가 있는 곳엔 어디든 달려가 독재정권에 맞서 싸웠다. 그는 사회주의 사상을 실천함으로써, 또 그의 삶을 통해서 우리에게 너무도 소중한 교훈을 유산으로 남겨주었다. 체는 무장 혁명투쟁을 자본주의의 착취에 저항하는 수단으로 확신한 혁명가의 상징이었다. 정치적 자유와 사회정의라는 이상을 쟁취하기 위한 수단이라고도 확신했다. 새로운 천년시대를 맞아 사회주의 투쟁을 준비하는 우리에게, 체 게바라의 이상과 전략 및 본보기는 많은 것을 생각하게 한다. 체의 이야기는 석고 기념품이나 서점의 포스터에만 새겨져 있는 것이 아니다. 눈에 보이지 않지만 정의가 손짓하는 곳에, 투쟁하는 인간의 숨결에 고스란히 살아 있다.

체의 투쟁은 결정적 순간을 포착해서 희생의 의미를 역사적으로 복원해냈다. 혁명가로서 그의 투쟁에는 희망과 신념이 스며들었고, 투쟁을 통해서 그는 일상의 단절된 존재를 넘어 합일점을 찾아냈다. 또 그는 우리에게 자본주의에서 비롯된 상처는 혁명적 사랑을 통해서만 치유될 수 있다는 것을 가르쳐주었다. 해방이란 이름으로 감춰진 그 상처가 사랑으로 치유되지 않으면, 해방은 희망에 치명적인 먹구름을 드리운다. 검은 태양이 희망의 싹을 말려버린다. 체의 투쟁은 그의 자아로 퇴색되지는 않았다. 그의 투쟁은 세상을 재창조하겠다는 의지, 일상의 냉소주의와 절망을 초월하면서도 뼈와 살로 된 세상을 저버리지 않는 사람들의 편에서는 사랑과 폭력이 공존할 수 있다는 사실을 사람들에게 깨닫게 해주겠다는 의지에서 탄생했다. 그의 투쟁은 자아로부터의 황홀한 탈출, 초월적 존재와의 행복한 합일로 미화되지 않았다. 규범적 충동과 지식인의 역할을 규제하는 고정된 우주관에 반발해서 포스트모던이란 이름으로 살금살금 기어나온 검은 아르마니 양복의 차가운 분노나 변절에도 그의 투쟁은 흔들리지 않았다. 체의 투쟁은 물질적 세계에 기반을 두었다. 소외된 사람의 눈에서 반짝이고 그들의 가슴속에서 약동하는 힘이 혁명의 주체성을 지키려는 그의 투쟁을 더욱 빛나게 해주었다. 피델 카스트로는 체 게바라의 전사 30주년 추도식에서 연설하면서 체를 향한 찬사를 아끼지 않았다.

학대와 이기심과 소외가 있는 곳일수록, 원주민·소수민족·여성과 이민자가 차별의 고통을 겪는 곳일수록, 어린아이들이 성매매되거나 노동현장에 내몰리는 곳일수록, 무지와 비위생적 조건, 불안한 치안과 노숙이 만연한 곳일수록, 체의 인도주의적 메시지는 더욱 빛난다.

부패하고 선동적이며 위선적인 정치인이 넘쳐날수록 체가 본보기로 보여준 순수하고 혁명적이며 일관된 인간상은 더욱 찬란하게 부각된다. 겁쟁이, 기회주의자, 배신자가 이 땅을 뒤덮을수록 체의 용기와 혁명적 청렴성은 더욱 높이 평가된다. 의무를 제대로 해내지 못하는 사람들이 넘쳐흐를수록 체의 강철 같은 의지력은 더욱 빛난다. 기본적인 자존심도 없는 사람이 흔히 눈에 띌수록 체의 유머감각과 품위는 더욱 빛난다. 회의주의가 만연할수록 인간을 향한 체의 믿음은 우리에게 감탄을 자아낸다. 비관주의가 세상을 뒤덮을수록 체의 낙관주의는 더욱 빛난다. 신념 없이 흔들리는 사람이 많아질수록 체의 대담무쌍함은 더욱 빛난다. 남들이 생산한 물건을 흥청망청 써대는 나태한 사람이 많을수록 체의 금욕적인 자세와 연구하고 공부하는 정신은 더욱 찬란하게 빛난다.(1998, pp.29~30)

피델의 찬사는 체의 삶과 유산을 되새기려는 사람들을 자극해서 용기를 북돋워주는 체의 성품을 빠짐없이 나열한 듯하다. 체는 미약한 힘으로 막강한 지배계급에 맞섰기 때문에 우리가 체의 모습을 올바로 보는 것을 방해하고 혼란에 빠뜨린다. 체가 혁명을 만들어가는 것만큼이나 하나의 원형으로서의 혁명이 체를 만들었다. 체는 자신의 삶의 본보기를 통해 혁명가의 근본적 상징을 찾아내는 데 성공했다. 그 상징은 만족하지 않는 그의 열망을 통해서, 인간의 집단 상상력에서 우뚝 솟아난 것이었다. 이것만으로도 체는 자신보다 훨씬 큰 무엇인가를 우리에게 전해주는 매개체였다. 그의 혁명의 직무는 훨씬 위대한 것이었기 때문에 체는 쿠바에서 편하게 지낼 수 있는 정부 요직을 포기했다. 그는 강철 같은 의지를 지닌 사람이었다. 그러나 그가 위대한 것은 더 원대한 꿈, 집단을 위한 꿈, 즉 해방의 꿈을 실현하기 위해서 자신을 희생했다는 점이다. 또한 체는 그 시대의 정신을 가르쳤다는 점에서 위대한 교사였다. 그는 우리에게 혁명투쟁의 정신에 맞게 사는 법을 가르쳤다.

체는 학교에서 처형당했다. 그의 죽음은 공공교육의 책임을 떠맡았지만 금융자본과 세계화주의와 결탁한 교사들에게 배신당한 미국 젊은이들의 처지를 상징적으로 보여주는 듯하다. 미국에서는 일상적인 국가 파시즘과 자본의 꼭두각시들이 공공교육의 정신을 말살시켜 버렸다. 집단을 우선적으로 고려해야 할 공공교육의 공간이 사유화된 공간으로 변했고, 공공교육의 꿈은 운동장과 쇼핑센터에서나 피신처를 구할 수 있을 뿐이다. 요컨대 소비 환상에 물든 세상으로 변해버렸다. 체 게바라의 교육학은 희망과 투쟁의 교육학이다. 그의 혁명 정신이 전 세계의 중고등학교와 대학교 교실에서 되살아날 때까지 미래 세대의 해방이란 약속은 요원하다. 해방과, 해방의 정수精髓인 교육이 가능하기 위해서는 용기와 비판적 정신, 단호한 의지가 필요하고 역사를 제대로 알아야 한다. 체 게바라의 교육학은 부르주아의 편집증적인 착각과 혼잡스런 환상을 산산이 부숴버리고, 사회정의의 실현을 위해서 이론과 실천을 통합시킬 수 있는 정치적 의지와 지적 노동을 함양시킬 발판을 놓아준다. 체의 교육학은 혁명가를 키워내는 강력한 도구이기도 하다. 달리 말하면, 억압받는 사람들에게 구체적으로 뚜렷한 사회적 목적의식을 갖고 행동한다는 자존감을 키워줄 수 있는 혁명가를 키워내는 교육학이다. 실천이 있을 때 힘이 의미를 갖고, 생각을 행동으로 연결시키며, 개인의 힘을 사회의 힘으로 확대시키고, 가난하고 힘없는 사람들을 위해서 역사를 다시 만들어가려는 원대한 프로젝트에 맞춰 자신의 운명을 조절하겠다는 자신감을 가질 수 있기 때문이다.

체의 유산은 다양한 부분에 적용될 수 있다. 체의 삶이 갖는 의미는 거듭해서 다시 쓴 양피지에 비유된다. 달리 말하면, 과거 세대의 의미 있는 투쟁으로 채워져서 현재 세대와 미래 세대가 필요할 때마다 음미해보아야 할 삶이다. 한마디로 요약되지 않는 삶이다. 고정된 중심사상이나 대단한 이야깃거리도 없다. 신비로운 비밀도 없고 체 게바라의 의미를 포착해낼 수 있는 확실한 실마리도 없다. 체의 의미는 미리 결정되지도 않고 범역사적으로 결정될 수 있는 것도 아니다. 체의 의미는 자본주의의 착취 사슬을 끊어내기 위해서 세계 방방곡곡에서 신음하는 인류의 역사적 투쟁이란 맥락에서 읽어내야만 한다. 역사가 체의 삶을 분명하고 포괄적으로 이해하기 위한 길을 제시하라고 압력을 가하더라도 불확실하고 가능성 밖에 없는 부분까지 흘러넘치는 과도한 해석은 언제나 있기 마련이다. 우리의 7대 죄악 때문에 발레그란데에서 죽은 체의 시신에서 희망의 상징을 엿보는 사람도 있겠지만, 억압에 저항해 투쟁하는 사람들의 마음속에서 되살아난 체를 요즘의 혁명운동에서 찾는 사람도 있을 것이다. 하지만 한 가지는 분명하다. 역사적으로 이상과 행동을 통해서 체 게바라만큼이나 자본주의와 자유 사이에 존재한다고 전제된 자연법칙의 허위성을 고발하는 데 큰 역할을 해낸 사람은 없었다! 체는 그 허위성을 고발하기 위해서, 관습적인 수용과 탈혁명적인 자기만족으로 민주주의의 의미가 얼마나 반들반들 닳아버렸는지 우리에게 분명하게 보여주었다.

마리아 테레사 레온이 말했듯이,

그는 자신의 원칙을 지키기 위해 죽었다. 가장 가난하고 가장 버림받은 사람들, 그가 안겨준 희망 이외에는 모든 것을 빼앗긴 사람들 가까이에서 죽었다. 그는 죽었지만 두 개의 샘에 봄이 찾아왔다. 하나는 자유의 샘이고, 다른 하나는 정의의 샘이다. 남아메리카 대륙에서 버림받은 볼리비아 원주민들은 그의 이름을 나지막이 부르며 그가 아직 살아 있다고 소곤댄다. 또 그가 목이 말라 그들의 대문을 두드린다고 말한다. 체가 지나갈 때 목을 축일 수 있도록 그들은 창틀에 물주전자를 올려놓는다. 체는 온 대륙을 돌아다닌다. 그의 이름은 미래를 끌어갈 힘이며, 아메리카에게 벌떡 일어나 외세에 맞서 정치와 경제의 독립을 쟁취하기 위해 싸우라고 촉구하는 남십자성이다.(Cupull & González, 1997, p.357에서 인용)

헨리 버터필드 라이언Henry Butterfield Ryan(1998)이 말했듯이, 체는 '더 고결한' 시대의 산물에 불과할까? 정체성 정치를 내걸고 지역 현안을 해결하려는 국지적 투쟁에 집착하는 요즘 세상에서, 자그마한 게릴라 거점을 중심으로 한 체 게바라식의 보편적 해방투쟁은 모순되는 목표가 아닐까? 체는 '미국에는 사사건건 반대하는 집요한 적'이라고 인식되었기 때문에 체의 이미지가 미국 반문화와 어울렸던 것일까? 체는 방랑벽에 사로잡힌 전형적인 '막무가내 반항자'였을까, 아니면 '고향에서 멀리 떨어진 곳에서 혁명에 몸을 불살랐던 지식인, 20세기의 바이런'이었을까?(1998, p.163) 또 라이언이 주장했듯이, 체는 '카멜롯의 신화에 대해서는 입을 다물고 글래스턴버리(아리마대의 요셉이 영국에서 최초로 교회를 세운 곳 — 옮긴이)에 새롭게 관심'을 쏟은 민중 덕분에 성공한 것일까?(1998, p.163) 체는 '세상에서 핍박받고 버림받은 사람을 위해서 마르크스적 정의, 즉 그 자신의 성배'를 찾아나선 마르크스주의자 가웨인일까, 아니면 마르크스주의자의 원탁을 찾아나선 게릴라 퍼시벌이나 랜슬롯일까?(1998, p.163) 체가 혁명을 위해서 절제하며 이타적인 투쟁에 몰두했다는 것을 정말로 알았다면, 행락주의에 빠진 1960년대의 반문화가 체에게 등을 돌렸을까? 체는 우리 모두의 마음속에 간직된 성배, 즉 우리 자신의 삶에서 경이로운 면을 찾아내는 능력을 상징하는 인물일까? 체는 '영겁회귀 신화'myth of the eternal return를 통해서 전 세계의 다양한 민중을 결집시킬 수 있는 최적의 좌파 인물일까? 체는 전형적인 메커니즘을 통해서 우리에게 잔잔한 영향력을 남길 수 있지만, 진정으로 중요한 것은 사회민주주의를 위한

쿠바 노동조합 중앙위원회 앞에서 연설하는 체 게바라. 1962~63년경, 아바나.

투쟁에서 그가 떠맡은 구체적인 역할이다. 체는 일상의 평화와 조화로운 삶을 사람들에게 가르치려고 대마법사 멀린의 망토를 입고 세상을 떠돌아다닌 것이 아니었다. 그는 비판적 능력을 최대한 활용해서, 세상의 지배계급이 가난한 사람들을 무기에서 떼어놓으려고 동원한 억압 메커니즘을 폭로하고 고발했다. 체는 파시스트 독재정권을 전복시키기 위해서 전사로서의 능력을 최대한 발휘했다. 물론 인간의 힘을 혁명의 동력으로 전환시키기 위한 투쟁에서 체는 자연, 형제애, 절제, 충성심, 인격도 무척 중요하게 여겼다. 융의 심리학에 빗대어 말하면, 체의 그림자 인물은 자본이었다. 제국주의 침략자로 변신한 자본은 타도해야 할 적이었다. 그래야 새로운 질서가 가능할 수 있었다. 따라서 체의 가르침과 본보기가 오늘날에도 여전히 중요하다는 사실은 새삼스레 다시 언급할 필요가 없을 것이다.

결국 체는 자신의 비전을 실천하기 위해서 목숨까지 던졌다. 그의 죽음은 그의 꿈이 뿌리를 박고 있는 구체적인 정치·교육적 프락시스 안에서 이루어졌고, 그 안에서 투쟁과 희망은 변증법적으로 성장하여 억압받는 사람들에 대한 투철한 믿음으로 결실을 거두었다. 빈곤과 착취가 계속되는 한 체는 혁명의 희망과 투쟁을 고취시키는 역할을 멈추지 않을 것이다. 힘들게 일하고 투쟁하는 사람들의 삶에서, 아무도 몰라주는 고통과 싸우는 사람들의 일상적인 행동에서 체의 정신은 매일 다시 태어날 것이다. 그의 정신은 '세 대륙의 사람들에게 보내는 메시지'에 가장 잘 드러나 있다. 여기에서 체는 투쟁 중에 전사한 게릴라 지휘관들에게 경의를 표했다.[31]

  "죽음은 우리를 매번 놀라게 하지만 우리 함성이 한 사람에게라도 제대로 들린다면, 우리를 도와주려고 한 사람이라도 팔을 내민다면, 우리와 함께 장송곡을 부르고 기관총을 쏘아대면서 전투와 승리의 함성을 함께 외칠 사람들이 달려온다면 그 죽음은 환영할 만한 죽음이다."(Villegas, 1997, p.55에서 인용).

# 제2부
# 잿빛 수염의 남자

나는 정치적 확신에서, 또 철학적 확신에서 교육자의 절대적인 자율권을 존중
해주어야 한다고 주장해왔다. 또한 학생들의 문화적 정체성도 지극히 존중해
주어야 한다고 주장해왔다. 문화적 정체성에는 타자他者의 언어와 피부색,
성, 계급, 성적性的 성향, 지적 능력에 대한 존중이 포함된다. 물론 상대의 창
조성을 자극하는 능력도 포함된다. 그러나 이런 면들에 대한 존중은 사회·역
사적인 맥락에서 가능한 것이지 무작정 주어지는 것이 아니다. 이런 존중은 역
사에서 가능할 뿐이다. 나, 파울루 프레이는 역사의 주인이 아니다.

―파울루 프레이리, '대답'

1996년 3월 22일, 네브래스카 주 오마하에서 열린 '억눌린 자를 위한 교육학' 회의에 참석한 파울루 프레이리.

파울루 프레이리는 교육, 정치, 제국주의, 해방 등이 서로 관계가 있음을 밝혀내어 세계적으로 인정받은 최초의 교육사상가 중 한 명이다. 그는 이 개념들이 불가피하게 얽혀 있으면서도 동시에 서로 걸림돌 역할을 한다는 사실을 분명히 간파했다. 특히 '시장경제'의 이름 아래에서 민주주의가 사회정의 실현이란 책무를 오히려 후퇴시켰고, 그로 인해 교육에 대한 기본적 권리마저 제대로 보장되지 않는다는 사실을 꿰뚫어보았다.

"차분한 외모, 회색빛 긴 머리와 수염, 중간 정도의 키, 호리호리한 몸매, 벌꿀 빛 눈동자", "강하고, 동정적이며, 속 깊은 의사소통을 하는 시선과 언제나 표현이 풍부한 몸짓"(A. Freire & Macedo, 1998, p.42)이라는 묘사에서 보듯이, 파울루 프레이리는 전형적인 철학자이자 학문적 저술의 거장의 모습이었다. 예민하고 박학하며 마치 딴 세상 사람처럼 기묘한 분위기를 풍기기도 했다. 일반적으로 알려진 바와 같이, 교육과 인문학 전반에 걸쳐 '비판적 교육학'을 최초로 주창한 학자로 알려진 프레이리는 교육과 역사투쟁이란 급진적 정치 사이의 연결 고리를 전 세계에 걸쳐 효과적으로 재정립하였다. 그 임무는 일생동안 이어진 작업이었다. 프레이리가 상파울루의 알베르트 아인슈타인 병원에서 치명적인 심장발작으로 세상을 떠난 것은 1997년 5월 2일의 일이었지만, 그 훨씬 전부터 진보적 교육자, 사회운동가, 신학자들 사이에서는 물론이고 전통적인 다양한 학문의 많은 학자와 연구자들 사이에서도 전설적인 존재가 되어 있었다. 그가 사회와 경제를 변화시키는 수단으로 교육을 제시하고 스스로 헌신적인 노력을 기울였기 때문이었다. '해방의 정치학'으로도 불리는 비판적 교육학은 오늘날 전 세계의 교육활동가에게 중요한 의미를 갖는 과제가 되었고, 프레이리는 해방의 정치학이 현재의 수준까지 발전하는 데 선도적이고 중요한 역할을 했다.

파울루 헤글루스 네베스 프레이리Paulo Reglus Neves Freire는 1921년 9

월 19일, 브라질 북부 페르남부쿠 주에 위치한 도시 헤시피에서 태어났다. 체 게바라보다 7년 일찍 태어난 셈이다. 아버지 요아킴 테미스토클리스 프레이리와 어머니 이델트루데스 네베스 프레이리 사이에서 태어난 파울루에게는 세 명의 형제자매가 있었으며 화목한 가정 분위기 속에서 어린 시절을 보냈다. 어머니는 1978년 삶을 마감할 때까지 프레이리에게 특별히 가까운 사람이었다. 파울루가 망명 중일 때도 어머니와는 계속 연락을 주고받았을 정도였다. 한마디로 감성과 지성이 발달하던 어린 시절, 파울루에게 누구보다 큰 영향을 미친 사람은 그의 어머니였다. 물론 그에게 동화책을 읽어 주고 문자언어의 세계에 익숙해지도록 이끌어준 것은 어머니와 아버지 두 분 다였다. 아버지는 매일 밤 아들의 곁에서 자장가를 불러주기도 했다. 어린 시절 파울루 프레이리는 무엇이든 말과 글로 표현하고 싶어 했고, 처음으로 썼던 글은 망고나무 가지와 관련된 자신의 경험담이었다(A. Freire & Macedo, 1998). 또한 초등학교 교장 에우니시 바스콘셀로스는 포르투갈어에 대한 사랑을 심어주는 데 큰 역할을 했다.

파울루가 열 살이던 1931년 프레이리 가족은 페르남부쿠 주 외곽의 작은 도시 자부아탕으로 이사했다. 헤시피에서 20여 km 떨어진 곳이었다. 1929년 세계 경제에 닥친 대공황이 브라질 북동부에도 큰 타격을 주면서, 프레이리 가족도 부유한 집안이 누리던 부수입을 더 이상 기대할 수 없었기 때문이었다. 엎친 데 덮친 격으로 파울루가 열세 살이 되던 해에는 아버지까지 세상을 떠났다. 방과 후와 주말에는 도시 외곽의 빈민가 아이들이나, 언덕과 운하 부근에 살던 노동자 집안 아이들과 함께 축구를 하며 시간을 보냈다(Gadotti, 1994). 초등학교를 졸업한 후 파울루는 프란세스 샤토브리앙 학교의 분교인 7월 14일 학교에서 1학년 과정을 끝내고 학년말 시험까지 치렀다. 그 후 헤시피의 콜레지우 오즈왈두 크루스로 옮겨서 수학교사 루이스 소아레스의 지도를 받았다. 훗날 파울루의 두 번째

부인이 된 아나 마리아의 아버지였고 이 학교 설립자였던 알루이지오 페소아 지 아라우조는 파울루가 수업료를 내지 못할 형편이 되자 장학금까지 주며 학교를 계속 다닐 수 있도록 배려해주었다. 알루이지오는 젊은 시절의 프레이리에게 큰 영향을 주었고 특히 기독교 휴머니즘에 대한 관심과 민주주의에 대한 신념을 키워주었다(A. Freire & Macedo, 1998). 파울루는 고등학교를 졸업하기도 전에 포르투갈어를 가르치는 교사가 됐다. 교사라는 신분과 깡마른 체격 덕분에 2차 대전 동안 이탈리아에 파견할 브라질 원정군을 징병할 때 군복무를 면제받았다. 프레이리는 오즈왈두 크루스에서 법학 예비과정을 포함해서 7년 과정을 모두 이수했고, 1943년부터 1947년까지는 헤시피 법학대학에서 공부했다. 1944년 스물세 살이던 프레이리는 다섯 살 연상의 초등학교 교사 일자 마리아 코스타 올리베이라와 결혼했다. 프레이리는 일자를 '내 애인'이라 부르며 사랑했는데 문맹퇴치에 처음 관심을 가졌던 것도 그녀의 영향이었다. 일자와의 사이에서 마리아 마달레나, 마리아 크리스티나, 마리아 지 파티마, 요아킴, 루트가르데스라는 다섯 자녀를 두었다. 세 딸은 부모의 뒤를 따라 교육자가 되었다. 일자가 사망하고 2년이 지난 1988년 프레이리는 어린 시절의 친구 아나 마리아와 재혼했다. 당시 대학원생이던 그녀를 프레이리는 '니타'라는 애칭으로 불렀다.[1] 니타는 프레이리에게 사랑스런 존재이자 생명력의 원천이 되었고 프레이리도 생의 마지막 순간까지 그녀에게 열과 성을 다했다.

프레이리는 용기 있는 학자였고, 사회운동가였으며, 포용력과 겸손함으로 존경을 받았던 문화운동가였다. 그는 반제국주의, 반자본주의 문맹퇴치운동을 주창해서 전 세계의 진보적 교육자들에게 뜨거운 반향과 명성을 얻었다.[2]

1943년부터 1947년까지 헤시피의 법과대학에서 공부하고 잠시 교육현장에서 실무경험을 쌓은 후, 프레이리는 브라질 산업연맹에서 만든 기관인 '사회산업청'SESI 내의 교육·문화국에서 일하기 시작했다. 1947년 8월 1일에는 SESI 페르남부쿠 지부에서 공보·교육·문화를 담당하는 비서관이 되었고, 그해 법학사 학위를 받았고 교육·문화국 국장으로 승진했다.3) 1954년 12월부터 1956년 10월까지는 교육·문화국의 감독관으로 지냈고, 그 후 1956년부터 1961년까지는 SESI의 조사·계획국 자문위원으로서 브라질의 여러 주를 돌아다닐 기회를 가졌다.4) 이때 프레이리는 하쿠엘 카스트루의 지시를 받아, 오늘날까지도 최고 수준의 과학과 윤리 및 도덕 교육을 실시하는 곳으로 유명한 카피바리비 교육원의 설립을 도왔다(A. Freire & Macedo, 1998). 1956년에는 헤시피의 교육자문위원회 위원으로 위촉되었고, 2년 뒤에는 헤시피 기록보관 및 문화부의 문화오락국 국장이 되었다. 헤시피의 예술학교에서 역사 및 교육철학 담당 교수로 재직하면서 처음으로 고등교육을 가르치는 경험을 쌓은 것도 이 시기였다.

파울루 프레이리는 1959년 「브라질의 현대 교육」이라는 논문으로 박사학위를 취득했다. 동시에 그는 헤시피 대학 철학, 과학, 문학부의 정교수(17등급)가 되었다. 1961년에는 예술학교에서 역사 및 철학교육 우수교수상livre-docente을 받았다. 같은 해, 프레이리는 헤시피 시장에게 성인용 문맹퇴치교육법을 개발해달라는 부탁을 받았다. 헤시피 대학에서 평생교육부 부장으로 임명된 때이기도 해서 프레이리는 성인을 대상으로 한 새로운 문맹퇴치교육법을 개발하기 시작했다. 그의 문맹퇴치교육법은 가톨릭 행동운동, 가톨릭의 집산주의와 기초교회공동체 운동, 그리고 헤시피의 주교이던 동 엘데르 카마라와의 교류에서 많은 영향을 받았다. 교황 요한 바오로 2세에게는 '가난한 사람들의 형제'로 불리던 카마라 주교였지만 브라질 군사독재자들에게는 '반체제적 공산주의자'로 불렸다.(언젠가 카마라 주교는 "내가 가난한 사람들에게 음식을 나누어주기만 하면 그들은 나를 성자라 부르지만, 내가 왜 가난한 사람들에게는 먹을 것이 없느냐고 물어보면 그들은 나를 공산주의자라 부른다."라고 말했었다.) 한편 프레이리는 주지사 미구엘 아라에스에게 직접 지명받아 페르남부쿠 주 교육위원회의 선도위원으로 활동하기도 했다. 또한 헤시피 민중문화운동의 창립회원으로 참여하면서, 민중정부인 자우마 마라냥 시장의 지원을 받아 "맨발이라도 읽는 법을 배울 수 있다"라는 운동을 꾸준히 펼쳐 나갔다.

1962년 히우그란지 두 노르티 주 안지쿠스 마을에서 놀라운 일이 벌어졌다. 프레이리의 문맹퇴치 프로그램에 도움을 받아 300여 명의 농민이 45일 만에 읽기와 쓰기를 익히는 데 성공한 것이다. 프레이리는 농민과 노동자와 공동생활을 하면서 그들에게 음가와 음절의 길이에 따라, 또 사회적 의미와 노동자 자신들과의 관련성에 따라 생성어generative word를 찾아내도록 도왔다. 생성어는 노동자들의 매일의 실생활을 반영한 낱말이었고, 모든 낱말이 일상의 경제적 조건을 결정짓는 사회적 요인이나, 삶의 존재론적 문제와 관련 있었다. 이런 낱말들, 예컨대 '임금'이나 '정부' 등과 같은 낱말들에서 주제를 끌어냈고, 노동자와 교사가 이른바 '문화모임'에서 그 낱말로 이야기를 구성하며 그 뜻을 풀어갔다. 이처럼 읽기와 쓰기 교육이 농민과 노동자의 생생한 경험을 근거로 했기 때문에, 자연스레 이데올로기 투쟁과 혁명적 프락시스를 위한 과정으로 발전했다. 달리 말하면, 프레이리식 '의식화'conscientizacao란 이름으로 널리 알려진 단계로 발전했다. 또한 노동자와 농민은 '침묵의 문화'에서 벗어나 집단 속에서 사회·정치적 변화를 꾀하는 주체로 변해갈 수 있었다.[5] 미국 국제개발처Agency for International Development의 지원을 받았던 이 프로그램이 성공하면서 문맹퇴치를 위한 전설적인 이야기가 시작되었다는 사실은 역사의 아이러니인 듯하다.

1963년 프레이리는 주앙 굴라르트 대통령과 신임 교육부장관 파울루지 타르주 산투스에게 성인 문맹퇴치를 국가 차원으로 확대시켜 전국 문맹퇴치 프로그램인 기초교육운동에 참여해 함께 일해보자는 제안을 받았다. 1964년에 200만 문맹 노동자들에게 글을 가르치기 위한 2만 4,000개의 문화 모임이 계획되었다. 하지만 미국 노동조합연맹과 CIA의 지원을 받은 군사쿠데타가 일어나 민주적 선거로 당선된 굴라르트 정권이 전복되면서 이 모든 계획이 갑자기 중단되었다. 1964년 3월 31일에는 15명의 교육위원회 위원 중 13명이 사임했다. 프레이리는 당시 전국 문맹퇴치 프로그램을 추진하며 브라질리아에 있었지만, 미구엘 아라에스 주지사가 체포되면서 그 직위에서 해임 당했다.

프레이리도 전국 문맹퇴치 프로그램에 관여했다는 이유로 군부정권에 의해 체포당해 70일 동안 옥살이를 했다. 목숨까지 위협받는 처지에 빠졌다는 사실을 직감한 프레이리는 감옥에서 석방되자마자 자진해서 망명길을 택했다. 프레이리의 전기를 쓴 모아시르 가도티Moacir Gadotti에 따르면, 브라질 군부정권은 프레이리를 '국제적인 반체제주의자', '그리스도와 브라질 국민의 배신자'로 여기면서 '스탈린, 히틀러, 페론, 무솔리니의 교육법과 유사한' 교육법을 개발했다고 비난했다(1994, pp.34~35). 게다가 프레이리는 브라질을 '볼셰비키 국가'로 변혁시키려 한다는 혐의도 받았다(Gadotti, 1994). 브라질 노동자당의 창당에 참여했고, 상파울루 교육사무국의 행정국장으로 프레이리를 도왔던 가도티는 프레이리의 투옥 기간에 대해서 다음과 같이 말했다.

70일간의 감옥생활은 정신적으로 큰 충격이었고 그에게 많은 것을 가르쳐주었다. 감옥 안에서 그는 교육과 정치의 관계를 보다 명확하게 파악했다. 또 사회의 변화는 고립된 개개인으로부터가 아니라 대중으로부터 나온다는 생각을 확신하게 되었다. 프레이리는 감옥이라는 공간을 가장 다양한 조건하에서 배우고 가르칠 수 있는 곳이라 말하기도 했다. 갇혀 지낸 시간이 즐거웠을 수는 없었겠지만 바로 그런 경험에서 새로운 깨달음을 얻기도 했던 것이다.

수감생활을 마친 후 파울루 프레이리는 그처럼 극단과 비이성이 판을 치는 시기에 국내에 머무르는 것이 대단히 위험하리라고 생각했다. 그는 "내게는 영웅이 되어야겠다는 사명감은 없다. 혁명은 몇몇 위대한 영웅이 원해서 일어나는 것이 아니라 살아 있는 민중과 한두 명의 희생자를 통해서 이루어지는 것이라고 생각한다."라고 말했다.(1994, p.37)

프레이리의 망명생활에 대해서는 아나 마리아 아라우주 프레이리와 도날도 마세도Donaldo Macedo가 함께 쓴 책에서 엿볼 수 있다.

헤시피에서 두 차례 체포당한 파울루 프레이리는 군사정권의 조사에 응하기 위해서 리우데자네이루에 갈 수밖에 없었다. 위협을 느낀 파울루는 볼리비아 대사관을 찾아가 망명 신청을 하고 1964년 9월 볼리비아로 떠났다. 43세의 나이였다. 브라질 민중을 너무나 사랑했고, 그들이 비참한 생활에서 벗어나 국가의 정책결정에 참여하도록 그들을 정치화시킨 것이 그의 '죄'였다. 그는 억압받는 사람들을 의식화시켜 수백 년 동안 지속된 사회적 금기를 깨는 데 작은 역할이라도 하길 바랐다.(1998, pp.20~21)

16년간의 망명생활은 우여곡절이 많았던 만큼 성과도 많았다.

· 볼리비아에서 프레이리가 잠시 머무른 곳은 라파스였는데 이곳의 높은 고도가 건강에 좋지 않은 영향을 주었다. 게다가 그가 도착한 지 얼마 되지 않아 볼리비아에서도 쿠데타가 일어나서 군대가 공포 분위기를 조성했다.

· 1964년 11월부터 1969년 4월까지 5년간은 칠레에 머물렀다. 칠레 교육부와 데사롤로 농업학교의 교육사업을 지원했고, 유네스코 자문위원으로 칠레의 농촌개혁연구소에서도 일했다.

· 1969년 4월부터 1970년 2월까지는 하버드 대학 교육개발연구소에서 지냈다. 이 연구소는 사회개혁·발전을 위한 연구소와도 연계된 기관이었다.

· 1970년 세계교회협의회WCC의 교육사무소 자문위원이 되어 스위스 제네바로 거처를 옮겼다. 이곳에서 프레이리는 탄자니아와 기니비사우 공화국을 위한 문맹퇴치 프로그램을 개발했다. 아프리카의 언어와 문화를 되찾는 일에 중점을 둔 계획안이었다.

· 앙골라, 모잠비크 등 포르투갈의 식민지에서 독립한 나라들에서 사용할 수 있는 문맹퇴치 프로그램을 개발했다.[6]

· 페루 정부와 니카라과 정부의 문맹퇴치운동을 지원했다.

· 1971년 제네바에서 문화행동연구소를 설립했다.

· 1973년 살바도르 아옌데 대통령이 피살당한 후 프레이리는 잠시 칠레로 돌아와서 농지개혁에 관련된 분야에서 일하다가, 피노체트를 자극해서 반체제인사로 낙인찍히게 되었다. 몰타 출신의 학자, 피터 메이요Peter Mayo의 표현을 빌면 "브라질 교육자 프레이리가 어떤 사람인지는 아우구스토 피노체트도 오래전부터 알고 있었다. 프레이리가 칠레를 떠난 후, 1973년에 쿠데타로 정권을 잡자마자 피노체트는 프레이리를 '페르소나 논 그라타'persona non grata(기피인물)로 발표하면서 프레이리에게 최고의 찬사를 안겨주었다."(1997, p.368)

· 1975년부터 1979년까지는 서아프리카에 위치한 상투메프린시페에서 문맹퇴치교육에 참여했다.

· 1979년 정치적 사면을 받아 잠시 고국을 찾았고, 이듬해인 1980년에는 영구 귀국해서 상파울루 가톨릭 대학과 캄피나스 대학에서 강의했다. 오

스트레일리아, 이탈리아, 앙골라, 피지를 비롯해 세계 곳곳에서 문맹퇴치 운동을 계속했다.

프레이리가 세계교회협의회에서 일하던 때를 아나 마리아와 도날도 마세도는 다음과 같이 기록했다.

세계교회협의회에서 일하던 때에 대해서 프레이리는 '길을 밟아갔다'라는 표현을 즐겨 썼다. 그는 아프리카, 아시아, 오스트레일리아, 아메리카를 두루 돌아다녔다. 하지만 안타깝게도 브라질만은 갈 수 없었다. 특히 정치적 독립을 쟁취한 나라들이 교육제도를 정비하는 사업을 성의 있게 지원했다. 카보 베르데, 앙골라, 기니비사우에서 교육계획을 체계화시킨 덕분에 프레이리는 상당한 명성을 얻었다. 1960년대는 이 나라들이 식민통치가 남긴 정신적 잔재를 떨쳐내기 위해서 몸부림치던 시기였다. 압제자들의 가혹한 식민통치로 검은 아프리카인의 몸뚱이에는 하얀 포르투갈인의 머리가 들어 있었던 때문이었다. 한 나라의 시민이자 세계시민으로 거듭 나기 위해서라도 그들은 '억압에 물든 의식'에서 벗어나기를 바랐고, 그럴 필요가 있었다.(1988, p.21)

프레이리가 세계교회협의회의 역할에 주목한 이유는 무엇보다 아프리카 민족해방운동을 지원한다는 점 때문이었다. 1970년에 그는 세계교회협의회 본부가 있는 제네바로 향했다.

제네바로 떠나기 전 프레이리는 그를 유명하게 만든 세 권의 책을 발표했다. 『자유의 실천으로서의 교육』에서는 경제개발과 반식민투쟁에서 교육이 어떤 역할을 할 수 있는지에 대해 분석했고, 『자유를 위한 문화행동』에서는 이른바 제1세계와 제3세계 국가들 사이의 신식민주의적 관계에 대해 살펴보았고 진정한 이론과 말뿐인 이론, 실천과 형식적인 행동주의를 대비시켜 설명했다. 끝으로 『페다고지』에서는 자본주의교육이 발전해온 역사적 맥락에서 지배와 억압 사이의 변증법적 관계를 다루었다.

상투메프린시페에서 군인들을 가르쳤던 경험도 프레이리의 삶에 중대한 영향을 미쳤다. 이때 개발한 문맹퇴치 프로그램은 시행된 지 4년 만에 전체 신청자의 55%, 과정을 수료한 사람의 72%가 문맹을 떨치는 성과를 거두었다(Gadotti, 1994).

프레이리는 1960년대 포르투갈의 지배에 맞서 기니비사우에서 해방운동을 지휘한 혁명운동가 아밀카르 카브랄을 매우 존경했다.[7] 프란츠 파농이 즉각적인 무장 개입을 주장한 반면에 카브랄은 먼저 기니비사우 농민을 정치적으로 각성시키지 않을 경우 혁명이 단명으로 끝날 것이라고 주장했다. 카브랄은 군사적인 투쟁보다 정치투쟁이 훨씬 중요하며, 게릴라는 민중에게 헌신적으로 봉사하는 역할을 떠맡아야 한다고 강조했다. 게다가 그는 유아사망률을 낮추기 위해서 의사와 간호사를 훈련시키는 수단으로서의 교육도 중요하지만, 젊은이에게 그들의 삶과 포르투갈의 식민지배, 서구 제국주의가 갖는 관계를 복합적으로 이해시키는 데도 교육의 목적이 있다고 보았다(Cohen, 1998). 카브랄의 민족해방이론에서 핵심은 아프리카만의 고유한 주체성을 되찾고 민중문화를 다시 꽃피워내는 회복 과정을 통해 '민중의 역사'를 회복하는 것이었다. 산 후안에 따르면, 카브랄은 교육의 주된 주체로 정당을 생각했다. 정당은 이론이란 무기를 다루었고 갓 태동한 민중문화의 조직화된 정치적 표현이었다. 카브랄의 생각에 국가는 혁명적이고 공동체적인 주체성을 담아낸 하나의 형태였다. 역사적으로 국가의 자결권은 국가의 생산력을 발전시키는 과정을 직접 관리하는 권리에서 출발한다고도 보았다.

1979년 6월, 브라질 정부는 앞으로도 브라질 여권이 발급되지 않을 8

명의 브라질인 이름을 발표했다. 프레이리도 그중 하나였다. 그러나 상파울루 대주교 파울루 이바리스투 아른스의 도움으로 프레이리는 1979년 8월 브라질에 돌아올 수 있었다. 프레이리는 상파울루, 리우데자네이루, 헤시피를 차례로 방문한 후 상파울루 가톨릭 대학교의 교수직을 받아들였다.[8]

상파울루에서 프레이리는 군사정권에 대한 저항이 점점 격렬하게 변해가는 것을 확인할 수 있었다. 상파울루의 공업지구인 상베르나르두의 금속노동자들이 1979년에 벌인 파업이 대표적인 예였다. 1980년 프레이리는 사회민주주의를 표방한 노동자당의 창당에 참여했다. 1989년 지방선거에서 노동자당이 상파울루에서 승리를 거두자, 루이자 에룬디나 시장은 프레이리를 상파울루 교육감으로 임명했다. 1991년까지 교육감으로 재직하는 동안, 프레이리는 상파울루 시민들을 상대로 문맹퇴치운동이란 급진적 의제를 계속 추진했다. 시교육청은 프레이리의 지휘하에 청년을 위한 문맹퇴치 프로그램인 '상파울루시 문맹퇴치운동'MOVA-SP을 시작해, 민중운동을 활성화하고 시민사회와 자치정부의 연대에 발판을 놓는 데 큰 역할을 했다. 또한 프레이리는 권력의 분산을 통해 공동체적 활동을 유도한 '교과과정 재편성 운동'을 시작했고, 학교의 자율성을 키워주며, 공동체의 쟁점을 비판적으로 다룬 교과과정의 개편을 주도했다.[9]

프레이리의 업적은 주로 교육자와 문맹퇴치운동가로서의 역할에 초점이 맞춰진다. 하지만 그의 업적이 그런 측면에만 국한되는 것은 아니다. 문학이론, 작문, 철학, 민속학, 정치학, 사회학, 교사 교육, 신학 등 다양한 분야를 연구하는 학자들이 그의 방법론을 도입하고 있다. 프레이리 덕분에 '교육자'라는 단어에는 새로운 의미가 더해져서, 교육자는 다양한 학문과 다양한 관점을 포괄하는 단어로 쓰이게 되었다. 따라서 경계 지식인, 사회운동가, 비판적 연구자, 도덕적 행위자, 저항하는 가톨릭 노동자,

급진 철학자, 정치혁명가도 이제는 교육자로 불린다. 프레이리는 억압에 저항하는 교육학을 발전시키는 데 20세기의 그 어떤 교육자보다 공헌했다. 게다가 그는 자신이 가르친 대로 살았다. 그의 삶은 용기와 고난과 인내, 그리고 사랑의 힘에 대한 굳은 신념이 어우러진 이야기였다.

## 프레이리의 교육철학 — 가난한 사람을 위한 교육학적 선택

프레이리의 삶은 권력과 명예의 변방에 머문 삶이었다. 그는 사회·정치적 변화를 실천하는 데 전념했기 때문에 언제나 논란을 일으키는 사람으로 여겨졌다. 특히 유럽과 북아메리카 교육계의 눈에는 그렇게 보였다. 지금은 가장 주목할 만한 해방철학자 중 하나이고 비판적 문해교육과 비판적 교육학의 선구자로 인정받지만, 그의 저작은 교육계의 주류 밖에서 활동하는 교육자들에게만 필독서로 여겨질 뿐이다. 프레이리 추종자들이 변방에서 머물 수밖에 없는 이유는 교육의 변화에는 사회·정치적 구조의 중대한 변화가 필연적으로 따라야 한다는 프레이리의 굳은 믿음에서 비롯된다. 교육이 행해지는 공간이 바로 사회적이고 정치적인 세계이기 때문이다. 북아메리카의 대표적인 프레이리식 교육자, 예컨대 도날도 마세도, 헨리 지루, 아이라 쇼어, 안토니아 다더, 스탠리 아로노위츠, 페피 레이스티나 등은 많은 교육현장에 정치적 입장에서 선도적으로 개입한 것으로 여겨진다. 하지만 프레이리의 저작이 그렇듯이 그들의 저작도 많은 논란을 불러일으키고 있기 때문에 학계에서 그들의 입장은 편안한 편이 아니다. 대부분의 교육자가 비판적 교육학을 정치적으로 수용하기 힘들고 거의 실현 불가능한 유토피아적 공상이라 생각한다. 비판적 교육학이 지배문화에 의해 원만한 혜택을 누리는 사람들의 이익을 위협하는 입장인 것은 분명하다. 프레이리가 세상을 떠나기 무섭게 그의 저작에 대한 강의를 없애버린 하버드 교육대학원의 자세에서도 이런 현상을 분명히 읽을 수 있다.

1997년 5월 2일 파울루 프레이리는 심장마비로 세상을 떠났다. 그가 세상을 떠나기 무섭게 하버드 교육대학원은 해방교육학에 대한 강의를 폐강하면서 본연의 정체를 드러냈다. 프레이리의 죽음을 계기로 그에 관련된 강의를 계속하며 그의 사상을 재확인하지 않았다는 점에서. 하버드 교육대학원이 지금까지 프레이리의 사상과 저작에 보였던 관심은 홍보 효과를 겨냥한 전략일 뿐이었다. 달리 말하면, 민주적 개방성과 다양성을 지향한다는 하버드 교육대학원의 주장을 정당화시키기 위해서 프레이리를 아이콘으로 한 학기 동안 받아들이는 것은 용납할 수 있지만, 그의 사상이 전체적인 교육방향의 일부가 되는 것은 용납할 수 없다는 뜻이다. 프레이리가 20세기 후반의 가장 중요한 교육자로 여겨지고 있지만 하버드 교육대학원은 프레이리의 이론과 사상을 집중적으로 탐구하는 강의는 하나도 개설하지 않고 있다. 몇 해 전 종신재직권을 보장받지 못한 신임 교수 둘이 프레이리의 사상에 크게 영향을 받아 강의를 위한 참고문헌에 프레이리의 저서를 포함시킨 적이 있었다. 하지만 어떤 교수도 강의에서 프레이리를 마음 편하게 소개할 수 없는 실정이다. 하버드 교육대학원은 프레이리의 이론과 사상에 미온적인 반면에 하버드 신학대학원은 프레이리의 저서를 주된 참고서로 삼은 '교육과 해방'이란 강좌를 개설하고 있다는 사실은 아이러니가 아닐 수 없다.(Macedo, 1998, p.xiv)

프레이리는 교육당국이 홍보 효과를 노려서 자주 도용한 최초의 학자였다. 사회적으로 의식 있는 학생, 특히 유색인 학생에게 프레이리의 인

1996년, 상파울루 자택에서 파울루 프레이리.

기가 높아가는 현상에 교육당국은 그런 식으로 대응했다(Leistyna, 1999). 진보적이고 급진적인 학생들은 교사, 사회운동가, 공동체 활동가라는 소명을 통해서 세상을 바꿔보려는 열망을 실현시킬 방법을 프레이리에서 찾기 때문에 지금도 그런 학생들에게 프레이리의 저서는 필독서이다. 또한 프레이리는 진보적이지만 이론에 매진하는 학생과 교수만이 아니라, 철저하게 풀뿌리이기를 추구하는 학생과 사회운동가에게도 존경의 대상이다. 체 게바라와 마찬가지로 프레이리도 '행동하는 실천가'로 유명했기 때문이다.

프레이리는 대화를 통한 사회주의적 세계의 건설은 복잡한 변증법적 관계로 완성된다고 믿었다. 구체적으로 말하면, 사회의 구조적 특징과 생산의 사회적 관계, 문화의 형성 및 제도적 구조 등이 변증법적으로 뒤얽히면서 사회주의적 세계가 완성된다는 뜻이다. 프레이리가 자신의 기념비적 저서 『페다고지』에서 설득력 있게 주장했듯이, 자본주의가 성대하게 차려놓은 연회장에서 쫓겨나는 사람이 점점 늘어나고 있다. 그들은 식탁 아래를 기어다니면서 지배계급이 발아래 떨어뜨린 찌꺼기를 차지하려고 개와도 다투어야 할 지경이다. 프레이리에 따르면, 의미를 만들고 역사를 만들며 이른바 교양인이 되는 과정의 복잡한 상관관계를 분석할 때 자본주의의 사회적 구조는 무시될 수 없다. 교양인이 되는 과정, 즉 프레이리가 '프락시스'라 칭한 과정을 통해서, 대화의 의도가 널리 확산되고 행동으로 취해지며 수정되어, 결국에는 정치적 해석으로 발전해서 사회를 변화시키려는 의지가 형성된다. 이처럼 대화를 통해 이야기를 주고 받는 과정에서, 즉 상호주체성을 통해서 얻어지는 결과는 전적으로 미리 결정될 수 없는 것이다.

생성어를 만들어내고 그 생성어를 풀어가는 과정도 프락시스의 한 부분이다. 달리 말하면, 학습자에게 일상적인 현상을 특별하게, 즉 거리를 두고 비판적으로 다시 경험해보라고 독려하는 수단일 수 있다……하지만 가장 중요한 것은 교사에게 자극받아 학생이 프락시스에 적극적으로 참여할 수 있느냐이다. 이때 프레이리가 분명히 말했듯이, 교사의 교육학은 뚜렷한 방향성을 가져야 한다. 교육에 중립은 있을 수 없다는 프레이리의 생각처럼, 교사의 정치적 선택으로 교육학이 결정된다는 점에서 그렇다.(Allman et al. 1998, p.12)

콜린 랜크시어Colin Lankshear에 따르면, 프레이리가 제시한 읽고 쓰기를 배우는 과정은 각자의 의도와 창의적 잠재력 및 비판적 시각을 표현하기 위한 수단으로서 문해능력을 키워가는 과정이다. 달리 말하면, 문해교육은 외부에서 강요되는 지시와 거짓 신화를 무작정 받아들이는 과정이 아니다. 문해교육은 폭넓은 정보와 이론 및 다른 비판적 시각에 접근할 기회를 제공함으로써 학습자가 비판적 각성을 지속적으로 확장하고 가다듬어 이 각성을 역사에 보다 온전히 의식적으로 개입하려는 다른 사람들의 각성과 교류할 수 있게 해주는 수단이 된다.(1993, p.114)

프레이리의 저작은 교육계에 존재하는 거의 십여 개의 교육운동 또는 경향과 동일하게 취급되었지만 프레이리 자신은 그런 짜맞추기를 강력히 거부했다. 예컨대 그의 저작은 민중교육, 성인교육, 교육 변혁, 비형식교육과 동일하게 여겨지며, 이런 교육들은 곧잘 동일한 것이라 해석된다. 로자 마리아 토레스에 따르면,

프레이리는 자신의 글을 인용하면서 민중교육과 성인교육, 교육 변혁과 비형식교육과 등식화시키는 사람들과 일정한 거리를 두었고, "민중교육을 성인교육에 국한시키거나, 성인교육과 혼동해서는 안 된다. 민중교육은 학습자의 나이로 정의되는 게 아니라 정치적 선택에서 출발한다."(1985)라고 말했다. 또한 교사와 학습자를 평등한 관계에 놓고, 교사의 역할을 배제하는 비지시적 교육방식을 주장했다는 사실마저도 프레이리는 강력하게 부인했다. "자신의 위치가 학습자와 평등하다고 말하는 교육자는 선동가이거나 거짓말쟁이, 무능력한 사람이다. 교육은 어떤 경우에나 지시적이어야 한다. 이에 관해서는 『페다고지』(1985)에서도 분명히 말했다."(1998, p.109)

프레이리는 교사의 역할을 '전면에 나서지 않는 안내자', 즉 언제나 주변에서 머무는 배후의 '촉진자'facilitator의 역할로 축소하거나 교육과정을 능동적으로 주도해가는 책임을 멀리해서는 안 된다고 역설했다. 비유해서 말하면, 프레이리의 교육학은 작은 방울뱀의 교육학이 아니라 앞뒤로 몸을 흔들면서 신속하게 공격하는 코브라의 교육학이다. 즉 제자리에서 맴도는 교육학이 아니라 학생들의 현재 조건을 타파해서 대안적 관점을 제시하는 교육학이다. 프레이리의 저작과 가장 밀접한 관련을 갖는 흐름을 굳이 찾자면, 존 듀이John Dewey와 마리아 몬테소리Maria Montessori 등에서 시작된 '능동적 학교'active school일 수 있다. 하지만 프레이리는 자신의 접근법을 이런 접근방법과 동일시하는 흐름도 경계했다. 요컨대 그는 자신의 교육철학을 하나의 틀에 가두려는 경향을 거부했다. 다시 로자 마리아 토레스를 인용해보자.

프레이리는 교육계의 위대한 사상가와 교육학자에 곧잘 비교되고, 그런 틀 안에서 분석되었다. 많은 학자가 그를 '능동적 학교' 운동에 관련시키며 그 운동을 주도한 대표적인 교육자들(듀이, 드크롤리, 몬테소리, 클라파레드, 프레네)에 비교했다. 심지어 일리히Ivan Illich의 탈학교교육을 언급하며 프레이리와 일리히를 동일하게 다루는 학자도 있었다. 그러나 프레이리는 자신을 '능동적 학교'와 차별화시키고 싶어 했다……물론 프레이리는 학교를 부정하거나 없애기보다는 학교를 변혁시키자고 역설했기 때문에 탈학교교육과도 분명한 선을 그었다.(1998, pp.109~110)

이처럼 프레이리는 자신의 저작을 교육계의 다른 학설들과 결부시키려는 경향에 강력히 반발했지만, 프레이리의 저작이 철학·신학·사회학의 다양한 전통 학설에 뿌리를 두고 있는 것만은 틀림없다. 그러나 그의 사상이 완전히 독창적인 것은 아니더라도 그가 학문의 경계를 넘나들면서 다양한 사상을 독특한 방식으로 결합시킨 것도 부인할 수 없는 사실이다. 슈구렌스키Daniel Schugurensky의 지적에 따르면,

> 『페다고지』를 읽고 나서 프레이리의 이론이 새롭거나 독창적이지 않다고 주장할 사람이 있을 것이다. 이런 주장은 어느 정도 타당성이 있다. 예컨대 프레이리의 글에서 소크라테스의 산파술産婆術 (문답으로 마음속에 잠재된 생각을 끄집어내는 방법 — 옮긴이), 철학적 실존주의, 현상학, 헤겔 철학, 마르크스주의, 진보 교육, 해방신학 등의 요소를 찾아내기란 그다지 어렵지 않다. 마르크스와 성경이 뒤섞여 있고, 사르트르와 후설, 엠마누엘 무니에와 마르틴 부버, 프란츠 파농과 알베르 멤미, 마오쩌둥과 게바라, 루이 알튀세르와 에리히 프롬, 헤겔과 미구엘 우나무노, 카렐 코지크와 피에르 퓌테르, 피에르 테아르 드 샤르댕과 자크 마리티앙, 헤르베르트 마르쿠제와 아밀카르 카브랄의 냄새도 풍긴다. 프레이리는 그들에게 영향을 받았지만 이런 사상들을 독창적으로 결합시킨 데 그의 탁월한 능력이 있었다. 따라서 파우스토 프랑코가 지적하듯이, 프레이리를 읽을 때 우리는 어디선가 읽은 듯한 편안한 기분이 들면서도 그 모든 것을 절묘하게 결합시켜 끌고가는 힘에서 새롭다는 느낌을 받는다.(1998, pp.19~20)

그러나 프레이리의 글을 다른 사상의 '조합'에 불과하다고 평가하면 큰 잘못이다. 많은 점에서 그의 사상은 선배 학자나 동시대 학자의 사상을 뛰어넘기 때문이다. 아나 마리아 아라우주 프레이리와 도날도 마세도는 프레이리의 저작에 다른 사상가들이 미친 영향을 이렇게 설명했다.

> 마르크스주의, 실존주의, 개인주의, 현상학 등이 파울루의 사고방식에 미

친 영향을 부인할 수는 없다. 실제로 그의 글에서 마르크스, 루카치, 사르트르, 무니에만이 아니라 알베르 멤미, 에리히 프롬, 프란츠 파농, 메를로 퐁티, 안토니오 그람시, 카렐 코지크, 마르쿠제, 아그레스 헬러, 시몬 베이유, 아밀카르 카브랄의 사상이 곳곳에서 눈에 띈다. 그러나 파울루는 그런 대가들을 재창조해냈고 부분적으로 또는 전체적으로 뛰어넘었다.

파울루 프레이리도 그들의 영향을 부인하지는 않았다. 그 자신이 비판가이자 창조자인 것도 알았지만 동시에 그 자신도 주어진 상황——그가 창조해내지 않은——에서 일하고 행동하며 살아가는 존재이며 따라서 다른 모든 사람과 마찬가지로 역사적 존재로서 그 시대의 문화와 이전의 문화에서 영향을 받았다는 것을 알았기 때문이다.(1998, p.39)

헨리 지루는 프레이리의 망명과 그가 빈번하게 넘나들었던 볼리비아, 칠레, 아프리카, 북아메리카, 유럽 등의 지리적 경계와, 그의 글에서 읽혀지는 이론적·학문적 경계에서 상관관계를 찾아내려 애썼다. 지루는 "떠돌이라는 의식에서, 이론과 문화의 차이에서 비롯되는 다양한 영역 간의 관계에서, 또 비유럽 문화와 유럽 문화 간의 경계에서, 프레이리는 지식인이 되어야 한다는 의무감을 형성해갔다."(1993, p.179)라고 말했다. 프레이리를 '경계 지식인'이라 정의하면서 지루는 "프레이리의 글은, 국가의 억압적 기제에 도전할 뿐만 아니라 자유와 평등과 정의라는 근대적 가치를 쟁취하기 위해 투쟁하는 새로운 문화적 주체와 운동의 형성에 공감하는 담론적 투쟁과 저항의 한 양식을 구체적으로 보여주었다. 이런 점에서, 프레이리가 아프리카와 남아메리카와 남아프리카에서 교육자, 페미니스트, 혁명가에게 관심을 가졌다는 점이 부분적으로 설명된다."(pp.179~180)라고 말했다. 결국 지루는 프레이리의 저작을 "시詩가 정치에 끼어들고, 연대連帶가 과거에 시작되어 미래 언젠가에 들려지기를 기다리는 현재를 위한 노래가 되는 텍스트의 경계점"이라 규정했다(p.186).

신자유주의를 신랄하게 비난한 학자답게, 프레이리는 시장 논리와 그 통속적인 담론의 화려한 위용으로 구축된 물화된 소비자 정체성을 뛰어넘는 정치의식을 간직할 수 있도록 민중의 능력 속에 주요한 이데올로기적 긴장감을 심어주어야 한다고 파악했다. 더 나아가 프레이리는 사회성과 일상의 삶에 대한 담론은 정치영역에서 배제된 것으로— 오늘날까지 많은 주류 교육자들이 이렇게 주장한다 — 선험적으로 규정될 수는 없다고 단정했다(McLaren, Leonard & Gadotti, 1998).

피터 메이요(1999)에 따르면, 프레이리는 교육자와 계급 또는 피교육자 집단 간의 '유기적 관계'(그람시가 말하는 '유기적 지식인'이란 개념에서의 유기적이란 뜻과 무척 유사하다)의 창조를 강조했다. 교육자는 학습자와 달리 '문화자본'을 지니고 있기 때문에, 프레이리는 교육자에게 대중과 하나가 되어 민중계급의 문화에 융화되기 위해서라도 '계급자살'을 두려워하지 말라고 촉구했다(Mayo, 1999, p.68).

프레이리는 어린 시절에 브라질 농민의 상황을 직접 경험한 덕분에, 라틴아메리카와 아프리카 등에서 자행되는 경제적 착취에 저항하는 민중의 폭동을 적극적으로 지지했다. 브라질 사회 전반에서 착취로 짓눌린 사회질서를 목격한 프레이리는 이데올로기와 정치의식의 함양을 통해서 사회적 부의 생산관계를 변화시키는 데 전력을 다했다. 그러나 사회적 부의 징발과 분배라는 공정한 시스템으로 새로운 사회질서를 세워가려는 그런 노력 때문에, 프레이리는 국가를 전복하려는 교육자라는 낙인이 찍혔다. 문맹 탈피와 '뭔가를 알게 되는 행위'는 자기변화를 계속해서, 사회정의와 해방을 위한 투쟁이란 쟁점에서 중심적 위치를 차지해야 한다고 프레이리는 생각했다. 또한 억압받는 사람들이 자기활동self-activity을 혁명적 힘으로 구체화시키기 위해서라도 스스로 집단의식을 키워서 연대와 상호의존을 지탱해주는 정신으로 발전시켜야 한다고도 말했다(McLaren & Da Silva, 1993). 비판적 문해를 위한 교육학이 가난한 사람들에게 비판의식을 키워주는 주된 수단이므로, 개인적 목적과 공동의 목표를 결합시키는 창조적 노력과 탐구의 과정으로 발전되어야 한다고도 주장했다. 결국 프레이리는 문해를 누구에게나 열린 참여 과정이라 생각했다. 따라서 비판적 의식의 문제는 지식이 생산되고 채택되며 사용되는 중요한 역사적 맥락과 분리되어 나올 수는 없었다.

프레이리는 억압받는 사람들이 다른 사람들의 꿈과 욕망을 채워주는 부속물로 살아가는 가혹한 현실을 몹시 안타깝게 생각했다. 노동계급의 일상적인 투쟁에서 멀리 떨어져 있을 뿐 아니라 억압받는 사람들이 마음속에 간직한 꿈을 이해하지도 못하고 이해하려고도 않는 사람들이 가난한 사람들의 꿈을 채워줄 가능성은 거의 없는 듯했다. 따라서 프레이리는 진보교육학이 브라질 교육자들에게 제기하는 문제를 간략하게 짚으며 독설을 서슴지 않았다.

진보적인 브라질 교육자들의 정치교육학적인 실천은 경제의 세계화, 기아와 빈곤, 전통의 고수와 현대성과 포스트모더니즘, 권위주의와 민주주의, 폭력과 면책, 냉소주의와 무관심, 무력감, 심지어 희망에 의해서까지 도전받고 있는 사회에서 일어난다. 그 사회는, 거부할 수 없는 변화 요구 성향을 대다수의 유권자가 드러내는 사회이다.(1998b, p.76)

프레이리의 교육학은 (모순으로 가득한 민중의 사회적 조건에 마법 같은 해결책을 종종 제시해주는) 민간 전통을 문화적 토대로 인식하고 지식의 집단적 형성의 중요성에 대한 인식에 바탕하여, 억압받는 사람들의 관점에서 생생한 어휘를 창조해내고 새롭고 강력한 힘을 갖는 용어를 제시하여 억압받는 사람들이 자본주의사회의 계급구조 내에서 처한 상황을 올바로 분석해서 억압을 재생산해내는 순환구조에서 탈출을 시도하는 투쟁에 참여할 길을 열어놓았다. 마르시아 모라에스Marcia Moraes의 표현을 빌면, "프레이리 교육학의 중요한 점은 지식을 쌓아가는 과정에서의 인식론적 관점이다. 프레이리는 민중의 존재론적이고 문화적인 경험이 갖는 관계, 의식화과정에서 차지하는 사회적 위치를 고려한 지식이 필요하다고 역설했다."(1996, p.105)

프레이리의 교육학은 억압받는 사람의 경험을 중요하게 여겼다. 그렇다고 그런 경험을 반드시 액면 그대로 받아들여야 한다는 뜻은 아니었다. 억압받는 사람들의 경험이 이데올로기적 차원에서 주체성과 정체성에 의문을 제기하는 토대가 되기는 했지만 프레이리는 삶의 경험을 언제나 중요하게 여겼다.

> 학생들이 살아가는 조건과, 학생들이 삶의 경험에서 얻은 지식의 중요성을 고려하지 않고, 형성 과정에 있는 그들의 정체성과 존엄성에 왈가왈부한다는 것은 불가능하다. 나는 삶의 경험에서 얻은 지식을 조금도 과소평가하지 않는다. 그 지식을 조롱한다는 것은 생각할 수도 없는 일이다.(Freire, 1998a, p.62)

프레이리는 어떤 특정한 행위가 역사적으로 갖는 의미를 미리 확신할 수는 없다고 주장했다. 모든 행위는 차이의 시스템, 달리 말하면 사회적 관계와 모순의 집합체 내에서의 국면상 위치의 산물이기 때문이다. 도전은 행위자에게 주어진 역사적 한계를 인식하는 것일 뿐만 아니라 그 역사적 한계와 행위자를 제약하는 조건을 밀어내는 것이 가능하다고 인식하는 것이다. 따라서 도전은 계급과 인종, 자본과 성의 모순 내에서 조직된 규범화된 사회적 관행 분야에 끼어드는 수준을 넘어선다. 계급적 사회관계에서 구체화된 모순이 프레이리에게는 평생의 가장 중요한 과제였다.

　프레이리의 '이론들'을 이해하려면, 그 이론들에서 사용되는 개념들이 일상의 삶을 기준으로 굴절되었다는 사실을 먼저 인식해야 한다. 예컨대 제국주의, 억압, 착취, 해방, 권위주의 등의 개념들은 그 자체로 일상적 관행이거나 상호작용하는 사회형태였다. 프레이리는 자신의 이론을 실천하는 삶을 살았다. 아나 마리아 아라우주 프레이리와 도날도 마세도는 프레이리의 삶에서 이런 면을 특히 강조했다.

　　프레이리는 감성적이면서도 강한 사람이었고 열정적인 감정을 지닌 사람이었다. 또한 그의 이데올로기적, 정치적, 윤리적 원칙에서 벗어나는 것은 단호히 거부한 사람이었다. 역사에 빗대어 말하고 글을 썼으며, 규칙적인 습관을 지녔고, 남녀를 불문하고 명예와 신의를 존중했다. 무엇보다 프레이리는 세계 인구의 다수를 차지하는 사람들에게 역사적으로 강요된 부정의를 받아들일 수 없는 창의적이고 혁명적 지성을 지닌 인물이었다.(1998, p.41)

　프레이리는 말과 글로 표현한 원칙을 실천하는 삶을 살았다. 그는 지극히 중요하다고 생각한 명료한 개념과 시스템으로 자신의 세계를 만들어 갔다. 더 구체적으로 말하면, 프레이리는 일상의 경험을 통해서 역사를 만나고 역사에 참여하면서 그 개념들을 치열하게 문제화시키는 삶을 살았다. 그는 패권주의가 결국에는 와해되고, 이데올로기가 필연적인 인과적 환경을 만들어내면서 주체성을 결정하는 것은 아니라고 확신했다. 그의 이론은 어떤 구제의 초점— 해방의 초점— 을 구체화했다. 따라서 명제적 신념이 다른 설명서로 구성된 이론이거나, 세상의 고통과 고난을 총체적으로 설명하는 데 도움을 주지 못하는 가정을 내세우는 이론에 프레이리는 얽매이지 않았다. 그의 이론적 세계는 '이야기식 공간', 또는 그가 대중적 지식 문화 노동자로 스스로를 만들어갈 수 있었던 용어들로부터 도출된 자신만의 용어 목록을 지닌 담론적 질서로 이루어졌다. 그가 '명료한 것을 찾는 순례자'pilgrim of the obvious라 칭했던 지식 문화 노동자의 주된 관심사는 혁명적 교육 프락시스를 통해서 지배와 착취를 극복하는 데 출발점을 두었다. 이런 이야기식 공간은 조직적인 억압을 설명할 수 있어야 했고, 더 나아가 조직적인 억압을 극복하는 데 도움을 줄 수 있는 방법론적 조건을 만족시킬 수 있어야 했다. 프레이리와 체 게바라 두 사람의 경우에 그들의 주체성은 자신의 경험과 세상에서 고통 받는 다른 사람들의 경험을 올바로 이해하기 위해서 그들이 도입한 일상의 이론에서 변증법적으로 형성되었다고 말할 수 있다.

프레이리와 그 동료들이 힘없는 농민들을 위해 개발한 문해교육 프로그램은 지금 전 세계에서 사용되고 있다. 역사와 계급, 정치와 경제의 구분을 문화와 권력이란 개념에 연계시키면서 프레이리는 비판적 언어와 희망의 언어를 동시에 제시하려 애썼다. 두 언어는 서로 결합되고 변증법적으로 상승효과를 발휘하며, 이런 현상과 관련된 문제가 교육을 담당하던 관리들에 의해 전혀 비판적으로 제기되지 않던 시기에 힘없는 사람들에게 희망을 안겨주었다. 그러나 프레이리의 생각에 문해교육은 특별한 삶의 방식, 즉 다른 사람을 배려하며 살아가는 방식을 위한 출발점에 불과했다. 프레이리식의 비판적 문해교육은 이해관계와 이론의 혁명적 변증법이며, 그 속에서 각 개인은 비판적 자기성찰을 통해 구체적 삶의 방식 속에서 자신의 자아형성을 스스로 의식할 수 있게 된다.

프레이리는 교사나 문화 노동자도 문화와 사회의 한 부분을 차지한다는 기본적인 가정에서 벗어나서 억압받는 사람의 의식을 표현할 방법은 없다는 것을 깨달았다(Freire, 1993, 1998a, 1998b). 프레이리 교육학의 주된 목표는 혁명적인 사회적 프락시스를 통해서, 전문가인 교사가 학습자의 기억 은행에 기계적으로 지식을 집어넣는 은행예금식 교육banking concept of education을 변화시키는 데 있었다. 이런 식의 교육은 내용 자체가 자아비판적이라는 걸 암시한다. 프레이리는 이런 쟁점에 대해서 다음과 같이 말했다.

진보적인 교육자라면 기계적인 교육방식을 거부해야 한다. 진보적인 교육자라면 어떤 대상의 개념을 학습자에게 개략적으로 전달하는 데서 그쳐서는 안 된다. 포르투갈어를 가르친다면 악센트의 사용법, 주어와 동사의 일치, 동사의 어법, 명사의 격, 대명사의 사용법, 부정사 용법 등을 가르쳐야 한다. 하지만 포르투갈어의 표현법을 가르친다면 사회계급과 관련된 언어적 쟁점까지 가르쳐야 한다. 말하자면, 구문과 문법, 의미와 철자 등에서 계급적 쟁점을 묵인하고 넘어가서는 안 된다. 내용을 가르치기만 하면 학생이 자연스레 현실을 급진적 관점에서 깨닫게 되리라고 희망하는 것은 비판적 교육이 아니다. 뭔가에 억눌리고 통제된 교육일 뿐이다. 달리 말하면, 내용에 담긴 비판적인 힘을 기대하면서 학생들이 언젠가 내용을 올바로 이해하리라고 믿는다는 뜻이다. '우리가 학습자의 머리에 많은 내용을 심어주고, 그 내용이 여러 방향으로 가지를 뻗어가면 학습자가 언젠가는 비판적 의식을 가지고 세상을 올바로 이해하며 현실을 극복하려는 의지를 갖게 될 것이다.'라는 믿음은, 사과가 나무에서 떨어지기를 기대하며 나무 아래에서 입을 벌리고 기다리는 것과 다를 바가 없다.

음흉한 신자유주의자는 그런 생각이 터무니없는 기대라는 것을 잘 알고 있기 때문에 세상을 읽어내는 힘과는 무관한 그런 교육 방향에는 지원을 아끼지 않는다.(1998b, pp.75-76)

프레이리의 『페다고지』는 지금도 말the word과 세상에 다가가려 애쓰는 모든 이들에게 북극성 역할을 하고 있다. 많은 점에서 『페다고지』는 사회적 삶을 헤겔적 마르크스주의로 심도 있게 읽어낸 것이 특징이다. 실제로 주인–노예의 변증법이 이 책의 기본틀을 이룬다. 물론 프레이리가 평생 동안 쓴 책들도 대부분이 이런 구조이다. 프레이리를 '우리 시대를 대표하는 유기적 지식인'이라 정의한 코넬 웨스트Cornel West는 『페다고지』를 "인간의 자유에 관련된 이야기에 사회이론을 접목시키는 새로운 방법을 찾던 반패권적 이론가와 활동가에게는 기념비적 사건"이라 말했다 (1993, p.xiii). 또한 웨스트는 "파울루 프레이리는 마르크스조차 걷기를 거부한 길을 대담하게 걸었다. 즉 투쟁하는 인간을 향한 혁명적 사랑이 서로에 대한 믿음을 유지해주고 그들과 역사에 희망의 빛을 던지는 지평을 향해 대담하게 나갔다."(p.xiv)라고 덧붙였다.

프레이리는 새로운 사회질서, 즉 농부들이 의식화되어 새로운 사회질서를 만들어가는 데 참여해 그들의 삶을 노예상태로 전락시켰던 사람들을 억압하는 것으로만 끝나지 않는 새로운 사회질서를 만들어가려고 애썼다. 아나 마리아와 도날도 마세도의 표현을 빌면, "프레이리의 혁명적 사상은 압제자와 피억압자의 관계를 뒤바꿔야 한다고 전제하지 않았다. 권력의 수직화와 착취가 존재하지 않는 사회, 사회에서 소외된 계층이 배제되거나 세상을 읽지 못하도록 방해받지 않는 사회를 재창조하는 데 목적을 두었다."(1998, p.9).

프락시스에 대한 프레이리의 이런 생각은 비판적으로 글을 읽으려는 프레이리의 접근법에서도 찾아진다. 프레이리의 비판적 글읽기 방법을 새로운 관점에서 읽어낸 압둘 잔모하메드Abdul JanMohamed는 프레이리가 생성어를 찾아내서 이야기식으로 해석하는 과정을, 후설의 '침전'sedimentation과 '재활성화' reactivation를 전용과 재규정이란 관점에서 해석한 에르네스토 라클라우Ernesto Laclau의 접근법에 비유했다. 잔모하메드는 프레이리의 방법론은 패권주의가 결코 완전하게는 성취되지 못할 과정이라는 관점에서 출발한다면서, "농부를 소외시키는 지배사회가 결코 완전히 봉합되는 안정된 구조가 아니라면 지배사회는 현재의 사회구조를 위협하는 농민을 억압하면서 질서와 힘을 유지하려 할 뿐이다. 따라서 프레이리가 농부에게 실존상황을 공부하라고 독려하는 것은 농부에게 현재의 정체성만이 아니라 미래의 정체성까지 결정짓는 역학관계를 배우라고 설득하는 것과 마찬가지이다."(1994, p.245)라고 말했다.

잔모하메드의 해석에 따르면, 프레이리의 문해법은 새로운 유형의 주체성이 농민들 사이에서 솟아나올 수 있는 범위를 제공한다. 새로운 주체성은 힘의 행사로 승인된 새로운 정체성이므로, 이런 정체성은 "(제도화된 권력에 거의 접근할 수 없다는 점에서) 농민들의 실제적 무력함이 다양한 국가 및 시민 기구의 거대한 억제력, 즉 강압적 무력의 실제적 또는 잠재적 사용에 의해 승인된 힘과 교차하는 곳에" 존재한다(JanMohamed, 1994, p.245). 문해를 위한 프레이리의 접근법은 농부들이 경계를 만들어냄으로써 — 즉, 농부들이 새롭게 획득한 정체성과 지배집단 간에 경계선을 그음으로써 — 그들과 지배집단 간의 '보다 명확한 대립관계'를 계발하도록 북돋운다. 이 과정에서 자신의 위치를 비판적으로 해석하며 다른 주체의 위치를 받아들이기 때문에 자신의 주체적 입장을 부정하는 단계가 있기 마련이다. 잔모하메드에 따르면, "이런 과정은 탈동일화와 동일화를 동시에 요구한다. 말하자면, 앙금처럼 깊이 침전되어 고정된 듯한 정체성의 타성에서 벗어나 정체성을 재정의하는 과정에 돌입하라는 요구이다."(p. 246) 물론 이 과정에서는 다른 입장과 동등한 위치에서 제휴하고 연대할 것을 요구하기도 한다. 개인의 주체성을 억압하는 패권적 규율과 통제의 내면화에 맞닥뜨려서, 프레이리의 방법론에는 지배집단의 주체적 입장이 농민에게 투사된 것을 몰아내는 과정이 포함된다. 이런 움직임은 지배사회에 대한 점검을 다시 활성화시켜 영력鬵力, agency 형태의 이동이 이루어져 사회적 운동에서 정치적 운동으로 변해간다.

잔모하메드는 프레이리의 교육학이 적용되는 공간을 미셸 푸코Michel Foucault의 유토피아/헤테로토피아heterotopia(도망갈 곳이 많은 세계이면서 또한 다양한 존재들이 공존하는 공간)란 개념에 비교하기도 했다. 헤테로토피아적 공간은 실제의 공간과 경쟁하며 실제의 공간을 뒤집어버리는 '역의 공간'이므로 실제의 공간과 모순 관계로 연결되어 있다. 헤테로토피아적 공간은 구조적으로 애매한 공간이어서, 어떻게 사용하느냐에 따라서 패권적 규범을 강화시키기도 하지만 거꾸로 패권적 규범과 대립하기도 한다. 프레이리의 방법론은 주체에게 헤테로토피아적 경계로서 자아를 읽어내는 일 ― 직접적으로든 간접적으로든 ― 에의 초대라고 묘사되는데, 그럼으로써 주체는 "자신의 정반사正反射의, 반대되는, 이제까지의 관습을 거스르는 잠재력을 발휘하기"(JanMohamed, 1994, p.248) 시작할 수 있다. 프레이리의 문해교육법은 헨리 지루의 의미에서 경계 지식인을 양성하는 데 목표를 두기 때문에 농부들은 '그들 자신의 사회적 형성 공간의 고고학자'(JanMohamed, 1994, p.248)로 변해야 한다. 여기에서 경계를 가로지르는 것은 새로운 경계의 재창조를 뜻한다.

프레이리의 주장에 따르면, 농부들이 자신들을 지배집단의 '반'反으로 이해하면서 지배집단에 반발하는 행동을 하기 때문에 하나의 경계를 넘는 동시에 다른 경계를 설정한다는 뜻이 된다. 생성어를 풀어가는 과정을 통해서, 또한 문해능력을 향상시킴으로써, 다시 말하면 반半체념적 의식을 떨치고 능동적 의식을 갖게 되면서 농부들은 거의 숙명처럼 받아들이던 실존의 경계를 넘어 그들과 지배집단 간의 경계를 '재설정'한다.(p.249)

포스트모더니스트가 '정체성 정치'를 나름대로 해석하기 오래전부터, 프레이리는 억압받는 사람들의 주체성을 이질적이고 이데올로기적으로도 허점이 많은 것으로 이해해야 한다고 생각했다. 또한 그들의 주체성이 텍스트를 떠나서는 표현될 수 없다는 것도 알았다. 즉 억압받는 사람들의 주체성은 그들만의 고유한 변증법적 상황이나, 교육자가 만들어낸 의미와 인식론적 가정으로만 정의될 수 있다(McLaren & Leonard, 1993). 달리 말하면 교육은 중립적일 수 없고, 사회적 현상을 고려하지 않을 수 없으며, 문화의 영역을 구성하는 의미의 네트워크에 늘 포박되어 있다. 비판적 교육학은 문화의 영역 내에서 벌어지는 투쟁이다. 문화의 영역은 반대적 교환이나 부정을 통해 기존의 기록을 분쇄하는 공간이며, 기호의 세계 내에서 또한 기호들 간에 의미를 놓고 구체적인 역사적 투쟁이 벌어지는 공간이기도 하다(McLaren, 1997a). 이런 투쟁은 인종과 계급, 젠더와 성적 취향 등 그 밖의 차이와 연결된 비대칭적 역학관계에 담론적으로 함축되어 있는 표현과 의미를 극복하도록 주체들을 설득하려는 시도이다.

기본적으로 내 입장은 변화를 원하거나 거부하는 입장에 서야만 한다. 나는 내 입장을 부인할 수도 감출 수도 없으며 내 입장을 받아들이지 않으려는 다른 사람의 권리 역시 부정할 수 없다. 그렇다고 내 학생들을 존중해야 한다는 명목으로 존재하지도 않는 중립적 입장을 표방하면서 내 정치적 입장을 제거하거나 감춰야 하는 것은 아니다. 오히려 교사로서 내 역할은 학생들에게 나름대로 비교하고 선택하며 결별을 선언하고 결정할 권리가 있다는 것을 인정해주는 것이다.

대학에 갓 입학한 학생이 얼마 전에 나를 찾아와 "선생님이 땅 없는 농부들의 권리를 그처럼 변호하는 이유를 모르겠습니다. 그들은 분란만 일으키는 골칫덩인데 말입니다."라고 말했다. 이런 말에 나는 땅 없는 농부들

중에는 골칫덩이도 있지만 억압에 저항하는 그들의 투쟁은 정당하고 윤리적이라고 대답해주고 싶다. 이른바 '골칫덩이'는 농지개혁을 공격적으로 반대하는 사람들에게 맞서는 저항의 한 형태를 보여준다. 내가 보기에는 불공평한 질서를 유지하려는 사람들이 변화를 거부하고, 윤리의식도 없는 듯하다.(Freire, 1998a, p.68)

혁명적 프락시스를 통해서 프레이리는 억압받는 사람들이 자신들의 역사를 통제할 수 있는 힘이 커갈수록 사회에 한층 신속하게 동화된다는 사실을 확인했다. 물론 그들만의 방식으로 동화되는 것이었다. 하지만 프레이리는 포퓰리즘적 입장을 취하는 이유로, 또 저서에서 지배문화가 제도적이고 국가적인 차원에서 재생산되는 방법에 대해서는 체계적으로 충분히 강조하지 않는다는 이유로 신랄한 비판을 받기도 했다. 슈구렌스키의 설명에 따르면,

전위적 투쟁가들은 프레이리가 …… 민중문화와 저항을 이상화시키는 일종의 포퓰리즘에 빠지는 경향이 있다며 그를 신랄하게 비판했다. 이런 비판에 프레이리는 교육자들에게 엘리트 의식과 근본주의라는 두 가지 위험을 경계하라고 충고했다. 달리 말하면, 민중의 지식을 거부하는 행위는 그 지식을 근거 없이 추켜올리고 신화화하는 행위만큼 위험하다는 뜻이었다. 프레이리는 교육을 교감 혹은 공유라 생각하며, "다른 사람이 생각하지 않으면 나도 진정으로 생각할 수 없다. 나는 다른 사람을 대신해서 생각하는 것이 아니며, 다른 사람이 없으면 나도 생각할 수 없다."라고 말했다. 또한 프레이리는 교사와 학습자의 대화관계를 더욱 돈독히 하기 위해서는 교사가 모든 것을 아는 것은 아니라고 인정하고 학습자는 아는 것이 전혀 없지는 않다고 인정할 수 있어야 한다고 주장했다. 비슷한 쟁점으로, 프레이리

의 문화분석이 명쾌하기는 하지만 그가 민중문화의 경계를 넘는 경우가 거의 없어 제한적이고, 따라서 지배문화가 그의 분석에서는 거의 다루어지지 않는다는 주장이 있었다. 그람시처럼 지배문화를 체계적이고 광범위하게 분석했더라면 억압받는 사람들의 문화 분석이 한층 설득력을 얻기는 했을 것이다.(1998, p.24)

스탠리 아로노위츠Stanley Aronowitz (1993)의 지적에 따르면, 프레이리는 말년에 발표한 글에서 과거의 혁명적 마르크스주의에서 일정한 거리를 두었지만 여전히 그의 기본 철학은 안토니아 그람시에서 가장 잘 표현된 '열린 마르크스주의'Open Marxism였다. 아로노위츠가 주장하듯이, 프레이리는 노동자·농민 운동의 지도자라는 지식인의 엘리트 의식에서 벗어나, 새로운 사회운동단체를 통해서 정부에 저항할 힘을 회복하는 데 역점을 두었다. 프레이리의 주장에 따르면 그런 새로운 사회운동단체는 혁명적 정당과 연대를 모색해야만 한다. 때때로 프레이리의 말년 저작은 초기의 혁명적 페다고지에서 상당히 후퇴했다는 평가를 받지만 초기의 마르크스주의와도 결별한 것은 아니다. 동일한 입장에서 약간의 변화가 눈에 띌 뿐이다. 요컨대 프레이리는 엘리트 의식과 포퓰리즘을 극도로 경계하며 자율적인 민중조직을 결성하려는 투쟁을 적극적으로 지지했다. 이처럼 프레이리가 아래로부터의 혁명을 강조했다는 점에서, 아로노위츠는 로자 룩셈부르크를 비롯한 무정부주의자로 맥을 이어온 자유의지론자에 프레이리를 포함시켰다. 룩셈부르크는 자발성과 자발적인 대중운동을 이상적으로 보았다(Dunayevskaya, 1982). 아로노위츠(1993)는 '지역주의'에 대한 프레이리의 비판과, 말년의 저작에서 억압과 저항과 해방보다 계급을 우선시하는 입장에 대한 그의 반발을 구체적으로 제시하면서 프레이리의 입장을 '포스트모던적'이고 '탈식민지주의적'이라 표현하기도 했다.

조 킨첼로(1994)는 프레이리의 윤리의식에 포스트모던적 분석이 결합되면서 새로운 상승작용이 가능할 수 있었다고 주장한다. 물론 프레이리의 저작에서 포스트모던적 요소가 개입된 순간이 있었다는 것을 나도 인정하지만 그의 저작에서 주된 논점은 계급투쟁을 여전히 중요시했고, 그런 경향은 말년까지 이어졌다.

지배문화가 재생산되는 변증법적인 수단과 이데올로기적 메커니즘을 설명하는 이론적인 틀까지 개발해서 제시하지는 못했지만, 그 때문에 '교육학적인 면'(공간적으로 제한된 교사와 학생의 교육학적 접촉)이 '정치적인 면'(글로벌 자본주의 경제 내에서의 사회적 생산관계)에 포함되는 방법을 전면에 부각시키는 수완에서 탁월한 능력을 보인 비판적 교육학자로서의 명성이 퇴색되지 않는다. 주류 교육자들은 자아에서 사회적 환경을 배제시켜 둘 간의 변증법적 관계마저 무시하지만 프레이리는 주체와 대상, 자아와 사회적 요인, 인간의 역할과 사회적 구조 간의 변증법적 관계를 강조했다.

프레이리에 영향을 받아 비판적 교육학을 적용하는 교육자들은 가르치는 방법론에 대한 프레이리의 설명보다 프레이리의 철학적 견해에서 더 큰 영향을 받고 있다(Taylor, 1993). 프레이리는 철학적 개념을 효과적으로 사용하고, 신학과 사회과학의 용어를 적절히 뒤섞어 사용해서, 억압받는 사람들의 세계를 뚜렷하게 드러내는 동시에 그 세계를 억압받는 사람만이 아니라 억압받지 않는 사람도 어렵지 않게 이해할 수 있는 텍스트로 보여준다. 프레이리의 저작은 억압받는 사람의 세계를 하나의 텍스트로 축소시키지 않고, 경쟁을 벌이면서 충돌하는 여러 담론이 가능한 조건을 보여주며 실제의 경험에서 의미를 찾아내는 방법까지 분명하게 보여준다. 프레이리는 교육자들에게 가르침과 일상의 삶에서 그들이 갖는 철학과 인식론의 아포리아(해결이 곤란한 문제)를 찾아내라고 촉구함으로써 가치에 대한 말의 오용에 의문을 제기한다(Freire, 1998a, 1998b).

프레이리의 글에서 진리의 개념은 위험할 정도로 불확실하다. 진리가, 진리에 관한 이야기에서 사람들이 놓인 위치와 연관되기 때문이다. 이런 점에서 프레이리의 글은 그 자신의 글을 반박하는 데 사용될 수도 있어, 그의 글에서 텍스트적 효과를 불러일으키는 이야기의 부수현상으로 해석되기도 한다. 따라서 프레이리는 독자들에게 다른 텍스트를 검토할 때 채택하라고 북돋운 이데올로기 비판과 같은 방식을 사용해서 자신의 글을 면밀하게 읽어달라고 촉구하곤 했다.

## 북아메리카 비판적 교육학에 프레이리가 미친 영향

교육학이 크게 병적인 상태에 떨어진 것을 깨닫고 프레이리는 과거의 관습을 과감히 무시하고 가르치고 배우는 데 필요한 새로운 접근법을 개발하려 애썼다. 특히 정신과 몸, 생각과 행동, 사회적 비판과 변화를 위한 프락시스를 별개로 분리시킨 '은행예금식' 교육을 극도로 경계했다. 비판적 교육학은 하버마스(1979, 1987)의 접근법처럼 왜곡되지 않은 커뮤니케이션 형식과 의사전달능력을 강조한 접근법뿐만 아니라 듀이(1916)식의 가르침과 학습 접근법을 종종 동반하면서 권력과 특권이란 거대구조에 의해 교육의 목적이 왜곡되는 방법과 학교교육의 과정이 스스로 가치 선택을 할 가능성을 억누르는 방식을 드러내는 일련의 실천으로 구성되어 있다. 프레이리는 교육학이 가르칠 수 있는 정신이나 가르칠 수 있는 마음과 똑같이 밀접한 관계가 있다고 믿었다. 또한 교육학이 세상을 변화시키려는 노력과 관계가 있듯이, 우리가 역사 속에서 현재의 조건을 분석하기 위해서 사용하는 기준들을 재점검하려는 노력과도 관계가 있다고 믿었다. 따라서 프레이리는 교육학에 대한 논쟁을 기존의 틀 밖으로 확장시켰다. 본질적으로 프레이리의 교육학은 희망의 교육학이다.

내일을 향한 비전이 없다면 희망도 없다. 저항하며 대담하게 투쟁하던 순간을 기억할 때가 아니면 과거가 희망을 주지는 않는다. 과거가 그저 옛것으로 이해된다면 그리움을 낳고, 최악의 경우에는 미래마저 무력화시키는 '향수'nostalgia를 낳을 뿐이다. 억압의 구체적인 상황은 억압받는 사람들의 역사적 시간을 절망과 체념이 영원히 계속되는 현재로 전락시킨다. 거의 예외를 찾아보기 힘든 법칙이다. 따라서 억압받는 손자는 그들의 할아버지가 받던 고통을 그대로 되풀이한다.(Freire, 1998b, p.45)

그러나 프레이리에게는 희망은 외부에서 구원자처럼 찾아오는 신비한 방문객도, 힘겨운 일상이란 구체적인 영역 밖에서 느닷없이 찾아오는 구원자도 아니었다. 희망은 영력營力 내부에 있고 일상의 투쟁의 구성요소이다. 희망이 없다면 역사가 우리를 쓸 것이고 우리가 역사를 쓰는 것을 가로막을 것이다. 프레이리는 희망에 대한 신념을 굽히지 않았다.

희망은 교사와 학생이 공유하는 미덕이다. 희망이 있기에 우리는 함께 배워가고 함께 가르칠 수 있는 것이다. 또 희망이 있기에 초조한 마음을 달래며 기다리고, 함께 뭔가를 이루어가며, 우리에게 즐거움을 빼앗아가는 장애물에 함께 저항할 수 있는 것이다. 인간 조건이란 관점에서 보면, 희망은 기본적으로 주어지는 것이지 외부의 침입자가 아니다. 우리가 미완성의 존재라는 사실을 깨닫고 더 나은 상황을 향해 끊임없이 탐색하는 데 참여하지 않았다면 현재의 우리 상황은 크게 달라졌을 것이다. 끝없는 탐색은 그 자체로 희망의 표현이다. 우리가 미완성의 존재인 까닭에 희망은 자연스럽고 필요한 충동이기도 하다. 인간의 역사적 경험에서도 희망은 반드시 필요한 양념이다. 희망이 없다면 역사도 없을 것이다. 희망이 없다면 순전한 결정론밖에 없을 것이다. 시간이 무조건 주어진 것이 아니라 문젯거리로 여겨지는 곳에서만 역사는 존재한다. 미래는 냉혹할 것이란 생각은 역사를 부정하는 것이나 다를 바가 없다.(Freire, 1998a, p.69)

피터 메이요는 프레이리의 '희망의 교육학'에 담긴 요점을 다음과 같이 정리했다.

이 탁월한 교육자의 정신은…… 지금도 살아 있다. 기계적인 합리성과 시장성을 따지는 지배집단의 패권적 담론에 끊임없이 공격받고 시달릴 때 나를 비롯해 많은 사람이 그의 글에서 위안과 피난처를 찾고, 자칫하면 상실해버릴 수도 있었던 희망의 불씨를 되찾는다. 이성과 감성이 끊임없이 결합되면서 희망이 우리에게 전해진다. 작가와 강연자로서 파울루 프레이리는 이성과 감성을 결합시키는 능력에서 남달랐다.(1997, p.368)

내가 머리말에서 언급했듯이, 프레이리의 저작은 북아메리카에서 비판적 교육학을 재활성화시킨 원동력이었다. 북아메리카에서 프레이리에 영향을 받은 비판적 교육학들은 많은 이론을 배경으로 발전해왔다. 예컨대 라틴아메리카의 해방철학(McLaren & Leonard, 1993), 비판적 문해교육(Lankshear & McLaren, 1993; Macedo 1994), 지식사회학(Giroux & McLaren 1989; Fine, 1991; McLaren 1995), 프랑크푸르트 학파의 비판이론(Giroux, 1983; McLaren & Giarelli, 1995), 성인교육(Hall, 1998), 페미니스트 이론(Weiler, 1988; Ellsworth, 1989; Lather, 1991; Gore, 1993), 이중언어 및 이중문화 교육(Cummins, 1989; Darder, 1991; Moraes, 1996; Wink, 1997), 교사 교육(McLaren, 1997a), 신마르크스주의 문화비평(McLaren, 1997d) 등이다.

최근에는 포스트모더니즘과 후기 구조주의(Giroux & McLaren, 1989; Aronowitz & Giroux, 1991; Kanpol, 1992; Kincheloe, 1993; McLaren, 1995), 문화연구(Kincheloe, 1993; Giroux & McLaren, 1994; Giroux, Lankshear, McLaren & Peters, 1997), 다문화주의(Grant, 1977; McCarthy, 1988; Sleeter & McLaren, 1995; Kincheloe & Steinberg, 1997; McLaren, 1997d; Leistyna, 1999)에 대한 논쟁에서 영향을 받은 교육자들이 비판적 교육학을 받아들였다. 프레이리에게 학교는 시민사회의 일부로 자발적인 상호작용이 이루어지는 장소여야 했다.

그러나 이처럼 다양한 분야에서 영향을 받았지만 교실현장에서 비판적 교육학은 엉뚱하게도 언어교육, 성인 문해교육 프로그램, 혹은 비고츠키 Lev S. Vygotsky를 이론적 근거로 삼은 새로운 '구성주의적' 학습법과 동의어로 여겨졌다. 비판적이라 자처하는 교육학이 모두 프레이리식은 아니다. 교육학은 내재된 철학과 프락시스의 맥락적 특징을 중심으로 평가되어야 한다. 물론 한층 공정하고 인간적인 사회질서를 만들어가기 위한 비판 정신에 대한 판단도 더해져야 한다. 랜크시어와 맥라렌은 비판적 교육을 교실에서 실행하려는 교육자들에게 기준점을 제시할 목적에서, 프레이리의 저작을 바탕으로 6가지 학습원칙을 정리했다.

1. 세상은 학습자의 노력으로 이해하고 깨달아야 할 대상으로 접근되어야 한다. 게다가 학습자는 직접적인 경험과 욕구, 환경과 운명을 통해서 자극받아 세상을 알아가야 한다.
2. 역사적이고 문화적인 세계는 인간에 의해 만들어진 세계이므로 언제라도 변화시킬 수 있는 세계로 이해되어야 한다. 역사적이고 문화적인 세계는 인간 자신과 마찬가지로 이데올로기가 반영된 현실에 맞추어 인간의 행동에 의해 끊임없이 변하기 때문이다.

3. 학습자는 자신에게 주어진 삶의 조건과 현재까지 현실세계를 만들어온 요인을 적극적으로 관련시키는 법을 배워야 한다.

4. 학습자는 현실세계를 '새롭게 만들어갈 수 있다'는 가능성, 그 새로운 세계에서 잉태되는 실존의 가능성을 생각하고, 새롭게 탈바꿈할 역사를 만들어가는 데 헌신할 수 있어야 한다. 새로운 세계를 만들어가는 일은 공동체 모두가 공유하는 사회적 임무이며, 그 과정에 참여하는 사람 모두의 목소리가 소홀히 여겨져서는 안 된다.

5. 문해교육 단계에서 학습자는 이처럼 공유된 프로젝트를 위한 인쇄물의 중요성을 깨닫게 된다. 세상을 능동적으로 재구성하는 데 영향을 미치기 위해서 개인적인 경험과 의미를 접목시키는 과정에서 인쇄물을 읽어내는 능력을 갖춤으로써, 학습자는 주체적 인간이 된다는 것이 무슨 의미인가를 이해해가면서 자신의 잠재적 능력을 실질적으로 경험하고 확인할 수 있다. 문해교육 단계를 마친 후, 행동의 근거는 인쇄물을 통해 생성적 주제를 탐구하는 데서 찾아진다. 예컨대 히르쉬와 같은 학자들이 제안해서 지배적인 커리큘럼과 교육학에서 구체화된 '서구문화'라는 주제를 다루면서 그 한계를 극복하려면…… 프레이리가 제시한 프락시스가 반드시 필요하다.

6. 학습자는 지배적 담론의 신화가 어떤 이유에서 학습자 자신을 억압하고 소외시키는 신화인지 정확히 이해할 수 있어야 하며, 변화를 도모하는 행동을 통해서 그 신화를 극복할 수 있다는 사실도 깨달아야 한다.(1993, pp.43-44)


프레이리는 학교를 변화시키는 과제는 사회의 정치경제적 구조와 밀접한 관계가 있는 사회경제적 불평등을 극복하는 방향을 띠어야 한다고 믿었다. 따라서 프레이리에게 영향을 받았다고 주장하지만 표현 방식과 해석 및 커뮤니케이션의 사회적 패턴에만 관심을 두고, 그런 패턴을 강화하는 재분배 수단과 구조에 그 패턴을 관련시켜 분석하지 않는 학교개혁은 프레이리의 기본적 사상과 아무런 관계가 없다고 말해도 과언이 아니다.

프레이리의 접근법은 착취관계를 재생산하는 경제구조를 해석하는 데 그치지 않고 그 구조를 바꿔가기 위해서, 분배와 재분배 패턴에 대한 투철한 이해를 전제로 한다. 또한 프레이리는 다양성과 자기확신을 근거로 한 정치, 요컨대 문화정치를 실천하는 데 관심을 가졌다. 물론 그런 정치의 실천은 그 자체가 목적이 아니었고 해방과 사회정의라는 대의적 정치까지 연결되었다. 따라서 프레이리가 지향한 해방의 교육학은 특수하고 지엽적인 '깨달음의 행위'를 자본과 착취의 관계라는 대립구조에서 일어나는 정치적 과정으로 변증법적 관점에서 주목한다는 점에서, 지배적이지 않으면서도 전체적인 성격을 띤다. 이때 자본과 착취의 대립구조는 대다수의 민중이 소외와 빈곤 때문에 쓸데없이 궁핍과 고통을 명백하게 겪는 현실을 뜻한다. 따라서 억압받는 사람들의 교육학에는 물질의 재분배만이 아니라, 학생과 교사의 다양한 사회적 위치와 노동분업의 세계화에 따른 그들의 입장을 고려한 문화적 의미의 투쟁까지 포함되어야 한다. 프레이리도 이데올로기가 다양한 수준에 영향을 미치는 복잡한 현상이라는 사실을 인정한다. 요컨대 이데올로기는 자본가계급의 이익을 위해서 대중의 이해관계를 묵살하는 '어둠상자'에 불과하지는 않다. 이데올로기는 지식 생산의 한 축이다. 따라서 비판적 교육학에서 이데올로기 비판은 무척 중요하다. 조 킨첼로는 프레이리의 저작이 "억압이 행해지는 음흉한 방법을 폭로할 수 있는 포스트모던적 분석에 예리한 정치적 칼날을 제공한다"(1994, p.217)라고 말했다. 이데올로기 비판은 교육학의 탈정치화와는 전적으로 다르다. 예컨대 최근의 포스트모던적 현상은 이데올로기 비판이 아니다.

1990년 대통령 선거 유세 기간에 상파울루에서 열린 노동자당 집회에 참가한 파울루 프레이리. 프레이리의 옆에 앉은 사람이 대통령 후보이던 루이스 룰라 이냐시오 다 실바이다.

    프레이리라는 이름이 복잡하게 뒤얽힌 진보교육에서 임의로 선택된 어떤 교육법에 결부될 정도로 유동적인 시니피에가 되어버렸다는 뜻인가? 어느 정도는 사실이어서 완전히 부인할 수는 없는 현상이다. 자유주의적 진보주의자는 프레이리의 휴머니즘에 관심을 갖고, 마르크스주의자와 신마르크스주의자는 혁명적 프락시스와 혁명적 정치체제를 중요하게 여기는 그의 역사관에 관심을 갖는다. 한편 좌파 자유주의자는 그의 비판적 유토피아주의를 중점적으로 다루고, 심지어 보수주의자도 떨떠름한 표정이기는 하지만 윤리의식을 강조한 프레이리의 입장을 존중한다. 따라서 프레이리의 저작이 다양한 정치적 의제에 따라 간편하게 짜맞추려는 추종자의 손에서 왜곡될 가능성이 크다. 구체적으로 말하면, 진정한 사회민주주의를 건설하기 위해서 투쟁하려던 정치적 의도에서 벗어나, 추종자들이 맥락을 무시하고 무비판적으로 그의 저서에서 적절한 글귀를 발췌해서 인용할 것이란 우려가 없지 않다. 따라서 『페다고지』에서, 이 책에 대한 훗날의 성찰을 더한 『희망의 교육학』, 끝으로는 『자유의 교육학』까지 프레이리의 전작全作을 신중하게 읽어가야 한다.

## 프레이리 교육학의 결함

프레이리의 삶과 저작이 갖는 의미에 중요한 이해관계가 있는 사람들은 그의 정치관과 교육관이 어떻게 해석된다 하더라도 불만스러울 것이다. 교육학에 대한 프레이리의 설명과 선언은 중대한 관심을 불러일으키지만, 그가 비판한 이론이나 관점을 대신할 진보적인 이론을 체계화시키는 데 필요한 이론적인 틀을 충분히 제시하지 않았다는 점에서, 그의 일반적인 원칙은 독자에게 좌절감을 안겨줄 정도이다. 예컨대 교사가 어떻게 비판적 생각에서 비판적 실천으로 옮겨가야 하는가에 대한 설명이 턱없이 부족하다. 하지만 프레이리의 결함은 그의 일관된 생각을 그대로 보여주고 있어 그의 장점으로 여겨질 수도 있다. 독자가 처한 환경에서 그의 저작이 재창조될 수 있도록, 말하자면 지리적이고 지정학적인 경계는 물론이고 문화적 경계까지 넘어 상황에 따라 특별한 해석이 가능하도록 해주는 대안적 해결책을 꺼낼 수 있는, 이른바 '요령 바구니'의 제시를 프레이리는 단호히 거부했다. 그러나 프레이리의 저작은 보편적 성격을 띤다. 프레이리의 저작은 독자 스스로가 해결책을 발견하게 한다는 점에서 마르크스의 저작과 무척 흡사하다. 따라서 세계 어느 곳의 교육자나 프레이리의 책을 인용해서 현재의 교육법을 비판하고 대안을 모색할 수 있다. 실제로 프레이리는 독자에게 각자가 처한 투쟁환경에서 제2의 프레이리를 창조해내라고 촉구했다. 이런 재창조과정에서 결코 변질될 수 없는 부분은 연대를 위한 투철한 윤리의식과 굳건한 유토피아적 이상주의이다. 프레이리는 "진보적 교육자라면 현재에 처한 상황에서 벗어나려 노력하면서 끊임없이 나를 재창조하고, 각자가 처한 문화적이고 역사적인 특수한 환경에서 민주주의가 뜻하는 바를 재창조해야 한다"(1997a, p.308)라고 말했다.

프레이리의 저작에서 아르키메데스의 유토피아적 이상주의를 엿볼 수 있다고 비판하는 학자도 적지 않다. 그러나 이런 비판은 프레이리 교육학의 실천적 유용성을 간과한 것이다. 특히 그의 저작을 근거로 실시된 문해교육 프로그램이 크게 성공했다는 점을 고려하면 그런 비판은 설득력이 떨어진다. 프레이리는 미쳐가는 세상의 중심에서 구원의 씨를 찾아냈다. 하지만 그의 해방정치학은 체계화된 보편적 원칙으로 설명되지 않는다. 오히려 무거운 마음과 굶주린 배로 고통 받는 타자他者의 하소연에 서둘러 응답해야 한다는 윤리의식을 되살리는 데 초점을 맞추었다. 이런 윤리의식은 유토피아적 미래를 순진하게 낙관한다는 뜻이 아니다. 현재의 실낱 같은 가능성에도 희망이 있다는 것을 능동적이고 단호하게 말해주는 증거이다.

신세계의 유럽 압제자들이 남긴 인종차별이란 유산, 구체적으로 말해서 흑인과 라틴계는 열등한 척추동물이라는 유산을 프레이리는 신랄하게 비판했지만 체계적으로 분석하지는 않았다. 프레이리는 인종차별과 성차별을 매몰차게 비난했지만, 캐슬린 와일러Kathleen Weiler(1996)가 지적했듯이 남성적 경험을 기준으로 해방과 억압받는 사람에 대한 자신의 개념적 해석을 충분히 제시하지 않았다.

북아메리카 비판적 교육학의 관점에서 보면, 프레이리의 해방정치학은 희망과 변화의 프락시스를 구성하고 있는 이야기의 범위가 제한된 데서 비롯되는 정치적 타성惰性을 벗어나지 못한다. 예컨대 프레이리는 기독교에 대한 입장(Elias, 1994)과 문해교육 방법론에서 남성적 경향(Taylor, 1993)을 명료하게 설명하지 못했다. 프레이리는 인종, 계급, 성의 취향에 가해지는 억압이 어떻게 뒤섞이는지도 거의 언급하지 않았다. 북아메리카의 많은 비평가가 지적하듯이, 프레이리는 백인 남성의 특혜(Ladson-Billings, 1997), 광범위하게 전개되는 해방운동에서 동떨어진 아프리카계 미국인의 이해관계(Murrell, 1997) 등의 쟁점도 충분히 다루지 않았다. 간혹 이런 쟁점을 다룰 때도 프레이리는 지극히 추상적으로 흘러서 억압의 관례로서 가부장적 구조가 갖는 의미를 퇴색시켰다(Weiler, 1996). 그러나 이런 결함에도 불구하고 프레이리의 탁월한 혜안과 용기 및 동정심까지 의심할 수는 없다. 실제로 프레이리는 말년에 발표한 글에서 페미니즘과 인종 간의 정의라는 주제에 깊은 관심을 보였다.

프레이리는 페미니스트 작가와 인종관계를 다룬 작가의 글을 읽게 되면서 주변 상황에 대해서도 탈식민지적 정치의식을 키워갈 수 있었다. 그들의 글은 하나의 억압형태를 강조하자고 다른 모든 형태의 억압을 배제하지 않았고, 인간인 우리는 '불완전한 존재'이기 때문에 다양하고 때로는 모순적인 정체성을 갖는다는 사실을 부인하지도 않았다. 성의 차이를 망각했다는 이유로 그의 초기 저작을 비판한 페미니스트에게 기꺼이 배우려는 자세 덕분에 프레이리는 '다양성 안에서의 통일성'으로 집약되는 교육학적 정치의식을 옹호하기에 이르렀다. "따라서 다양한 피억압 집단이 온갖 형태의 억압에 맞서 집단으로 투쟁할 때 훨씬 큰 효과를 거둘 수 있다"라는 결론에도 이르렀다.(Allman et al., 1998, p.14)

프레이리는 후기 저작에서 집단정체성의 상관적인 면을 강조했다. 달리 말하면, 주체를 외부의 타자와는 동떨어진 자율적이고 독립적인 행위자로 규정하려는 틀에서 벗어났다. 프레이리는 문화적 정체성에 본질적이고 내재적인 일관성, 즉 상징성을 부여하는 식으로 문화적 정체성을 낭만적으로 묘사하지 않으려 무진 애썼다. 문화에 속한다는 이유로 모든 것이 목숨을 걸고 지켜야 할 만큼 가치 있는 것은 아니라는 사실을 깨달았던 것이다.

물론 나는 모든 문화가 고유한 정체성을 갖는다고 믿는다. 정체성이 곧 존재의 이유이기 때문에 모든 문화가 정체성을 지키려고 투쟁하는 것도 당연하다고 믿는다. 그렇다고 문화가 약점을 갖지 않는다는 뜻은 아니다. 아프리카의 유명한 지도자, 아밀카르 카브랄은 문화의 약점에 대해 자주 언급했었다. 일례로 내가 브라질에서 찾아낸 약점 하나를 언급한다면 '남자다움'이다. 남자다움은 우리 문화의 한 부분이지만 우리가 반드시 보존해야 할 부분이란 뜻은 아니다. 따라서 문화가 이미 타당성을 인정받은 부분은 보강해서 발전시키고, 아직 가치를 인정받지 못했지만 하루라도 빨리 옳은 것으로 증명될 필요가 있는 부분은 장려해야겠지만, 부정적인 부분은 그 폐해를 깨닫고 근절해야 한다.(Leistyna, 1999, p.51에서 인용)

인종과 계급 및 젠더의 문제가 사회적 삶에서 서로 부딪치며 영향을 미친다는 사실을 인정하고 삶의 후반기에 이르러 그 문제들을 신중하게 접근하기는 했지만 사회적 삶의 모든 부분이 인종과 계급과 젠더란 거룩한 삼위일체로 설명될 수 있다고 믿지는 않았다.

그러나 이런저런 사회에서 역사·사회·문화·경제적인 이유로 인종과 계급과 젠더는 자유의 투쟁에서 강조되기는 하지만 투쟁 전체를 이 근본적인 면의 하나에 집약시키고픈 유혹에 굴복해서는 안 된다.

젠더가 모든 것을 설명할 수는 없다. 인종이나 계급도 마찬가지이다.(Freire, 1998c, p.85)

젠더와 인종이란 분야에서 프레이리 초기 저작이 한계를 갖는다는 사실을 알았지만 아프리카계 미국 페미니스트 벨 훅스bell hooks(본명은 Gloria Jean Watkins)는 유기적 지식인으로서 그녀의 투쟁에 프레이리의 저작이 미친 영향을 솔직히 인정했다.

프레이리를 읽을 때마다 나는 어법에서 성차별을 느꼈을 뿐 아니라, (파농과 멤미 등 제3세계의 진보적인 정치 지도자와 지식인 및 비판적 사상가가 흔히 그렇듯이) 그도 남성중심적 해방 논리를 펼친다는 생각을 떨칠 수 없었다. 따라서 자유와 가부장적 남성의 경험이 밀접하게 관련되어, 그 둘이 곧 하나인 것처럼 여겨진다. 이런 면이 깊은 통찰력을 가진 남성의 시각에서 맹점을 대변해주는 것이긴 했지만 내게는 번민의 원인이기도 했다. 하지만 이런 맹점의 비판이 특히 페미니스트가 그들의 탁월한 통찰력에서 배워야 할 것까지 퇴색시키지 않기를 바랄 뿐이다.(1993, p.148)

훅스가 많은 부르주아 백인 페미니스트의 글보다 프레이리의 글이 그녀에게 훨씬 큰 영향을 미쳤다고 솔직하게, 또 용기 있게 인정했다는 사실에서 프레이리의 저작이 갖는 힘과 영향력이 짐작된다.

프레이리를 비롯해 그 밖의 많은 교사가 남긴 저작을 통해서, 저항의 주체로서 내 현실을 정의하는 권리가 내게 있다는 사실을 확신할 수 있었다. 그의 글을 읽은 덕분에 나는 미국의 인종차별 정치를 범세계적 맥락에서 비춰볼 수 있었고, 식민지에서 해방되고 사회를 변혁시키려고 투쟁하는 전 세계 흑인들의 운명과 내 운명을 결부시켜볼 수도 있었다. 또한 많은 백인 부르주아 페미니스트 사상의 글보다 파울루의 글이 처절하게 권리를 박탈당한 사람들, 지독한 억압하에서 신음하는 사람들의 주체적 입장을 인정한다는 사실도 확인할 수 있었다(물론 성차별에 따른 억압과 착취를 본격적으로 인정하지 않았다는 점은 예외로 하고). 따라서 프레이리는 가난한 흑인 여성의 삶을 올바로 이해하고 싶었던 내 욕망을 확인시켜준 사람이었다.(1993, p.151)

프레이리가 이론을 전개한 방식은 분명히 근대적 성격을 띤다. 하지만 내가 여러 곳에서 주장했듯이(McLaren, 1997c), 프레이리가 인간의 힘을 언급하는 부분에서는 정확히 일치하지는 않지만 포스트모던적 어법도 간혹 눈에 띈다. 후기에 발표한 글에서, 다시 말하면 그가 아로노위츠와 지루(1991)처럼 '저항하는 포스트모더니스트'라는 입장에 동조한 듯한 시기에 그런 변화가 눈에 띈다. 아로노위츠와 지루(1991), 킨첼로(1994) 등과 마찬가지로, '포스트모던'을 자칭하는 사회이론에서는 전 세계의 노동자가 자본가의 착취에 종속된 야만적 현실을 무시하는 심각한 잘못을 범하고 있다는 사실을 프레이리도 인정했다. 글로벌 경제의 폭력적 현실이 포스트모던적 사회 이론에서 종종 유야무야된다는 것은 부인할 수 없는 사실이었다(McLaren, 1997a). 반면에 해방교육학은 프레이리의 교육학처럼 마르크스적 담론에서는 크게 환영받았지만 인종과 젠더와 성적 취향에 관련된 쟁점을 거의 다루지 않았다. 프레이리는 이런 결함을 충분히 의식하고 있었던 까닭에 후기의 저작에서는 열정적 확신을 갖고 이런 문제들을 다루기 시작했다(Freire, 1997b, 1998a, 1998b).

스튜어트 파커Stuart Parker(1997)와 같은 해체주의자는 프레이리의 저작을 비롯해 비판적 교육학에 속한 많은 저작이 교사의 자율권이란 현대적 가정, 즉 담론적 허구로 해체될 수 있는 '마법장치'의 역할이란 가정에서 벗어나지 못한다고 폭로했지만 프레이리의 저작은 여전히 중요한 위치를 차지한다. 프레이리의 업적은 문해교육 방법론에서, 또한 비판적 행위를 선도하는 실천적 의식을 고취시키는 교육학을 만들어냈다는 점에서 미래를 밝혀주는 등불이다(Taylor, 1993). 프레이리가 우리에게 남긴 가장 큰 업적을 손꼽으라면 그가 교육자로서의 역할을 표현할 때 자주 사용했던 개념, '명료한 것의 순례자'로서 남긴 업적이다. 반면에 프레이리의 결함이 사소한 수사적 부산물에 불과한 정도는 아니지만 프레이리의 많은 비평가도 인정하듯이, 그 정도의 결함으로 교육사상가로서, 또한 20세기에서 가장 중요한 교육자로 손꼽히는 철학자라는 프레이리의 위치가 퇴색하지는 않는다.

후기의 저작에서 프레이리의 주안점이 변했다는 것은 사실이다. 그러나 그가 인종과 계급이란 쟁점을 심도 있게 따지고 들면서도 여전히 글로벌 자본주의에서의 위기에 주목한다는 점을 잊어서는 안 된다. 안토니아 다더가 강조한 부분도 그것이다.

세상을 떠나기 직전에 쓴 『망고나무 그늘 아래서』에서 프레이리가 변화의 징조를 증명해보였고, 이런 쟁점들에 대해 한층 깊은 사색의 결과를 보여주었다는 점에서 그에게 경의를 표하지 않을 수 없다. 예컨대 이 책에서 사용된 어법을 보면 인간을 지칭할 때 여자가 포함된다는 사실을 빠뜨리지 않았다. 초기의 저작에서는 찾아보기 힘든 현상이었다. 또한 그는 예전보다 한층 대담한 목소리로 자본주의의 문제점을 지적하며, 세계화의 본질과 세계화가 진보적 교육자에게 갖는 의미를 분석했다. 다양성과 인종차별에서 비롯되는 쟁점도 다루었고…… 우리가 궁극적으로는 선진자본주의의 책략에 효과적으로 저항하기 위해서 차이를 넘어 하나로 단결해야

할 필요성을 역설했다.(1998, p.31)

과잉생산, 특매 형식의 자본주의와 규제를 벗어난 시장에 의한 생태계의 무분별한 파괴, 가치의 모든 생산물에 부여되는 교환가치, 소비라는 획일적인 문화, 글로벌 문화의 월마트화, 남아메리카의 생혈을 빨아대는 서구의 무지막지한 투기꾼들, 기회주의적인 정치인들, 소수 문화에 대한 공격, 새롭게 등장한 외국인 혐오증 등 세계화된 세계에서도 사라지지 않는 불균형은 미국의 좌파 전체에게, 특히 좌파 교육계를 심각할 정도로 정치적 무력증에 빠뜨렸다. 사회적 노동이 가치의 수단과 척도로 전락하고 사회적 잉여노동이 이익에서 중요한 위치를 차지하는 민영화와 자유무역이라는 논리가 우리 삶을 완전히 지배하고 있는 실정이다. 신자유주의 교육은 학생을 단지 세계화된 시장에서 인간 자본으로 취급함으로써 노동력에 상품성을 다시 부여할 뿐이다.

## 인종, 계급, 젠더

오늘날 비판적 교육학에서 문화연구자의 관점이 대세냐 아니면 경제학자의 관점이 대세냐 하는 쟁점은 끊임없이 제기되지만 그런 쟁점은 근본적으로 우리에게 잘못된 이분법을 강요한다. 개인과 집단은 차이를 통해서, 즉 인종과 젠더의 차이를 통해서 계급관계를 경험하고, 계급관계를 통해서 차이를 경험한다. 정체성과 차이와 계급은 상호적인 관계를 이룬다. 계급관계는 제국주의자와 식민지배자가 특혜를 누리는 경제에 의해 구조적으로 결정된 온갖 유형의 차이를 구체적으로 나타낸다. "비판적 인종이론이 비판적 교육학보다 더 중요한가, 아니면 그 반대인가?"는 쟁점이 아니다. 더 중요한 문제는 "계급을 형성하는 사회적 모순을 통해서 차이가 어떻게 조정되고, 거꾸로 차이를 통해 사회적 모순은 어떻게 조정되는가?"이다. 따라서 우리는 차이의 제도적이고 구조적인 면을 살펴보아야 한다. 자본주의가 시행되는 사회적 관례의 모순이 역사적으로 그런 면을 만들어냈기 때문이다. 사회적 생산관계가 전체적으로 어떻게 복잡하게 뒤얽히면서 성차별과 인종차별적 정체성을 형성해왔는지 살펴보아야만 우리는 관련된 문제들을 해결할 수 있다. 다시 말하면, 지배적인 복잡한 조직과 네트워크에서 또한 다양한 차원에서 다양한 형태로 자본주의의 관계를 범세계적으로 형성하며 서로 영향을 미치는 여러 관계들에서 겉으로 드러난 어떤 특정한 차이를 어떻게 변증법적으로 읽어낼 수 있을까?

초국가적 자본주의의 논리는 이제 교육정책과 실행에도 악영향을 미치고 있어, 교육이 경제의 한 부분으로 전락했다고 말해도 과언이 아닐 정도가 되었다. 한층 비판적으로 성찰할 수 있는 학생과 교사의 능력에 교육의 미래가 달려 있기 때문에 대다수 국민의 희생을 대가로 권력을 쥔 소수의 지배계급에게 유리하도록 광범위하게 연결된 물질적 사회관계와 관행에 의해 학생과 교사들에게 각인된 성차별과 인종차별의 경험을 분석하는 방법에서, 프레이리의 저작은 교육사상의 발전적 진화를 위해서 반드시 필요하다. 물론 비판적 교육학과 프레이리식 프락시스의 지속적인 발전은, 민주적 이상을 규제하는 도구로 소비의 논리를 사용하는 징후를 보여주고 있는 후기 부르주아세계의 위기와 떼어놓고 생각할 수 없다. 프레이리는 혁명가였고, 자본주의세계를 급진적으로 바꾸겠다는 꿈을 한 번도 포기한 적이 없었다. 그의 대표작 『희망의 교육학』에서도 밝혔듯이,

분명하고 절박한 차별에서부터, 은밀하고 위선적 형태를 띠지만 비도덕적

이기는 마찬가지인 차별에 이르기까지 온갖 형태의 차별에 나는 어렸을 때부터 반발하고 저항해왔다. 세상일을 기억할 수 있는 때부터 나는 인종 차별적 냄새를 풍기는 말이나 행동, 심지어 기호에 본능적으로 반발했다. 따라서 나중에는 가난한 사람에 대한 차별에도 반발했고 그런 차별을 계급 차별로 규정하기에 이르렀다.(1994, p.144)

훗날 프레이리의 전기를 쓰려는 사람이나 그의 이상을 이어받은 '투사'가 프레이리의 '진면목'과 유산을 교육현장에서 실천하려 애쓴다면, 프레이리의 저작은 그를 알았고 그를 사랑했던 사람들의 삶에 계속 살아 있을 것이다. 또한 중요한 위치를 차지하는 만큼 그의 저작은 세계 곳곳의 교육자, 학자, 활동가들에게 오랫동안 영향을 미칠 것이라 믿는다.

프레이리는 식민지 해방이 종착점 없는 프로젝트, 즉 끝없이 계속되어야 할 프로젝트라고 말했다. 해방운동은 직관을 뛰어넘는 통찰력, 정직하고 남을 동정하는 마음, '순수한 의식' 혹은 양식 있는 분별력의 씨알을 하나라도 심기 위해서 개인의 역사를 지워버리겠다는 의지가 필요한 평생의 투쟁이다. 억압받는 사람들을 위한 혁명적 투쟁이란 유산을 프레이리는 우리에게 남겨주었다. 그 혁명적 유산을 진정으로 받아들인다면 사회적 비판이 없는 교육 실천은 있을 수 없다. 진보적인 교육이 앞으로 지향해야 할 방향, 정확히 말하면 교육학적 혜안으로 가득한 유물을 프레이리는 우리에게 남겨주었다. 계급관계에 근거한 교육학적 투쟁, 페미니스트 교육학, 해방이란 담론이 계속해서 의미를 갖고 새로운 의미를 만들어내는 교육사상의 부활로 이어지는 색다른 이론과 정치에 바탕을 둔 교육학을 지지하는 사람들이 서로 협조해서 교육학적 모험을 감행할 수 있다는 희망은 여전히 남아 있다. 시장이 세계화되어 국경이 무색해졌다는 것은 사실이다. 따라서 인간의 주체성에 대한 시장의 집요한 공격을 중단시키려면 문화운동가들도 국경을 초월해서 능동적으로 연대해야 한다. 맥라렌과 다 실바가 강조했듯이, 혁명적 주체성을 키워가기 위한 투쟁에는 속죄의 기억, 즉 "억압적인 사회 — 억압받는 사람들을 지배체제와 타협하는 회유적인 자세로 무력화시키는 치명적 가능성을 지닌 사회 — 에 비판적으로 참여하고 저항하는 자세"가 포함되어야 한다(1993, p.76).

## 사랑의 힘

  프레이리가 이 시니컬한 시대에 대부분의 좌파 교육자와 차별화되고 체 게바라와 비슷한 혁명적 교육자로 분류되는 이유는 사랑의 힘과 중요성을 거리낌 없이 강조했다는 데 있다. 프레이리는 사랑을 대화에서 가장 중요하고 해방과 관련된 모든 교육학을 끌어가는 힘이라고 주장했다.

  세상과 인간을 향한 지극한 사랑이 없다면 대화도 존재할 수 없다. 세상에서 흔히 말하는 창조와 재창조의 행위는 사랑과 융합되지 않는다면 가능할 수 없다. 사랑은 대화의 주춧돌인 동시에 대화 자체이다. 따라서 사랑은 책임 있는 주체에게 주어진 의무이며, 지배관계에서는 존재할 수 없다. 지배관계에서는 사랑의 병리적 현상이 나타난다. 지배자에게서는 사디즘, 피지배자에게서는 마조히즘이 엿보인다. 억압받는 사람들이 있는 곳은 어디에서나 사랑의 행위가 그들의 대의大義, 즉 해방을 바라는 그들의 욕구에 더해져야 한다. 사랑이 깃든 이런 헌신은 대화라는 형태를 띤다. 사랑하려면 대담한 용기가 필요하다. 그런 사랑은 감상적 사랑일 수 없다. 자유의 행위로써 사랑이 조작의 구실거리로 이용되어서는 안 된다. 오히려 또 다른 자유를 쟁취하기 위한 행위를 낳을 수 있어야 한다. 달리 말하면,

1996년 3월 23일 네브라스카 주 오마하의 로즈 시어터에서 열린 학회에서 파울루 프레이리, 피터 맥라렌, 아우구스토 보알.

조건이 더해진 사랑은 사랑이 아니다. 억압적 상황을 없애야만 비로소 억압적 상황에서는 불가능했던 사랑을 회복할 수 있다. 세상을 사랑하지 않는다면, 결국 삶을 사랑하지 않는다면, 인간을 사랑하지 않는다면 우리는 누구와도 진정한 대화를 나눌 수 없다.(1993a, pp.70~71)

해방을 위한 정치에서 소외된 사람들을 향한 사랑은 그 대상에게 심각한 피해를 안길 수도 있기 때문에 사랑은 정치적 프로젝트 성격을 띠어야 한다. 해방을 전제로 하지 않은 사랑은 시체를 좀먹는 벌레처럼 그 대상을 좀먹는다. 사랑의 나르시시즘은 타자를 나르시시즘 자체로 변질시키며 타자를 파괴한다. 달리 말하면, 사랑의 나르시시즘은 그 자신의 이미지를 활짝 꽃피우게 하려고 이용한 소극적 객체로 타자를 전락시킨다. 여기에서 사랑의 행위는 자기애적 행위가 된다. 주체가 자신을 걸신처럼 먹어치우면서 객체로 변해가는 셈이다. 상호적 위치에 있는 타자를 통해서만 사랑은 존재한다. 진정한 사랑은 타자에게 자신을 활짝 열어보이는 사랑인 반면에 자기애적 사랑은 자기이해를 위한 문턱 앞에 서 있는 타자를 거부하면서 자기파괴적 악순환으로 치닫는다. 문을 열고 타자를 만날 때, 자아는 진정한 눈과 귀를 열고 진정한 목소리로 대화를 나누면서 상호이해를 향해 나아갈 수 있다. 사랑은 투쟁을 구체적 행위로 승화시키는 동시에 원인을 극복하고 더 높은 목표를 향하게 한다. 프레이리식으로 말하면, 혁명적 사랑은 언제나 범세계적 차원의 해방을 향한 충직한 헌신을 지향한다. 이런 점에서 프레이리가 생각하는 사랑은 체의 사랑과 일치한다. 혁명적 사랑에의 헌신은 사회적 투쟁과 문화적 혼돈의 시기에서 삶을 부인하기 일쑤인 허무주의와 절망을 극복할 때 유지될 수 있다. 관습에 대한 도전과 이의 제기에 뿌리를 둔 사랑은 희망의 주춧돌이 된다. 이런 식으로 사랑은 결코 개인적 고백이나 의견 표명으로 격하될 수 없으며 늘 고뇌와 결단, 상호의존과 독자성이 비대칭적 관계를 이루면서 존재한다. 프레이리식으로 해석하면 사랑은 혁명의 산소로, 역사적 기억에 신선한 피를 흘려 넣는다. 허심탄회한 대화를 통해서 사랑은 우리보다 먼저 투쟁하며 고통 받았던 사람들을 기억한다는 증거가 될 수 있으며, 그들의 투쟁정신을 말살하고 지워버리려는 온갖 음모에도 불구하고 그 정신이 살아남았다는 증거가 될 수 있다. 프레이리의 교육학은 오르페우스의 수금竪琴, 가시 면류관, 자동소총을 거부한 채 괴로우면서도 즐거운 낙관주의로 자본주의의 무자비한 힘에 맞섰다. 우리가 희망을 버리지 않으면 희망도 우리를 버리지 않을 것이라고 프레이리는 확신했던 것이다. 희망은 인간의 가슴에 결코 지워지지 않게 깊이 새겨져 있어, 우리에게 인간의 세속적 한계를 뛰어넘을 수 있다는 용기를 북돋워준다고 믿었기 때문이다.

『페다고지』에서 프레이리는 체 게바라를 혁명적 프락시스의 화신이라 칭하면서 쿠바혁명을 극찬했다. 혁명과정에서 피델을 필두로 한 쿠바 게릴라들이 대화를 통해서 민중과 연대를 발전시켜 나아간 과정에 대해서도 찬사를 아끼지 않았다.

이런 공유로 인해 혁명 지도자들에게 요구되는 혁명정신과 용기, 사랑의 포용력과 대담성은 조금도 퇴색되지 않는다. 피델 카스트로와 그의 동료들은 걸핏하면 '무책임한 모험가들'이라 비난받았지만 실제로는 탁월한 대화 능력을 보여준 지도자들로, 바티스타 독재정권의 야만적 폭력에 시달리던 쿠바 민중과 일체감을 가졌다. 이런 원칙을 끝까지 지키기란 쉽지 않았다. 그러려면 지도자들은 민중을 위해 기꺼이 자신의 목숨까지 버릴 만큼 민중을 진정으로 사랑하는 용기가 필요했다. 어떤 재앙이 닥쳐도 미래의 승리를 위해서 희망을 잃지 않고 다시 시작하는 지도자의 용기 있는 모습, 게다가 민중과 더불어 쟁취한 승리이기 때문에 승리의 결실이 지도자만의 몫이 아니라 지도자를 비롯한 민중 모두의 몫이라고 하는 용기 있는 모습이 필요했다.(1993a, pp.145~146)

프레이리는 '지배적인 의식'이 이중적이고 모호하며, 두려움과 불신으로 가득한 이유를 설득력 있게 설명했다. 또한 볼리비아에서의 투쟁을 기록한 체의 일기를 인용해, 농민의 참여가 부족하고 농민이 두려움과 무력함에 짓눌려 있다고 체가 서너 번이나 언급했다는 사실도 지적했다. 프레이리의 판단에는 압제자인 지배계급이 농민들의 지배의식에 심어준 세뇌의 결과였다. 프레이리는 문답식 이론을 거론하며, 피억압자가 세상에 드리워진 장막을 스스로 걷어낼 수 있는 조건을 지도자가 조성해주어야 한다고 말했다. 장막을 걷어내는 것도 진정한 프락시스의 한 부분이었다. 하지만 압제자를 내면에 '안전하게' 받아들인 피억압자의 자세에도 문제가 있다고 생각하게 된 계기는 체 게바라 덕분이었다고 솔직히 인정했다.

민중은 혁명 지도자들의 헌신적 희생과 진정성을 인식하고 그들을 신뢰하기 시작하면서 그들에게 충성하게 된다. 민중이 지도자에게 갖는 신뢰는 지도자가 민중에게 갖는 믿음이라 할 수 있다.

그러나 이런 믿음은 순진해서는 안 된다. 지도자는 민중의 가능성을 믿어야 하고, 민중을 혁명의 완성을 위한 도구로만 취급해서는 안 된다. 다시 말해서, 민중도 해방의 추구에 참여할 역량을 지녔다고 믿어야 한다. 하지만 지도자는 억압받는 사람들의 애매한 태도에 대한 경계심을 늦추어서는 안 된다. 억압받는 사람들의 마음속에 압제자의 세뇌가 '안전하게' 도사리고 있을 가능성을 의심해야만 한다. 따라서 게바라가 혁명가들에게 항상 의심하라고 충고하던 이유는 문답식 이론의 근본적 조건을 정확히 꿰뚫어보고 있었기 때문이다. 이런 점에서 게바라는 현실주의자였다.(1993a, pp.150)

프레이리에 따르면, 게바라는 게릴라가 갑자기, 혹은 결국 투쟁을 포기하는 이유를 정확히 알고 있었다. 게릴라의 내면에 자리 잡은 압제자가 게릴라 본인보다 더 강하기 때문이었다. 달리 말하면, 게릴라가 분명한 의식 없이 애매한 상태에서 투쟁하기 때문이었다.

억압받는 사람들의 내면에 자리 잡은 압제자가 억압받는 사람들보다 강하면, 그들은 오히려 자유를 두려워하면서 혁명 지도자들을 비난하고 고발하기에 이른다. 따라서 혁명 지도자는 무작정 믿어서는 안 된다. 그런 변절의 가능성을 항상 염두에 두어야 한다. 게바라의 『혁명전쟁의 에피소드 *Episodes of the Revolutionary War*』에서 그런 위험성이 확인된다. 탈영은 물론이고 대의를 배신하기도 한다. 이 책에서 게바라는 집단의 응집력과 규율을 유지하기 위해서 탈영한 게릴라를 단죄할 필요성을 인정하지만, 그들을 탈영하게 만든 몇 가지 요인도 인정한다. 그중에서 가장 중요한 요인이 탈영병의 모호한 마음가짐이다.(1993a, pp.150~151)

끝으로 프레이리는 민중을 향한 게바라의 사랑을 높이 평가했다. 그 사랑은 개개인에게 혁명적 프락시스의 모태가 되었다.

게바라의 혁명적 프락시스가 분명하게 나타난 것은 농민과의 대화에서였다. 게바라가 겸손해서 말하지는 않았지만, 그가 농민들과 교감할 수 있었던 결정적 이유는 겸손한 마음가짐과 사랑하는 마음이었다. 이런 문답식 교감이 그들의 협력을 끌어냈다. 게바라는 모험을 좇는 좌절한 젊은이로서 피델과 그의 동료들과 함께 시에라 마에스트라를 오르지 않았지만 "농민과의 교감이 단순한 이론에 머물지 않고 그 자신의 일부가 되었다"라는 사실을 인정했다는 사실을 주목하라. 그는 교감의 순간부터 농민이 그가 지휘하는 게릴라들의 '혁명적 이데올로기'를 벼리는 '대장장이'로 된다고 역설했다.(1993a, pp.151~152)

프레이리와 게바라의 가장 큰 차이는 폭력에 대한 관점에서 찾아볼 수 있다. 아나 마리아와 도날도 마세도에 따르면,

프레이리는 폭력에 대해 말한 적도 없고 옹호하지도 않았다. 더구나 무력으로 권력을 쟁취한다는 생각은 꿈에도 하지 않았다. 그는 젊어서부터 교육의 필요성을 주장했고, 교육방법의 변혁을 통한 정치적 행위에 참여했다. 그는 타락하지 않은 정의로운 사회를 위해서 싸웠다. 진정으로 민주적

인 사회, 즉 억압받는 사람들을 핍박하는 사람이 없고 모두가 목소리를 내며 기회를 갖는 사회를 위해서 싸웠다.(1998, p.21)

프레이리가 개인적으로 폭력을 혐오했지만 그렇다고 체 게바라를 존중하지 않았던 것은 아니다. 내가 상파울루에서 포르투알레그레까지 아나마리아와 비행기로 여행하면서 나눈 대화에서도 확인된 부분이다. 폭력에 대한 프레이리의 입장은 마틴 루터 킹이나 세자르 차베스('멕시코의 간디')의 입장과 무척 흡사했다. 반면에 게바라의 입장은 맬컴 엑스의 입장과 비슷했다. 킹과 차베스와 맬컴은 모두 두려움을 모르는 전사였고, 인품과 지성과 감수성을 겸비한 사람이었다. 폭력과 비폭력 간의 대립은 현대사에서 줄곧 있었기 때문에 이 책에서 구태여 다루고 싶지는 않다.

게바라의 후계자들과 달리, 프레이리의 후계자들은 문화의 변두리에서, 붕괴되어가는 공공분야의 틈새에서, 즉 우리 학교교육에서 잘못된 것에 관련해 공개적으로 쏟아지는 비난에서 멀찌감치 떨어져 조용히, 그러나 꾸준히 활동하고 있다. 프레이리식 교육자들은 그들의 방식이 오늘날 팽배한 사회문화적 질병을 치유할 수 있는 해결방법이나, 민주주의를 향한 열망이 크게 식어버린 현대사회의 무력증을 치유할 방법이라 생각지 않는다. 다만 반패권적인 정치투쟁의 장, 근본적으로 다른 대안적 인식의 틀, 완전히 다른 관점에서의 해석과 문화행위, 또한 기본권마저 박탈당한 사람들을 보호하기 위한 영역을 만들어가는 것을 지향하며 차분히 노력한다.

프레이리식 교육학은 요즘 교육자라면 반드시 다시 읽어보고, 오늘날 사회정치적 세계의 역사적 특이성에 비추어 재해석해보아야 할 중요한 교육학이다. 새로운 천년시대를 맞는 지금의 상황이 위태롭기 때문에 더욱 그렇다. 자유주의 성향의 교사들이 학생들과 문답식 교육을 한다며 둥 그렇게 앉아 '대화'로 공허한 친밀감을 나누는 것이 프레이리의 가르침은 아니다. 이는 흉내를 내는 수준에 불과하다. 이제부터라도 프레이리의 가르침에 진정으로 충실해서 더 깊은 차원에서 실천할 필요가 있다.

제한된 프락시스, 즉 사회적 관계의 총체성을 고려하지 못하는 프락시스는 기존의 사회질서와 그 변증법적 모순을 재생산할 뿐이다. 혁명적이고 비판적인 프락시스는 기존의 이데올로기에 의한 변명을 비판하는 동시에 사회적 모순을 구성하는 관계를 변화시킬 수 있어야 한다. 프레이리는 "혁명은 삶을 사랑하고 새로운 삶을 창조해낸다. 새로운 삶을 만들어가기 위해서는 일부의 사람이 삶의 범위를 일정한 테두리에 가두려는 시도를 혁명으로 저지해야만 한다."(1993a, p.152)라고 말했다. 따라서 '전통적인 민주적 자유'라는 자유주의적 휴머니스트의 정의에서 벗어나, 자신만이 아니라 다른 사람들까지 변증법적 모순관계에서 자유롭게 해주는 것이라는 뜻으로 해방을 정의한 프레이리의 교육학은 혁명적 교육학이라 말하지 않을 수 없다.

프레이리는 민중을 속박에서 해방시킴으로써가 아니라 민중이 단결해서 스스로 해방의 길을 모색할 수 있도록 준비시킴으로써 해방을 목표로 한 교육과 문화적 과정이 성공한다는 것을 분명히 했다. 이는 단순한 대화가 문답식 프락시스로 바뀔 때 변증법적으로 촉진된다. 프레이리가 그랬듯이 우리도 이제는 해방을 교육의 주된 목표로 삼아야 한다. 아나 마리아와 도날도 마세도에 따르면,

세상에서 자신의 위치를 의식하고 자긍심과 행복함, 겸손한 자세를 잃지 않았던 프레이리는 신념과 겸허함, 행복에 찬 평생을 살았다. 모든 것에 관심을 기울이고 침착한 자세로 변화를 염원하면서 프레이리는 억압받는 사람들과 함께 배우고, 억압 관계를 극복하기 위해서 투쟁하며 살았다. 세

상의 갈등을 몸소 겪었지만 언젠가는 변할 것이란 희망을 잃지 않고 살았다. 초조한 마음을 달래며 인내하면서 그는 더 나은 민주사회를 건설하기 위해서 평생을 투쟁하며 살았다.(1998, p.40)

인류의 비밀 박물관의 위대한 교사 전시실에는 신비로운 그림 하나가 전시되어 있다. 그 그림에는 라이게라의 에르네스토 성자(체 게바라)와 파울루 프레이리가 고통 받는 인간의 심연 양편에 서 있다. 그들은 집어삼킬 듯 입을 벌린 심연을 가로질러 손가락이 맞닿을 듯이 팔을 쭉 뻗는다. 그 아래로는 착취당하고 억압받는 사람들이 어둠 속에서 신음하고 있다. 9가지 천벌의 세계는 어디에도 보이지 않는다. 모든 인간이 거쳐야 할 거대한 묘혈 하나가 눈에 띈다. 시성詩聖 베르길리우스의 모습도 보이지 않는다. 끝없이 이어지는 내리막길에는 정형시도 자유시도 없다. 어떤 노래도 들리지 않는다. 불꽃을 쏟아내는 기관총의 굉음만이 들린다. 인간의 뼈를 내려찍는 도끼에 살덩이가 산산이 찢어지고, 죄 없는 사람들의 피로 물든 재판관의 주먹질에 움찔한 인간의 비명소리가 천지를 뒤덮는다. 그 어둑한 묘혈 위로 두 손이 희망의 다리를 만들었다. 페미니스트 투쟁, 원주민투쟁, 환경투쟁, 인종투쟁, 계급투쟁 등 모든 투쟁이 하나로 결합될 때에야 유지될 수 있는 다리이다. 탐욕과 권력욕이 빚어낸 끝없는 묘혈을 가로지른 그 다리 위를 남녀노소가 손잡고 평화롭게 건너 미지의 세계로 향해간다.

묘혈을 가로지르는 두 손은 혁명의 두 손이다. 하나는 순교자의 손으로 거칠고 대담하며 강하고 관능적이기도 하다. 다른 손은 교육자의 손이어서 안정되고 믿음을 주며 민감하지만 부드럽다. 순교자의 손은 우리에게 불가능한 확률에 맞서 불가능한 목표를 향해 투쟁하라고 손짓하지만 교육자의 손은 우리에게 잃어버린 것을 가리키며 언제라도 다시 회복할 수 있다는 희망을 심어준다.

　게바라와 프레이리는 리우의 삭막한 판자촌, 쿠바의 험준한 시에라 마에스트라, 볼리비아 라이게라의 울창한 잡목 숲을 구태여 찾아가지 않더라도 고통에 짓눌린 묘혈을 어디에서나 찾을 수 있다는 사실을 알고 있었다. 인간의 마음이 주변 사람을 향한 사랑으로 채워질 때 그 어두운 묘혈은 사라질 것이고, 그 묘혈을 가로지른 다리도 필요 없게 될 것이다. 그때는 인류의 비밀 박물관조차 존재할 이유가 없을 것이다.

# 제3부

# 우리 시대의
# 혁명을 위한 교육학

식민지 지배는 식민지배자의 장점을 훼손할 뿐이다. 말하자면, 식민지배자에게는 양자택일이 요구되지만 둘 모두 똑같이 파괴적인 결과를 가질 뿐이다. 하나는 자신의 이익을 위해 받아들이는 일상적인 부당행위이고, 다른 하나는 필요하지만 결코 완성된 경지에 이를 수 없는 자기희생이다. 받아들이면 식민지배자는 개인적인 타락을 각오해야 하고, 거부하면 자신과 의절해야 하는 상황인 셈이다.

—알베르 멤미, 『식민지배자와 피지배자』

우리 노동자가 마음만 먹으면 미친 듯 달리는 어떤 기차라도 멈출 수 있으리라
바다에 떠 있는 어떤 배라도 사슬로 묶고
모든 광산과 모든 공장, 창조의 수레바퀴까지
모든 나라의 함대와 군대까지 우리 명령에 죽은 듯이 멈추리라.

—조 힐, 미발표 시

1964년 8월 산업부에 소속된 최고의 노동자에게 공산주의자 상을 수여하는 식장에서, 체는 에스파냐의 시인 레온 펠리페León Felipe의 한 책에서 몇 구절을 인용하며 인간다운 섬세한 감수성을 유감없이 드러냈다.

"그러나 인간은 열심히 일하는 어리석은 어린이다. 일을 힘든 고생거리로 변질시켰고 북채를 호미로 바꿔버린 까닭에 땅을 갈며 환희의 노래를 부르지 못하고 힘겹게 땅을 파기 시작했다……."

계속해서 "이제 누구도 태양의 리듬에 맞춰 땅을 경작할 수 없고, 누구도 사랑과 은혜로 옥수숫대를 수확하지 못한다."라고 덧붙였다.

체는 펠리페의 시에 이렇게 화답했다.

"그런 이유에서 나는 그 시구詩句를 인용한 겁니다. 절망에 빠진 그 위대한 시인에게 오늘이라도 쿠바에 와서, 인간이 착취자의 멍에가 씌워진 마소로 여겨졌었지만 이제는 자본주의의 모든 소외 단계에서 벗어나 어떻게 본연의 길을 되찾았는지 보라고 말해줄 수 있기 때문입니다. 오늘 우리 쿠바에서는 일이 매일 새로운 의미를 되찾고 있습니다. 모두가 환희의 노래를 부르며 일하고 있습니다."

그리고 우리는 "체, 당신이 시인입니다!"라고 노래합니다.

─엔리케 올투스키(1998)

'역사의 종말'이 선언된 이 시점에, 왜 교육자는 체 게바라와 파울루 프레이리의 유산에 새삼스레 관심을 가져야 할까? 특히, 마르크스주의를 향한 비판이 거침없이 쏟아지는 이 시점에 그들의 유산에 관심을 가져야 할 이유가 무엇일까? 시장이 경제적 재앙에서 인류를 구원해내는 '데우스 엑스 마키나'deus ex machina(절박한 상황에 나타나서 돕는 신)로 변해버린 때, 또 프랑스와 독일에서 건너온 그럴 듯한 이론들이 북아메리카의 급진주의자에게 위험이나 책임을 떠안지 않는 저항, 결국 무늬만 저항인 수법을 넘치도록 제시해주는 시기에 그들의 유산에 귀찮게 관심을 가져야 할 이유는 무엇일까? 남아메리카와 아프리카에서 핍박받는 사람들에게 지극히 헌신한 까닭에 세계적인 명성을 얻은 두 남자의 가르침을 북아메리카 교육자가 진지하게 받아들여야 할 이유는 무엇일까? 한 가지 이유는 분명하다. 전 세계를 지배하려는 자본주의의 파우스트적 욕망이 세계를 생태계적 위기에 몰아넣고 있기 때문이다. 또 하나, 자명하면서도 중요한 이유는 북아메리카인이 향유하는 경제적 안락이 남아메리카 형제자매의 빈곤과 직접적 관계가 있기 때문이다. 엘비아 알바라도Elvia Alvarado가 『백인 외국인을 두려워하지 말라Don't Be Afraid Gringo』에서 말했듯이, "미국이 먼저 변하지 않으면 중앙아메리카에서 변화가 일어나기를 기대하기 어렵다. 온두라스에서 흔히 말하듯이 개가 없으면 광견병도 없을 것이기 때문이다."(1987, p.144). 그러나 게바라와 프레이리가 권력과 특권의 비대칭적 관계를 지역적으로나 범세계적으로 청산하기 위한 대담한 조치로 교육적 차원에서의 행동방향을 우리에게 남겨주었기 때문이란 이유도 무시할 수 없다.

하지만 그들의 유산을 이어받아 실천하기에는 분위기가 그다지 우호적이지 않다는 사실도 부인할 수 없다. 지금과 같은 역사적 전환점에서 비판적 교육학은 도저히 빠져나오기 힘든 궁지에 내몰린 듯하다. 적어도 미국에서는 그렇다. 스탠리 아로노위츠는 20세기에 닥친 '암흑시대'의 특징을 다음과 같이 요약했다.

> 지금은 교육혁명이나 교육혁명을 주장하는 사람들에게 암흑시대이다. 학교와 대학에서, 프레이리의 용어를 빌면 '반동보수주의자'가 '진보주의자'를 압도하고 있는 실정이다. 교육이란 개념 자체를 일종의 훈련이라 해석하는 반동보수주의자의 의제가 공립대학의 교육과정을 좌지우지하고, 사립대학까지 영향력을 꾸준히 넓혀가고 있다. 지난 십 년 동안 학교들은 차별화된 교육을 주장하며, 학교교육의 최우선적 목표와 고결한 소명은 다양한 수준에 있는 학생들을 기업 주도의 사회질서에 참여하도록 준비시키는 것이란 새로운 상식을 불경하게 위반해왔다. 그런데 이미 30년 전에 프레이리가 비판적 의식화를 방해하는 주범이라고 규정한 '은행예금식' 학교교육이 복수심을 품고 되살아나고 있다.(Aronowitz, 1998, p.4)

우리가 살아가고 있는 현실을 감안할 때 비판적 교육학의 전제를 되돌아보고 그 논증성을 재점검할 필요가 있다. 달리 말하면, 비판적 교육학은 상품화된 위상을 스스로 비판하는 기회를 갖는 동시에, 교육을 비판하는 초월적 진리로 당연하게 여겨진 역할에도 비판적이어야 한다. 결국에는 비판적 교육학에서 사용되는 언어도 주체를 포함하는 사회체제이다. 이런 점에서 비판적 교육학은 자체에게 언제나 타자他者이어야 하고, 자체와 언제나 갈등 관계에 있어야 할 것이다.

지금이 기존의 교수법을 완전히 씻어내고 전국의 공립학교에서 혁명적 교육법을 전면적으로 실시해야 할 때라는 것을 인식하는 것이 중요하다. 하지만 혁명적 교육학이 만병통치약은 아니며, 어떤 혁명적 교육학을 선택하더라도 이론적이고 정치적인 참여가 꾸준히 뒷받침되어야 한다는 사실도 더불어 인식해야 한다. 이런 과제는 교수법, 교육학, 비판적 교육학, 혁명적 교육학 간의 차이를 인식하고 연구해야 한다는 점에서 해석적 성격을 띤다. 이데올로기에 따라 달라지는 교육의 목표를 참고 견디어야 하는 인간을 해방시키고, 그에 따른 고통을 불식시켜야 한다는 점에서는 윤리적인 성격을 띠기도 한다. 한편 민주주의가 그 약속을 꽃피울 수 있는 민주적 사회주의사회를 건설하려는 대의를 추구한다는 점에서는 정치적 성격을 띤다.

가르침teaching은 미리 결정된 환경에서 교사와 학습자의 교환을 통해서 어떤 지식이나 깨달음을 학습자에게 전달할 목적으로 그 지식을 체계화하고 통합하는 과정을 뜻한다. 교육학pedagogy은 역사적이고 사회정치적인 역학관계를 고려하는 좀 더 넓은 맥락에 교사와 학습자의 관계를 둔다는 점에서 가르침과 다르다. 여기에서 '배우는 행위'는 지식의 대상을 받아들이는 '수용'受容의 정치가 학생에 따라 다르다는 점을 인지하고 고려할 수 있어야 한다. 비판적 교육학critical pedagogy은 교사와 학생 간의 상호교환을 구체적으로 보여주는 변증법적 문답식 과정으로 이루어진다. 그 교환은 이해라는 문제를 재설정하고 재규정해서, 지식과 권력의 복잡다단한 차원만이 아니라 지식의 구조적이고 관계적인 차원까지 변증법적으로 부각시키는 일에 초점을 맞춘 교환이다. 끝으로 혁명적 교육학 revolutionary pedagogy은 비판적 교육학에서 한 걸음 더 전진해서, 권력과 지식의 관계를 내적인 모순에 따른 충돌상태에 놓는 교육학이다. 이런 충돌은 몹시 강력해서 간혹 견디기 힘든 지경까지 이르러서 고상한 인식론적 해결책을 낳지는 못하지만 과거의 굴레에서 해방된 새로운 사회를 잠정적으로 조금이나마 보여준다. 세상 밖과 세상 곁에 동시에 있으면서, 과거가 현재에서 되풀이되는 사실을 깨닫게 해준다. 달리 말하면, 주체가 지금은 세상 안에 존재하면서 세상에 종속된 신세이지만 굳은 의지로 세상을 헤쳐나가 결국에는 감춰진 의미가 일상의 우발적인 사건에서 드러나는 수준을 목표로 한다. 혁명적 교육학은 일상의 부자연스런 흐름을 거부하는 이야기 공간을 만들어낸다. 또한 주체성이 끊임없이 해체되고 재구성되는 갈등과 충돌의 일상적 공간, 다시 말하면 주체가 세상에 이름을 붙이면서 세상을 인정하고, 이름붙이는 과정에 잠재된 은폐의 습관을 버리고 폭로하면서 세상에 반발하는 행위를 반복하며 결국에서 원래의 상태로 되돌아가는 현상을 거부하는 이야기 공간을 만들어낸다.

　세상을 범주화하는 행위가 위험한 위계구조를 필연적으로 조장한다는 점에서 폭력적 행위와 다를 바가 없다는 사실을 게바라와 프레이리는 꿰뚫어보았다. 혁명적 교육자는 일상적인 것에 늘 상처를 내어 일상적인 것이 영원히 고정된 것이 아니라 경계를 수시로 변화시키는 거칠고 유동적인 공간으로 보이게끔 만든다. 혁명적 교육자는 세상을 되새김질하듯 관찰하고, 인식론적 비판을 통해 지식을 바꿔가는 프락시스에 매진한다. 인식론적 비판은 눈에 보이는 것을 해체하는 수준을 넘어서, 그런 것이 역사적으로 어떻게 어떤 이유에서 탄생했는지까지 분석한다. 따라서 혁명적 교육자는 어떤 시니피에가 다른 시니피에로 전이된 과정을 추적하는 동시에, 그런 시니피에들이 조직적이고 제도적인 기구와 모순된 사회관계 내에서 구체적으로 어떻게 은폐되어 있는지도 밝혀야 한다. 혁명적 교육자는 지식이 기호학적 최종생산물을 넘어서는 것이라 생각한다. 달리 말하면, 지식은 경계가 분명한 체계 내에 존재하지만 그 안에서 상호관련성을 갖는다. 비판적 지식은 언제나 개방적이고 열려 있으며 불완전해서 언제라도 변경 가능한 것으로 여겨진다. 따라서 비판적 지식은 구체화된 사회적 관계를 다룰 때 신중할 수밖에 없다. 지식이 사회적으로 존재하고, '사실'fact에서 '가치'value로 이동하는 지식의 변천과정이 은폐되면서 인식론적으로 왜곡되기 때문이다. 달리 말하면, 비판적 인식론은 지식의 내용을 점검하는 차원을 넘어서, 그 지식이 만들어진 방법까지 검토하는 것이다. 따라서 이데올로기가 어떻게 구축되고 어떻게 운영되며, 지배와 억압의 관계를 은폐하기 위해서 환유換喩적이고 제유提喩적인 행위가 어떻게 자행되는지 이해하려 애써야 한다. 또한 우리 감정을 체계화하는 해석의 틀이 현재의 지배적인 생각을 어떻게 만들어냈고, 우리가 일상에서 나누는 담론을 구분짓는 분류법이 사회적 착취관계를 어떻게 은폐하고 감추는지도 살펴보아야 한다(Bannerji, 1995).

래리 그로스버그Larry Grossberg는 영력營力, agency이란 개념을 새롭게 정의해서 내 분석을 보완해주었다. 래리는 영력을 행동하는 힘 이상의 것이라 정의하며, "영력은 특정한 공간, 즉 특정한 행동으로 특정한 결과를 만들어낼 수 있는 공간, 더 구체적으로 말하면 우리가 세상을 만들어가는 다양한 '힘'과 매개체에 개입해서 영향력을 행사할 수 있는 공간에 접근하는 능력"이라 주장했다(1999, p.32).

그로스버그에 따르면, 영력은 구조화된 이동성과 '실천의 체험지리학'을 가리킨다. 또한 개인과 집단이 자아를 실천하는 공간을 가리키기도 한다. 일시적으로 안정된 공간도 여기에 포함되고, 여러 곳에 분산되어 있지만 언제라도 구성원의 가능성을 궁리해내는 동시에 억제할 수 있는 조직도 여기에 포함된다.

추상적 공간이 구체적 공간으로, 다시 구체적 공간이 추상적 공간으로 끊임없이 변하는 현상은 체험지리학으로 설명된다. 우리가 일상의 삶을 살아가는 안정된 시스템 간의 간단없는 왕래도 체험지리학으로 설명된다. 우리가 점유하는 공간과 그 공간에 대한 투자, 또 우리끼리 견실하게 살아갈 수 있는 공간을 만들어가기 위해서 고원지대들을 연결시키고 변형시키는 행위도 체험지리학으로 설명된다. 모두가 동일한 지도를 가질 수는 없다. 특정한 지도 안에서도 모두가 동일한 장소에 접근할 수는 없으며, 모두가 동일한 매개체를 따라 공간을 여행할 수도 없다. 게다가 모든 공간이 똑같을 수 없으며, 똑같은 정도로 접근 가능한 것도 아니다. 공간의 관계라는 문제는 권력과 지배력의 관계와 떼어놓고 생각할 수 없다. 따라서 그런 지도는 배포될 때마다 반발에 부딪친다.(Grossberg, 1999, p.33)

혁명적 교육학의 관점에서 투쟁은, 새로운 구조적인 힘의 이동성과 추세선이 사회정의라는 더 큰 문제에 정체성을 결부시키면서 만들어지는 공간 — 잠정적 공간 — 을 구축하는 것이다. 달리 말하면, 학생과 문화운동가는 주체성과 차이를 중요시하는 새로운 경제환경에서 비롯된 소속 방식에 관심을 가져야 한다. 이렇게 하려면 자본주의하에서 상품화된 정체성의 허구적인 힘을 잊고, 자본주의를 만들어낸 동시에 자본주의의 산물인 역학관계를 극복할 수 있어야 한다.

프레이리와 게바라의 교육학은 혁명적 교육학의 특징을 고스란히 담아냈다. 그들의 교육학은 비판적 문해 능력을 강조하며 정치 프로젝트를 분명하게 제시하고 있지만, 게바라의 프로젝트에 비해 프레이리의 프로젝트가 더 체계적이고 일관성 있으며, 문답식이고 자기성찰적인 것은 당연한 결과일 수 있다. 게바라의 교육학은 상당히 직관적인 면을 띠지만, 오히려 그 직관이 너무 반직관적이어서 놀라울 뿐이다. 하지만 게바라와 프레이리의 정치 프로젝트는 똑같이 상호배려를 말한다는 공통점을 갖는다.[1] 물론 게바라의 교육학이 더할 나위 없이 변증법적 성격을 띠고, 억압받는 사람들의 직접적인 체험에 근거하고 있다는 점이 강조되어야 마땅하다. 또한 게바라의 교육학에서, 억압받는 사람은 혁명가의 삶을 살면서 혁명적 의식을 얻어 '새로운 인간'으로 거듭 태어난다는 점도 강조되어야 한다. 달리 말하면, 교육이 상아탑의 경계를 벗어나 혁명운동과 정치에서 공적인 역할을 떠맡아야 한다는 뜻이다. 그렇다고 남녀를 불문하고 모두가 게릴라가 되어야 한다고 게바라는 말하지 않았다. 그러나 모두가 혁명적 의식을 키워서, 혁명의 진척에 직접적으로 공헌하는 행동에 참여하는 것이 무엇보다 중요하다고 역설했다.

게바라의 개념에서 '새로운 인간'은 공산당 정치국이나 강단에서 활약하는 이론가들의 반복되는 열변과 혁명적 세뇌에 취해서 비판적 의식에 덩달아 휩쓸리는 좀비 같은 행동가만을 가리키는 것이 아니다. 게바라와 프레이리가 주창한 비판적 교육학의 출발점은 자본주의하에서 신음하는 노동의 모순이었고, 역사를 변증법적으로 이해하려는 힘이었다. 따라서 교육계에 몸담은 사람들에게 비판적 교육학은 인종과 젠더, 계급과 성별 등의 관계에서 힘의 불균형을 초래하는 그런 모순을 인식하고 변화시켜 나아간다는 뜻이다. 게바라와 프레이리는 지배적인 사회적 관습을 눈속임이라 폭로한다고, 그런 폭로가 곧 해방이라고 생각지 않았다. 또한 권리를 박탈당한 사람들의 시련과 고난을 한탄하는 것으로는 충분하지 않다고 생각했다. 게바라와 프레이리는 인간에 대한 착취와 빈곤에서 비롯된 그런 사회적 관습을 뒤바꾸려고 노력했다.

게바라의 혁명적 삶에서는 추종자들에게 더 고결한 대의를 위해서 일상의 윤리의식을 버리라고 강요하는 전체주의적 '지도자'의 억압적인 모습이 거의 눈에 띄지 않았다. 게바라는 동료 게릴라들에게 게릴라적 삶을 즐기라고 강요하지도 않았다. 게릴라의 삶을 지배하는 규칙은 궁핍과 희생을 요구했기 때문에, 그런 궁핍과 희생을 견디려면 조직적으로 자행되는 폭정과 착취를 이겨내겠다는 갈망을 게릴라로서의 삶이 정서적으로 채워줄 수 있어야 했다. 일관되고 매끄럽고 깔끔한 부르주아적 자아에 대항해 멋지게 반란을 일으켜야 게릴라 전사가 되는 것은 아니었다. 모순된 질서의 전복을 고상하고 영묘한 세계로 승화시키려 노력한다고 게릴라 전사가 되는 것도 아니었다. 게바라의 생각에, 게릴라 전사가 된다는 것은 국가를 등에 업은 테러 행위에 도전해서 분쇄하는 것을 뜻했다. 요컨대 민중혁명의 불씨를 당기는 계기를 마련하는 것이 게릴라 전사의 역할이었다.

전장戰場에서 게바라는 농부들을 의식화시킬 수 있는 조건을 마련한 후에야 농부들을 게릴라전에 끌어들이려 애썼다. 하지만 게릴라전에 가담할 수 없거나 가담하기를 거부한 사람들에게 무력을 사용하겠다고 협박하지는 않았다. 또 그들을 회유해서 끌어들이거나 비겁하다고 모욕하지도 않았다. 물론 그들에게 금전적 보상을 해주겠다고 유혹하지도 않았다. 그들의 정의감에 호소했고 그들과 토론을 벌이면서 세상에서 고생하는 민중을 위해 그를 따라 게릴라 전사가 되라고 요구했다.

게바라의 교육학에 비해서 프레이리의 교육학은 비판적 대화 형식을 띠었고, 새로운 사회를 향한 비전도 훨씬 개방적이었다. 프레이리 접근법이 갖는 혁명적 성격은 일상생활의 '변증법적 이해'가 어떻게 구성되는지 설명한 버텔 올먼Bertell Ollman의 글에서 분명하게 찾아진다. 인류 역사에서 지금만큼 자본주의가 유난히 복잡하고 급속히 변하며 상호적인 때가 없었다는 전제하에, 올먼은 사회적 삶의 변증법적 이해가 '과거 어느때보다 필요하다'라고 주장했다(1998, p.342). 올먼은 세상을 변증법적으로 이해하는 방법을 연속적인 6단계로 나누어 설명했다. 존재론적 단계는 무한수의 상호의존적인 과정을 다루어야 하며, 그 과정이 사회적 삶의 전체 혹은 구조화된 전체를 이룬다. 인식론적 단계는 그런 세계를 이해하기 위해서 생각하는 방법을 어떻게 체계화하고, 변화와 상호작용의 주된 패턴을 어떻게 끌어내야 하는가를 다룬다. 탐구 과정에서는 이런 내적 관계의 패턴을 받아들여 조사를 심도 있게 추진한다. 지적 재구성 단계, 즉 명료화를 위한 단계에서는 자신을 위해서 그런 조사의 결과를 종합해서 짜

맞춘다. 표현의 단계에서는 현상에 대한 변증법적 이해를 특정한 집단에게 설명하는 시간을 갖는다. 이때 다른 사람들은 어떻게 생각하는지 점검하는 시간도 갖는다. 끝으로 프락시스 단계에서는 세상 안팎에서 의식적으로 행동하기 위해서 사회적 삶의 현상을 명확히 하고, 세상을 변화시키는 동시에 세상을 한층 깊이 이해하려 애쓴다. 시간과 더불어 반복적으로 행해지는 이런 변증법적 행위는 파울루 프레이리의 교육학과 무척 흡사하다. 변증법적 사고과정이 더해진 프레이리의 급진적인 지식이론을 파울라 올먼Paula Allman과 그녀의 동료들은 다음과 같이 설명했다.

프레이리의 변증법적 사고, 요컨대 모든 변증법적 사고는 역사를 하나의 과정으로 취급한다. 이런 전제하에서 프레이리는 인간으로 존재한다는 것이 무슨 뜻인지 설명하려는 급진적 이론, 즉 급진적 존재론과 급진적 지식이론, 즉 급진적 인식론을 민중에게 전달할 수 있었다. 인식하든 않든 간에 대부분의 사람이 존재론적 이론과 인식론적 이론을 갖고 살아간다. 적어도 그와 관련된 가정 정도는 갖는다. 프레이리의 존재론은 인간으로 존재한다는 것이 그때까지 뜻하던 바를 비판하며 우리가 어떤 존재가 될 수있는가를 철학적으로 제시했기 때문에 급진적이다. 따라서 프레이리의 존재론은 존재의 이론이기도 하지만 변화의 이론이기도 하다. 프레이리의 지식이론도 존재론만큼이나 급진적이고 변증법적이다. 따라서 어떤 사람도 '빈 배'가 아니다. 달리 말하면, 지식이 전혀 없는 사람은 없다. 많은 사람이 경험적으로 소중한 지식을 갖고 있다. 또한 우리 모두가 나름대로의 의견과 믿음을 갖고 살아간다. 기존에 존재하는 지식을 상당한 정도로 지닌 사람도 많으며, 어떤 지식을 보유했다는 것을 뜻하는 자격증을 소지한 사람도 있다. 그러나 프레이리의 교육법에서는 그런 유형의 지식을 획득하고 보유하는 것이 학습의 궁극적 목표가 아니다. 오히려 학습을 대화식

으로, 또 문제 제기식으로 접근하기 위한 출발점일 뿐이다.(Allman et al. 1998, p.11)

물론 변증법이란 개념은 복잡하게 뒤얽힌 구체적인 사회적 삶을 설명하고 그 모순을 극복하는 방법을 제시하기 위한 추상적 개념이다. 하지만 누구라도 인정하듯이, 직접 겪은 경험의 모순을 극복하기는 무척 어렵다. 프레이리만큼 정치적으로 박식하고 민감한 사람에게도 쉽지 않은 일이다. 슈구렌스키가 지적하듯이,

> 프레이리의 분석은 헤겔의 변증법에 기초를 두었다. 말하자면, 통일은 정-반-합의 끝없는 긴장관계로 이해되었고, 변화는 두 대립체 간의 갈등 해소였다. 이론적으로 변증법적 접근법은 이원론과 그릇된 이분법의 한계를 넘어선다. 하지만 프레이리가 어느 정도까지 이분법의 한계를 극복했는지는 아직도 논란의 대상이다. 또한 프레이리는 양극화 전략을 즐겨 사용해서 일부 제자는 은행예금식 교육, 식민주의, 자본주의의 발달 등을 획일적으로 거부하는 경향을 보이기도 했다. 복잡한 현실세계를 감안하면 그런 입장을 유지하기는 힘들다. 프레이리라고 예외는 아니었다.(1998, pp.24~25)

프레이리의 교육학은 생산적 노동과 자본, 생산과 교환, 그 둘의 역사적 관련성과 발달 간에 존재하는 자본주의의 변증법적 모순을 읽어내는 비판적 의식의 투쟁 이야기라 할 수 있다. 비판적 교육학에서 주된 이야기는 현상을 해석하는 혁명적 이론의 정치학과 깊은 관계가 있지만 비판적 의식을 향한 교사 개인의 경험담이기도 하다. 우리가 교육자로서 선택한 길이 개인적이든 인식론적이든, 또 존재론적이든 윤리적이든 간에 어

떤 시점에 우리는 지역적인 동시에 범세계적인 맥락에서 자본주의적 사회관계의 진면목과 맞닥뜨리기 마련이다. 그런 사회적 관계를 무시해버릴 수도 있지만, 혁명적 교육을 실천하려면 억압받는 사람들에게 가해지는 고통과 고난을 비난하는 데서 멈추지 않고 그처럼 고통스런 현실을 바꿔갈 수 있는 방법을 모색해야 한다.

이런 점에서 신자유주의에 대한 프레이리의 지적은 아주 적절했다.

나는 신자유주의의 담론에 감추어진 의미에 주목해야 한다고 말하고 싶다. 그들이 역사의 죽음, 이데올로기의 종언, 유토피아의 종말, 사회계급의 소멸 등에 대해 말하지만 곧 닥칠 일종의 숙명론을 옹호하고 있을 뿐이다. 미래를 그들의 뜻대로 끌고가겠다고 좀 더 일찍 말하지 못해서 후회라도 하는 듯하다. 기계론적 마르크스주의자들은 미래를 문젯거리로 삼기는커녕 미리 정해져서 이미 알고 있는 시대로 전락시켰다. 역사의 종말론을 지지하는 사람들은 '새로운 시대', 즉 자본주의가 결정적 승리를 거둔 시대를 뒤늦게 오기는 했지만 마침내 지금 찾아온 미래처럼 환영한다. 그들은 지난 60년간 인간이 이루어낸 업적을 이제야 올바로 수정된 역사의 오류로 생각하며, 그 업적을 지우개로 지워버린다. 이런 식의 담론에 따르면, 자본주의는 현대사회에서 사회계급을 잉태시켰기 때문에 지금의 수준에 이를 수 있었고, 앞으로는 마르크스가 노동자계급에게 기대했던 것, 즉 지배계급의 장의사가 되는 것보다 훨씬 원대한 목표를 가져야 한다. 그러나 자본주의는 스스로 진화하면서 역사와 함께 종말을 맞기로 되어 있었다.(1998b, p.47)

프레이리는 사회주의체제에 흔히 동반되는 권위주의와 독선주의를 안타깝게 여겼지만 민주적 사회주의의 가능성을 굳게 믿었고, 그런 체제를 세우려고 투쟁했다. 프레이리는 스탈린주의가 마르크스의 목표를 성취해서 '실제로 존재하는 사회주의'를 건설했다고 믿지 않았다.

> 나는 스탈린의 권위주의가 사회주의의 본질이라고 믿지 않는다. 따라서 진정한 민주적 사회주의가 불가능한 제안이라고 인정할 이유는 없다.
>
> 사회주의 안에 자리 잡은 권위주의가 본질적으로 인간과 사회주의 간의 존재론적 불화합성에서 비롯된 것이라고도 생각지 않는다. 그렇게 생각한다면 "사회주의의 근본적인 장점이 인간의 본성에 전혀 어울리지 않아 사회주의는 억압하에서만 제 역할을 할 수 있다"라고 말하는 것이나 똑같다. 권위주의가 어떤 식으로 포장되더라도 인간은 본능적으로 권위주의를 배척한다.(1998b, p.49)

사회주의가 민주주의를 무력한 지경에 빠뜨리고 사회정의의 구현이라는 사회주의 본연의 목표를 웃음거리로 전락시키기는 했지만, 또 사회주의가 포스트모던한 풍경에 중독된 데다 과거로부터의 달갑지 않은 훼방꾼이란 비난을 받지만 프레이리는 글로벌 자본주의가 필연적으로 불러올 상황조건의 사회주의적 대안을 끝까지 주장하며 그 대안을 찾아내려고 애썼다. 게바라가 그랬듯이 프레이리도 사회주의의 유토피아적 가능성 때문에, 또한 자본주의적 사회관계의 야만적 현실 때문에 사회주의를 지향했다.

'실질적인 사회주의'의 쇠락으로 사회주의가 본질적으로 생존 불가능하다는 것이 증명된 것도 아니며, 자본주의가 그 탁월성을 확실하게 보여주었다는 것을 뜻하지도 않는다. 나는 이런 해석에 전적으로 동의한다.

처참한 지경이라 말하고 싶지는 않지만 그래도 '개발도상국가에서 빈곤에 허덕이며 살아가는 십억 이상의 사람들과 공존하는 현상'이 어떤 면에서 탁월한 제도라는 것일까? '텅 빈 주머니'와 빈곤이 자본주의와 공존하지만 그런 현상에는 무관심할 뿐 그 밖의 다른 면은 무섭게 발전했다는 사실은 구태여 언급할 필요도 없다. 무수한 사람이 길거리를 집삼아 잠을 청하고, 그들이 길에 내던져진 이유가 그들의 잘못이라 말하는 자본주의가 어떤 면에서 탁월하다는 것일까? 누군가를 다르다는 이유로 거부하고 굴욕감을 주며 자존심을 건드리고 경멸하며 심지어 착취까지 하는데 젠더, 계급, 인종 등을 이유로 한 그런 차별에 반발하며 싸우지 않는 자본주의가 어째서 탁월한 제도라는 것일까? 세상에서 태어나서 얼마 버티지 못하고 죽어가는 아이들, 조금은 저항력이 있어서 그럭저럭 버티지만 곧 세상을 하직하는 아이들이 수백만을 헤아리지만 그런 현상을 시큰둥하게 기록할 뿐인 자본주의가 어째서 탁월한 제도라는 것일까?(Freire, 1994, p.94)

프레이리와 게바라의 관점에서, 혁명적 교육학의 핵심은 마르크스 이론에서 의식화와 프락시스였다. 즉, 그들의 교육에 대한 인식을 마르크스적 휴머니즘으로 발전시킨 것이었다. 혁명적 교육학은 '지식'과 '존재' 및 그 둘의 관계에 대한 우리 사고방식을 인식론과 존재론 모두에서 혁명적 변화를 모색하는 데 있다. 형식적이든 비형식적이든 어떤 맥락에나 적용할 수 있는 대안적 교육 접근법에 녹아든 비판적이고 변증법적인 프락시스의 중요성을 강조하기 때문에 혁명적 교육학은 프락시스가 어떻게 문화행동과 문화혁명에 채용되는지를 보여준다. 인간의 잠재능력이 자연스레 조성된 환경에서 맺어진 인간관계, 즉 실질적인 체험과 직접적인 관계를 갖는다는 생각에서 프레이리와 게바라는 마르크스와 일치한다. 게바라와 프레이리의 관점에서, 프락시스 철학은 궁극적으로 도달해야 할 정점이며 과학적이고 변증법적이며 이데올로기를 초월한 일관성을 찾는다.

프락시스 철학은 교육을 혁명적으로 변화시키기 위한 프락시스인 동시에 분석 방법이며, 현실세계를 변증법적으로 이해하고 인간과 문답식으로 하나가 되는 세상을 만들어가려는 개념이다. 요컨대 실질적인 행동을 통해서 민중의 원칙과 문제를 일치시키는 것이 프락시스 철학이다.

'해답을 제시하는' 교육법과 달리 프레이리의 '문제를 제기하는' 교육법은 사파티스타 투쟁을 어떤 보장도 없는 반란, 즉 새로운 사회의 청사진이나 미리 규정된 유토피아도 없는 반란이라며 탈마르크스적으로 정의한 할러웨이의 입장과 비슷하다. 문제제기식 교육학은 시적 언어를 통해서 전문적인 정치집단을 무장해제시키고 사회적 언어를 정치화시키며, 전위정당의 '데우스 엑스 마키나'적 개념을 버리고 인간의 존엄성을 부정하는 흐름에 저항해 싸우는 집단기억을 만들어가려는 투쟁이다. 프레이리의 교육학은 사파티스타처럼 시민사회의 정치교육에 관심을 가졌지만 계급투쟁을 포기하지는 않았다. 사파티스타의 소명을 존엄성의 부정에 대한 투쟁이라 정의한 할러웨이의 분석은 상징적인 면에서 많은 의미를 갖는다. 그러나 그의 분석에 따르면 사파티스타는 온갖 형태의 착취에 관심을 가져야 한다. 따라서 착취의 개념을 다소 주관적인 지배의 개념으로 확대시켜 정말로 문제시되는 착취를 극복하려는 투쟁을 약화시키는 결과를 낳는다. 예컨대 아버지가 BMW를 사주지 못하고, 비벌리 힐스에 콘도를 사주지 못한다는 대학생의 얼토당토않은 불만을 심정적으로 이해한다고 개인들이 "우리 모두가 사파티스타!"라는 후렴에 공명하는 것을 원할 것인가? 물론 이런 예는 '진리와 무기로 무장한 사람들의 외침'이라는 사파티스타의 투쟁의식과는 거리가 멀다. 진리로 무장하는 것은 중요하다. 또 사파티스타의 연대조직을 통해서(전투적 게릴라 조직이 아니라 들뢰즈식의 근경조직을 통해서) 그 진리를 5대륙 전역에 확산시키는 것도 중요하다. 그러나 자아와 그 근본적 속성을 인식하려는 목표를 향해 나아갈 때, 이른바 개량주의적 태도 때문에 혁명적 프락시스가 무력화될 위험이 적지 않다. "계속해서 의문을 제기하고 유머와 이야기와 춤, 새로운 생각에 대한 열린 마음, 실수를 기꺼이 인정하는 자세를 요구하는" 비정치적인 사람들의 정치 혹은 반反정치적 입장이 다각도에서 적대적인 조직을 결성해서 자본에 저항할 수 있을까?(Holloway & Peláez, 1998, p.1~18) 내 생각에는 불가능하다. 사파티스타도 똑같은 생각이었을 것이다. 따라서 그들은 지금까지도 그들의 조직을 정당으로 전환하는 것을 거부해왔다. 게바라와 프레이리처럼 사파티스타도 혁명적 프락시스가 두 방향에서 전개되어, 사회구조만이 아니라 의식까지 변화시켜야 한다고 믿는다. 그들이 의식을 변화시키는 것에 만족한다면 그들의 프로젝트는 개량주의로 변질될 가능성이 크다. 하지만 적어도 지금으로서는 사회구조의 변화에 집중하는 것은 게바라와 프레이리의 프로젝트를 보증하는 혁명적 프락시스에 충실한 것이라 말할 수 있다.

비판적 교육학은 권리와 책임이란 공유적 개념을 발전시켜 민주주의를 재정의하고 재창조하며, 집단적인 의사결정과 민중민주주의적 통치를 위해 테크놀로지를 활용해서 정치와 경제를 통합시킨다는 의미를 갖는다. 따라서 비판적 교육학은 프레이리의 유산을 의식화에 한정시키려는 개량주의자의 마수에서 프레이리의 업적을 구해내야만 한다. 개량주의자는 어떤 의미에서 주관주의의 피해자이다. 특히 사람들이 사회적 불균형을 말로만 비난하면서 기존의 구조에는 손대지 않을 때 팽배한 주관주의의 피해자이다. 프레이리의 접근방법은 마르크스처럼 기존의 이데올로기를 부정하는 관점에서 읽혀질 때, 또 프레이리의 요구대로 기존의 인식론과 존재론에서 벗어나 읽혀질 때 의미를 갖는다. 이런 점에서 의지가 꺾이고 무력감에 끝없이 신음하며 본질 자체에 대한 믿음을 상실해서 상상력 부족에 시달릴 때, 또한 역사의 뒤안길에서 주체가 '내부의' 압제자에게 압도당할 때 혁명적 프락시스는 한계에 부딪칠 수밖에 없다.

프레이리와 게바라의 견해에 따르면, 해방을 목표로 한 교육과 문화는 민중을 억압의 굴레에서 해방시킨다고 성공한 것이 아니었다. 민중이 스스로 해방의 길을 모색할 수 있는 수준까지 키워내야 진정한 성공인 것이다. 프레이리는 한층 체계적으로 접근해서 그런 교육학적 투쟁이 성공적으로 전개될 수 있는 조건을 조성할 수 있었다. 프레이리는 변증법적으로 투쟁할 때 해방이 한층 용이해진다고 믿었다. 따라서 좌담은 문답식 프락시스로 대체되고, 주체는 타자에게 마음의 문을 활짝 열어놓을 수 있어야 한다. 좌담과 토론은 우리가 무엇을 생각해야 하는가에 주로 초점이 맞춰지고, 현실세계에 대한 주체의 해석을 다른 해석에 비해 부각시키면서 주체를 지원하는 반면에 문답식 대화에는 지식에 대한 비판적 탐구가 더해진다. 이런 점에서 좌담은 '독백의 관리된 커뮤니케이션'이란 형태를 띠는 반면에, 올바른 문답식 대화를 위해서는 주체가 생각하는 내용과 주체가 그렇게 생각하는 이유를 존중해야 한다는 전제가 필요하다. 대화에서 무척 중요한 부분인 진실은 주체 간의 대화에 앞서 존재하지 않는다. 즉 대화하는 과정에서 진실이 만들어진다. 비유해서 말하면, 우리는 걸어가면서 길을 만든다! 그러나 우리가 걸어가면서 길을 만들어가려면 어떤 영역을 미리 점유할 필요가 있다. 그 영역에서부터 역사의 길이 만들어지기 때문이다. 그렇다고 역사의 우연성, 역사의 위기적 특성, 역사의 무한한 불가지성不可知性을 인정하지 않는 것은 아니다. 이처럼 역사의 길이 만들어지는 과정, 구체적으로 말하면 이미 만들어졌고 앞으로 만들어질 것이며, 현재 만들어지고 있는 역사의 길을 게바라와 프레이리는 철저히 유물사관적 입장에서 접근했다. 따라서 게바라와 프레이리는 우리에게 자본의 대리인이라는 환상에서 벗어나야 한다고 역설했다. 우리는 자본의 대리인이 아니다. 우리는 언젠가부터 자본의 대리인이 되었지만, 그런 상황을 생존을 위한 필수 조건이라 생각할 필요는 없다.

　유물사관적 입장에서 보면 역사는 사회적 관계가 없는 비이데올로기적 공간, 즉 문화라는 껍질이 벗겨져서 차이가 일소된 공간에서는 일어나지 않는다. 요컨대 인간이란 행위자는 문화의 공백 공간에서, 즉 사회적 요인이 완전 살균된 공간에서는 역사를 만들지 않는다. 우리 인간은 구원이란 형이상학적 계획에 의해 미리 예정된 신비하고 초자연적인 힘의 변덕에 종속된 존재도 아니다. 오히려 노동의 성격과 노동의 국제분업이 역사를 결정한다. 생산력의 발전단계와, 사회적 생산관계에서 비롯되는 다양한 갈등과 모순도 역사를 결정하는 요인이다. 따라서 유물사관은 사회적 주체들을 결정짓는 생산력과 생산관계를 총체적으로 대담하지만 신중하게 주목하고, 어떤 사회질서라도 부정적인 면을 내재한다는 사실을 간과하지 않는다. 이런 이유에서 마르크스는 "죽은 사람들이 남긴 전통이 살아 있는 사람들의 뇌를 악몽처럼 짓누른다"(1950, p.225)라고 말했다. 유물사관은 모든 해석을 새롭게 하려는 뜻에서 탄생한 이론적 궤변이 아니다. 모든 것을 새롭게 해석해내는 만능자는 더더욱 아니다. 또한 경쟁적인 사상과 관습을 하나로 통합해내는 이론도 아니다. 유물사관은 일상의 경험을 역사적으로 이해하면서 정치적 전략과 연계시키려는 시도일 뿐이다. 조지프 페라로Joseph Ferraro에 따르면,

　　유물사관은 인간의 생산행위와 역사적 특이성을 강조한다는 점에서, 현재를 역사로 인식하는 특징을 갖는다. 인간세계는 무척 복잡하지만 그 세계를 만들어낸 주역이 인간이기 때문에, 인간은 인간세계를 알 수 있다……역사를 유물론적 관점에서 접근하는 유물사관은 '투쟁'이라는 하나의 전제를 중심으로 존재론과 인식론 및 역사를 결합시킨다. "무엇이 있습니까?"라는 한 기자의 질문에 마르크스는 "투쟁!"이라고 주저 없이 대답했

다.(1992, p.35)

계급투쟁을 유물사관적 관점에서 접근하면서 프레이리는 두 종류의 교육, 즉 문화행동과 문화혁명에 주목했다. 문화행동은 소수의 지배계급에 반발하는 운동으로 일어나고, 정치·사회적인 혁명이 승리를 거둔 후에는 문화혁명이 일어난다. 프레이리에 따르면,

> 혁명의 전후로 각기 다른 혁명적 성격을 띤 교육이 행해진다. 지배세력 내에서 혁명적 교육을 기대하기는 어렵다. 지배세력은 모든 것을 침묵시키는 경향을 띠기 때문이다. 하지만 노동조합이나 포퓰리즘적이지 않은 민중정당 등과 같은 민중조직 내에서 혁명적 교육이 시행되어야 한다. 이때 교육자를 통해서 교사들이 원래의 계급에서 변절해 다른 계급으로 전향을 시도한다. 이른바 계급자살이다. 혁명의 목소리가 힘을 얻을 때 혁명적 교육은 다른 차원에 접어든다. 전에는 저항과 도전의 교육이었던 것이 체계화된 교육으로 되고 재창조되면서 새로운 사회의 재창조를 돕는다. 이전 단계의 교육에서는 민중에 악의적인 세력을 전복시키는 데 초점을 맞추었다면, 이 단계에서는 민중의 편에서 교육이 새로운 사회를 건설하고 새로운 인간을 형성하는 데 일익을 담당하는 특별한 도구가 된다.(Gadotti, 1994, p.63에서 인용)

프레이리의 '새로운 인간'은 게바라의 '새로운 인간'과 다를 바가 없다. 또한 프레이리의 '새로운 인간'은 그 자신이 역설한 혁명적 프락시스의 다른 표현이기도 하다. 혁명적 프락시스에서는 침전되어 쌓인 사회현상에 대한 규탄과 고발이 있은 후에 대안적 가능성의 고지告知가 뒤따른다. 달리 말하면, 비난과 고지의 행위에는 새로운 세상의 선언이 전제되어야

한다(JanMohamed, 1994). 이런 의미에서 비난과 고지는 프레이리의 표현을 빌면 '역사에의 헌신' historical commitment이다. 잔모하메드에 따르면, "프레이리가 여기에서 의도한 바는 '완전히' 성취된 새로운 사회의 성립에 필연적으로 수반되는 세속성을 새로운 사회의 초기단계와 명백히 구분해야 한다는 것이다. 초기단계는 그 후에 뒤따르는 세속성과 질적으로 다르기 때문이다."(1994, p.250).

경계를 넘나드는 프락시스로서 혁명적 투쟁은 침전되어 쌓인 역사적 갈등 구조에서 강요된 경험에 문제점을 제기하는 데 목적을 둔다. 혁명적 투쟁은 기존사회에 대해 비판하고 새로운 사회를 알리기 때문에 다른 가능성을 갖는 새로운 공간의 모판이라 할 수 있다. 따라서 최초의 승리를 거둔 순간부터 한층 지속적이고 폭넓은 투쟁이 시작되어야 한다.

해방의 결과로 유물사관에서 정확히 예측하지 못한 세계로 들어갈 수 있지만 다양한 관점에서 그 세계를 조명할 필요가 있다. 게바라와 프레이리도 인정했듯이, 그들의 이론이 모든 형태의 해방을 설명하지는 못했다. 그러나 데카르트의 합리적이고 정신역학적인 이론들은 해내지 못했더라도 그들의 노력이 인간이란 주체와 사회구조를 근본적인 면에서 연결시켜줄 것이라고 믿었다. 그들은 사회적 삶에서 변증법적인 특징과 인간관계를 상품화시키는 속성을 읽어냈다.

상품 물신주의에 대한 마르크스의 이론에서, 교환가격으로 구체화되는 상품의 상대적 가치가 실제로는 개인 간의 사회적 관계라는 사실이 설명된다. 개인 간의 사회적 관계는 사물 간의 관계, 즉 인간의 통제력을 벗어난 자연의 힘처럼 여겨진다. 사회적 관계는 변화무쌍한 형태를 띠는 듯하며, 이런 이유에서 사회적 노동생산물은 구체화되어 사물처럼 여겨진다. 교환가치가 인간 간의 실질적 관계까지 결정하지만, 그 관계는 역사적으로 빚어진 것이 아니라 사물 간의 초역사적 관계라는 착각을 불러일으킨다. 『자본론』의 첫 권에서 마르크스는 한 구성원의 노동과 그 사회의 나머지 모든 구성원을 연결짓는 관계가 실제의 관계, 즉 인간 간의 유물론적 관계이고 사물 간의 사회적 관계인 듯하다고 주장했다. 여기에서 어떤 특정한 상품은 개별 노동의 산물인 반면에 돈이라는 상품은 사회적 노동의 화신이란 점을 잊지 말아야 한다. 노동의 산물을 상품으로 생산하고 판매하는 행위를 통해서만 개인의 구체적인 노동은 서로 관계를 맺을 수 있다. 돈이란 상품이 만들어져서 보편적 등가물 역할을 할 때 사회적 관계가 맹목적으로 숭배되어 사물 간의 관계로 여겨질 뿐이다. 슬라예보 지젝은 우리에게 물신숭배에 대한 마르크스 변증법의 교훈을 기억해야 한다면서, "인간 간의 관계가 사물 간의 변화무쌍한 관계라는 형태를 띠면서, 그 관계는 명백히 정반대의 과정, 즉 대체로 객관적인 사회적 과정을 근거 없이 의인화하고 '심리화'하는 과정을 통해서 더욱 구체화된다"(1998, p.160)라고 말했다.


## 혁명적 투쟁을 위한 리더십 원칙


 게바라와 프레이리의 삶과 생각은 미국의 교육자들에게 어떤 교훈을 주는가? 미국 정부가 볼리비아에서 게바라를 추적해서 처형하는 데 한몫을 했다는 사실은 게바라가 미국의 이해관계와 가치에 큰 위협거리였다는 방증이다. 게바라는 금기시되던 자본주의의 미덕을 신랄하게 비판하며, 미국과 같은 민주국가들이 지도자와 자원이 자신들의 손아귀에서 놀아나지 않는 체제를 흔들기 위해 얼마나 은밀하게 제국주의적 행동을 취해왔는지 폭로했다. 게바라와 프레이리는 민주주의의 부도덕한 이면을 폭로했고, 라틴아메리카 국가들의 빈곤과 착취가 미국 자본가계급의 이익과 중대한 관계가 있다는 사실도 바깥 세상에 널리 알렸다. 오늘날 미국에서 아프리카계와 라틴계 젊은이는 대학에 진학할 가능성만큼이나 교도소에 갇힐 가능성이 높다. 미국에서 부자와 가난한 사람의 격차가 점점 커지고 있다는 현상을 조사해보면, 부자가 가난하고 힘없는 사람들을 상대로 계급전쟁과 인종전쟁을 벌이고 있다는 증거가 곳곳에서 확인된다.

리처드 알라콘Richard Alarcon이 지적했듯이, 이데올로기의 교묘한 공격이 끊이지 않는 요즘과 같은 시대에 우리는 게바라에서 본보기를 찾아야 한다.

> 우리 사회에서 피할 수 없는 변화와 야만적인 제국주의적 공세는 새로운 방법, 때로는 교묘하면서도 음흉한 방법을 동원해서 이데올로기 투쟁을 벌이고 있다. 이런 이유에서도 게바라는 우리에게 꼭 필요한 인물이다. 우리는 그의 생각을 받아들여 노동자와 학생, 교수만 아니라 국민 모두를 위한 길잡이로 삼아야 한다. 이기적인 개인주의라는 독약이 내부에서부터 우리를 위협하고, 적잖은 사람이 굴복하고 동요하는 때를 맞아, 우리는 지도자적 위치에서 게바라의 흠집 없는 본보기를 재연하면서 그런 모습을 사회 전체로 확산시켜 나아가야 한다. 또한 연대의식을 일상의 규범으로 승화시켜야 한다.(1998, p.35)

현재 교육의 주된 목적은 세계화된 자본주의가 안전하게 확산되도록 세상을 변화시키는 데 있다. 사립화, 마그넷 스쿨magnet school(학군이나 인종에 관계없이 다닐 수 있는 뛰어난 설비와 교육과정을 갖춘 공립학교—옮긴이), 바우처 제도voucher plan(공립학교가 부족하거나 예산문제로 학교를 세우기 힘든 지역의 학생들에게 사립학교에 다니게 하고 공적 기관이 수업료를 대신 지불해주는 제도—옮긴이) 등처럼 기업 운영식으로 변한 교육방침은 기업 중심의 교과

과정이 자본주의적 사회관계에 제공한 안전장치의 하나일 뿐이다. 게바라와 프레이리에게 영향을 받은 비판적 교육학이라면 새로운 천년시대를 맞아 인종, 계급, 젠더 등에 따른 억압에서의 해방을 교육의 주된 목표로 삼아야 마땅할 것이다. 다른 나라들에 가하는 제국주의적 행위만이 아니라 교육도 이런 방향으로 변한다면 사회정의의 구현에 헌신하는 시민을 양성하고, 민주적 사회주의의 이상에 뿌리를 둔 사회적 삶을 재건설하는 데 전념하게 될 것이다. 그때 교육계는 미국 대내외 정책의 도덕적 권위에 반론을 제기하고, 학생과 교사 및 교육행정가와 함께 손잡고 일하는 새로운 혁명적 조직들의 연대를 강화해서 모든 시민이 동참하는 시민사회를 건설하는 데 앞장서며 "이젠 됐어!"라고 소리칠 것이다. 물론 사회민주주의를 확산시키는 일이 쉽지는 않다. 특히 합리주의와 국제적 협조주의를 둘러싼 토론은 더욱 그렇다.

혁명적 교육학은 미국의 역사와 문화 및 정치가 아무런 반론도 없이 전국의 교실에 전달되는 현상을 거부한다. 그런 교육은 미국 문화와 사회를 특징짓는 불투명하고 모순되는 사회적 역학관계를 제대로 보여주지 못한다. 그런 식의 교육에서는 미국의 제국주의적 세계관과 관행에 반발해온 다양한 저항이 무시된다. 그러나 혁명적 교육학은 글로벌 자본주의의 소비자 중심적 이데올로기를 선전하는 도구로 일하기를 거부한 사람들을 거론하며 그들의 목소리에 귀를 기울인다. 게다가 혁명적 교육학은 글로벌 자본주의가 교육에 맡긴 역할을 거부한다. 즉 미국 경제계의 대변자가 되고 기업의 이익을 위해 일하라는 요구를 거부한다. 혁명적 교육학은 포스트모던적 자기중심주의를 반대하지는 않지만 해방을 위한 지역적이고 범세계적인 투쟁들 간의 변증법적 관계에 주목하는 보편주의, 더 정확히 말하면 추상적이지 않고 동질적이지도 않은 보편주의를 주창한다. 혁명적 교육자는 가난한 사람과 여성과 유색인을 보호하는 정책에 대한 비난에 반론을 제기한다. 특히 반동보수적인 이데올로기에 물든 기업의 제단 앞에 기꺼이 무릎을 꿇는 정치인과 교육공무원들에게는 거의 필수적인 과정이 되어버린 무책임한 공격에 혁명적 교육자는 반발한다.

혁명적 교육학은 보수적인 학교교육만이 아니라 진보적인 학교교육의 저변에 깔린 이데올로기적 가정에 도전하며, 게바라와 프레이리가 강력하게 주장한 사회민주주의의 보편 가치를 시장경제보다 우선시하는 정치를 만들어가려고 노력한다. 기업계의 지도자들은 민영화를 선전하는 치어리더 역할을 계속하고, 자본주의는 우리 주변의 모든 것을 무차별적으로 공격하면서도 자체의 모순을 견디지 못해 스스로 붕괴되어가는 지금, 게바라와 프레이리의 사상과 이상은 무너진 꿈의 파편에서 솟아난 인간의 자유를 되찾으려는 투쟁의 버팀목 역할을 해내고 있다. 자본의 자체 모순이 분명하게 드러날수록 게바라와 프레이리의 정신은 더욱 찬란하게 빛날 것이다.

실용주의의 텃밭에서 유물사관을 전제로 한 혁명적 교육학을 꽃피우기는 정말 어려운 일이다. '사회주의'가 많은 이데올로기 중 하나에 불과하다는 이유로 혁명적 교육학을 반대하던 비판적 교육자들도 이제는 자본주의를 '가능한 세상 중에서 가장 나은 세상'이라고 인정하는 듯하다. 이런 마음가짐이 있는 한, 비판적 교육학은 부르주아적 교육방식에서 제 몫을 해내지 못하기 때문에 자본주의국가에 저항하는 투쟁을 포기하고 자본주의 이데올로기를 선전하는 국가기구 내의 분열에 의문을 제기하는 수준에 그친다. 따라서 반자본주의 투쟁이 부르주아 이데올로기에 대한 공격으로 대체된다. 그러나 부르주아 이데올로기를 프롤레타리아 이데올로기로 대체하려는 노력이 갸륵하기는 하지만 게바라와 프레이리의 혁명적 프락시스에는 턱없이 미치지 못한다. 해체주의와 포스트모더니즘에 근거한 노력이 세상을 이해하는 우리 능력을 재평가하고, 우리의 언어 사용에 깊이 뿌리박힌 생각의 단면들을 이해하는 데 부분적으로 도움을 주기는 하지만, 또한 허구와 진실이 어떻게 겹치고 '연극'이 어떻게 의미를 부여하면서도 의미를 제한하며 독서가 어떻게 서로 연결되어 통합되는지를 이해하는 데 도움을 주지만(MacDonald, 1999), 그런 접근법은 마르크스주의를 존재·목적론적 오류로 평가하기 일쑤이다. 따라서 우리는 해체주의와 포스트모더니즘에서 비롯되는 그런 '인식론적 파괴'를 뛰어넘고, '토대론자와 맥락론자 간의 타협'(Scott, 1999)을 뛰어넘어야 한다. 데이비드 스코트David Scott가 '장래의 공동체 정치 형태'를 다루고 시민과 공동체의 문제를 재설정하는 데 참여해야 할 제3의 '후보'를 주장했다는 점에서 적절한 판단인 듯하다(1999, p.142). 계통과 해체는 정체성/차이의 상호의존성과 윤리적 문제에 관련해서는 필요불가결한 관례이지만, 그 자체로는 사회주의적 대안을 만들려 할 때 가능성의 프락시스는 물론이고 정치이론을 유지하기에 충분하지 않다. 그렇다고 내가 교육자들에게 친숙한 정치를 구원하겠다는 마음으로만 프레이리와 게바라를 다시 받아들이라고 촉구하는 것은 아니다. 유물론적 관점에서 인간의 가능성을 다시 생각하겠다는 자세로 인식론적 문제와 윤리적 문제를 다루는 데 그치지 않고 그 수준을 넘어서 정치적이고 교육학적인 문제까지 재정립해보자고 교육자들에게 제안하는 것이다.

나이트클럽 '더 바이퍼 룸' 밖에서 서성대는 학생과 예술가와 음악가, '플라자'나 '예수의 빛' 등과 같은 클럽을 순례하듯 떠돌아다니는 미성년자들(이런 클럽을 찾아가면 '기독교 순교자들의 고문과 고통'과 같은 전시회, 찰스 메이슨이나 존 웨인 게이시와 같은 연쇄 살인범들의 작품을 중심으로 꾸민 아담 파프레이가 주관한 전시회를 볼 수 있다), "당신의 억압은 내 저항의 미학이다"이라 쓰인 티셔츠를 입고 '위스키 어 고고' 클럽 밖에서 서성대는 펑크족, 요컨대 로스앤젤레스에서 이른바 전위족이라 일컬어지는 사람들에게서 게바라와 프레이리의 정신을 찾아보기는 어렵다. 하지만 자본주의가 한계를 넘어섰다고 인식하는 젊은이가 늘어나고 있는 것은 사실이다. 전위족, 노동자, 학생, 노동조합, 사파티스타 여단, 그리고 하루에 하나꼴로 탄생하는 국내 및 국제적인 사회조직이 연대를 모색하는 새로운 가능성도 엿보인다. 그렇다고 사회운동조직이 마르크스의 프롤레타리아 투쟁을 지지한다는 뜻은 아니다. 집단적 저항이 있는 곳마다 그런 저항의 징후를 지원할 필요성을 인식했다는 뜻이다. 사회주의의 미래를 위해서라도 국가의 이데올로기적 패권주의, 희망의 씨앗을 억누르는 기업의 경영진, 다양성을 침묵시키는 우익 정치집단과 종교적 근본주의자에게 집단적으로 저항할 때가 되기는 했다. 많은 문화운동가가 계급의 정체성을 사칭하거나 계급의 이익을 유지하기 위해서 무관심으로 일관하지만, 마침내 한계점에 이르러 게바라와 프레이리가 제시했던 대안적 정치철학과 실천을 모색하기 시작한 사람도 적지 않다.

후기 구조주의자들이 주로 경험을 근거로 그들의 정치를 합리화시키는 반면에, 프레이리와 게바라는 그런 경험을 객관적인 경제 분석과 유물사관적 의식에 연계시켰다. 그렇다고 '주체'를 복잡하고 혼란스런 사회적 현상에서 떼어놓지는 않았다. 프레이리와 게바라의 교육학은 생산수단을 해방의 수단으로 변화시키는 것을 목표로 삼는다. 후기 구조주의의 비판은 곧잘 민주주의의 환상과 자본주의 성장의 교묘한 계략을 폭로하지만 그처럼 '빗나간' 급진주의는 궁극적으로 지배계급에게 유리한 역할을 하며, 자본주의의 안정을 꾀하기 위해 왜곡된 기존의 역학관계를 되살려내기도 한다. 프레이리와 게바라는 잉여노동을 직접적인 생산자에게서 끌어내는 특수한 조건에서 비롯되는 유물론적 관계가 곧 사회적 관계라고 생각했다. 게바라와 프레이리의 교육학은 자본의 내적 모순에 의해 붕괴 직전에 몰린 사회질서를 자유주의이고 인본주의적 관점에서 화합시키는 데 연연하지 않는다. 게바라와 프레이리의 교육학, 즉 혁명적 교육학은 사회적 안정을 위한 메커니즘 역할을 하기는커녕 근본적으로 어느 하나의 이데올로기에 얽매이지 않는다. 혁명적 교육학은 교실과 학교라는 제도적 공간에서 변화를 위해 투쟁할 뿐 아니라, 학생과 학생의 부모가 땀 흘려 일하는 객관적 조건을 변화시키기 위해서도 투쟁한다. 따라서 혁명적 교육학은 완전고용을 보장하고 공립학교, 범세계적 노동권, 지속가능한 발전, 환경보호, 사회경제적 변화를 위한 민중운동의 확대 등 공공분야를 확실히 지원하는 거시경제정책을 쟁취하기 위해 투쟁한다.

냉소주의가 팽배한 이 시대에 교육정책이 근시안적이고 거짓말을 일삼으며, 무자비한 기업계를 지원하는 정책이란 사실은 새삼스레 언급할 필요조차 없다. 교육에 관한 토론장을 좌지우지하고, 진정한 교육개혁에는 교육구조의 재편성만이 아니라 사회적 변화도 필요하다는 강박관념에서 교육자들을 벗어나게 해주는 권위자들에게 혁명적 교육자는 완강하게 저항한다. 프레이리와 게바라는 혁명의 창조자가 아니라, 권력과 지식의 연속성을 파악하고 주류 교육학이 완전 무시하는 사회적 변혁의 필요성에 헌신하는 혁명적 사회 동인動因이란 역할을 교사가 되찾을 때 무척 기뻐했다. 그런 변화는 아래로부터, 즉 '테라이 필루스'terrae filius(서민)가 보유한 힘으로 시작되어야 한다. 노동계급의 이해관계와 욕구가 새로운 혁명적 프로젝트의 원동력이 되어야 하기 때문이다. 사파티스타가 우리에게 가르쳐주었듯이, 우리 시대의 혁명은 인터넷을 활용해 국내조직들과 연대하고 더 나아가 해외 비정부기구와 초국가적 연대를 결성하는 가능성에 역점을 두어야 할 뿐 아니라, 토착민의 정치와 관습에서도 배우고 그 전통을 강화시켜 나아갈 수 있어야 한다.

부차적인 타자성 차이의 의미에서 핵심을 뽑아내거나 그 의미를 애써 규정하려는 유럽과 미국 평론가에게 토착민의 경험을 완전히 맡겨버려서는 안 된다. 토착민이 세상을 이해하는 방법을 서구의 분석적 방법보다 월등히 뛰어난 때 묻지 않은 고결한 경지로 승화시켜 인식론적으로 소중히 지켜갈 수 있어야 한다. 그러나 제국주의와 가부장제와 식민주의가 폭력을 휘두르며 원주민의 목소리를 뒤틀어놓았다는 사실을 우리는 인정해야 하지만, 그렇다고 토착민이 대대로 지켜온 삶의 경험이 비판의 대상이 될 수 없다는 뜻은 아니다. 또한 원주민의 경험이 인식론적으로 투명성을 갖지 못하는 것이 사실이더라도 원주민은 그들의 목소리로 그들이 처한 현실을 말할 수 있어야 하고, 그들만의 경험을 나름대로 이름 짓는 데 어떤 방해도 받지 않아야 한다. 이렇게 이름짓는 과정이 해방이란 큰 틀에서 정당성을 확보하려고 가부장적인 서구 기준에 영향을 받아 재조정되어서는 안 된다. 오히려 그 과정을 각 종족마다 최우선 과제로 삼아야 한다. 원주민도 그들의 관점에서 본 진실을 말할 권리를 갖는다. 지금도 그들을 억압하는 사람들에게 허락받아야 할 이유가 없다. 원주민의 목소리가 크게 울려 퍼져야 한다. 제국주의적 규제와 식민지배자의 야만적 억압 때문에 원주민의 목소리가 서구인의 입맛에 맞도록 굴절되지 않고 그들의 목소리를 고스란히 전할 수 있는 권리가 주어져야 한다. 사회주의의 '새로운 행위자'를 만들어내기 위해서는 억압받는 사람의 입장에서 쏟아낸 목소리에 귀를 기울이는 것이 최선의 방법이다. 그러나 새로운 사회주의자를 키워내려 할 때, 그 사업의 의미가 지리적으로 한정된 공동체의 해석과 전투적인 배타주의에 매몰되지 않도록 범세계적인 관점을 유지하는 것이 중요하다. 의식화는 특수성을 갖는 지역공동체의 프락시스에 국한되는 것이 아니기 때문이다. 요컨대 비판적 이론의 성공 여부는 관련된 시스템을 얼마나 보편화할 수 있느냐에 달려 있다(Honneth, 1995). 혁명적 프락시스는 지역적 차원과 세계적 차원 모두에서 사회적 역학관계 전체를 올바로 이해하는 데 초점을 맞추어야 하고(McLaren, 1995, 1997), 더불

1960년경 아바나에서 체 게바라.

어 개인을 초월한 비조건적인 문화적 형태로 그 관계를 끌어갈 수 있어야
한다(Alexander, 1995). 요컨대 해방의 교육학은 지역을 고려하면서도 일
반화가 중요한 역할을 하는 교육학이어야 한다. 프레이리에 따르면,

지식을 습득하는 목표가 다문화주의인 미국의 교실을 예로 들어보자. 교
실에는 케냐인, 네덜란드인, 노르웨이인 등 다양한 참여자가 있다고 해보
자. 그들은 각자의 출신지에 따라 고유한 문화적 관점에 따라 어떤 쟁점에
접근할 것이다. 그러나 우리는 일반화된 지식을 얻는 데 목표를 둔다. 달
리 말하면, 세상을 깊이 알기 위해서 내가 속한 지역을 기준점으로 삼고,
그 기준점을 활용해서 세상의 다른 지역에 접근하는 것도 무척 중요하지만

1997년, 브라질에서 파울루 프레이리.

내 지역성을 그대로 유지하면서 지역성을 초월해야 하는 과제가 남는다. 세상에 존재하는 다른 관점을 이해하려 하지 않고 내 지역만을 지나치게 강조하면 우리는 '본질주의'essentialism의 덫에서 벗어나지 못한다.(Leistyna, 1999, p.50에서 인용)

프레이리의 말년 저작에서 핵심 구절이라 할 수 있는 '다양성 안에서의 통일성'은 억압받는 집단 모두가 연대해서 불평등에 어떤 형태로든 저항하는 투쟁을 벌여야 한다는 뜻이다. 이 구절에는 연대의 범위가 국제적이어야 하고, 어떤 특정한 조직방법이 다른 방법들을 압도하지 않는 식으로 연대를 모색해야 한다는 뜻이 담겨 있다. 그러나 프레이리는 진정한 정치적 연합을 국제적 차원으로 폭넓게 확대하자는 뜻에서 '다양성 안에서의 통일성'을 말했지 투쟁방법의 획일성을 주장한 것은 아니었다. 프레이리는 민중계급에 속하지만 충돌하는 위치에 있는 사람들을 다양한 형태로 구체적으로 묶어주는 유형물을 투쟁이라 해석했다. 프레이리와 게바라에게 혁명적 프락시스는 정치집단들의 차이를 무시하지 않으면서 그 집단들을 하나로 묶는 것을 뜻했다. 정체성은 집단공동체의 부산물이 아니라 집단공동체의 특징을 이루고 집단공동체의 존재를 가능하게 해주는 것이다. 달리 말하면, 개인의 경험이 다른 구성원과의 결속을 방해하지 않는 식으로 개인을 존재론적으로 집단공동체에 이어주는 끈이다.

프레이리의 투쟁은 공통된 문화를 위해 싸우는 일원론적 투쟁이 아니라, 조건부로 유토피아를 지향하는 희망과 고통이란 공통분모에 근거를 두었다. 그런 유토피아는 절대적 유토피아가 아니라 상대적 유토피아였다. 달리 말하면, 교조적으로 조작된 유토피아가 아니라 주변의 모든 것을 고려해서 마음에 품는 유토피아였다. 결국 혁명적 교육학을 향한 염원은 투쟁을 함께하면서 더욱 커진다. 이때의 투쟁은 세상의 안팎에서 행해지는 실천의 산물인 동시에 영원한 동반자이며, 희망이 더해지고 혁명적 사랑과 하나로 융합된 투쟁이다. 또한 윤리적 상상력과 인간의 의지로 품격을 더하면서 사회정의의 구현을 위한 투쟁으로 승화되는 투쟁이어야 한다.[2]

게바라와 프레이리가 혁명적 교육학에 남긴 가장 큰 유산의 하나는 프락시스를 강조한 점이다. 게바라와 프레이리는 변증법을 형이상학의 굴레에서 해방시켜, 구체적인 물질성을 갖는 인간 투쟁에 기초를 두어야 한다고 믿었다. 진정으로 인간적인 삶으로 변해가는 과정에서, 일상의 삶은 이론과 실천의 관계에서 올바른 정보를 얻어야 하며, 그 관계는 더 큰 혁명적 변증법의 틀에서 기존의 생각과 경험을 개조해갈 수 있어야 한다. 마르크스의 말을 풀어 말하면, 이런 변증법은 개인의 자유로운 발전이 모두의 자유로운 발전을 위한 선결조건이란 맥락 안에서 개개인의 능력에 따른 관계에서부터 욕구에 따른 관계까지 다루어야 한다. 라야 두나예프 스카야는 이런 관계를 다음과 같이 설명했다.

혁명철학이 없다면 행동주의는 반제국주의, 반자본주의라는 한계를 벗어 나지 못한다. 달리 말하면, 무엇을 위한 혁명인지 분명하게 말해주지 못한 다. 실천하는 운동이 절대이념Absolute Idea의 결함을 드러내며 실천과 이 론의 새로운 관계만 아니라, 실천과 이론의 새로운 결합까지 요구하듯이 새로운 결합은 시작에 불과하다. 즉 새로운 시작으로서의 절대이념……. '절대'는 전체인 동시에 새로운 시작이기 때문에, 더구나 세대마다 스스 로를 위해서 다시 깨달아야 할 새로운 시작이기 때문에, '절대'의 부정은 '이념'에서 중요한 역할을 한다. 오직 살아 있는 인간만이 혁명적 변증법 을 끝없이 새롭게 재창조해낼 수 있다. 또한 살아 있는 인간이라면 이론에 서나 실천에서 항상 새롭게 혁명적 변증법을 재발견해낼 수 있어야 한다. 실천에 따른 도전을 해결하기 위한 문제만은 아니다. '이념'의 자기발전에 따른 조건을 해결하고, '영구혁명'이란 마르크스의 철학적 개념까지 이론 을 심화시키기 위해서도 필요한 과정이다.(1982, pp.194~195)

워싱턴의 모세 호수, 미시시피의 펄, 아칸소의 존즈버러, 오레곤의 스 프링필드, 콜로라도의 리틀턴에서 보듯이, 세계화된 삶의 방식에 만연된 물신주의로 인한 소외의 증거를 우리 주변에서 찾기란 그다지 어렵지 않 다. 범죄와 마약이 전염병처럼 퍼지고, 가난한 노동자들이 곳곳에서 눈에 띄며, 공동체의 연대는 심각하게 훼손된 지경이다. 다문화적 민주주의라 는 미명하에 자본주의가 종족과 계급과 젠더의 고유한 영역을 인정하면 서도 우리를 분열시켜 지역적 차원과 범세계적 차원에서의 연대 구축을 방해한다. 아사타 샤쿠르Assata Shakur의 주장에 따르면,

따라서 미국에서 다문화주의로 인해 눈에 띄는 현상은 모두가 "난 일부는 이집트인이고 일부는 ……인이다."라고 말한다. 이처럼 사람들이 자신의 이런 면을 되찾고, 자신의 진정한 일부를 회복하는 모습이 고맙기도 하다. 하지만 이런 면이 정치적 행위는 아니다. 경찰이 당신에게 총을 쏘아 쓰러뜨리면서 "당신의 일부는 어디 출신이냐?"라고 묻지는 않을 것이기 때문이다. 또한 당신의 반쪽이 체로키족이기 때문에 인구조사로 그 지역이 달라지지는 않기 때문이다.

우리는 젠더라는 쟁점에서, 인종차별이란 쟁점에서 세계화가 뜻하는 바를 다시 분석하고, 사회정의의 구축이란 관점에서 우리가 다루는 사회구조만이 아니라 우리가 지금 살아가는 삶의 형태 및 우리 뒤에 올 후손을 위해 우리가 남길 선례까지 진지하게 다시 생각해보아야 한다. 우리가 사회를 변화시키는 데 헌신하는 사람들처럼 우리 삶을 매력적으로 영위하면서 많은 사람이 우리 사회에 매료되어 편안하고 따뜻함을 느끼고 공동체의식을 느끼지 못한다면 우리는 젊은 시절에 많은 시간을 헛되이 보내야 할 것이기 때문이다. 또 지금과 같이 정치를 생각한다면 정치적 행동주의도 많은 미련을 남길 것이라 생각하기 때문이다. 많은 사람이 오랫동안 투쟁해왔지만 아쉽게도 가족처럼 따뜻한 공동체를 이루어내지 못했고, 따뜻한 관계를 형성하는 데 실패했다. 하지만 이런 실패도 의미를 갖는다. 그런 실패가 없었다면 우리는 새로운 인간사회를 꿈꾸지도 못했을 것이기 때문이다.(1999, p.99)


'새로운 인간사회'를 모색하는 젊은이에게 프레이리와 게바라는 깊이 생각해서 용기를 얻고 본받아야 할 표본을 남겨주었다. 공공의 장을 상실하고 공동체의 관계마저 잃어버린 채 소비중심경제의 파편과 찌꺼기로 공허한 마음을 억지로 채워야 하는 미국의 젊은이들에게 게바라와 프레이리가 보여준 집단 공동체 연대의 사례는 획기적인 대안을 제시해주고 있다. 미국의 젊은이들은 일확천금이나 무소불위한 권력을 꿈꾸거나 자극적인 환상, 무자비한 폭력, 무절제한 섹스로 공허한 정체성을 채우는 반면에, 게바라와 프레이리의 사상과 실천에 담긴 혁명적 자아는 정치와 교육에서 새로운 표본을 제시해준다.

우리는 태어나면서부터 '죽음'의 티켓을 받는다. 좋은 자리를 갖겠다고 예약할 필요가 없고 목적지는 정해져 있다. 다행히 우리가 어떤 길을 선택하느냐에 따라 운명이 달라질 수 있다. 게바라와 프레이리는 우리가 숙명에 도전할 수는 있지만 미래에 상처를 줄 수는 없다는 것을 알았다. 그들은 운명에 한탄하지 않고 삶의 여정을 의미 있게 끌어갈 수 있는 길을 선택했다. 의미 있는 삶을 살기 위해서는 자기 존재의 안전을 희생해야 한다. 모두에게는 허락되지 않는 조건, 모두가 투쟁과 노동의 결실을 향유할 수 없는 조건에서는 삶을 진정으로 즐길 수 없기 때문이다. 게바라와 프레이리는 이런 사실을 알았다. 고통받는 사람이 있는 한 나만의 즐거운 삶은 무의미하다. 그러나 집단의 투쟁이 승리를 거두면 다함께 즐거워할 수 있다. 체 게바라와 파울루 프레이리처럼 인류 역사에 그런 단계를 넘어선 사람은 극히 드물다. 그들의 세대가 그들의 부름에도 잠에서 완전히 깨어나지 못한 것은 안타까운 일이다. 하지만 그 후의 세대가 그들의 메시지에 귀를 닫고 그들의 선례를 따지 않는다면 더더욱 안타까운 일이다. 다시는 그들과 같은 혁명가를 만나지 못할 것이기 때문이다.

우리 시대는 희망과 꿈의 시대이다. 혁명적 투쟁에서 전인미답의 길이 우리 앞을 가로막고 있다. 그 길을 개척하는 것은 우리의 몫이다. 우리 앞에 놓인 도전은 혁명가의 교육학적 프락시스를 되살려내고, 자본의 착취에 신음하던 사람들의 세계사적 행동을 재연해내는 것이다. 오늘날 교육의 권위자들이 유행병에라도 걸린 듯이 변절을 밥 먹듯 하지만, 이런 흐름에 혁명의 교육학까지 제물이 되어서는 안 된다. 막다른 궁지에 몰려 탈세속적이고 이질적인 것을 선호하는 문화에서 교육 당국자들은 앞다투어 정치적 비전과 존재론적 소명을 교육에서 몰아내려 애쓰지만, 게바라와 프레이리에게는 자본주의 세계체제를 변화시키고 투쟁을 통해서 인간의 마음까지 바꿔놓는 것이 목표였던 까닭에 정치적 비전과 존재론적 소명을 끝까지 지키려고 투쟁했다.

완전한 승리를 거두는 그날까지! 게바라와 프레이리, 그들을 잊지 않으리라!

## 검은 베레를 쓴 남자

1) 테란의 증언에 따르면 체는 "서둘지마라, 너희는 한 사람을 죽이는 것일 뿐이다."라고 말했다(Taibo, 1997, p.561). Cupull & González(1997)의 주장에 따르면, 펠릭스 로드리게스, 베르나르디노 우앙카, 마리오 테란, 카를로스 페레스 파노소가 체를 쏘았고, 그들 모두가 미국 군사고문관에게 훈련받았다. 한편 체를 사형시키는 데 참가할 군인을 제비뽑기로 선정했다는 설도 있다(Castañeda, 1997). 호르헤 카스타녜다는 당시 8사단 정보책임자이던 아놀도 사우세도 파라다(Arnaldo Saucedo Parada) 대령의 증언을 인용해서, 게바라가 "너희가 날 죽이리라는 걸 알고 있었다. 살아서 나갈 생각은 해보지도 않았다. 이번 실패가 혁명의 끝을 뜻하지는 않는다고 피델에게 전해주오. 혁명이 다른 곳에서는 틀림없이 성공할 거라고. 알레이다에게는 나를 잊고 재혼해서 행복하게 살고, 아이들을 계속 공부시키라고 전해주게. 군인들에게 겨냥을 잘하라고 말해주게."(1997, p.401)라는 마지막 말을 남겼다고 주장한다.

2) 그는 손목시계와, 웨스트포인트로 유학해 훈련과정을 이수하면 정식으로 특무상사로 승진될 것이란 약속을 받았지만(Taibo, 1997), 그 약속은 지켜지지 않았다.

3) 앤더슨(1997)과 Cupull & González(1997)에 따르면, 엘 치노와 윌리는 체보다 먼저 처형당했다. 체는 단 한 발의 총에 맞아 사망했다. 총알이 목을 관통하면서 폐에 피가 들어찼기 때문이었다. 체가 체포되었을 때 그의 개런드 반자동소총은 적의 총탄에 맞아 큰 손상을 입어 무용지물이나 다름없었으며, 탄환마저 전혀 남아 있지 않았다는 사실을 지적해둘 필요가 있다(Villegas, 1997, p.273). 체가 체포되던 당시 상황을 리처드 해리스는 다음과 같이 기술하고 있다.

"프라도 대위는 게릴라들이 뿔뿔이 흩어져 은폐물을 찾아 도망치는 것을 쌍안경으로 확인하고, 베르나르디노 우앙카 병장과 그의 분대원에게 그들을 추격하라고 명령했다. 얼마 후, 우앙카 병장이 가시덤불을 뚫고 달아나는 한 게릴라를 향해 반자동소총의 방아쇠를 당겼다. 탄환 하나가 그 게릴라의 검은 베레를 하늘로 날려버렸고, 두 분대원은 그의 다리에 총격을 가해 땅에 쓰러뜨렸다. 그 게릴라는 체 게바라였다. 그가 무력하게 쓰러지자, 특수부대원들은 그가 쓰러진 지역에 집중사격을 가하기 시작했다. 그러나 윌리(모이세스 게바라의 보충병 중 하나였고, 체는 그가 십중팔구 탈영할 것이라 생각했다)가 체를 구하러 달려와 사선(死線)에서 끌어내 옆의 좁은 골짜기로 부축해 올라갔다. 골짜기를 기어올라가던 그들은 박격포를 설치하고 있던 네 특수부대원과 맞닥뜨리고 말았다. 특수부대원들은 그들에게 투항하라고 소리쳤지만 체는 나무 뒤에 몸을 감추고 카빈총을 발사하는 것으로 대답을 대신했다. 특수부대원들도 응사하기 시작했다. 곧 탄환 하나가 체의 카빈총 총신을 때리면서 카빈총은 고철 덩어리가 되었고 체는 오른쪽 팔뚝에 부상을 당했다. 소문에 따르면, 그때 체는 두 손을 높이 치켜들며 "그만! 쏘지 마라! 나는 체 게바라다. 나를 생포하는 게 나을 거다."라고 소리쳤다. 그에게서 몇 미터 떨어져 있던 윌리도 총을 버리고 투항했다."(1970, p.131)

4) CIA요원 펠릭스 로드리게스는 테란에게 체의 얼굴을 쏘지 말고 목에서 아래 방향으로 쏘라고 지시했다. 그래야 전투 중에 사망한 것처럼 보일 것이라고!(Anderson, 1997) 리처드 해리스(1970)에 따르면, 테란이 제비뽑기에서 가장 짧은 밀짚을 뽑았고 그래서 그가 체의 사형집행인으로 선택되었다. 한쪽 벽에 기대 있던 체는 테란이 찾아오자 그 이유를 눈치 채고, 테란에게 잠시 시간을 달라고 요구했다. 테란은 겁에 질려 떨기 시작했고, 곧 그곳에서 뛰쳐나왔다. 하지만 셀리크 중령과 센테노 대령은 테란에게 즉시 돌아가 체를 사살하라고 명령했다. 테란은 체의 얼굴을 똑바로 쳐다보지도 않은 채 카빈총의 방아쇠를 당겼다.

5) 그러나 카스타네다의 증언에 따르면 체의 참수에 반대한 사람은 로드리게스가 아니라 구스타보 비욜도였다. CIA에서 서열로 보더라도 비욜도가 로드리게스보다 높았다. 체의 두 손은 나중에 쿠바에 전해져서 그 이후로 혁명궁에 보관되어 있다. 샌디슨(1997, p.11)에 따르면, 라파스의 한 정부관리는 체의 손으로 조형물을 만들어 책상 장식물로 사용하려고 했다. 체의 절단된 손과 체의 일기장을 찍은 마이크로필름을 쿠바로 빼돌린 사람은 볼리비아 내무장관 안토니오 아르게다스였다. 체의 시신을 그렇게 신속히 처리한 이유 중 하나는 변호사이던 체의 동생, 로베르토 게바라가 형의 시신을 인도받으려 10월 12일에 도착했기 때문이었다. 하지만 로베르토는 체의 시신이 바로 전날 화장되었다는 슬픈 소식을 들어야 했다. 로베르토는 형의 절단된 손을 확인하고 싶다는 요구마저 묵살당했다. 훗날 아르헨티나 경찰 전문가들이 당국의 허락하에 두 손을 검사하고 에르네스토 게바라 델 라 세르나의 손인 것을 확인해주었다(Harris, 1970).

6) 체의 삶에 대해서는 많은 책에서 자세하게 다뤘다. 따라서 여기에서는 그의 삶에서 중대한 사건 중 몇 가지만 언급해보려 한다. 에르네스토 게바라 델 라 세르나는 아르헨티나

에서 세 번째로 큰 도시이고 파라냐 강변에 위치한 중요한 무역항인 로사리오에서 유복하고 자유분방한 집안의 아들로 1928년 6월 14일에 태어났다. 어머니, 첼리아 델 라 세르나의 가계는 에스파냐까지 거슬러 올라갔지만 아버지, 에르네스토 게바라 린치의 가계는 아일랜드 이민자였다. 생후 23개월이 되었을 때 어린 에르네스토는 유아기에 앓은 폐렴에서 비롯된 기관지 천식이란 진단을 받았다. 에르네스토가 다섯 살이 되었을 때 가족 모두가 코르도바에서 30km 떨어진 고원지대의 알타 그라치아로 이주했다. 에르네스토를 천식의 고통에서 조금이라도 벗어나게 해주려는 가족의 배려였다. 20세에 에르네스토는 작은 모터를 장착한 자전거로 아르헨티나의 12개 주를 여행했고, 여행에서 돌아오자마자 가족의 반(反)페론운동에 참여했다. 23세에 체는 친구인 알베르토 그라나도스와 함께 모터사이클로 라틴아메리카 전역을 여행했다. 도중에 모터사이클이 고장 나서 그들은 여행을 중단하고 온갖 잡일을 마다하지 않으면서 베네수엘라의 카라카스까지 올라갔다. 알베르토는 나환자촌에서 일하면서 카라카스에 머물렀지만 에르네스토는 아르헨티나로 돌아와 의과대학에 입학했다. 1953년 정식으로 의사가 된 후, 에르네스토는 나환자촌으로 돌아가 알베르토와 재회했고, 나중에는 젊은 변호사인 리카르도 로요와 볼리비아에서 인류학 연구에 몰두하며 볼리비아 혁명의 여파를 몸으로 겪었다. 그 후 에르네스토와 리카르도는 콜롬비아, 에콰도르, 파나마를 여행했고 1954년 1월 과테말라에 들어갔다. 과테말라에서 체 게바라는 페루 난민, 일다 가디아(그들은 나중에 부부가 되었다)를 비롯해 라틴아메리카 여러 나라의 망명객들을 만났다. 체는 야코보 아르벤스 정권의 숙청을 지켜보면서 실망하지 않을 수 없었다. 숙청의 초기단계에 체는 저항세력을 조직했다. 그때 유나이티드 과일회사와 CIA, 미 국무부의 지원을 등에 업은 카를로 카스티요 아르마스 대령이 야코보 아르벤스 체제를 전복시켰다. 아르벤스가 강제로 퇴임한 후, 체는 일다를 비롯한 망명객들과 기차로 멕시코시티로 피신했다. 멕시코시티에서 그는 피델과 라울 카스트로를 만났고, 그들이 쿠바의 풀헨시오 바티스타 체제를 전복시키려고 조직한 '7·26운동'(Movimiento 26 De Julio)에 가입했다. 훈련받는 동안 에르네스토는 '체'로 알려지게 되었다. 체는 82인의 전사 중 일원이 되어 '그란마'호로 쿠바에 침투했다. 하지만 쿠바에 상륙한 직후, 체는 가슴과 목에 부상을 당했다. 체를 포함해 소수의 살아남은 전사들은 바티스타의 3만 병력과 항전하며 시에라 마에스트라 산맥으로 피신했다. 그 후 체는 게릴라 부대에서 피델과 라울, 후안 알메이다, 델리오 고메스 오초아, 카밀로 시엔푸에고스 등 소수의 정예만이 누렸던 지위인 사령관까지 올랐다. 1958년 여름, 체는 230명의 게릴라를 지휘해서 라스 비야스의 에스캄브레이 구릉지대를 공격해 수천에 달하는 정부군을 전략으로 압도하면서 6주 만에 산타클라라 시를 함락시켰다. 라스 비야스에서 전투하던 중에 체는 알레이다 마치 델 라 토레를 만났다. 체는 일다와 이혼하고 친구로 남기로 합의 본 후, 1959년에 쿠바의 투사이던 알레이다와 재혼했다. 체는 산타클라라에서 대공무기, 기관총, 탄약을 잔뜩 실은 무장한 기차를 탈취했다. 혁명이 성공하고 피델 카스트로가 혁명정부를 세운 후, 체는 쿠바 시민권을 받아 쿠바 국립은행 총재가 되었다. 또 체는 25만 병력을 훈련시켜 피그스만 전투에서 미국의 지원을 받은 반(反)혁명세력인 '굼벵이들'(gusanos, 쿠바혁명으로 쿠바를 탈출한 망명자들—옮긴이)을 물리쳤다. 체는 유엔총회에서 연설했고, 전 세계를 돌아다니며 쿠바혁명의 당위성을 알리는 대사로, 때로는 순회 외교관이나 경제 외교관으로 활약했다. 쿠바 미사일 위기가 있은 후, 체는 소비에트 방식의 공산주의보다 중국 마오쩌둥의 농촌 혁명에 더 호감을 갖기 시작했다. 1965년 체는 쿠바 시민권을 포기했다. 쿠바 밖에서 벌이는 그의 게릴라 활동에 대한 책임에서 피델을 벗어나게 해주려는 배려였다. 그리고 1965년 4월, 체는 소수의 쿠바군을 이끌고 아프리카로 건너갔다. 체는 약 100명의 쿠바군을 지휘하며, 벨기에 식민지이던 콩고의 독립운동 지도자, 파트리스 루뭄바의 지지세력을 지원했다(1960년 9월, 루뭄바는 모부투 세세 세코(조제프 모부투) 참모총장이 미국의 지원을 받아 주도한 쿠데타로 축출되었고, 제국주의자들을 등에 업은 모이세 촘베에게 충성하는 군인들에게 1961년 1월에 처형당했다). 체와 쿠바 파견대는 로랑 카빌라의 친(親)루뭄바군과 상부상조하면서 르완다와 콩고에서 싸웠다. 그러나 미국의 지원을 받은 콩고 정부군과 남아프리카 용병부대에게 저항군이 분쇄되면서 체는 1965년 11월에 아프리카에서 철수하지 않을 수 없었다. 그 후 모부투 세세 세코는 독재정권을 강화시켜 1997년까지 대통령으로 군림했다. 체는 탄자니아로 건너가, 볼리비아에서 게릴라전을 시작할 준비를 갖추었다. 쿠바에 귀국해서도 프라하를 오가며 치밀한 계획을 세웠다. 마침내 1966년 3월 체는 볼리비아를 여행했다. 그 과정에서 로베르토(코코)와 기도(인티) 페레도 형제를 만났고, 라틴아메리카에서 동시에 여러 곳에 '반란 전선'을 꾸미는 전략을 세우기도 했다. 체는 남부 볼리비아, 냔카우아수 협곡에 베이스 캠프를 마련했다. 그런데 볼리비아 공산당 서기 마리오 몬헤가 체의 성공을 달갑게 생각지 않으며 사사건건 방해하고 나섰다. 체는 25명의 게릴라군을 지휘했고, 17명은 요아킨의 지휘하에 있었다. 6월 6일, 체의 게릴라군이 뛰어난 전술로 사마이파타 마을을 점령하자 볼리비아 최고사령부는 혼비백산하기 시작했다. 체의 성공으로 백악관까지 공포에 떨면서, 백악관은 체와 그의 게릴라군을 격퇴하기 위한 지원을 배가시켰다. 따라서 체는 몬헤에서 갈라져 나온 공산주의 지도자, 모이세스 게바라와 손을 잡았다. 8월 31일, 요아킨의 부대가 그린베레에게 훈련받은 특수대대의 기습을 받아 거의 전멸하고 말았다. 10월 8일, 체의 부대도 특수부대와 교전을 벌였고 체는 체포되었다. 그리고 10월 9일 체는 처형당했다. 그의 부대원 중 소수만이 칠레로 탈출할 수 있었다. 3명의 쿠바인—레오나르도 누네스 타마요(우르바노), 다리엘 알라르콘 라미레스(베니뇨), 해리 비예가스(폼보)—과 2명의 볼리비아인—기도 페레도 레이기(인티)와 다비드 아드리아솔라 베이사가(다리오)—이었다.

7) 체는 10월 8일 일요일 오후 1시 15분에 체포되어 다음 날 아침나절에 처형당했다. 그와 동시에 CIA는 정보국에서 가장 두꺼운 파일 중 하나를 덮었다(Smith & Ratner, 1997). 체가 처형당하고 28년 후, 당시 가택 연금 상태에 있던 볼리비아의 마리오 살리나스 장군은 존 리 앤더슨 기자에게 체와 그의 동료들이 매장된 곳을 밝혔다. 거의 30년 동안 체의 전설은 온갖 소문과 비밀과 신화로 뒤범벅되어 엄청난 영향을 미쳤다.

미국은 볼리비아군이 체를 체포해서 살해하는 것을 도우려고 물심양면으로 지원했다. 1967년 4월 1일, 미공군 소속 C-130 화물기가 산타크루스에 착륙하면서 군수품이 볼리비아에 처음 공수되었다. 경무기, 탄약, 통신장비, 헬리콥터 등 약 500만 달러 상당의 군수품이 제공되었다. 훈련장이 산타크루스 근처 에스페란사라 불리던 옛 설탕공장에 설치되었다. 여기에서, 베트남의 전쟁터에서 갓 복귀한 그린베레들이 볼리비아 특수부대원들을 훈련시켰다(Ratner & Smith, 1997). '파파'란 별명을 지닌 셸튼 소령의 지휘하에 15명의 그린베레가 파견되어, 만체고 No.2라 불리던 볼리비아 특수연대를 훈련시켰다. 볼리비아군은 발레그란데-라이게라 지역에 배치되기 전에 하루에 몇 시간씩 "나는 가장 강하다!", "나는 최고다!"라고 외치라는 명령을 받았다. 셸튼은 미시시피 출신으로 기타를 연주하는 소령답게, 그의 군인들을 파견하면서 미국의 대(對)게릴라 전략의 일환으로 농부들에게 좋은 일을 하고, 의료 봉사와 같은 '봉사활동'을 하라고 지시했다. 또한 셸튼은 동네 술집에서 기타를 연주하면서, 농부들과 지역민들에게 은밀히 정보를 캐냈다(Ryan, 1998, p.94). 체의 진영에서 배신자가 생기면서 체의 행방을 CIA에게 팔았다. 워싱턴은 새롭게 개발한 적외선 감지기를 비롯한 대게릴라 지원 장비를 보냈고, 펜타곤은 에스페란사에 대게릴라 본부를 설치했다.

8) 부에노스아이레스 포럼은 민영화와 규제 완화로 라틴아메리카의 많은 공공기관의 힘이 약화되었다고 주장했다. 따라서 포럼은 외국의 투기자본을 강력하게 규제하고, 지역 통합을 위해 노력해주길 촉구했다(Rotella, 1997). 라틴아메리카에서 두 번째로 가난한 나라인 니카라과는 60억 달러의 외채에 허덕이고, 신자유주의 정책하에서 교사는 70달러의 월급을 받는다. 케빈 백스터(Kevin Baxter)의 지적에 따르면, 교사가 마나과에 신축된 인터콘티넨털 호텔에서 하룻밤을 묵으려면 두 달치 월급을 고스란히 지불해야 한다(1998, p.22).

9) 게바라였다면 나토가 유고슬라비아에서 민간인을 목표로 한 폭격을 정당화시킨 행위에서 그들의 전쟁범죄를 은폐하기 위한 수단이었고, 제국주의적 소명을 합리화시키려는 구실에 불과했다는 사실을 꿰뚫어보았을 것이다.

10) 체 게바라의 주된 이론서인 『게릴라 전쟁』은 세르게이 네차예프(Sergei Nechayev)의 혁명가를 위한 문답식 교과서에 비교된다(Hodges, 1973, p.18). 두 책에서 주장한 바에 따르면, 혁명가는 전쟁의 예수회 수도사이다. 성직자처럼 "혁명가는 어떤 희생이라도 감내해야 한다. 인간의 억압과 착취를 해결하기 위해서 목숨이라도 내놓을 수 있어야 한다"(Hodges, 1973, p.18). 체는 "둘이나 셋, 그 이상의 폴란드"를 만들어내길 바랐고 보헤미아, 독일, 폴란드, 프랑스, 이탈리아에서 수많은 무장봉기를 지휘한 바쿠닌(Mikhail Bakunin)과도 비교된다. 네차예프의 유명한 『혁명가의 교리문답』의 실제 저자가 바쿠닌이라 주장하는 학자도 적지 않다(Hodges, 1973, p.19). 체도 바쿠닌을 직접적으로 언급했다. 체의 이론서는 에스파냐의 유명한 혁명 이론가, 아브라함 기엔(Abraham Guillen)의 책과 유사하다. 기엔은 1913년에 태어나 반프랑코 활동으로 사형을 언도받았지만 우루과이로 피신했다. 그러나 기엔의 책에서는 피델이나 게바라식의 반란기법과 현격한 차이점이 나타난다. 체는 라틴아메리카에 2가지 가능성—무장투쟁을 통한 사회주의혁명이나 미국에의 종속—밖에 없다고 믿었지만 기엔은 제3의 대안을 찾았다. 즉 사회혁명과는 다른 민족혁명이었다. 달리 말하면, 노동자와 농민과 지식인만이 아니라 사무직 노동자와 학생 및 가톨릭 성직자를 비롯한 신흥 전문직 중산층과 프티부르주아까지 포함하는 민족혁명을 대안으로 제시했다. 그들이 국민의 80%를 차지한다는 점에서 설득력이 있기는 했다. 기엔에 따르면, 체는 높은 임금과 완전고용을 바라는 도시노동자의 투쟁에서 전술적 중요성을 간과했다. 체는 프티부르주아를 혁명의 잠재적인 동반자에서 배제한 반면에 기엔은 그들을 포함시켰다. 체는 도시를 농촌으로 에워싸는 전술에 역점을 둔 반면에, 기엔은 도시를 출발점으로 삼아 농촌까지 전복시키는 전술을 강조했다(Hodges, 1973, p.25).

11) 1970년대 초, 과테말라에서 혁명군(Fuerzas Armadas Rebeldes, FAR)의 잔존인물들은 체 게바라의 전례에 영향을 받아 두 조직을 추가로 창설했다. '무장인민조직'과 '가난한 사람의 게릴라군'이었다. 두 조직은 인디오와 가난한 라디노(백인과 인디오의 혼혈을 가리키는 말—옮긴이)와 협력해서 서부 고원지대에서 주로 활동했다.

12) Richard Stahler-Sholk의 지적에 따르면, "제도혁명당은 대규모 탄압을 공공연히 획책할 필요가 거의 없는 다층화된 정치통제 메커니즘으로 유명하다. 페루의 보수적인 소설가, 마리오 바르가스 료사(Mario Vargas Llosa)의 표현에 따르면, 69년 동안이나 일당지배를 지속해온 '완벽한 독재'인 셈이다." (1998, p.65)

13) Deborah Root(1996)는 '서구인의 상상 속에 존재하는 멕시코'(p.51)에 세르게이 에이젠슈테인, 조르주 바타유, 앙토냉 아르토 등 서구의 지식인과 예술가가 어떤 착각을 일으

컸는가를 분석했다. Deborah는 식민시대의 욕망에서 비롯되는 위험과 이국적 정서의 양면성을 경고했다. 특히 이국적 정서가 맹점으로 작용하면서, 서구 문화가 이곳에 폭력과 죽음을 안겨주었다는 사실을 잊게 할 수도 있기 때문이다. 북아메리카와 유럽의 급진주의자들은 사파티스타에서 속죄의 구실을 찾지만 흔히 '콘키스타도르'(conquistador)와의 유사함을 감추려고 '타자'에 대한 신화화된 환상을 만들어내지 말라고 경고한다. 사파티스타는 대량학살과 제국주의로 점철된 유럽과 북아메리카의 참혹한 역사에서 서구의 지식인들을 구원하려고 존재한 것이 아니었다.

14) 미시테크족은 멕시코의 다른 원주민에 비해서 체구가 작고 피부가 검은 편이다. 그들은 멕시코에서만이 아니라 캘리포니아 샌디에이고에서도 이주 노동자로서 많은 학대를 받았다. 미국에서 그들은 최저임금의 농사일에 주로 종사하고 있다.

15) 이 폭로는 미 국무부가 발표한 냉전 평가서와 완전히 모순된다.

16) 멕시코 정부는 북아메리카 기업과, 인터내셔널 페이퍼와 같은 다국적기업의 지원을 받아 치아파스의 열대우림을 개발할 계획을 세우고 있다. 한편 사파티스타와 같은 게바라식의 투쟁조직들은 복잡하면서도 불확실한 미래에 봉착한 실정이다.

17) 미술기부금재단의 William J. Ivey 회장은 이 책을 영어판으로 번역하기로 한 텍사스 엘파소의 신코 푼토스 출판사에 약속된 1만 5천 달러의 보조금을 취소시켰다. 하지만 이 책은 한참동안 많은 언론의 서평란에서 다루어졌다. Ivey는 약간의 돈이라도 사파티스타에게 흘러들어갈까 두려웠던 것이다. 이 책은 지금도 여전히 판매되고 있다.

18) 마르코스는 비밀혁명원주민위원회 휘하의 EZLN에서 군사부문을 맡은 공식 대변인이다. 그는 원주민이 아니라 세 라디노 중 한 명으로, 1983년 치아파스에 와서 에스파냐, 영어, 프랑스어를 구사하는 능력 덕분에 대변인이 되었다.

19) 1993년 5월, 코를라첸이란 한적한 곳에 지하벙커와 오코싱코의 시계탑을 축소시킨 탑으로 꾸며진 EZLN의 기지를 연방군이 습격했다는 보도가 있었다. 하지만 북미자유무역협정의 투표를 앞둔 미국 의회를 자극하지 않기 위해서 그 보도는 대부분의 언론에서 다루어지지 않았다.

20) 얄궂은 일이지만, 요즘 폭스바겐 딱정벌레를 몰고 길거리를 휘젓고 다니는 사파티스

타 민족해방전선(FZLN)이란 택시 협동조합까지 생겼다.

21) 볼리비아의 마르크스주의자들은 모스크바와 가까운 마리오 몬혜의 볼리비아 공산당과, 베이징과 친밀한 관계를 맺은 오스카르 사모라의 신볼리비아 공산당으로 나뉘어졌다. 그 밖에도 트로츠키 노동자 혁명당에서 쪼개져 나온 민족좌파 혁명당, 좌파 혁명당, 민족혁명운동에 속한 마르크스주의자들이 있었다(Harris, 1970). 체 게바라의 볼리비아 활동을 두고, 마리오 몬혜와 볼리비아 학생들 간에 극심한 대립이 있었다. 학생들은 무장투쟁의 길을 택하길 바랐기 때문이다. 몬혜는 쿠바의 지휘를 받는 게릴라 운동에 볼리비아가 종속되기를 원하지 않았던 반면에, 볼리비아 학생들은 마르크스 · 레닌주의를 지향하지만 볼리비아 공산당의 영향권 밖에 있는 조직적 운동을 지원하려 했다. 학생들은 쿠바에 대표단을 보내, 볼리비아에서의 무장투쟁을 지지하는 체와 오스카르 사모라를 만나기도 했다. 게다가 몬혜와 라파스의 쿠바인들 간에 협조의 조짐이 싹트고, 난카우아수 농장이 남동지역의 거점으로 선택되었을 때 몬혜는 레지스 드브레(Regis Debray)가 중국 공산당의 도움을 받아 게릴라 활동의 거점으로 삼을 만한 지역을 물색 중이란 보고를 받았다. 1964년 중국과 소련이 등을 돌린 후 정통 공산주의자들 간의 갈등을 보여주는 증거이기 때문에 이 사실은 무척 중요한 의미를 갖는다. 몬혜는 볼리비아에 중국 공산주의자가 발을 붙이지 못하도록 애썼다. 친모스크바적 성향을 띠었던 몬혜와 호르헤 코예는 CIA에게 정보를 팔고, 볼리비아 정보기관에는 체의 행방에 관련된 정보를 제공하면서 체와 그 동료들의 죽음을 앞당기는 데 큰 역할을 했다(Harris, 1970). 피델 카스트로는 체의 볼리비아 게릴라 운동을 적극적으로 방해했다는 이유로 몬혜를 극렬하게 비난했다. 피델의 주장에 따르면,

"몬혜에게 분명한 책임이 있다. 공산당 전체를 싸잡아 비난한 것은 온당하지 못하다. 많은 공산주의자가 체의 조직에 가담했다. 아주 뛰어난 간부라는 사실을 몸으로 증명해보인 유능한 페레도 형제가 대표적인 예이다. 그들은 체의 조직에 가담해서 체를 지지하고 많은 도움을 주었다. 공산당 지도부에서 많은 주요 간부가 몬혜와 입장을 달리하며, 체를 도우려 했다. 따라서 책임 여부를 따질 때 대부분의 책임은 몬혜가 짊어져야 마땅하다. 사태가 그런 식으로 진행되었다는 이유로 공산당 전체를 비난해서는 안 된다."(1994, p.123)

체가 소련보다 중국을 동경했다는 사실은 비밀이 아니었다. 체는 몬혜나 코예와 달리 모스크바와 가깝지 않았다. 오히려 마오주의자를 더 좋아했다. 특히 마오쩌둥을 만났을 때 체가 쿠바에 머물면서 소련의 영향력에 반발한다면 혁명을 수출하려는 체의 사상을 지원하겠다는 호의적인 소식을 듣기도 했다. 레닌이 소련에 신경제정책을 도입한 것은 실수였지만 당시의 역사적 상황에서는 그런 선택을 할 수밖에 없었다는 것이 체의 생각이었다. 따라서 레닌이 좀 더 오래 살았더라면 그 상황을 올바른 방향으로 바꿔갈 수 있었으리라 생각하기도 했다. 물론 체는 자치권을 옹호했고, 라틴아메리카 국가들이 동맹을 결성하기

를 바랐다. 체는 피델과 소련과의 관계를 달갑게 생각지 않았다. 게다가 소련 공산당 중앙위원회의 일부 위원들은 무력투쟁에 일관하는 체의 방식에 반대했다. 체는 자신을 '실천적 혁명가'로 규정하며 소련 공산당의 엄격한 방침을 받아들이지 않았다(Harris, 1970). 정통 공산당의 공식적인 허락이나 지도가 없어도 사회주의혁명은 성공할 수 있다고 믿었기때문에 쿠바에서도 친모스크바 공산주의자들은 체를 광신자라 생각하며 체를 비난했다. 체는 페루의 지원을 기대했다. 볼리비아의 게릴라 활동을 지원할 사람들을 보내주겠다고제안한 거점이 페루에 있었기 때문이다. 타니아가 볼리비아군에게 죽은 후 인티 페레도가체를 지원하겠다고 제안했다. (이런 정보의 일부는 제인 스펜서(Jayne Spencer)와의 대담을 통해서 얻은 것이다.)

22) 1987년 5월, 120명의 실직한 광부와 그들의 가족이 라파스 국제공항을 둘러싼 알토지역에 임시거처를 마련했다. 그 후, 이렇게 강제이주 당한 300명은 라파스 대학교의 운동장을 점거하고 지냈다. 그런데 1989년 4월, 20명이 대학 정문과 국기게양대에 스스로 매달려 "새로운 산업계급, 즉 촐라헤(에스파냐인과 원주민의 혼혈) 부르주아가 탄생하는 과정에서 이런 수난이 일어났다!"라고 소리쳤다(Sanjinés, 1996). 볼리비아에 신자유주의 경제정책이 확산되면서 그런 수난이 일어났다는 뜻이었다. 이 새로운 산업가들에게 사회정의를 위해 투쟁하는 볼리비아는 잔혹한 아이러니에 빠진 듯이 보였다. 이런 현상에 체는 상당한 영향을 받았을 것이다.

23) '체'는 친한 사람을 부르는 아르헨티나 속어로 대략 '짝' 혹은 '친구'라는 뜻이다. 어원적으로는 '남자'를 뜻하는 마푸체족의 단어와 관련을 갖는다. 또한 '나의'(my)라는 뜻의 안달루시아 표현과 과라니족의 단어와도 유사하다(Sandison, 1997). '체'는 하나의 음절로 말을 대략 하거나 일종의 구두점으로도 사용되며, '말하자면'을 뜻한 원주민어 '시오에'(cioe)에서 유래했다는 설도 있다. '체'는 영어에서 'right'나 'so'와 무척 유사하다(Kunzle, 1997, p.54).

24) 카밀로는 1979년 10월 28일 세스나 헬리콥터를 타고 순시를 하던 중에 행방불명되었다. 당시 27세였다. 조종사는 기상 악화를 이유로 카마구에이에서 성급히 출발하려 하지않았지만 카밀로는 아바나로 즉시 돌아가야 한다고 출발을 서둘렀다. 그들은 폭풍을 피하려고 바다로 나가는 길을 택했지만 추락한 것으로 추정된다.

25) 내가 포스트모던 이론을 신랄하게 비판하기는 하지만 그 이론 전부를 싸잡아 비판하려는 것은 아니다. 예컨대 스튜어트 홀, 래리 그로스버그, 더글러스 켈너, 헨리 지루, 조 킨

첼로 등처럼 문화연구에서 정치경제의 쟁점을 신중하게 다루고 연구하는 학자가 있기는 하다. 하지만 포스터모던 학자를 자칭하면서 자본주의와 계급투쟁에 관련해서 입에 발린 말로 그치는 학자가 대다수이다. 그들은 문화의 표현, 사회 형성, 생산관계 등의 관련성을 이론화하는 데 급급한 경향을 띤다.

26) 포스트모던 페미니스트는 마르크스적으로 접근하는 교육학을 비판해왔다. 이런 현상에 대해서 아이자즈 아마드(Aijaz Ahmad)는 다음과 같이 말했다.

"요즘 마르크스주의는 성, 인종, 민족, 국적, 문화 등 어떤 형태의 '차이'도 부인한다는 비판을 종종 받는다. 그러나 마르크스주의가 성의 차이까지 인정하지 않는 것은 아니다. 오히려 자본주의가 그런 차이를 없애버렸다. 여자를 남자와 똑같이 생산의 도구로 전락시키지 않았는가. 성의 차이는 계급 간의 성 착취를 통해 유지된다. 물론 동일한 노동을 하는 남자에 비해 여자에게는 임금을 덜 주는 임금 차별이나, 여자에게 가사노동을 전부 떠맡기는 현상에서도 성의 차이는 여실히 드러난다." (1998, p.22)

패티 래더(Patti Lather, 1998)는 유물사관적 접근을 반페미니즘이라 신랄하게 비판하며 탈마르크스적이고 탈정치적인 비판적 교육학을 주장했다. 자신을 '겉만 번지르르한 마르크스주의자'(neon Marxist)라 재밌게 지칭했듯이, 래더는 사적 유물론이 페미니스트 이론에서 많은 부분을 원용했다는 사실을 제대로 인식하지 못했다. 따라서 래더의 비판은 마르크스주의가 가부장적 전체주의 성향을 띤다는 심각한 비판을 불러일으켰고, 래더의 편협한 반마르크스주의와 반본질적인 페미니즘은 자체의 모순으로 심각한 환원주의에 빠졌다. 하지만 캐롤 A. 스테이빌이 지적하듯이, 사적 유물론은 "성차별, 인종차별, 동성애 공포증 등과 같은 억압의 한 형태만을 다루지 않고 모든 형태의 억압이 남자와 여자의 삶을 결정하는 데 영향을 미치는 포괄적인 계급체제 안에서 어떤 역할을 하는지 탐구하는 접근법이다"(Stabile, 1997, p.142).

조앤 나이만(Joanne Naiman)이 주장하듯이, 많은 좌파 페미니스트가 계급이론에서 이탈하면서 사회정의를 위한 투쟁이 큰 타격을 입었다. '규범주의'(prescriptivism)에 대한 두려움과, 마르크스주의적 분석과 일정한 거리를 두려는 시도는 다양성 속에서 통일성을 찾아야 한다는 공허한 주장과 '허무맹랑한 마르크스주의적 주장'을 낳았다. 이런 주장들은 해방을 위한 투쟁을 외톨이로 전락시켰고, 자본의 힘을 약화시키는 데 필요한 집단투쟁을 외면하는 결과로 발전했다. 계급은 자본 중심의 체제하에서 개인에게 닥치는 수많은 억압 형태의 하나일 뿐이라고 주장하는 좌파 페미니스트는 불평등과 억압이 변증법적으로 상관관계를 갖는다고 주장한다는 점에서는 옳다. 그러나 양성평등을 포괄적으로 이해하려면, "사회체제의 객관적인 특징들만 아니라 그 특징들이 개인의 행동과 갖는 관련성까지 면밀하게 살펴보아야 한다"(Naiman, 1996, p.16). 따라서 나이만은 "현재와 같은 계급관계에서 양성평등의 요구는 제한적 성공에 그칠 수밖에 없다. 자본주의사회에서 완전한 양성평등은 영원히 불가능할 것이다."(p. 26)라고 단정적으로 말했다.

마르크스주의 페미니스트 접근법에 대해서는 테레사 에버트(1996), 로즈메리 헤네시(1993), 캐롤 스테이빌(1997), 그리고 내 책(1998a)을 참조할 것.

27) 체는 미모사 잎을 말려 담배처럼 피우면서까지 천식의 증상을 억눌러야 했을 정도로 천식을 심하게 앓았다. 하지만 어렸을 때부터 천식으로 고생한 까닭에 상당히 단련되어 천식 때문에 불평한 경우는 거의 없었다. 또한 총상이 곪고 모기에게 물린 곳이 낭포로 악화되었지만, 체는 그에 따른 고통을 말없이 견디는 모습을 솔선해서 보여주면 동료 게릴라들도 육체적 고통을 끈기 있게 견딜 것이라고 믿었다.

28) '체'라는 이름을 공개적으로 언급하는 것만으로도 대단한 반응을 불러일으킨다. 캘리포니아 로스앤젤레스에서 체 게바라를 주제로 국제회의가 열렸다. 그때 모리스 제이틀린, 호르헤 카스타네다 등과 함께 토론자로 참석한 우리는 분노한 쿠바인들을 맞닥뜨려야 했고, 그중 한 사람은 체가 자기 아버지를 개인적으로 사살했다고 비난했다. 최근에는 브라질 포르투알레그레에서 옛 제자, 니세 마리아 캄포스 펠란다와 시장을 구경한 적이 있었다. 그때 니세는 십대였을 때 리우데자네이루에서 열린 체와 피델을 위한 환영회에 참석해서 그들을 만났던 때를 회상하기 시작했다. 니세는 환히 웃으면서 "그때까지 나는 그 혁명가를 화난 얼굴의 사람일 거라고 생각했습니다. 그런데 체가 무척 친절하고 자상해서 깜짝 놀랐습니다. 달콤한 냄새까지 나는 듯했습니다. 잘생기고 매력적인 남자였습니다. 체가 내 눈을 예쁘다고 칭찬해서 정말 기뻤습니다. 체와 잠깐밖에 만나지 않았지만 그와의 만남은 그 후로 내 정치철학을 형성하는 데 큰 영향을 미쳤습니다."라고 말했다. 세계적으로 유명한 사회이론가, 모리스 제이틀린 UCLA 교수는 1961년 여름에 3시간 동안 체를 만났던 때를 즐겨 회상한다. 당시 제이틀린은 박사학위 논문자료를 수집하고 있던 중이었다. 그는 "그는 나지막이 말했다. 목소리를 제대로 들으려면 몸을 앞으로 구부려야 할 정도였다. 당시 그는 두 혁명 지도자 중 한 명이었지만 자신을 좀처럼 내세우지 않았다. 그는 누구와도 동등한 입장에서 차분하게 앉아 이야기를 주고받았다. 버클리에서 달려온 급진적 생각을 지닌 젊은 학생에게도 그렇게 대했다."(Zeitlin, 1997, p.13)라고 썼다.

29) 1998년 쿠바를 방문한 교황은 체가 가난한 사람들을 위해 봉사하기를 바랐던 것은 확실하지만 언젠가는 하느님의 심판을 받게 될 것이라고 말했던 것으로 알려진다.

30) '새로운 인간'과 혁명적 사랑에 대한 체의 관점과, 1960년대 라틴아메리카에서 태동

한 해방신학은 자주 비교된다. 혁명철학의 기초가 놓였던 그 시기는 진보적인 가톨릭 신학자, 신부, 지식인에게 지금도 여전히 중요한 시기로 여겨진다. 마르크스주의와 신마르크스주의의 혁명적 이상을 받아들인 피억압자들에게도 마찬가지이다. 해리스(1998)에 따르면, 해방신학은 페루, 브라질, 니카라과, 엘살바도르, 과테말라에서 일어난 혁명운동들을 밀접하게 연계시킨 매개체였다. 볼리비아에서도 해방신학은 기독교 민주당원들로 구성된 혁명 게릴라 조직에게 영향을 미쳤다. 인티 페레도와 코코 페레도의 동생이 지휘한 이 게릴라 조직은 라파스의 북쪽에 위치한 광산 도시, 테오폰테 근처에 작전기지를 세우려 했지만, 많은 조직원이 볼리비아군에게 학살당했다.

31) 특히 체는 과테말라의 루이스 아우스토 투르시오스 리마, 콜롬비아인 신부 카밀로 토레스, 베네수엘라의 파브리크 오혜다, 페루의 길레르모 로바톤과 루이스 델 라 푸엔테 우세다에게 경의를 표했다.


## 잿빛 수염의 남자

1) 프레이리는 콜레지우 오즈왈두 크루스에서 니타의 초등교육을 담당한 교사였다. 그들은 니타가 상파울루의 가톨릭 대학에서 석사과정을 이수하던 중에 다시 만났다. 당시 둘 모두 홀몸이었다.

2) 프레이리는 페르남부쿠 주 지역개발원의 산업위원회 사회개발부에서, 그 후에는 그 지부의 감독관으로 십여 년 동안 일하고, 헤시피 민중문화운동에 참여하면서 성인 문해교육운동에 매진해야겠다는 의식을 갖게 되었다.

3) 프레이리는 소송을 전문적으로 취급하는 작은 법률사무실을 열었다. 첫 의뢰인은 치과의사의 의료 면허권을 박탈하려는 사람이었다. 그 사건을 맡은 직후에 프레이리는 변호사라는 직업을 포기하고, 브라질 북동지역의 노동자 공동체에서 학생과 교사와 부모 간의 관계를 연구하는 데 전념하기로 결심했다.

4) SESI는 사용자조합으로 프레이리는 여기에서 일하면서 노동자의 의식을 조금씩 이해하게 되었다. SESI의 교육 기획관으로 프레이리는 교사의 일과 아이들의 관계를 정립하는 데 힘썼고, 아이들의 가족과도 대화했다(Gadotti, 1994).

5) 1950년대 말에 '문화모임'을 시작했던 헤시퍼의 민중문화운동에서 프레이리의 문해
교육방법은 싹텄다고 말할 수 있다. 프레이리는 읽는 법을 권위적으로 강요하지 않고, 글
을 읽을 줄 아는 이점이 삶의 현장에서 증명되면 억압받는 사람이 읽는 법을 자연스레 배
우려 할 것이라고 믿었다. 요컨대 성인들은 복잡하고 다채로운 표현까지 동원해서 말을 할
줄 알았지만, 그런 생각을 글로 표현해내는 능력은 턱없이 부족했다. 하지만 프레이리가
보기에 사회의 지배계급은 소외받고 억압받는 사람들의 말에 귀를 기울이지 않았다. 이처
럼 지배문화에 의해서 조장된 '침묵의 문화'가, 억압받는 사람들이 자신들의 현실에 무감
각하고 그런 반응에 대한 비판마저 없다는 것을 뜻하지는 않았다.

'문화모임'에서 교육자와 학습자는 일상의 차원에서 그들의 삶에 영향을 미치는 사회·
문화·물질의 조건을 대화의 주제로 끌어내기 위해서 일종의 '매개물'을 사용했다. 문화
모임에서 동류 집단은 생각에 대한 이론적 배경을 제공하고, 현실에 대한 해석을 '일상적
상식'의 재생산에서 비판적 지식으로 전환시키는 중요한 역할을 맡았다.

프레이리와 그 동료들은 지역공동체 사람들과 결성한 문화모임에서 상당한 시간을 보내
면서 사용된 단어와 표현 및 흔히 사용되는 은어를 정리해서 목록화시켰다. 또한 민중의
'문화자산'을 올바로 이해하기 위해서 어떤 표현에 깃든 선입견까지 조사했다. 예컨대 민
족주의, 발달, 민주주의, 문맹 등과 같은 단어들이 슬라이드나 그림을 사용할 때 제시되었
고, 그와 관련된 대화가 뒤를 이었다. 이런 단어들은 지역공동체 회원들의 생활방식과 실
제 경험을 '요약'한 것이었다. 이처럼 대화를 이어가고, 구체적인 현실을 분석하는 데 도움
을 주었던 매개물은 사진과 그림이었고, 단어도 곧잘 매개물로 사용되었다. 매개물은 민중
의 일상적 경험과, 일상의 삶과 관련된 현상의 이론화 작업을 이어주는 가교 역할을 했다.
매개물은 교육자와 학습자를 이어주는 역할도 하면서, 학습자가 자신이 처한 일상적 조건
의 의미를 교육자와 재구성하는 데 적극적으로 참여하는 촉매 역할도 했다. 프레이리의 이
런 문해교육법으로 인해, 권력집단이 제공한 책이나 자료에서 단어와 그 뜻을 배우는 기존
의 방식은 설 자리를 잃고 말았다. 활자화된 독본으로 읽기를 배운다는 것은 학습자가 독
본에서 소개되는 경험을 자신의 경험보다 더 중요하다고 받아들여야만 한다는 뜻이다. 프
레이리는 글을 배우려는 열망은 강했으나 문맹과 빈곤 등과 같은 현실적 조건이 운명 때문
이라고, 혹은 원래 열등한 존재이기 때문이라고 믿는 사람들의 경험에 스며든 생성어를 찾
아낼 수 있었다. 또한 억압받는 사람인 학습자가 억압자가 만들어낸 이미지인 자신에 대한
부정적 이미지를 완전히 내재화해서 그 자신에 관련된 일에도 적극적으로 참여할 능력이
없다고 생각한다는 사실을 알아냈다.

프레이리가 억압받는 사람들과 함께 시간을 보내면서 찾아낸 생성어는 해당 집단에게 사
회적이고 정치적 의미를 지닌 복잡한 경험의 집약체였다. 따라서 꼬리를 이어서 토론과 분
석을 이어갈 수 있는 단어이기도 했다. 그 단어들은 학습자의 환경과 특이한 역사적 맥락

에 기원을 두고 있어 선택되었지만, 포르투갈어의 모든 음운을 어떤 식으로든 가르쳐야 했기 때문에 음절의 길이를 이유로 선택되기도 했다. 프레이리식 '방법론'(프레이리의 접근법은 정치철학적 성격을 크게 띠고 있기 때문에 엄격하게 말해서 방법론이라 말하기 어렵다)의 첫 단계는 어떤 집단의 단어와 생성적 주제어를 그 집단의 사회계급적 관련성과 그 집단에서 갖는 의미를 기준으로 조사해서 찾아내는 것이었다. 생성적 주제어는 흔히 생성어로 분류되었다. 특히 생성어는 3음절의 단어로, 음절로 분해되어 다른 단어를 '생성'할 수 있으면 더욱 효과적이었다(Brown, 1987). 프레이리와 그의 문화모임은 그렇게 선택된 주제어를 해독하는 과정을 가졌다. 학습자가 매개물로 선택된 주제어에 담긴 뜻을 그들의 일상적 경험과 관련시켜보는 단계였다. 이런 해독과정은 대화로 이루어졌고, 그런 대화를 통해서 학습자가 일상적으로 흔히 겪던 경험이 낯설게 변했고, 그때까지 무지하거나 낯설기만 했던 비판적 지식을 쌓아가는 과정에 익숙해져갔다.

프레이리는 생성적 주제어를 찾아낸 후에는 주제화과정을 거쳤다. 생성적 주제어가 매개물로 제시되어 대화식으로 해독되고 결국에는 사회 비판적 비전으로 발전하는 과정이었다. 따라서 새로운 생성적 주제어가 자연스레 찾아지면, 교사는 이 단계에서 그 단어를 음성학적으로 분해했다. 그 단계가 끝나면, 문제해결과는 정반대인 문제제기 단계로 들어갔다. 비판적 의식을 낳을 수 있는 단어들로 현실을 정리하는 단계라 할 수 있었다. 문제제기 단계에서 문화모임의 구성원들은 앞 단계에서 제시된 존재론적 상황의 한계와 가능성을 살펴보았다. 비판적 의식화 단계에서 구성원은 소극적인 자세를 버리고 대화에 적극적으로 참여해야 했다. 비판적 의식은 개인적이고 지적인 노력으로 얻어지는 것이 아니었다. 의식화, 즉 개개인의 경험에서 모순점을 찾아내서 그들을 지배하는 잘못된 신화와 전통 및 이데올로기를 올바로 이해하고 극복할 때, 더 나아가 '주체'만이 삶의 방향을 결정하는 수단을 갖는 세상에서 그들이 '대상'에 불과하다는 현실을 깨닫는 수준까지 올라서야 비판적 의식이 가능할 수 있었다. 따라서 의식화과정은 다른 억압받는 사람들과 더불어 '주체'가 되어 집단투쟁과 프락시스를 통해 세상을 좀 더 인간답게 만들어가는 데 참여하는 과정이라 할 수 있었다. 또한 의식화과정을 통해서 억압적인 현실이 변화를 목적으로 한 프락시스를 통해 극복할 수 있는 과정으로 이해하게 되었다. '행동-생각-행동'이란 순환성을 갖는 프락시스는 인간다운 삶을 살려는 과정을 방해하는 장애물을 구체적인 행동과 집단의 노력을 통해서 극복하겠다는 의지의 표명이기도 했다(Gadotti, 1994). 프레이리의 문해교육법은 억압받는 사람이 스스로 해방의 길을 모색하며, 그 과정에서 억압자까지 해방시키는 환경을 만들어갔다. 프레이리의 문해교육법을 자세히 알고 싶다면 신시아 브라운(Cynthia Brown, 1987)을 참조할 것.

6) 이 프로그램은 마르크스의 저작에 관심을 갖게 해준 파농의 저작에서 영향을 받아 시

작되었다. 또한 아밀카르 카브랄의 앙골라 민중해방운동, 모잠비크 해방전선, 기니와 카보베르데의 해방을 위한 아프리카 독립당에 대한 개인적인 연민도 크게 작용했다.

7) 60만의 국민 중 99%가 문맹이었고, 나라 전체에서 대학 졸업생은 14명에 불과했다(Cohen, 1998). 카브랄은 1962년에 시작된 무장투쟁에서 농민을 단순한 방관자가 아니라 참여자로서 효율적으로 조직화해야 한다는 사실을 절실하게 깨달았다. 카브랄은 모든 부족을 만나서 원로들과 이야기를 나누었으며, 각 부족의 경제체제와 관습과 전통을 배우고 분석해서 평가했다(Cohen, 1998). 카브랄은 농민에게 혁명의 필요성을 깨닫게 해줘야 한다고 믿었고, 그래서 농민들에게 정치의식을 불어넣기 위해서 혁명적 정치일꾼을 훈련시켰다. 마을 원로와 농민을 수백 번 만났고 토론을 벌였다. 카브랄의 정치일꾼들이 해방 투쟁에 관련된 모든 문제에 대한 토론에서 큰 역할을 해냈다(Cohen, 1998).

8) 프레이리는 그 후 잠시 유럽으로 돌아가 주변을 정리한 후 1980년 브라질에 영구 귀국했다.

9) 프레이리는 1997년 5월 2일에 사망했다. 그 다음 주에 프레이리는 쿠바에서 열릴 한 기념식에 참석할 예정이었고, 그 기념식에서 피델 카스트로로부터 교육에 대한 공로상을 받을 예정이었다. 친구들의 증언에 따르면, 그 상은 프레이리의 삶에서 가장 중요한 의미를 갖는 상이었다.

### 우리 시대의 혁명을 위한 교육학

1) 물론 게바라와 프레이리 교육학의 이런 해석은 부분적인 것에 불과하다. 어떤 학자, 특히 북아메리카의 학자가 여기에서 분석하는 대상을 완벽하게 되살려내기란 불가능하다. 학자와 그의 분석 대상이 다양한 성격을 띠는 초국가적 성격을 띤다는 점을 감안하면 언제나 분석 외적인 면이 있기 마련이다. 요컨대 분석에는 감춰진 이면이 언제나 존재하는 것이 아니겠는가? 따라서 연대를 논리적으로 해석하는 식으로 어떤 대상을 분석한다고 그 분석이 그 대상의 물신화에서 완전히 벗어난다는 뜻은 아니다. 어떤 대상을 표현하는 순서가 비유적이고 수사적인 기법을 미리 결정한다. 게바라와 프레이리라는 인물과의 재결합을 통해서 종속적인 것에 역사의 주체라는 위치를 회복시켜주려는 노력은 현대성이란 냄새를 지워낼 수 없다. 그러나 '전체성'을 포기하지 않는다고 해서 극복할 수 없는 한계를 인정하는 것은 아니다. 오히려 말로 다할 수 없는 것을 참여로 보상하겠다는 의지의 표명이다. 집단투쟁을 지향하는 과정에서 돌출되는 인식의 결렬은 수평적인 연대정치의 가능성 자체를

부정하며 내부의 붕괴로 치닫기 십상이다. 그러나 역설적으로, 프락시스가 논증 불능의 볼모로 붙잡히지 않는 교육학적 프로젝트를 꾸려가기 위해서는 그런 프로젝트가 필요하다. 나는 게바라와 프레이리에 충실하겠다고 다짐했지만 담론을 다듬는 과정에서 착취관계를 부분적으로 은폐했고, 수평적인 연대와 제휴의 구축을 공언했지만 나도 의식하지 못하는 사이에 신식민주의적 수직구조를 끼워넣었다(Moreiras 1996; Williams 1996 참조). 교육의 주체는 꾸준히 앞으로 밀고나가면서도 자신의 정치 프로젝트에서 모순과 아포리아가 없는지 돌이켜보아야 한다.

   2) 최근에 브라질 상파울루 레안드로 지 이타케라 삼바 학교는 1999년 카니발에서 발표할 삼바 공연을 기획했다. '교육자 파울루 프레이리를 위하여: 자유를 향한 도약'으로 명명된 그 삼바에는 파울루 프레이리를 위한 노랫말이 붙여졌다.

브라질이여 깨어나라
일어나 행복을 찾아라
나는 사랑하고 싶다, 사랑하고 싶다
자유롭게
지금!

지금 아름다운 레안드로는
그 역할을 다하고
상황을 발가벗겨 그대로 보여주려면
허락을 얻어야 하기에
칠판에서 우리는 투쟁을 계속하리라

우리 학교는 미래를 향해 도약하며
손에 펜을 쥐고 투쟁에 뛰어들리라
원주민은 편견 없고 차별 없는
교육을 요구하는데

신성한 빛에 용기를 얻은
우리는 한목소리로 노래하리라
우리가 선택한
파울루 프레이리가 여기에 있다고

젊었기에
나는 내 권리를 포기하지 않으리라
내 신념은 흔들리지 않으리라

이 창조된 우주에서
마음의 덕과 힘을 갖춘다면
그대가 창문을 활짝 열 때
내 마음이 꽃피우는 걸 보게 될 거라고!

마법이 이상을 구체화시키는 세상이여,
사회계급으로도 분열되지 않는 지식이여,
성찰을 거듭하며
모두의 가슴을 의식화시켜
변화의 불꽃을 다시 밝히게 하라.
젊은이여, 젊음을 찬양하고
믿음으로 창조의 빛을 밝혀라
우리 브라질 국민의 행복한 미래를 위하여!

## 참고문헌

### 머리말

Bagdikian, Ben H. (1998). "Capitalism and the Information Age." *Monthly Review*, vol. 50, 7, pp. 55~58.

Boff, Leonardo (1997). "Foreword to The Third Edition." In Peter McLaren, *Life in Schools: An Introduction to Critical Pedagogy in the Foundations of Education*. New York: Longman, pp. xi~xii.

Dinerstein, Ana; and Neary, Michael (1999). "Opening Remarks to the Labor Debate," February 24, 1999. Labor Studies Seminar Series, pp. 1~4. Unpublished manuscript.

Freire, Paulo (1993). *Pedagogy of the Oppressed*. Trans. by Myra Bergman Ramos. New York: Continuum.

Freire, Paulo (1995). "Preface." In Peter Mclaren, *Critical Pedagogy and Predatory Culture*. London and New York: Routledge, pp. ix~xi.

Freire, Ana Maria Araújo; and Macedo, Donaldo (1998). *The Paulo Freire Reader*. New York: Continuum.

Kohl, Herbert (1999). "Social Justice and Leadership in Education: Commentary." *International Journal of Leadership in Education*, vol. 2, no. 3, pp. 307~11.

Marx, Karl; and Engels, Friederich (1952). *The Communist Manifesto*. Moscow: Progress Publishers, p. 40.

McLaren, Peter; and Jordán, José Solís (1999). "The Struggle for Liberation: La Lucha Continua! José Solís Jordán's Fight for Justice." *International Journal of Educational Reform*, vol. 8 no. 2, pp. 168~74

### 검은 베레를 쓴 남자

Adda, Jacques (1996). *La mondalisation de l'économie*. 2 vols. Paris: Decouverte.

Aguilera, Eugenio; Hernández, Ana Laura; Rodríguez, Gustavo; Devereaux, Pablo Salazar (1994). "Interview with Subcommander Marcos." Editorial Collective for Autonomedia. *Zapatistas! Documents of the New Mexican Revolution*. Brooklyn, N.Y.: Autonomedia pp. 289~309.

Ahmad, Aijaz (1998). "The *Communist Manifesto* and the Problem of Universality." *Monthly Review*, vol. 50, no. 2, pp. 12~23.

Alcarón, Ricardo (1998). "Che Continues to Instill Fear in the Oppressors." *The Militant*(special issue celebrating the homecoming of Ernesto Che Guevara's reinforcement brigade to Cuba). New York: pp.32~36.

Amin, Samir (1998). *Spectres of Capitalism: A Critique of Current Intellectual Fashions*. New York: Monthly Review Press.

Anderson, Jon Lee (1997). *Che Guevara: A Revolutionary Life*. New York: Grove.

Ashely, David (1997). *History without a Subject*. Boulder, Colo.: Westview.

Bauman, Zygmunt (1998). *Globaliztion: The Human Consequences*. New York: Columbia University Press.

Baxter, Kevin (1998). "Under the Volcano: Neoliberalism Finds Nicaragua." *The Nation*, April 6, pp. 21~24.

Berger, John (1998/1999). "Against the Great Defeat of the World." *Race & Class*, vol. 40, nos. 2/3, pp. 1~4.

Betto, Frei (1997). *Latin America*, vol. 29, no. 29, p.5.

Blant, J. M. (1989). "Colonialism and the Rise of Capitalism." *Science and Society*, vol. 53, no. 3, pp. 260~296.

Boggs, Carl (1997). "The Great Retreat: Decline of the Public Sphere in Late Twentieth Century America." *Theory and Society*, vol. 26, pp. 741~780.

Brenner, Robert (1998a). "The Looming Crisis of World Capitalism: From Neoliberalism to Depression?" *Against the Current*, vol. 77(November~December), pp. 22~26.

—— (1998b). "The Economics of Global Turbulence." *New Left Review*, vol. 229, pp. 1~138.

Brosio, Richard A. (1997). "The Complexly Constructed Citizen-Worker: Her/His Centrality to the Struggle for Radical Democratic Politics and Education." *Journal of Thought*, fall, pp. 9~26.

Buzgalin, Aleksandr (1998). "On the Future of Socialism in Russia." *Sociological Research*, vol. 37, no. 3, pp. 76~92.

Callinicos, Alex (1990). *Against Postmodernism: A Marxist Critique.* New York: St. Martin's.

—— (1992). "Race and Class." *International Socialism*, vol. 55, pp. 3~39.

—— (1993). *Race and Class.* London: Bookmarks.

Casagrande, June (1997). "Rising Like a Phoenix." Westside Weekly, *Los Angeles Times*, November 16, pp. 1, 9.

Castañeda, Jorge G. (1997). *Compañero: The Life and Death of Che Guevara.* New York: Knopf.

Castro, Fidel (1994). *Che: A Memoir.* Melbourne, Australia: Ocean Press.

—— (1998). "Speech by Fidel Castro in the City of Santa Clara, Oct. 17, 1997." *The Militant* (special issue celebrating the homecoming of Ernesto Che Guevara's Reinforcement brigade to Cuba), pp. 29~31.

Ceceña, Ana Esther; and Barreda, Andres (1998). "Chiapas and the Golbal Restructuring of Capital." In John Holloway and Eloina Peláez (eds.). *Zapaista! Reinventing Revolution in Mexico.* London, and Sterling, Va.: Pluto, pp. 39~63.

Chomsky, Noam (1995a). "Time Bombs." In Elaine Katzenberger (ed.). *First World, Ha Ha Ha! The Zapatista Challenge.* San Francisco: City Lights, pp. 175~182.

—— (1995b). "Introduction." In Jennifer Harbury, *Bridge of Courage: Life Stories of the Guatemalan Campañeros and Compañeras.* Monroe, Maine: Common Courage Press, pp. 2~29.

Churchill, Ward (1995). "A North American Indigenist View." In Elaine Katzenberger (ed.). *First world, Ha, Ha, Ha! The Zapatista Challenge.* San Francisco: City Lights, pp. 211~216.

Clarke, Simon (1999). "The Labour Debate." Unpublished paper presented at The Labour Debate Seminar, February 24, Centre for Comparative Labour Studies, University of Warwick, Coventry, U.K.

Cockburn, Alexander (1997). "The Long March: Che Guevara, Enduring Icon." *Los Angeles Weekly, Weekly Literary Supplement*, November 28-December 4, p.4.

Cockcroft, James D. (1998). *Mexico's Hope: An Encounter with Politics and History.* New York: Monthly Review Press.

Cole, Mike; and Hill, Dave (1995). "Games of Despair and Rhetorics of Resistance: Postmodernism, Education and Reaction." *British Journal of Sociology of Education*, vol. 16, no. 2, pp. 165~182.

Cole, Mike; and Hill, Dave; and Rikowski, Glenn (1997). "Between Postmodernism and Nowhere: The Predicament of the Postmodernist." *British Journal of Educational Studies*, vol. 45, no. 2(June), pp. 187~200.

Collier, George A. (1994). *Basta! Land and the Zapatista Rebellion in Chiapas.* Oakland, Calif.: The Institute for Food and Development Policy.

Combe, Victoria (1999). "Church Poster Shows Jesus as Che Guevara." *Electric Telegraph,* issue 1321, January 6. www.telegraph.co.uk.

Cooper, Marc (1998). "Land of Illusions." Utne Reader (July-August), pp. 65~110.

Csikszentmihalyi, Mihaly (1990). *Flow: The Psychology of Optimal Experience.* New York: HarperCollins.

"Cuba to Remain Communist, Castro Vows at Latin Summit" (1997). *Los Angeles Times,* November 9, p. A4.

Cupull, Adys; and González, Froilán (1997). *A Brave Man.* Havana, Cuba: Editorial José Martí.

Dalton, Roque (1986). *Poemas Clandestinas.* East Haven, Conn.: Curbstone Press.

Darling, Juanita (1999). "Guatemalan Regime Blamed for War Atrocities." *Los Angeles Times,* February 26, pp. A1, A6.

Di Leonardo, Micaela (1998). *Exotics at Home: Anthropologies, Others, American Modernity.* Chicago and London: University of Chicago Press.

Dirlik, Arif (1997). *The Postcolonial Aura: Third World Criticism in the Age of Global capitalism.* Boulder, Colo.: Westview.

Dorfman, Ariel (1999). "Che Guevara." *Time Magzine,* June 14, pp. 210, 212.

Dussel, Enrique (1993). "Eurocentrism and Modernity." *Boundary* 2, vol. 20, no. 3, pp. 65~77.

Ebert, Teresa L. (1996). *Ludic Feminsim and After: Postmodernity, Desire and Labor in Late Capitalism.* Ann Arbor: University of Michigan Press.

Engelhard, Philippe P. (1993). *Principes d'une critique de l'économie politique.* Paris; Arléa.

Fairchild, Charles (1997). "The Sweatshops' Media Spin Doctors." *Against the Current,* Vol. 12, no. 3, pp. 10~11.

Ferraro, Joseph (1992). *Freedom and Determination in History According to Marx and Engels.* New York: Monthly Review Press.

Fineman, Mark (1997). "30 Years After His Death, Cuba Honors Its Che." *Los Angeles Times,* Sunday, October 12, pp. A1, A11, A12.

Forbes, Jack (1995). "Native Intelligence: NAFTA is Unconstitutional." In Elaine Katzenberger (ed.). *First World, Ha Ha Ha! The Zapatista Challenge.* San Francisco: City Lights, pp. 183~192.

Forster, Cindy (1999). "Recovering the Memory of the Massacres." *Against the Current,* 15, no. 2 (May-June), P.16.

Freire, Paulo (1994) *Pedagogy of Hope: Reliving Pedagogy of the Oppressed.* New York: Continuum.

— (1993). *Pedagogy of the Oppressed.* New York: Continuum.

Freire, Paulo; and Shor, Ira(1987). *A Pedagogy for Liberation: Dialogues on Transforming Education.* New York: Bergin and Garvey.

Fuentes, Carlos (1994). "Chiapas: Latin America's First Post-Communist Rebellion." *New Perspectives Quarterly,* vol. 11, no. 2, pp. 54~58.

Gabbard, David (1995). "NAFTA, GATT, and Goals 2000: Reading the Political Culture of Post-industrial America. *Taboo,* vol. 2(fall), pp. 184~199.

Gall, Norman (1971). "The Legacy of Che Guevara." In Bruce Mazlish, Arthur D. Kaledin, and David B. Ralston (eds). *Revolution: A Reader.* New York: Macmillan, pp. 419~440.

García De León, Antonio (1995). "Galloping into the Future." In Elaine Katzenberger (ed.). *First World, Ha, Ha, Ha! The Zapatista Challenge.* San Francisco: City Lights, pp. 211~216.

Gee, James Paul; Hull, Glynda; and Lankshear, Colin (1996). *The New Work Order*. St. Leonard's, Australia: Allen and Unwin.

Giri, Ananta Kumar (1995). "The Dialectic Between Globalization and Localization: Economic Restructuring, Women, and Strategies of Cultural Reproduction." *Dialectical Anthropology*, vol. 20, no. 2, pp. 193~216.

Giroux, Henry; and McLaren, Peter (1994). *Between Boarders: Pedagogy and the Politics of Cultural Studies*. New York and London: Routledge.

González, Mike (1997). "The Resurrections of Che Guevara." *International Socialism* (December), pp. 51~80.

Gordon, Lewis R. (1995). *Fanon and the Crisis of European Man: An Essay on Philosophy and the Human Sciences*. New York and London: Routledge.

Gott, Richard (1970). *Guerilla Movements in Latin America*. London: Nelson.

Grandin, Greg; and Goldman, Francisco (1999). "Bitter Fruit for Rigoberta." *The Nation*, vol. 268. no. 5 (February 8), pp. 25~28.

Gray, Chris Hables (1997). *Postmodern War: The New Politics of Conflict*. New York: Guildford.

Green, A. (1994). "Postmodernism and State Education." *Journal of Education Policy*, vol. 9, no. 1, pp. 67~83.

Greider, William (1997). "Saving the Global Economy." *The Nation*. vol. 265, no. 20, pp. 11~16.

Grossberg, Lawrence (1999). "Speculations and Articulations of Globalization." *Polygraph* 11, pp. 11~48.

Guevara, Ernesto. (1963). *Pasajes de la guerra revolucionaria*. La Habana: Ediciones Unión /Narraciones, UNEAC.

— (1967). *Che Guevara Speaks*. New York: Pathfinder Press.

— (1971). "Socialism and Man in Cuba." In Bruce Mazlish, Arthur D. Kaledin, and David B. Ralston (eds.) *Revolution: A Reader*. New York: Macmillan, pp. 410~419.

— (1985). *Guerrilla Warfare*. Lincoln and London: University of Nebraska Press.

— (1994a). *Bolivian Diary*. New York: Pathfinder.

— (1994b). *The Motorcycle Diaries*. London: Verso.

— (1999a). "Che Guevara Speaks at First Latin American Youth Congress in 1960." *The Militant*, vol. 63, no. 29, August 30, pp. 4~7.

— (1999b). *Pasajes de la guerra revolucionaria: Congo*. Italy: Grijalbo-Mondadori.

Guillén, Abraham (1973). *Philosophy of the Urban Guerrilla: The Revolutionary Writings of Abraham Guillén*. Translated and edited by Donald C. Hodges. New York: William Morrow and Company.

Hall, Stuart (1998). "The Great Moving Nowhere Show." *Marxism Today* (November-December), pp. 9~14.

Handy, Charles (1996). "What's It All For? Reinventing Capitalism for the Next Century." *RSA Journal*, vol. 154, no. 5475, pp. 33~40.

Hansberry, Lorraine (1994). "Les Blancs." *The Collected Last Plays: Les Blancs, The Drinking Gourd, What Use Are Flowers?* Edited, with critical backgrounds by Robert Nemiroff. New York: Vintage.

Harris, Richard (1970). *Death of a Revolutionary: Che Guevara's Last Mission*. New York: Norton.

— (1998). "Reflctions on Che Guevara's Legacy." *Latin American Perspectives*, vol. 25, n. 4, issue 101, pp. 19~32.

Harvey, Neil (1998). *The Chiapas Rebellion: The Struggle for Land and Demorcracy*. Durham and London: Duke University Press.

Hennessy, Rosemary (1993). *Materialist Feminism and the Politics of Discourse*. New York: Routledge.

Heredia, Blanca (1997). "Prosper or Perish? Development in the Age of Global Capital." *Current History: A Journal of Contemporary World Affairs* (November), pp. 383~88.

Hill, Dave; and Cole, Mike (1995). "Marxist State Theory and State Autonomy Theory: The Case of 'Race' Education in Initial Teacher Education." *Journal of Educational Policy*, vol. 10, no. 2. pp. 221~232.

Hill, Dave; McLaren, Peter; Cole, Mike; and Rikowski, Glenn (1999). *Postmodernism in Education: The Politics of Human Resistance*. London: The Tufnel Press.

Hobsbawm, Eric (1998). "The Death of Neo-Liberalism." *Marxism Today* (November-December), pp.4~8.

Hodges, Donald (1973). "Introduction: The Social and Political Philosophy of Abraham Guillén." In *Philosophy of the Urban Guerrilla: The Revolutionary Writings of Abraham Guillén*. Translated and edited by Donald C. Hodges. New York: William Morrow and Company, pp. 1~55.

Holloway, John (1998). "Dignity's Revolt." In John Holloway and Eloina Peláez (eds.). *Zapatista! Reinventing Revolution in Mexico*. London and Sterling, Va.: Pluto, pp. 159~198.

Holloway, John; and Peláez, Eloina (1998) "Introduction: Reinventing Revolution." In John Holloway and Eloina Peláez (eds.) *Zapatista! Reinventing Revolution in Mexcio*. London and Sterling, Va.: Pluto, pp. 1~18.

Kellner, Douglas (1989). *Che Guevara*. New York: Chelsea House.

Kincheloe, Joe (1999). *How Do We Tell the Workers?* Boulder, Colo.: Westview Press.

Kincheloe, Joe; and McLaren, Peter (1994). "Rethinking Critical Theory and Qualitative Research." In Y. Lincoln and N. Denzin (eds.) *Handbook of Qualitative Research*. Thousand Oaks, Calif., and London: Sage, pp. 138~157.

Kincheloe, Joe; and Steinberg, Shirley (1997). *Changing Multiculturalism*. Buckingham and Philadelphia: Open University Press.

Kissinger, Henry (1999). *Years of Renewal*. New York: Simon and Schuster.

Kornbluh, Peter (1999). "Kissinger and Pinochet." *The Nation*, 268, no. 12, March 29, p.5.

Kovel, Joel (1997). "The Enemy of Nature." *Monthly Review*, vol. 49, no. 6, pp. 6~14.

Kun, Josh (1999). "Multiculturalism without People of Color: An Interveiw with Guillermo Gómez-Peña." *Aztlán*, vol. 23, no. 1, Spring, pp. 187~199.

Kunzle, David (1997). *Che Guevara: Icon, Myth, and Message*. Los Angeles: University of California Fowler Museum of Cultural History.

La Botz, Dan (1996). "Rebellion and Millitarization." *Against the Current*, vol. 11, no. 5, pp. 22~26.

Lankshear, Colin; and McLaren, Peter (1993). *Critical Literacy: Politics, Praxis, and the Postmodern*. Albany: State University of New York Press.

Larrain, Jorge (1996). "Stuart Hall and the Marxist Concept of Ideolgoy." In David Morely and Kuan-Hsing Chen (eds.). *Stuart Hall: Critical Dialogues in Cultural Studies*. London and New York: Routledge, pp. 47~70.

Lather, Patti (1998). "Critical Pedagogies and Its Complicities: A Praxis of Stuck Places." *Educational Theory*, vol. 48, no. 4, pp. 487~497.

Lazarus, Neil (1998/1999). "Charting Globalization." *Race & Class*, vol. 40, nos. 2/3, pp. 91~109.

Lorenzano, Luis (1998). "Zapatismo: Recomposition of Labor, Radical Democracy and Revolutionary Project." In John Holloway and Eloina Peláez (eds.). *Zapatista! Reinventing Revolution in Mexico*. London and Sterling, Va.: Pluto, pp. 126~158.

Loveman, Brian; and Davies, Thomas M., Jr. (1985). "Preface." *In Che Guevara, Guerilla Warfare.* Lincoln and London: University of Nebraska Press, pp. ix~xiv.

Löwy, Michael (1973). *The Marxism of Che Guevara: Philosophy, Economics, Revolutionary Warfare.* New York and London: Monthly Review Press.

——(1997). "Che's Revolutionary Humanism." *Monthly Review,* vol. 49, no. 5(October), pp. 1~7.

——(1998). "Sources and Resources of Zapatism." *Monthly Review,* vo. 49(March), pp. 1~4.

——(1998a). "Globalization and Internationalism: How Up-to-Date Is the *Communist Manifesto?*" *Monthly Review,* vol. 50, no. 6(November), pp. 16~24.

Marable, Manning (1999). "Race and Revolution in Cuba: African-American Perspectives." *Souls* 1, no. 2, pp. 6~17.

Marcos (Subcommander) (1994). "Chiapas: The Southeast in Two Winds." *Zapatistas! Documents of the New Mexican Revolution.* Brooklyn, N.Y.: (Edited by Autonomedia Collective) Autonomedia.

Markee, Patrick (1997). "Semper Fidel." *The Nation,* vol. 266, no. 1, pp. 25~29.

Martin, Hans-Peter; and Harald, Schumann (1997). *The Global Trap: Globalization and the Assault on Democracy and Prosperity.* London and New York: Zed.

Mazlish, Bruce; Kaledin, Arthur D.; and Ralston, David, B. (eds.) (1971). *Revolution: A Reader.* New York: Macmillan.

McChesney, Robert (1997). "The Global Media Giants." *Extra!,* vol. 10, no. 6, pp. 11~18.

McLaren, Peter (1995) *Criticlal Pedagogy and Predatory Culture.* London and New York: Routledge.

——(1997a). *Revolutionary Multiculturalism: Pedagogies of Dissent for the New Millennium.* Boulder, Colo.: Westview.

——(1997b). *Life in Schools: An Introduction to Critical Pedagogy in the Foundations of Education.* New York: Longman.

——(1998). "Revolutionary Pedagogy in Post-revolutionary Times: Rethinking the Political Economy of Critical Education." *Educational Theory,* vol. 48, no. 4, pp. 431~462.

——(1998a). "Beyond Phallogocentrism: Critical Pedagogy and Its Capital Sins: A Response to Donna LeCourt." *Strategies,* no. 11/12, pp. 34~55.

——(1999a). *Schooling as a Ritual Performance.* 3rd ed. Lanham, Md.: Rowman & Littlefield.

——(1999b). "Traumatizing Capital: Pedagogy, Politics and Praxis in the Global Marketplace." In Manuel Castells, Ramon Flecha, Paulo Freire, Henry Giroux, Donaldo Macedo, and Paul Willis (eds.). *New Perspectives in Education.* Lanham, Md.: Rowman & Littlefield, pp. 1~36.

McLaren, Peter; Fischman, Gustavo; Serra, Silvia; and Antelo, Estanislao (1998). "The Specters of Gramsci: Revolutionary Praxis and the Committed Intellectual." *Journal of Thought,* vol. 33, no. 3, pp. 9~42.

Mclaren, Peter; and Lankshear, Colin (1994). Politics of Liberation: *Paths from Freire.* London and New York: Routledge.

Mclaren, Peter; and Leonardo, Peter (1993). *Paulo Freire: A Critical Encounter.* London and New York: Routledge.

McLaren, Peter; and Leonard, Zeus (1998). "Dead Poet's Society: Deconstructing Surveillance Pedagogy." *Studies in the Literary Imagination,* vol. 31, no. 1, pp. 127~147.

Mészáros, István (1995). *Beyond Capital: Toward a Theory of Transition.* New York: Monthly Review Press.

Miller, Marjorie (1999a). "Church Ads Send Revolutionary Message." *Los Angeles Times,* January 7, pp. A1, A7.

——(1999b). "Image of 'Che' as Jesus Stirs Up a Storm." *Miami Herald*, January 11, pp. A1, A7.

Naiman, Joanne (1996). "Left Feminism and the Return to Class." *Monthly Review*, vol. 48, no. 2, pp. 12~28.

National Commission for Democracy in Mexico "Fact Sheet: The Zapatista Army of National Liberation," n.d. National Commission For Democracy in Mexico, 5902 Monterey Rd., #194, Los Angeles, CA 90042. www.igc.org/ncdm.

Nugent, Daniel (1997). "Northern Intellectuals and the EZLN." In Ellen Meiksins Wood and John Bellamy Foster (eds.). *In Defense of History: Marxism and the Postmodern Agenda*. New York: Monthly Review Press, pp. 163~174.

"NYSE Chief Meets Rebel in Colombia." *Los Angeles Times*, Sunday, June 27, 1999, p. A20.

Ollman, Bertell (1998). "Why Dialectics? Why Now?" *Science and Society*, vol. 62, no. 3 (fall), pp. 339~357.

Oltuski, Enrique (1998). "Guevara: Human Beings Are No Longer Beasts of Burden." *The Militant* (special issue celebrating the homecoming of Ernesto Che Guevara's reinforcement brigade to Cuba), pp. 41~45.

Oppenheimer, Andres (1996). *Bordering on Chaos: Mexico's Roller-Coaster Journey toward Prosperity*. New York: Litte, Brown.

Oropesa, Jesús Montané (1994). "Preface." In *Che: A Memoir*, Fidel Castro. Melbourne: Ocean Press, pp. 11~21.

Perera, Suvendrini (1998/1999). "The Level Playing Field: Hansonism, Globalisation, Racism." *Race and Class*, vol. 40, nos. 2/3, pp. 199~208.

Perrucci, Robert; and Wysong, Earl (1999). *The New Class Society*. Lanham, Md.: Rowman & Littlefield.

Petras, James (1997a). "Latin America: Thirty Years after Che." *Monthly Review*, vol. 49, no. 5 (October), pp. 8~21.

——(1999b). "Latin America: The Resurgence of the Left." *New Left Review*, no. 223, pp. 17~47.

——(1998). "Che Guevara and Contemporary Revolutionary Movements." *Latin American Perspecives*, vol. 25, no. 4, issue 101 (July), pp. 9~18.

Petras, James; and Morley, Morris (1992). *Latin America in the Time of Cholera: Electoral Politics Market Economies and Permanent Crisis*. New York and London: Routledge.

Petrich, Blanche (1996). "Likely, U. S. Troops Well Accepted if Mexican Government Is in Danger." *La Jornada*, August 31.

Poynton, Peter (1997). "Mexico: Indigenous Uprisings: Never More a Mexico without Us!" *Race and Class*, vol. 39, no. 2 (October–December), pp. 65~73.

Ratner, Michael; and Smith, Michael (1997). *Che Guevara and the FBI: The U.S. Political Police Dossier on the Latin American Revolutionary*. Melbourne and New York: Ocean Press.

Resnick, Bill (1997). "Socialism or Nike? Just Do It!" *Against the Current*, vol. 12, no. 3, pp. 12~15.

Retamar, Roberto Fernández (1989). *Caliban and Other Essays*. Translated by Edward Bakes. Minneapolis: University of Minnesota Press.

Rikowski, Glenn (1997). "Left Alone: End Time for Marxist Educational Theory?" *British Journal of Sociology of Education*, vol. 17, no. 4, pp. 415~451.

Robinson, William I. (1996). "Globalisation: Nine Theses on our Epoch." *Rave & Class*, vol. 38, no. 2, pp. 13~29.

——(1998). "Beyond Nation-State Paradigms: Globalization, Sociology, and the Challenge of Transnational Studies." *Sociological Forum* 13, no. 4, pp. 561~594.

—— (1998/1999). "Latin American and Global Capitalism." *Race and Class*, vol. 40, nos. 2/3, pp. 111~131.

Rodríguez, Felix I.; and Weisman, John (1989). *Shadow Warrior: The CIA Hero of a Hundred Unknown Battles*. New York: Simon and Shuster.

Ronfeldt, David; Arquilla, John; Fuller, Graham; and Fuller, Melissa (1998). *The Zapatista "Social Netwar" in Mexico*. Santa Monica, Calif.: The Rand Corporation, MR/MR-994-A.

Root, Deborah (1996). *Cannibal Culture: Art, Appreiciation and the Common Fiction of Difference*. Boulder, Colo.: Westview.

Ross, John (1999a). "The Zapatistas Are Back." *Los Angeles Weekly*, vol. 21, no. 17 (March 19~25), p. 24.

—— (1999b). "Breaking Ranks." *Los Angeles Weekly*, April 16-22, p. 170.

Rotella, Sebastian (1997). "In Latin America, Politics Become Eclectic." *Los Angeles Times*, December 19, 1997, p. A5.

Ruggiero, Greg (1998) "Introduction: The Word and the Silence." In Greg Ruggiero and Stuart Sahulka (eds.) *The Zapatistas: Zapatista Encuentro – Documents from the 1996 Encounter for Humanity and Against Neoliberalism*. New York: Seven Stories, pp. 6~10.

Ryan, Henry Butterfield (1998). *The Fall of Che Guevara: A Story of Soldiers, Spies, and Diplomats*. New York and Oxford: Oxford University Press.

Said, Edward W. (1996). *Representations of the intellectual*. New York: Vintage.

Salmón, Gary Prado (1990). *The Defeat of Che Guevara: Millitary Response to Guerrilla Challenge in Bolivia*. Translated by John Deredita. New York and London: Praeger.

Sandison, David (1997). *Che Guevera*. New York: St. Martin's Griffin and Reed International Books.

Santamaría Gómez, Arturo (1994). "Zapatistas Deliver a Message from Deep Mexico." *Z Magazine*, vol. 7, no. 3, pp. 32~33.

Sanjinés, Javier (1986). "Beyond Testimonial Discourse: New Popular Trends in Bolivia." In Georg M. Gugelberger (ed.). *The Real Thing: Testimonial Discourse and Latin America*. Durham and London: Duke University Press, pp. 254~265.

San Juan, Jr., E. (1996). *Mediations: From a Filipino Perspective*. Pasig City, Philippines: Anvil.

—— (1998a). *Beyond Postcolonialism*. New York: St. Martin's.

—— (1998b). "The Limits of Postcolonial Criticism: The Discourse of Edward Said." *Against the Current*, vol. 77(November –December), pp. 28~32.

—— (forthcoming). "Postcolonialism and Uneven Development." *Strategies*.

Schou, Nick (1998). "Mexico's Military Rolls Out." *Los Angeles Weekly*, vol. 20, no. 30 (June 19-25), pp. 22~23.

Sekine, Thomas T. (1999). "The Dialectic of Capital: An Unoist Interpretation." *Science & Society*, vol. 62, no. 3, Fall, pp. 434~445.

Silverstein, Ken (1995). "Wall Street Declares War on Zapatistas." *Covert Action Quarterly*, no. 52 (spring), pp. 42~45.

Sinay, Sergio (1997). *Che For Beginners*. New York: Writers and Readers Publishing.

Sinclair, Andrew (1998). *Che Guevara*. Gloucestershire: Sutton.

Sivanandan, A. (1998/1999). "Globalism and the Left." *Race & Class*, vol. 40, nos. 2/3, pp. 5~17.

Sleeter, Christine; and McLaren, Peter (eds.) (1995). *Multicultural Education and Critical Pedagogy*. Albany: State University of New York Press.

Smith, Michael; and Ratner, Michael (1997). "The Hidden History: Che Guevara and the CIA." *Covert Action Quarterly*, no. 62 (fall), pp. 38~44.

Smith, Paul (1988). *Discerning the Subject*. Minneapolis: University of Minnesota Press.

Soja, Edward (1997). *Thirdspace*. Cambridge, Mass.: Blackwell.

Spencer, Jayne, written communication to a draft of an essay on Che, 1999.

Spring, Joel (1998). *Education and the Rise of the Global Economy*. Mahwah: N.J.: Lawrence Erlbaum.

Stabile, Carole A. (1997). "Postmodernism, Feminism, and Marx: Note from the Abyss." In Ellen Meiksins Wood and John Bellamy Foster (eds.). *In Defense of History*. New York: Monthly Review Press, pp. 134~148.

Stahler-Sholk, Richard (1998). "Massacre in Chiapas." *Latin American Perspectives*, vol. 25, no. 4, issue 101, pp. 63~75.

Stoll, David (1999). *Rigoberta Menchú and the Story of all Poor Guatemalans*. Boulder, Colo.: Westview.

Subcomandante Insurgente Marcos (1999). *The Story of Colors/La Historia de los Colors: A Bilingual Folktale from the Jungles of Chiapas*. Translated by Anne Bar Din. El Paso: Cinco Puntos Press.

Tablada, Carlos (1991). "The Creativity of Che's Economic Thought." *New International*, no. 8, pp. 67~96.

Taibo, Pancho Ignacio (1997). *Guevara: Also Known as Che*. Translated by Martin Michael Roberts. New York: St. Martin's.

Teeple, Gary (1995). *Globalization and the Decline of Social Reform*. Atlantic Highlands, N.J.: Humanities Press.

Terrero, Ariel (1998). "Interview with Orlando Borrego." *The Militant* (special issue celebrating the homecoming of Ernesto Che Guevara's reinforcement brigade to Cuba), pp. 37~40.

Tonelson, Alan (1997). "Globalization: The Great American Non-debate." *Current History: A Journal of Contemporary World Affairs* (November), pp. 353~359.

Villegas, Harry (1997). *Pombo: A Man of Che's Guerrilla*. New York and London: Pathfinder.

Viviana (1997). "U.S. Paper Companies Conspire to Squash Zapatistas." EARTH FIRST! (Summer).

Wainwright, Hilary (1994). *Arguments for a New Left: Answering the Free Market Right*. London and Cambridge, Mass.: Blackwell.

Wallach, Lori; and Storza, Michelle (1999). "NAFTA at 5." *The Nation*, vol. 268, no. 3, (January 25), p.7.

Waters, Mary-Alice (1998). *Che Guevara and the Imperialist Reality*. New York: Pathfinder.

Waters, Mary-Alice; and Madrid, Luis (1997). "Che's Example Opended Up for Us a Broader Concept of Internationalism." *At the Side of Che Guevara: Interviews with Harry Villegas (Pombo)*. New York: Pathfinder.

Weinberg, Bill (1998). "Mexico's Dirty Little War: US Implicated in Chiapas Massacre." *High Times* (July), no. 275, pp. 46~50.

Wenger, Morton (1991). "Decoding Postmodernism: The Despair of the Intellectuals and the Twilight of the Future." *Social Science Journal*, vol. 28, no. 3, pp. 391~407.

—— (1993/1994). "Idealism Redux: The Class-Historical Truth of Postmodernism." *Critical Sociology*, vol. 20, no. 1, pp. 53~78.

Wood, Ellen Meiksins (1995). *Democracy against Capitalism; Renewing Historical Materialism*. Cambridge: Cambridge University Press.

Young, Iris Marion (1990). *Justice and the Politics of Difference*. Princeton, N.J.: Princeton University Press.

Zeitlin, Maurice (1997). "Che and Me." In David Kunzle (ed.) *Che Guevara: Icon, Myth, and Message*. Los Angeles: UCLA Fowler Museum of Natural History.

Zimmerman, Marc (1986). "*Testimonio* in Guatemala: Payeras, Rigoberta, and Beyond." In George M. Gugelberger (ed.). *The Real Thing: Testimonial Discourse in Latin America.* Durham, N.C., and London: Duke University Press, pp. 101~129.

재빛 수염의 남자

Allman, Paula; with Mayo, Peter; Cavanagh, Chris; Heng, Chan Lean; and Haddad, Sergio (1998). "Introduction: '……The Creation of a World in which It Will Be Easier to Love.'" *Convergence*, vol. 31, nos. 1 and 2, pp. 9~16.

Aronowitz, Stanley (1993). "Paulo Freire's Radical Democratic Humanism." In Peter McLaren and Peter Leonard (eds.). *Paulo Freire: A Critical Encounter.* London and New York: Routledge, pp. 8~24.

Aronowitz, Stanley; and Giroux, Henry (1991). *Postmodern Education.* Minneapolis: University of Minnesota Press.

Brown, Cynthia (1987). "Literacy in 30 Hours: Paulo Freire's Process in Northeast Brazil." In Ira Shor (ed.). *Freire for the Classroom: A Sourcebook for Liberatory Teaching.* Portsmouth, N.H.: Boynton/Cook, pp. 215~231.

Cohen, Sylvester (1998). "Amilcar Cabral: An Extraction from the Literature." *Monthly Review*, vol. 50, no. 7 (December), pp. 39~47.

Cummins, Jim (1989). *Empowering Minority Students.* Sacramento: California Association for Bilingual Education.

Darder, Antonia (1991). *Culture and Power in the Classroom: A Critical Foundation for Bicultural Education.* Westport, Conn.: Bergin and Garvey.

—— (1998). "Teaching as an Act of Love." *Reclaiming Our Voices.* Los Angeles: California Association of Bilingual Education. pp-25~41.

Dewey, John (1916). *Democracy and Education.* New York: Macmillan.

Dunayevskaya, Raya (1982). *Rosa Luxemburg, Women's Liberation, and Marx's Philosophy of Revolution.* Atlantic Highlands: N.J.: Humanities Press; and Sussex: Harvester.

Elias, John (1994). *Paulo Freire: Pedagogue of Revolution.* Melbourne, Fla.: Krieger.

Ellsworth, Elizabeth (1989). "Why Doesn't This Feel Empowering? Working through the Repressive Myths of Critical Pedagogy." *Harvard Educational Review*, vol. 59, no. 5, pp. 297~324.

Fine, Michelle (1991). *Framing Dropouts.* Albany: State University of New York Press.

Freire, Ana Maria Araújo; and Macedo, Donaldo (1998). "Introduction." In Ana Maria Araújo Freire and Donaldo Macedo (eds.). *The Paulo Freire Reader.* New York: Continuum, pp. 1~44.

Freire, Paulo (1967). *Educacão como Prática da Liberdade* (Education as a Practice of Freedom). Rio de Janeiro: Paz e Terra.

—— (1970). *Cultural Action For Freedom.* Harmondsworth, U.K.: Penguin.

—— (1973). *Education for Critical Consciousness.* New York: Seabury.

—— (1978). *Pedagogy in Process: The Letters to Guinea-Bissau.* New York: Seabury.

—— (1985). *The Politics of Education: Culture, Power, and Liberation.* South Hadley, Mass.: Bergin and Garvey.

—— (1993a). *Pedagogy of the Oppressed.* New York: Continuum.

—— (1993b). *Pedagogy of the City.* New York: Continuum.

—— (1994). *Pedagogy of Hope: Reliving Pedagogy of the Oppressed.* New York: Continuum.

—— (1996). *Letters to Christina; Reflections on My Life and Work.* New York: Routledge.

—— (1997a). "A Response." In Paulo Freire with James W. Fraser, Donaldo Macedo, Tanya

McKinnon, and William T. Stokes (eds.). *Mentoring the Mentor: A Critical Dialogue with Paulo Freire.* New York: Peter Lang, pp. 303~329.

— (1997b). *Teachers as Cultural Workers: Letters to Those Who Dare to Teach.* Translated by Donaldo Macedo, Dale Koike, and Alexandre Oliviera. Boulder, Colo.: Westview.

— (1998a). *Pedagogy of Freedom: Ethics, Democracy, and Civic Courage.* Boulder, Colo., and New York: Rowman and Littlefield.

— (1998b). *Pedagogy of the Heart.* New York: Continuum.

— (1998c). *Politics and Education.* Translated by Pia Lindquist Wong. Los Angeles: UCLA Latin American Center Publications.

Freire, Paulo; with Faundez, A. (1989). *Learning to Question: A Pedagogy of Liberation.* New York: Continuum.

Freire, Paulo; and Macedo, Donaldo (1987). *Literacy: Reading the Word and the World.* South Hadley, Mass.: Bergin and Garvey.

Freire, Paulo; With Escobar, Miguel; Fernandez, Alfredo L.; and Guerarr-Niebla, Gilberto (1994). *Paulo Freire on Higher Education: A Dialogue at the National University of Mexico.* Albany: State University of New York Press.

Gadotti, Moacir (1994). *Reading Paulo Freire: His Life and Work.* Albany: State University of New York Press.

Giroux, Henry (1983). *Theory and Resistance in Education: A Pedagogy for the Opposition.* South Hadley, Mass.: Bergin and Garvey.

— (1993). "Paulo Freire and the Politics of Postcolonialism." In Peter McLaren and Peter Leonard (eds). *Paulo Freire: A Critical Encounter.* London and New York: Routledge, pp. 177~188.

Giroux, Henry; and McLaren, Peter (eds.)(1989). *Critical Pedagogy, the State, and Cultural Struggle.* Albany: State University of New York Press.

— (1994). *Between Borders: Pedagogy and the Politics of Cultural Studies.* New York and London: Routledge.

Giroux, Henry; and Lankshear, Colin; McLaren, Peter; and Peters, Michael (1997). *Counternarratives: Cultural Studies and Critical Pedagogies in Postmodern Spaces.* London and New York: Routledge.

Gore, Jennifer (1993). *The Struggle for Pedagogies: Critical and Feminist Discourses as Regimes of Truth.* New York: Routledge.

Grant, Carl (1977). *Multicultural Education: Commitments, Issues, and Applications.* Washington, D.C.: Association for Supervision and Curriculum Development.

Habermas, Jurgen (1979). *Communication and the Evolution of Society.* Translated by T. McCarthy. Boston, Mass.: Beacon.

— (1987). *The Theory of Communicative Action.* Vol. 2. *Lifeworld and System: A Critique of Functionalist Reason.* Translated by T. McCarthy. Boston, Mass.: Beacon.

Hall, B. (1998). " 'Please Don't Bother the Canaries': Paulo Freire and the International Council for Adult Education." *Convergence*, vol. 31, nos. 1 and 2, pp. 95~103.

hooks, bell (1993). "bell hooks Speaking about Paulo Freire—The Man, His Work." In Peter McLaren and Peter Leonard (eds.). *Paulo Freire: A Critical Encounter.* London and New York: Routledge, pp. 146~154.

JanMohamed, Abdul R. (1994). "Some Implications of Paulo Freire's Border Pedagogy." In Henry A. Giroux and Peter McLaren (eds.). *Between Borders: Pedagogy and the Politics of Cultural Studies.* New York and London: Routledge, pp. 242~252.

Kanpol, Barry (1992). *Towards a Theory and Practice of Teacher Cultural Politics: Continuing the Postmodern Debate.* Norwood, N.J.: Ablex.

Kincheloe, Joe (1993). *Toward a Critical Politics of Teacher Thinking: Mapping the*

*Postmodern.* South Hadley, Mass.: Bergin and Garvey.

Kincheloe, Joe (1994). "Afterward." In Peter McLaren and Colin Lankshear (eds.). *Politics of Liberation: Paths from Freire.* London and New York: Routledge, pp. 216~218.

Kincheloe, Joe; and Steinberg, Shirley (1997). *Changing Multiculturalism.* Buckingham and Philadelphia: Open University Press.

Ladson-Billings, Gloria (1997). "I Know Why This Doesn't Feel Empowering: A Critical Race Analysis of Critical Pedagogy." In Paulo Freire, James W. Fraser, Donaldo Macedo, Tanya McKinnon, and William T. Stokes (eds.). *Mentoring the Mentor.* New York: Peter Lang, pp. 127~141.

Lankshear, Colin (1993). "Functional Literacy from a Freirean Point of View." In Peter McLaren and Peter Leonard, (eds.). *Paulo Freire: A Critical Encounter.* London and New York: Routledge, pp. 90~118.

Lankshear, Colin; and McLaren, Peter (eds.) (1993). "Introduction." In Colin Lankshear and Peter McLaren (eds.). *Critical Literacy: Politics, Praxis, and the Postmodern.* Albany: State University of New York Press, pp. 1~56.

Lather, Patti (1991). *Getting Smart: Feminist Research and Pedagogy within the Postmodern.* New York and London: Routledge, p. 88.

Leistyna, Pepi (1999). *Presence of Mind: Education and the Politics of Deception.* Boulder, Colo.: Westview.

Macedo, Donaldo (1994). *Literacies of Power.* Boulder, Colo.: Westview.

——— (1998). "Foreword." In Paulo Freire, *Pedagogy of Freedom,* Lanham, Md.: Rowman & Littlefield, pp. xi~xxxii.

Mayo, Peter (1999). *Gramsci, Freire and Adult Education: Possibilities for Transformative Action.* London and New York: Zed Books.

——— (1997). "Tribute to Paulo Freire (1921~1997)." *International Journal of Lifelong Education,* vol. 16, no. 5, pp. 365~370.

McCarthy, Cameron (1988). "Rethinking Liberal and Radical Perspectives on Racial Inequality in Schooling: Making the Case for Nonsynchrony." *Harvard Educational Review* 58(3), pp. 265~279.

McLaren, Peter (1995). *Critical Pedagogy and Predatory Culture.* New York and London: Routledge.

——— (1997a). *Life in Schools: An Introduction to Critical Pedagogy in the Social Foundations of Education.* White Plains, N.Y.: Longman.

——— (1997b). "La Lucha Continua: Freire, Boal and the Challenge of History. To My Brothers and Sisters in Struggle." *Researcher,* vol. 1, no. 2, pp. 5~10.

——— (1997c). "Freirean Pedagogy: The Challenge of Postmodernism and the Politics of Race." In Paulo Freire, James W. Fraser, Donaldo Macedo, Tanya McKinnon, and William T. Stokes (eds.). *Mentoring the Mentor.* New York: Peter Lang, pp. 99~125.

——— (1997d). *Revolutionary Multiculturalism: Pedagogies of Dissent for the New Millennium.* Boulder, Colo.: Westview.

McLaren, Peter; and Da Silva, Tomaz Tadeu (1993). "Decentering Pedagogy: Critical Literacy, Resistance, and the Politics of Meaning." In Peter McLaren and Peter Leonard (eds.). *Paulo Freire: A Critical Encounter.* London and New York: Routledge, pp. 47~89.

McLaren, Peter; and Giarelli, Jim (eds.). (1995). *Critical Theory and Educational Research.* Albany: State University of New York Press.

McLaren, Peter; and Lankshear, Colin (eds.) (1994). *Politics of Liberation: Paths from Freire.* New York and London: Routledge.

McLaren, Peter; and Leonard, Peter (eds.). (1993). *Paulo Freire: A Critical Encounter.* New York and London, Routledge.

McLaren, Peter; and Leonard, Peter and Gadotti, Moacir (1998). *Paulo Freire: Poder, Desejo e Memórias da Libertação*. Porto Alegre: Artes Médicas Sul LTDA.

Moraes, Marcia (1996). *Bilingual Education: A Dialogue with the Bakhtin Circle*. Albany: State University of New York Press.

Murrell, Jr., Peter (1997). "Digging Again the Family Wells: A Freirean Literacy Framework as Emancipatory Pedagogy for African American Children." In Paulo Freire, James W. Fraser, Donaldo Macedo, Tanya McKinnon, and William T. Stokes (eds.). *Mentoring the Mentor*. New York: Peter Lang, pp. 19~58.

Parker, Stuart (1997). *Reflective Teaching in the Postmodern World: A Manifesto for Education in Postmodernity*. Buckingham and Philadelphia: Open University Press.

San Juan, E. (forthcoming). "Postcolonialism and Uneven Development." *Strategies*.

Schugurensky, Daniel (1998). "The Legacy of Paulo Freire: A Critical Review of His Contributions." *Convergence*, vol. 31, nos. 1 and 2, pp. 17~38.

Sleeter, Christine; Grant, Carl (1988). *Making Choices for Multicultural Education: Five Approaches to Race, Class, and Gender*. Coumbus: Merill.

Sleeter, Christine; and McLaren, Peter (eds.) (1995) *Multicultural Education and Critical Pedagogy*. Albany: State University of New York Press.

Taylor, Paul (1993). *The Texts of Paulo Freire*. Buckingham and Philadelphia: Open University Press.

Torres, Rosa María (1998). "The Million Paulo Freires." *Convergence*, vol. 31, nos. 1 and 2, pp. 107~116.

Weiler, Kathleen (1988). *Women Teaching for Change: Gender, Class and Power*. South Hadley, Mass.: Bergin and Garvey.

——(1996). "Myths of Paulo Freire". *Educational Theory*, vol. 46, no. 3, pp. 353~371.

West, Cornel (1993). "Preface." In Peter McLaren, and Peter Leonard (eds.). *Paulo Freire: A Critical Encounter*. New York and London: Routledge, pp. xiii~xiv.

Wink, Joan (1997). *Critical Pedagogy: Notes from the Real World*. White Plains, N.Y.: Longman.

우리 시대 혁명을 위한 교육학

Alcarón, Ricardo (1998). "Che Continues to Instill Fear in the Oppressors." *The Militant* (Special issue celebrating the homecoming of Ernesto Che Guevara's reinforcement brigade to Cuba), pp. 32~36.

Alexander, Jeffrey (1995). *Fin-de-siécle Social Theory: Relativism, Reduction, and the Problem of Reason*. London: Verso.

Allman, Paula; with Mayo, Peter; Cavanagh, Chris; Heng, Chan Lean; and Haddad, Sergio (1998). "Introduction: '···The Creation of a World in Which It Will Be Easier to Love.' " *Convergence*, vol. 31, nos. 1 and 2, pp. 9~16.

Alvarado, Elvia (1987). *Don't Be Afraid Gringo: A Honduran Woman Speaks from the Heart*. Translated and edited by Medea Benjamin. New York: HarperCollins.

Aronowitz, Stanley (1998). "Introduction." In Paulo Freire, *Pedagogy of Freedom: Ethics, Democracy, and Civic Courage*. Lanham, Md.: Rowman & Littlefield, pp. 1~19.

Bannerji, Himani (1995). *Thinking Through*. Toronto: Women's Press.

Dunayevskaya, Raya (1982). *Rosa Luxemburg, Women's Liberation, and Marx's Philosophy of Revolution*. Atlantic Highlands, N.J.: Humanities Press; and Sussex, England: Harvester Press.

Ferraro, Joseph (1992). *Freedom and Determination in History According to Marx and*

*Engels.* New York: Monthly Review Press.

Freire, Ana Maria Araújo; and Macedo, Doanldo (1998). "Introduction." In Ana Maria Araújo Freire and Donaldo Macedo (eds.), *The Paulo Freire Reader.* New York: Continuum, pp. 1~44.

Freire, Paulo (1998b). *Pedagogy of the Heart.* New York: Continuum.

—— (1994). *Pedagogy of Hope: Reliving Pedagogy of the Oppressed.* New York: Continuum.

Gadotti, Moacir (1994). *Reading Paulo Freire: His Life and Work.* Albany, N.Y.: State University of New York Press.

Grossberg, Lawrence (1999). "Speculations and Articulations of Globalization." *Polygraph* 11, pp. 11~48.

Holloway, John; and Peláez, Eloina (1998). "Introduction: Reinventing Revolution." In John Holloway and Eloina Peláez (eds.). *Zapatista! Reinventing Revolution in Mexcio.* London and Sterling, Va.: Pluto Press, pp. 1~18.

Honneth, Axel (1995). *The Struggle for Recognition: The Moral Grammar of Social Conflicts.* Cambridge: Polity.

JanMohamed, Abdul R. (1994). "Some Implications of Paulo Freire's Border Pedagogy." In Henry A. Giroux and Peter McLaren (eds.). *Between Borders: Pedagogy and the Politics of Cultural Studies.* New York and London: Routledge, pp. 242~252.

Leistyna, Pepi (1999). *Presence of Mind: Education and the Politics of Deception.* Boulder, Colo.: Westview.

MacDonald, Eleanor (1999). "Deconstruction's Promise: Derrida's Rethinking of Marxism." *Science & Society,* vol. 63, no. 2, pp. 145~172.

Marx, Karl (1950). "The Eighteenth Brumaire of Louis Bonaparte." In *Karl Marx and Frederich Engels: Selected Works,* vol. 1. Moscow: Foreign Languages Publishing.

—— (1983). Capital. Vol. 1, London: Lawerence and Wishard.

McLaren, Peter (1995). *Critical Pedagogy and Predatory Culture: Oppositional Politics in a Postmodern Era.* London and New York: Routledge.

—— (1997). *Revolutionary Multiculturalism: Pedagogies of Dissent for the New Millennium.* Boulder, Colo.: Westview.

Memmi, Albert (1965). *The Colonizer and the Colonized.* Boston: Beacon.

Moreiras, Alberto (1996). "The Aura Of Testimonio." In George M. Gugelberger (ed.). *The Real Thing: Testimonial Discourse in Latin America.* Durham N.C., and London: Duke University Press, pp. 192~224.

Ollman, Bertell (1998). "Why Dialectics? Why Now?" *Science and Society,* vol. 62, no. 3, fall, pp. 339~357.

Oltuski, Enrique (1998). "Guevara: 'Human Beings Are No Longer the Beasts of Burden'." *The Militant* (Special issue celebrating the homecoming of Ernesto Che Guevara's reinforcement brigade to Cuba), pp. 41~45.

Schugurensky, Daniel (1998). "The Legacy of Paulo Freire: A Critical Review of His Contributions." *Convergence,* vol. 31, nos. 1 and 2, pp. 17~38.

Scott, David (1999). *Refashioning Futures: Criticism after Postcoloniality.* Princeton, N.J.: Princeton University Press.

Sharkur, Assata (1999). "Assata Shakur: 'The Continuity of Struggle'." *Souls,* Vol. 1, No. 2, pp. 93~100.

Williams, Gareth (1996). "The Fantasies of Cultural Exchange in Latin American Subaltern Studies." In George M. Gugelberger (ed.). *The Real Thing: Testimonial Discourse in Latin America.* Durham. N.C., and London: Duke University Press, pp. 225~253.

Žižek, Slavoj (1998). "Risk Society and Its Discontents." Historical Materialism, no. 2, pp. 143~164.

체 게바라
파울루 프레이리
혁명의 교육학

첫판 1쇄 펴낸날 │ 2008년 12월 1일

지은이 │ 피터 맥라렌
옮긴이 │ 강주헌
펴낸이 │ 박성규

펴낸곳 │ 도서출판 아침이슬
등　록 │ 1999년 1월 9일(제10-1699호)
주　소 │ 서울시 마포구 합정동 411-2(121-886)
전　화 │ 02) 332-6106
팩　스 │ 02) 322-1740
이메일 │ 21cmdew@hanmail.net

ISBN  978-89-88996-53-9 03370